高等职业教育本科医疗器械类专业规划教材

医疗器械管理与法规

（供医疗器械工程技术、新材料与应用技术、康复工程技术、医疗器械
经营与服务、医疗产品管理、医学影像技术、智能影像工程等专业用）

主　编　茅鸳对

副主编　卢凌美

编　者　（以姓氏笔画为序）

卢凌美（浙江药科职业大学）

朱　清（浙江药科职业大学）

江　莹（浙江药科职业大学）

江雯雯（浙江药科职业大学）

苏　涛（江苏美格尔医疗器械有限公司）

张　健（南京东万生物技术有限公司）

张永秉（浙江药科职业大学）

茅鸳对（浙江药科职业大学）

秦宇珊（浙江药科职业大学）

唐焕焕（浙江药科职业大学）

隋振宇（国家药品监督管理局高级研修学院）

蒋海洪（上海健康医学院）

潘　琪（浙江药科职业大学）

中国健康传媒集团

中国医药科技出版社

内 容 提 要

本教材为"高等职业教育本科医疗器械类专业规划教材"之一，系根据医疗器械类专业人才培养目标、课程内容与任务要求、课程特点编写而成，内容涵盖医疗器械监管基础、医疗器械信息管理、注册与备案管理、生产管理、经营管理、使用管理、上市后管理、体外诊断试剂管理、国际医疗器械监管与法规等。本教材紧密结合医疗器械行业发展新趋势和新时代行业用人需求，对接行业岗位技能要求。作为校企政多元合作开发成果，本教材突出"立德树人""能力本位""就业导向"等特色，具有适用面广、专业度高、实用性强等特点。本教材为书网融合教材，即纸质教材有机融合电子教材、教学配套资源（PPT、微课等）、题库系统、数字化教学服务（在线教学、在线作业、在线考试），使教学资源更加多样化、立体化。

本教材可供医疗器械工程技术、新材料与应用技术、康复工程技术、医疗器械经营与服务、医疗产品管理、医学影像技术、智能影像工程等专业教学使用，也可供医疗器械研发机构、生产企业、经营企业、使用单位及医疗器械监管人员学习培训与参考。

图书在版编目（CIP）数据

医疗器械管理与法规/茅鸯对主编．－－北京：中
国医药科技出版社，2024.6．－－（高等职业教育本科医
疗器械类专业规划教材）．－－ISBN 978－7－5214－4708－8

Ⅰ.D922.16

中国国家版本馆 CIP 数据核字第 2024T0Q946 号

美术编辑　陈君杞
版式设计　友全图文

出版　**中国健康传媒集团**｜中国医药科技出版社
地址　北京市海淀区文慧园北路甲 22 号
邮编　100082
电话　发行：010－62227427　邮购：010－62236938
网址　www.cmstp.com
规格　889mm×1194mm $^1/_{16}$
印张　18
字数　510 千字
版次　2024 年 7 月第 1 版
印次　2024 年 7 月第 1 次印刷
印刷　北京印刷集团有限责任公司
经销　全国各地新华书店
书号　ISBN 978－7－5214－4708－8
定价　59.00 元

获取新书信息、投稿、为图书纠错，请扫码联系我们。

数字化教材编委会

主　编　茅莺对
副主编　卢凌美
编　者　（以姓氏笔画为序）
　　　　卢凌美（浙江药科职业大学）
　　　　江雯雯（浙江药科职业大学）
　　　　张　健（南京东万生物技术有限公司）
　　　　茅莺对（浙江药科职业大学）
　　　　秦宇珊（浙江药科职业大学）
　　　　唐焕焕（浙江药科职业大学）

医疗器械在疾病预防、诊断与治疗方面作用巨大，目前我国医疗器械产业已进入高速发展的黄金期。医疗器械具有多学科融合、技术密集度高、风险多发等特征，其安全性、有效性、质量可控性关系到公众生命健康。医疗器械监管法规的作用是守住行业安全底线，促进产业高质量发展，保障全民享有更优质、更精准的医疗诊断或治疗服务。

本教材编写紧紧围绕医疗器械类专业人才培养目标和课程标准，以立德树人为根本，坚持和弘扬社会主义核心价值观，以培养学生工作岗位能力为目的，编写理实结合、丰富多元的知识内容，致力于培养医疗器械行业德技并重高素质复合型人才。

本教材致力于参与教材编写的专家有资深律师、省级优秀检查员、名企高管、资深教师等专业人员，为产教融合新形态教材，实现理论知识和岗位实践有机融合，书网融合教材与在线精品课程有机统一，教学内容和思政元素有机并存，总体上适用面广、专业度高、实用性强。

本教材可供医疗器械工程技术、新材料与应用技术、康复工程技术、医疗产品管理、智能医疗装备技术、医用电子仪器技术、医疗器械维修与营销、医疗设备安装与维护、医学影像技术、智能影像工程等医疗器械相关专业学习和使用，也可供医疗器械研发机构、生产企业、经营企业、使用单位及医疗器械监管人员学习培训与参考。

在本教材的编写过程中，虽然我们很审慎，但由于医疗器械涉及专业广泛，书中难免存在不足和疏漏之处，恳请广大同行、读者批评指正。

编　者
2024 年 3 月

CONTENTS 目录

项目一　医疗器械监管基础

【项目引言】

医疗器械，是指直接或者间接用于人体的仪器、设备、器具、体外诊断试剂及校准物、材料以及其他类似或者相关的物品，包括所需要的计算机软件。其效用主要通过物理等方式获得，不是通过药理学、免疫学或者代谢的方式获得，或者虽然有这些方式参与但是只起辅助作用。其目的是：①疾病的诊断、预防、监护、治疗或者缓解；②损伤的诊断、监护、治疗、缓解或者功能补偿；③生理结构或者生理过程的检验、替代、调节或者支持；④生命的支持或者维持；⑤妊娠控制；⑥通过对来自人体的样本进行检查，为医疗或者诊断目的提供信息。

由于医疗器械具有多学科融合、技术密集度高、产品种类繁杂等特征，对其进行严格监管，控制风险便显得尤为重要。医疗器械监管的目的是保证医疗器械的安全性和有效性，在保障产品质量的基础上，为人民提供更优质、更精准的医疗诊断或治疗服务。

工作任务 1-1　医疗器械通用名称命名

PPT

任务目标

【知识目标】

1. 掌握　医疗器械通用名称命名基本要求。

2. 熟悉　医疗器械通用名称构成。

3. 了解　医疗器械通用名称禁用内容。

【能力目标】

学会命名医疗器械通用名称，辨析医疗器械通用名称是否正确。

【素质目标】

培养医疗器械通用名称命名规范意识。

典型工作任务

工作情景： 医疗器械通用名称应当符合合法、科学、明确、真实的原则，与产品的真实属性相一致。

工作任务： 请分析"胶囊式胃内窥镜系统"和"一次性使用硅胶手术引流管套装"通用名称构成，指出其核心词和特征词分别是什么。

一、医疗器械通用名称命名基本要求

依据《医疗器械通用名称命名规则》（国家食品药品监督管理总局令第 19 号）要求，凡在中华人民共和国境内销售、使用的医疗器械应当使用通用名称，医疗器械通用名称命名应当符合国家有关法律、法规的规定，符合合法、科学、明确、真实的原则，与产品的真实属性相一致。医疗器械通用名称应当使用中文，符合国家语言文字规范。具有相同或者相似的预期目的、共同技术的同品种医疗器械应当使用相同的通用名称。医疗器械通用名称不得作为商标注册。

二、医疗器械通用名称构成

医疗器械产品种类繁多、技术特点复杂、组成结构差异大，需要建立一套以"规则——术语——数据库"为架构的医疗器械命名体系。医疗器械通用名称由一个核心词和一般不超过三个特征词组成。对现有认知和技术具有重大影响的其他特定属性，视情况需要可增加特征词数量。

核心词是对具有相同或者相似的技术原理、结构组成或者预期目的的医疗器械的概括表述。核心词指的是产品本身，如手术刀、注射器、呼吸机、人工晶状体、生化分析仪、监护仪、敷料、支架、缝合线等。

特征词是对医疗器械使用部位、结构特点、技术特点或者材料组成等特定属性的描述。使用部位是指产品在人体的作用部位，可以是人体的系统、器官、组织、细胞等，如小肠、胸部、心脏、关节、血液、支气管、胆道、血管、前列腺、头部、细胞眼科等。结构特点是对产品特定结构、外观形态的描述，如单件式、多件式单腔、多腔、可折叠移动式等。技术特点是对产品特殊作用原理、机理或者特殊性能的说明或者限定，如三维、电子、数字、自动、半自动、植入式、无菌、一次性使用、可重复使用等。材料组成是对产品的主要材料或者主要成分的描述，如骨水泥、银汞合金、硅橡胶、复合树脂、全玻璃等。一般情况下，描述产品使用形式、提供形式等属性的特征词应放首位，其他类型的特征词应按其对核心词的修饰性从广义到狭义的顺序排列。

由两种及以上医疗器械组合而成，以实现某一临床预期用途的器械组合产品，由各领域根据产品实际情况进行命名，原则上其通用名称应体现组合形式和主要临床预期用途。按医疗器械管理的药械组合产品，根据其专业领域要求，其通用名称宜体现药械组合特性。

三、医疗器械通用名称命名方法

医疗器械注册申请人、备案人可以依据《医疗器械通用名称命名指导原则》和国家药品监督管理局发布的各个专业领域的通用名称命名指导原则制定医疗器械通用名称。譬如《神经和心血管手术器械通用名称命名指导原则》《有源手术器械通用名称命名指导原则》《医用诊察和监护器械通用名称命名指导原则》等指导原则规定了对应专业领域医疗器械通用名称确定原则、核心词和特征词制定原则、命名术语表等要求。

现以神经和心血管手术器械为例，阐述该领域产品如何依据指导原则进行通用名称命名。《神经和心血管手术器械通用名称命名指导原则》规定，神经和心血管手术器械通用名称按"特征词1（如有）＋特征词2（如有）＋特征词3（如有）＋核心词"结构编制。核心词和特征词应当根据产品真实属性和特征，优先在术语表中选择。对于术语表未能包含的，新产品或原有产品有新的特征项需要体现，或者需在某一特征项下加入新术语，可对术语表进行补充或调整。核心词应在该类别项下选择最适合产品属性的核心词，核心词不可缺省。特征词则应按照产品相关特征，依次在术语表中每个特征词项下选择一个与之吻合的术语，未一一列举的使用部位等特征词，根据产品实际情况，自行选用相应的专业术语。术语表中某一特征词项下的惯常使用或公认的某一特性可设置为"缺省"，在通用名称中不做体现，以遵从惯例或方便表达的处理方式。在不同术语表中"缺省"的特征根据实际情况确定。结构特点等特征词项下，若存在多个专用术语的情形，将"通用"一词设置为缺省，指产品在该特征词项并无需要体现的专用特点，而非指该产品各种情况通用。其他专用使用部位或材料组成的命名术语可不一一列举。

以活检钳、组织钳为例，医疗器械申请人、备案人可以参考钳命名术语表（表1-1）进行通用名称命名，完成核心词和特征词的编制，如一次性使用无菌心肌活检钳、脑组织钳（表1-2）。

表1-1 神经和心血管手术器械-钳命名术语表

序号	产品类别	术语类别	术语名称	术语描述
1	神经和心血管手术器械-钳	核心词	手术钳	用于钳夹、分离、咬切、牵拉组织或器械
			组织钳	用于夹持组织
			咬除钳	用于咬除组织
			活检钳	用于采集组织取样
			分离钳	用于分离组织
			止血钳	用于钳夹血管、分离组织以止血
			异物钳	用于夹取异物
		特征词1-使用和提供形式	一次性使用无菌	以无菌形式提供，且仅供一次性使用，或在一次医疗操作过程中只能用于一例患者
			可重复使用（缺省）	经一定处理后可再次使用
		特征词2—结构特点	显微	产品结构设计在显微镜下使用
			内窥镜	产品结构设计在内窥镜下使用
			通用（缺省）	产品结构设计无需要体现的专用特点
		特征词3-使用部位	静脉等（神经和心血管专用使用部位）	神经和心血管专用使用部位，如静脉等

表1-2 钳命名示例

核心词	特征词1		特征词2			特征词3	通用名称
	使用形式		结构特点			使用部位	
	一次性使用无菌	可重复使用（缺省）	显微	内窥镜	通用（缺省）	静脉等（神经和胸腔心血管专用使用部位）	
活检钳	√				√	心肌√	一次性使用无菌心肌活检钳
组织钳		√			√	脑√	脑组织钳

四、医疗器械通用名称禁用内容

医疗器械通用名称不得含有下列内容：①型号、规格；②图形、符号等标志；③人名、企业名称、注册商标或者其他类似名称；④"最佳""唯一""精确""速效"等绝对化、排他性的词语，或者表示产品功效的断言或者保证；⑤说明有效率、治愈率的用语；⑥未经科学证明或者临床评价证明，或者虚无、假设的概念性名称；⑦明示或者暗示包治百病，夸大适用范围，或者其他具有误导性、欺骗性的内容；⑧"美容""保健"等宣传性词语；⑨有关法律、法规禁止的其他内容。

❋ 拓展提升

医用敷料能以"械字号面膜"命名吗?

所谓"械字号面膜",其实是医用敷料,属于医疗器械范畴。医用敷料可以与创面直接或间接接触,具有吸收创面渗出液、支撑器官、防粘连或者为创面愈合提供适宜环境等医疗作用。按照医疗器械管理的医用敷料,可以分为三大类:外科敷料(分为可吸收和不可吸收敷料)、接触性创面敷料(分为急性创面敷料和慢性创面敷料)、包扎固定敷料。

根据《医疗器械监督管理条例》的规定,医用敷料产品按照风险程度由低到高来划分,分别按第一类、第二类、第三类医疗器械管理。医用敷料凡是声称无菌的,其管理类别最低为第二类医疗器械;若接触真皮深层或其以下组织受损的创面,或用于慢性创面,或可被人体全部或部分吸收的,其管理类别为第三类医疗器械。国产第二类医疗器械产品上市前需向省级药品监督管理部门申报注册;第三类医疗器械和进口第二类医疗器械上市前需向国家药品监督管理局申报注册。

按照医疗器械管理的医用敷料命名应当符合《医疗器械通用名称命名规则》要求,不得含有"美容""保健"等宣称词语,不得含有夸大适用范围或者其他具有误导性、欺骗性的内容。因此,不存在"械字号面膜"的概念,医疗器械产品也不能以"面膜"作为其名称。

【任务总结】

1. 医疗器械通用名称应当符合合法、科学、明确、真实的原则,与产品的真实属性相一致。

2. 医疗器械通用名称由一个核心词和一般不超过三个特征词组成。

3. 医疗器械通用名称命名的禁用内容包括型号、规格、人名、企业名称、注册商标或者其他类似名称等。

技能巩固

一、选择题

(一)单选题

1. 医疗器械通用名称应当使用(　　),符合国家语言文字规范

A. 中文　　　　　　　　B. 英文　　　　　　　　C. 法文　　　　　　　　D. 西文

2. 医疗器械通用名称由一个核心词和一般不超过(　　)的特征词组成

A. 一个　　　　　　　　B. 两个　　　　　　　　C. 三个　　　　　　　　D. 四个

3. 通用名称"一次性使用无菌心肌活检钳"的核心词是(　　)

A. 一次性使用　　　　　　　　　　　　　　B. 活检钳

C. 心肌活检钳　　　　　　　　　　　　　　D. 无菌心肌活检钳

4. 医疗器械通用名称命名可以包含(　　)的内容

A. 型号　　　　　　　　B. 规格　　　　　　　　C. 最佳　　　　　　　　D. 结构组成

5. 医疗器械通用名称命名不能包含（　　）的内容

  A. 注册商标   B. 结构组成   C. 作用原理   D. 预期用途

（二）多选题

1. 医疗器械通用名称应当（　　）

  A. 合法   B. 科学   C. 明确   D. 真实

2. 医疗器械通用名称的核心词是对具有相同或者相似的（　　）的概括表述

  A. 技术原理   B. 结构组成   C. 预期目的   D. 使用部位

3. 医疗器械通用名称的特征词是对（　　）等特定属性的描述

  A. 使用部位   B. 结构特点   C. 技术特点   D. 材料组成

4. 国家需要建立的医疗器械命名体系包含（　　）

  A. 规则   B. 术语   C. 数据库   D. 通用名

5. 医疗器械通用名称命名不能包含（　　）的内容

  A. 夸大适用范围 B. 企业名称   C. 速效   D. 保健

二、实训任务

请搜集 3 个医疗器械产品的通用名称，对照《医疗器械通用名称命名规则》，辨析是否合规。

工作任务 1-2　医疗器械分类管理

PPT

任务目标

【知识目标】

1. 掌握　《医疗器械分类目录》的使用方法。

2. 熟悉　医疗器械分类界定工作程序。

3. 了解　医疗器械分类管理的意义。

【能力目标】

学会确定不同医疗器械产品的管理类别和分类编码。

【素质目标】

提高医疗器械分类管理认知，培养风险管理意识。

典型工作任务

工作情景： A 企业研制了一款 X 射线计算机体层摄影设备（CT），该产品由扫描架、X 射线发生装置、探测器、图像处理系统和患者支撑装置组成，预期用途为用于对从多方向穿过患者的 X 射线信号进行计算机处理，为诊断提供重建影像，或为放射治疗计划提供图像数据。

工作任务： 请帮助 A 企业确定 X 射线计算机体层摄影设备（CT）的管理类别和分类编码。

一、医疗器械分类管理概述

国家对医疗器械按照风险程度实行分类管理。第一类医疗器械是风险程度低，实行常规管理可以保证其安全、有效的医疗器械。第二类医疗器械是具有中度风险，需要严格控制管理以保证其安全、有效的医疗器械。第三类医疗器械是具有较高风险，需要采取特别措施严格控制管理以保证其安全、有效的医疗器械。医疗器械研制、注册与备案、生产、经营、使用及上市后管理等各个环节的法规对不同管理类别的医疗器械要求有所不同，医疗器械分类管理是医疗器械科学监管的基础。

二、医疗器械分类总体思路

医疗器械注册申请人、备案人应当综合考虑医疗器械的预期目的、结构组成、使用方法、工作原理等因素，对医疗器械风险程度进行评价，判定医疗器械的管理类别。医疗器械分类总体思路如图 1 - 1 所示，对于已经列入《医疗器械分类目录》和《第一类医疗器械产品目录》等分类目录文件的产品，医疗器械注册申请人、备案人可以直接参考目录中的产品管理类别和分类编码。对于未列入医疗器械分类目录的医疗器械，医疗器械注册申请人、备案人应当依据《医疗器械监督管理条例》《医疗器械注册与备案管理办法》《医疗器械分类规则》、相关分类界定指导原则等进行分类界定，详细规定可参考《国家药监局关于规范医疗器械产品分类界定工作的公告》（2024 年第 59 号）。

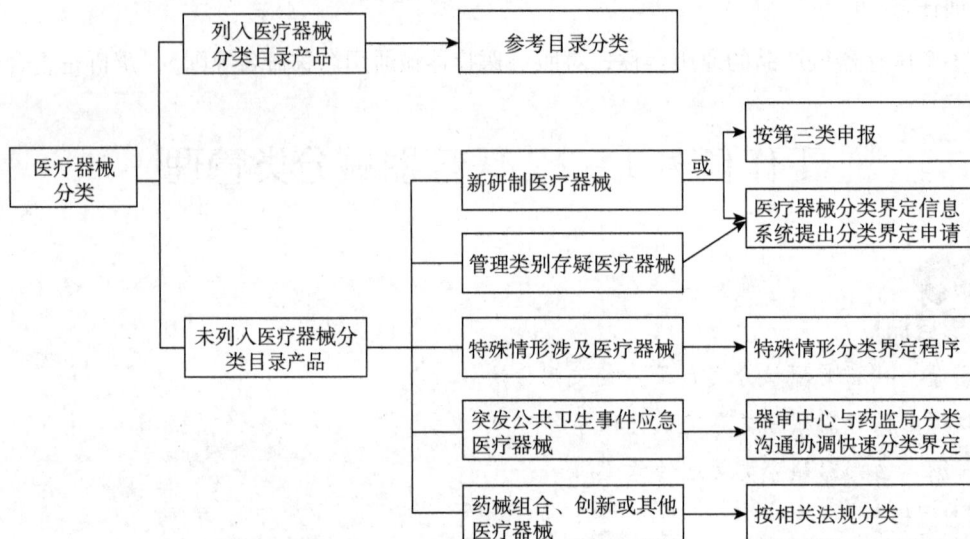

图 1 - 1　医疗器械分类总体思路

三、《医疗器械分类目录》使用方法

现行《医疗器械分类目录》按照技术专业和临床使用特点分为 22 个子目录（表 1 - 3），分类目录结构由"一级序号、一级产品类别、二级产品类别、产品描述、预期用途、品名举例、管理类别"七个部分组成。医疗器械注册申请人、备案人应当根据产品的实际情况，结合《医疗器械分类目录》产品描述、预期用途和品名举例对医疗器械管理类别和产品分类编码进行综合判定，其中产品分类编码由"子目录序号 - 一级产品类别序号 - 二级产品类别序号"组成。例如"X 射线计算机体层摄影设备（CT）"产品管理类别是第三类，产品分类编码是 06 - 02 - 01（表 1 - 4）。

表 1 - 3　《医疗器械分类目录》22 个子目录

子目录	名称	子目录	名称
01	有源手术器械	03	神经和心血管手术器械
02	无源手术器械	04	骨科手术器械

续表

子目录	名称	子目录	名称
05	放射治疗器械	14	注输、护理和防护器械
06	医用成像器械	15	患者承载器械
07	医用诊察和监护器械	16	眼科器械
08	呼吸、麻醉和急救器械	17	口腔科器械
09	物理治疗器械	18	妇产科、辅助生殖和避孕器械
10	输血、透析和体外循环器械	19	医用康复器械
11	医疗器械消毒灭菌器械	20	中医器械
12	有源植入器械	21	医用软件
13	无源植入器械	22	临床检验器械

表1-4　X射线计算机体层摄影设备（CT）分类表

06 医用成像器械分类

序号	一级产品类别	二级产品类别	产品描述	预期用途	品名举例	管理类别
02	X射线计算机体层摄影设备（CT）	01 X射线计算机体层摄影设备（CT）	通常由扫描架、X射线发生装置、探测器、图像处理系统和患者支撑装置组成	用于对从多方向穿过患者的X射线信号进行计算机处理，为诊断提供重建影像，或为放射治疗计划提供图像数据	X射线计算机体层摄影设备、头部X射线计算机体层摄影设备、移动式X射线计算机体层摄影设备、车载X射线计算机体层摄影设备	Ⅲ

四、医疗器械分类界定

（一）新研制尚未列入目录医疗器械的分类界定

1. 新研制尚未列入目录医疗器械的概念　新研制尚未列入《医疗器械分类目录》的医疗器械，是指与《医疗器械分类目录》中产品（根据产品描述、预期用途和品名举例进行综合判定）和已上市产品相比，产品的主要原材料、生产工艺、工作原理、结构组成、使用方法、接触部位及接触时间、预期目的等均为全新且尚未在我国上市的医疗器械。

2. 新研制尚未列入目录医疗器械的分类界定　对新研制尚未列入《医疗器械分类目录》的医疗器械，申请人可以直接申请第三类医疗器械产品注册，也可以依据《医疗器械分类规则》判断产品类别并申请分类界定后，申请产品注册或者办理产品备案。对于新研制尚未列入《医疗器械分类目录》的医疗器械分类界定申请，申请人在分类界定信息系统中提交至国家药品监督管理局医疗器械标准管理中心（以下简称器械标管中心）。器械标管中心负责组织研究明确分类界定意见，通过分类界定信息系统将分类界定结果告知申请人，并及时按照程序调整《医疗器械分类目录》。

（二）管理类别存疑医疗器械的分类界定

1. 管理类别存疑医疗器械的概念　管理类别存疑的医疗器械，是指同类产品已在我国上市或者已列入《医疗器械分类目录》，但与《医疗器械分类目录》中同类产品或者已上市同类产品相比，产品的主要原材料、生产工艺、工作原理、结构组成、使用方法、接触部位及接触时间、预期目的等发生了变化，引入了新的风险或者增加了产品风险，可能导致产品分类发生变化的医疗器械。

2. 境内管理类别存疑医疗器械的分类界定　对于管理类别存疑的境内医疗器械分类界定申请，申请人在分类界定信息系统中提交至所在地省级药品监督管理部门。省级药品监督管理部门负责对行政区域内申请人提出的产品分类界定申请进行审查，根据《医疗器械监督管理条例》《医疗器械分类规则》、相关分类界定指导原则及《医疗器械分类目录》等能够明确判定产品管理类别的，通过分类界定信息系统将分类界定结果告知申请人；难以明确判定产品管理类别的，提出预分类界定意见，并通过分类界定信息系统报器械标管中心。

3. 境外管理类别存疑医疗器械的分类界定　对于管理类别存疑的进口及港、澳、台产品医疗器械分类界定申请，申请人在分类界定信息系统中提交至器械标管中心。器械标管中心负责对管理类别存疑的进口及港、澳、台产品医疗器械分类界定申请和省级药品监督管理部门出具预分类界定意见的医疗器械分类界定申请组织研究，明确分类界定意见，并通过分类界定信息系统将分类界定结果告知申请人。

（三）特殊情形涉及医疗器械的分类界定

1. 适用情形　特殊情形涉及的医疗器械，是指在日常监管、稽查、投诉举报、信访、行政执法、刑事司法、法院案件等工作中涉及需要确认产品管理属性或者管理类别的医疗器械，按照特殊情形分类界定程序处理，特殊情形分类界定程序不在分类界定信息系统中办理。

2. 特殊情形涉及医疗器械分类界定办理流程　由所在地市级负责药品监督管理的部门或者省级药品监督管理部门依据《医疗器械监督管理条例》《医疗器械分类规则》、相关产品分类界定指导原则及《医疗器械分类目录》等，结合产品实际情况作出判定。必要时，下级药品监督管理部门可以向上一级药品监督管理部门提出请示，并提供用于支持产品属性判定及分类界定的相应资料及明确的管理属性及管理类别意见。国家药监局遇有特殊情形分类界定程序所适用情形时，由相关司局组织器械标管中心研究确定。器械标管中心根据来函及相应产品资料，研究确定产品管理属性和类别。对于所附资料过少、难以判断产品管理属性和管理类别的，可请来函单位进一步提供资料；对于分类界定难度大、技术复杂、存在异议的产品，器械标管中心可以组织专家会议研究。

3. 特殊情形涉及医疗器械管理属性及分类意见　对于上述事项，根据来函及相应产品资料，能够明确产品管理属性和类别意见的，应当提供产品管理属性及分类界定意见；提供的产品资料不全面、无法明确产品管理属性和类别意见的，可以视资料情况只提供该产品是否作为医疗器械管理、第一类或者不低于二类的分类界定意见，或者提供相关产品管理属性及分类判定的原则，供来函单位根据具体情况进行研判或参考。管理属性及分类意见系依据来函所附产品资料作出，若后续提供的产品相关内容与来函所附产品资料不一致，则原管理属性及分类意见不适用。

（四）其他情形医疗器械的分类界定

对于突发公共卫生事件应急所需且未列入《医疗器械分类目录》，且申请人及药品监督管理部门、技术审评部门对于管理类别未形成一致意见的产品，国家药监局器审中心、省级药品监督管理部门通过分类沟通协调机制反馈器械标管中心，器械标管中心快速研究、界定产品管理属性和管理类别，并及时通过分类沟通协调机制反馈国家药监局器审中心、相关省级药品监督管理部门。药械组合产品的属性界定按照药械组合产品有关规定办理。申请创新医疗器械的产品分类按照创新医疗器械特别审查程序的有关规定办理。

（五）医疗器械分类界定申请及结果查询

1. 医疗器械分类界定申请资料提交　医疗器械分类界定申请人在申请时应当已完成产品的前期研究、具有基本定型产品，并确保分类界定申请资料的合法、真实、准确、完整和可追溯。申请人登录"中国食品药品检定研究院（国家药监局医疗器械标准管理中心）"官网，依次进入"办事大厅"—"医疗器械标准与分类管理"—"医疗器械分类界定信息系统"页面，在线提交以下申请资料：一是

《医疗器械分类界定申请表》，包含产品名称，预期用途，结构组成，工作原理及作用机理，使用形式、状态、接触部位及接触时间、使用方法，材料特征，型号/规格，产品主要风险点，境内外同类产品情况，申请人主张及理由等。二是关联资料，包含产品综述资料、产品技术要求、产品照片或视频、拟上市产品说明书、其他技术性资料、符合性声明、证明性文件等。

2. 医疗器械分类界定结果查询及沟通　申请人、各省级药品监督管理部门、各级医疗器械技术审评部门等可登录分类界定信息系统查询分类界定结果。分类界定信息系统告知的产品分类界定结果，仅供申请医疗器械注册或者办理备案时使用；若注册或者备案产品资料中的相关内容（如主要原材料、生产工艺、工作原理、结构组成、使用方法、接触部位及接触时间、预期目的等）与分类界定申请资料或者分类界定申请告知书不一致，则分类界定结果不适用。申请人若对其产品分类界定结果有异议或者疑问，可与分类界定结果告知部门沟通。若仍有异议，申请人可进一步完善资料后重新提交分类界定申请。

五、《医疗器械分类规则》使用方法

医疗器械风险程度，应当根据医疗器械的预期目的，通过结构特征、使用形式、使用状态、是否接触人体等因素综合判定。在《医疗器械分类目录》外的产品，医疗器械产品分类界定申请人应当使用《医疗器械分类规则》进行分类界定。具体操作步骤如下：第一步，在《医疗器械分类判定表》（表1-5，表1-6）中确定医疗器械使用形式（判定表纵坐标）；第二步，在《医疗器械分类判定表》中确定医疗器械使用状态或者其对人体治疗效果产生的影响（判定表横坐标）；第三步，根据医疗器械纵坐标和横坐标在《医疗器械分类判定表》中查明管理类别；第四步，查看产品是否适用《医疗器械分类规则》中的特殊分类原则，若适用，需要结合《医疗器械分类判定表》和特殊分类原则两者结果，按照特殊规则优先原则对产品管理类别进行综合判定，若不适用，则以《医疗器械分类判定表》查明的管理类别为准。

表1-5　医疗器械分类判定表—接触人体器械

		接触人体								
		使用状态								
		暂时使用			短期使用			长期使用		
	使用形式	皮肤/腔道(口)	创伤/组织	血循环/中枢	皮肤/腔道(口)	创伤/组织	血循环/中枢	皮肤/腔道(口)	创伤/组织	血循环/中枢
无源医疗器械	1 液体输送器械	Ⅱ	Ⅱ	Ⅲ	Ⅱ	Ⅱ	Ⅲ	Ⅱ	Ⅲ	Ⅲ
	2 改变血液体液器械	-	-	Ⅲ	-	-	Ⅲ	-	-	Ⅲ
	3 医用敷料	Ⅰ	Ⅱ	Ⅱ	Ⅱ	Ⅱ	Ⅲ	Ⅱ	Ⅲ	Ⅲ
	4 侵入器械	Ⅰ	Ⅱ	Ⅲ	Ⅱ	Ⅱ	Ⅲ	-	-	Ⅲ
	5 重复使用手术器械	Ⅰ	Ⅰ							
	6 植入器械							Ⅲ	Ⅲ	Ⅲ
	7 避孕和计划生育器械（不包括重复使用手术器械）	Ⅱ	Ⅱ	Ⅲ	Ⅱ	Ⅲ	Ⅲ	Ⅱ	Ⅲ	Ⅲ
	8 其他无源器械	Ⅰ	Ⅱ	Ⅲ	Ⅱ	Ⅱ	Ⅲ	Ⅱ	Ⅲ	Ⅲ

续表

接触人体

使用形式		使用状态		
		轻微损伤	中度损伤	严重损伤
有源医疗器械	1 能量治疗器械	II	II	III
	2 诊断监护器械	II	II	III
	3 液体输送器械	II	II	III
	4 电离辐射器械	II	II	III
	5 植入器械	III	III	III
	6 其他有源器械	II	II	III

表1-6 医疗器械分类判定表—非接触人体器械

非接触人体

使用形式		使用状态		
		基本不影响	轻微影响	重要影响
无源医疗器械	1 护理器械	I	II	-
	2 医疗器械清洗消毒器械	-	II	III
	3 其他无源器械	I	II	III
使用形式		使用状态		
		基本不影响	轻微影响	重要影响
有源医疗器械	1 临床检验仪器设备	I	II	III
	2 独立软件	-	II	III
	3 医疗器械消毒灭菌设备	-	II	III
	4 其他有源器械	I	II	III

注：1. 本表中"I""II""III"分别代表第一类、第二类、第三类医疗器械；
　　2. 本表中"-"代表不存在这种情形。

（一）《医疗器械分类判定表》用语及含义

1. 有源医疗器械和无源医疗器械 "有源医疗器械"是指任何依靠电能或者其他能源，而不是直接由人体或者重力产生的能量，发挥其功能的医疗器械。"无源医疗器械"是指不依靠电能或者其他能源，但是可以通过由人体或者重力产生的能量，发挥其功能的医疗器械。

2. 使用时限 医疗器械接触人体使用时限分为三种，"暂时使用"是指医疗器械预期的连续作用时间在24小时以内，"短期使用"是指医疗器械预期的连续作用时间在24小时（含）以上、30日以内，"长期使用"是指医疗器械预期的连续作用时间在30日（含）以上。其中，"连续作用时间"是指医疗器械按预期目的、不间断的实际作用时间。

3. 接触部位 "接触人体器械"是指直接或间接接触患者或者能够进入患者体内的医疗器械。表1-5中六种不同的接触部位含义如下："皮肤"是指未受损皮肤表面；"腔道（口）"是指口腔、鼻腔、食道、外耳道、直肠、阴道、尿道等人体自然腔道和永久性人造开口；"创伤"是指各种致伤因素作用于人体所造成的组织结构完整性破坏或者功能障碍；"组织"是指人体体内组织，包括骨、牙髓和牙本质，不包括血液循环系统和中枢神经系统；"血液循环系统"是指血管（毛细血管除外）和心脏；"中枢神经系统"是指脑和脊髓。

4. 侵入器械 借助手术全部或者部分通过体表侵入人体，接触体内组织、血液循环系统、中枢神经系统等部位的医疗器械，包括介入手术中使用的器材、一次性使用无菌手术器械和暂时或短期留在人体内的器械等。本规则中的侵入器械不包括重复使用手术器械。

5. 重复使用手术器械　用于手术中进行切、割、钻、锯、抓、刮、钳、抽、夹等过程，不连接任何有源医疗器械，通过一定的处理可以重新使用的无源医疗器械。

6. 植入器械　借助手术全部或者部分进入人体内或腔道（口）中，或者用于替代人体上皮表面或眼表面，并且在手术过程结束后留在人体内 30 日（含）以上或者被人体吸收的医疗器械。

7. 独立软件　具有一个或者多个医疗目的，无需医疗器械硬件即可完成自身预期目的，运行于通用计算平台的软件。

（二）特殊分类原则

特殊分类原则包括以下几种情形，应当结合《医疗器械分类判定表》的判定结果综合判定管理类别。

1. 如果同一个医疗器械适用两个以上的分类，应当采取其中风险程度最高的分类；由多个医疗器械组成的医疗器械包，其分类应当与包内风险程度最高的医疗器械一致。

2. 可作为附件的医疗器械，其分类应当综合考虑该附件对配套主体医疗器械安全性、有效性的影响；如果附件对配套主体医疗器械有重要影响，附件的分类不低于配套主体医疗器械的分类。

3. 监控或者影响医疗器械主要功能的医疗器械，其分类应当与被监控、影响的医疗器械的分类一致。

4. 以医疗器械作用为主的药械组合产品，按照第三类医疗器械管理。

5. 可被人体吸收的医疗器械，按照第三类医疗器械管理。

6. 对医疗效果有重要影响的有源接触人体器械，按照第三类医疗器械管理。

7. 医用敷料如果有以下情形，按照第三类医疗器械管理，包括预期具有防组织或器官粘连功能，作为人工皮肤，接触真皮深层或其以下组织受损的创面，用于慢性创面，或者可被人体全部或部分吸收的。这里所述的"慢性创面"是指各种原因形成的长期不愈合创面，如静脉性溃疡、动脉性溃疡、糖尿病性溃疡、创伤性溃疡、压力性溃疡等。

8. 以无菌形式提供的医疗器械，其分类应不低于第二类。

9. 通过牵拉、撑开、扭转、压握、弯曲等作用方式，主动施加持续作用力于人体、可动态调整肢体固定位置的矫形器械（不包括仅具有固定、支撑作用的医疗器械，也不包括配合外科手术中进行临时矫形的医疗器械或者外科手术后或其他治疗中进行四肢矫形的医疗器械），其分类应不低于第二类。

10. 具有计量测试功能的医疗器械，是指用于测定生理、病理、解剖参数，或者定量测定进出人体的能量或物质的医疗器械，其测量结果需要精确定量，并且该结果的准确性会对患者的健康和安全产生明显影响，其分类应不低于第二类。

11. 如果医疗器械的预期目的是明确用于某种疾病的治疗，其分类应不低于第二类。

12. 用于在内窥镜下完成夹取、切割组织或者取石等手术操作的无源重复使用手术器械，按照第二类医疗器械管理。

【任务总结】

1. 医疗器械按照风险程度实行分类管理，第一类医疗器械风险程度低，第二类医疗器械具有中度风险，第三类医疗器械具有较高风险。

2. 对于已经列入医疗器械分类目录文件的产品，医疗器械注册申请人、备案人可以直接参考目录中的产品管理类别和分类编码。对于未列入医疗器械分类目录的医疗器械，医疗器械注册申请人、备案人依据《国家药监局关于规范医疗器械产品分类界定工作的公告》等文件进行分类界定。

技能巩固

一、选择题

（一）单选题

1. 医疗器械按照风险程度实行分类管理制度，第三类医疗器械（　　）

　　A. 风险程度低　　　　　　B. 风险程度中等　　　　C. 风险程度高　　　　D. 无风险

2. 《医疗器械分类目录》中"医用软件"子目录的序号是（　　）

　　A. 18　　　　　　　　　　B. 19　　　　　　　　　C. 20　　　　　　　　D. 21

3. X 射线计算机体层摄影设备（CT）属于（　　）医疗器械

　　A. 第一类　　　　　　　　B. 第二类　　　　　　　C. 第三类　　　　　　D. 以上都是

4. 以医疗器械作用为主的药械组合产品，按照（　　）医疗器械管理

　　A. 第一类　　　　　　　　B. 第二类　　　　　　　C. 第三类　　　　　　D. 以上都是

5. 医疗器械长期接触人体，是指医疗器械预期的连续使用时间在（　　）

　　A. 12 小时以内　　　　　　　　　　　　　B. 12 小时（含）以上、24 日以内

　　C. 24～30 日　　　　　　　　　　　　　　D. 30 日（含）以上

（二）多选题

1. 医疗器械按照风险程度实行分类管理，分为（　　）

　　A. 第一类　　　　　　　　B. 第二类　　　　　　　C. 第三类　　　　　　D. 第四类

2. 医疗器械注册申请人、备案人应当综合考虑医疗器械的（　　）等因素，对医疗器械风险程度进行评价，判定医疗器械的管理类别。

　　A. 预期目的　　　　　　　B. 结构组成　　　　　　C. 使用方法　　　　　D. 工作原理

3. 对新研制的尚未列入《医疗器械分类目录》的医疗器械，申请人可以（　　）

　　A. 以第二类医疗器械申请注册　　　　　　B. 以第三类医疗器械申请注册

　　C. 申请分类界定　　　　　　　　　　　　D. 直接按创新医疗器械产品管理

4. 《医疗器械分类判定表》中接触人体的有源医疗器械使用状态包括（　　）

　　A. 轻微损伤　　　　　　　B. 中度损伤　　　　　　C. 严重损伤　　　　　D. 死亡

5. 《医疗器械分类判定表》中非接触人体的有源医疗器械的使用形式包括（　　）

　　A. 临床检验仪器设备　　　　　　　　　　B. 独立软件

　　C. 医疗器械消毒灭菌设备　　　　　　　　D. 其他有源器械

二、实训任务

请登录"中国食品药品检定研究院"官网 –"医疗器械分类目录"模块，查找 3 种医疗器械产品，分别写出其管理类别和分类编码。

工作任务 1-3　医疗器械监管法规体系

PPT

任务目标

【知识目标】

1. 掌握　医疗器械监管法规体系。

2. 熟悉　医疗器械监管法规的效力等级和适用原则。

3. 了解　医疗器械监管法规的渊源和法律责任。

【能力目标】

1. 学会查找医疗器械全生命周期中不同环节所对应的法律法规。

2. 能够比较不同医疗器械监管法规的效力等级。

【素质目标】

培养知法守法，保障百姓用械安全的责任意识。

典型工作任务

工作情景：某市市场监督管理局根据举报线索，查处某医药科技有限公司销售至某美容医院的注射用玻尿酸无中文标识案件，认定该公司已销售 11 盒、库存 9 盒未取得医疗器械注册证的第三类医疗器械，没收违法所得 46371.68 元，罚款 1096058.21 元。

工作任务：1. 本案件中企业违法之处是什么？

　　　　　2. 市场监督管理局对该企业的处罚依据是什么？

一、医疗器械监督管理法规基础知识

（一）医疗器械监管法规的概念及作用

医疗器械监管法规，是指以与医疗器械活动有关的行为作为调整对象，涉及医疗器械研制、注册与备案、生产、经营、使用、上市后管理及监督管理等环节的所有法律、行政法规、部门规章和其他规范性文件的总称。医疗器械监管法规的作用是保证医疗器械的安全、有效，保障人体健康和生命安全，促进医疗器械产业发展，维护和规范医疗器械监管行政权力，保护医疗器械监管行政相对人的合法权利。

（二）医疗器械监管法规的法律渊源

法律渊源即法律的来源，是指某种法律规范是由何种国家机关制定或认可，具有何种表现形式或效力等级，法律渊源是医疗器械监管法规具体的外部表现形式。不同国家立法机关制定的法律渊源是不同的，医疗器械监管法规的主要渊源如表 1-7 所示。

表 1-7　医疗器械监管法规的主要渊源

法律渊源	立法机关	主要医疗器械法规举例
行政法规	国务院	《医疗器械监督管理条例》
地方性法规	各省、自治区、直辖市人大及其常委会，设区的市的人大及其常委会	《湖南省药品和医疗器械流通监督管理条例》

法律渊源	立法机关	主要医疗器械法规举例
部门规章	国务院所属各部委和直属机构	《医疗器械注册与备案管理办法》
地方政府规章	各省、自治区、直辖市人民政府，设区的市的人民政府	《浙江省医疗机构药品和医疗器械使用监督管理办法》

1. 法律　分为基本法律和非基本法律。基本法律是由全国人民代表大会制定的，是调整国家和社会生活中某些带有普遍性的社会关系的规范性文件。非基本法律是全国人民代表大会常务委员会制定的，调整国家和社会生活中某种具体社会关系，或某一方面具体内容的。

2. 行政法规　是国家最高行政机关即国务院制定的有关国家行政管理的规范性文件的总称，其法律地位和效力仅次于宪法和法律，但是要高于地方性法规和规章。

3. 地方性法规　是由各省、自治区、直辖市人大及其常委会，设区的市的人大及其常委会制定的规范性文件的总称。

4. 部门规章　总体上应归属在行政法律体系的范围内，它是由国务院所属各部各委员会在各自权限内发布的规范性命令、指示及其他规范性文件。

5. 地方政府规章　是由各省、自治区、直辖市人民政府，设区的市的人民政府制定的规范性文件的总称。

6. 其他规范性文件　是指除了上述法的表现形式之外的，各级人民政府及其主管部门制定和发布的具有普遍效力、可以反复适用的文件，一般表现为通知、公告、决定等。

（三）医疗器械监管法规的实施

我国医疗器械监管法规的实施有两种方式，即医疗器械监管法规的适用和医疗器械监管法规的遵守。医疗器械监管法规的适用，是指被授予专门职权的国家机关及其工作人员，按照法定的程序，适用法律的过程，即通常所说的执法。医疗器械监管法规的遵守，是指一切国家机关、企事业单位、社会团体和公民恪守法律的规定，即通常所说的守法。

1. 医疗器械监管法规的效力等级　在医疗器械相关活动中，不同的医疗器械法律规范对同一事项如果存在不同的规定，会引起法律适用之间的冲突。根据我国宪法和立法法的规定，法律规范的效力等级应当遵循以下规则。

（1）宪法具有最高的法律效力，一切法律、行政法规、规章都不得同宪法相抵触。

（2）法律的效力高于行政法规、地方性法规、规章。

（3）行政法规的效力高于地方性法规、规章。地方性法规的效力高于本级和下级地方政府规章。

（4）上级地方政府规章的效力高于下级地方政府规章。

（5）部门规章之间、部门规章与地方政府规章之间具有同等效力，在各自的权限范围内施行。部门规章之间、部门规章与地方政府规章对同一事项规定不一致，由国务院裁决。

（6）地方性法规与部门规章之间对同一事项的规定不一致，不能确定如何适用时，由国务院提出意见，国务院认为应当适用地方性法规的，应当决定在该地方适用地方性法规的规定；认为应当适用部门规章的，应当提请全国人民代表大会常务委员会裁决。

2. 医疗器械监管法规冲突的适用规则

（1）上位法优于下位法　适用于不同机关制定的法律规范之间的冲突。根据效力等级的一般规则，法律位阶高的规范优于法律位阶低的规范。如行政法规《医疗器械监督管理条例》的效力等级优于部门规章《医疗器械经营监督管理办法》。

（2）特别法优于一般法　适用于同一机关制定的类似内容法律规范的冲突。特别规定、特别条款或专门规定与一般规定、一般条款或普通规定不一致的，优先适用特别规定、特别条款或专门规定。

（3）新法优于旧法　适用于同一机关制定的法律规范的新旧冲突。在医疗器械监管法规中，当新的法律规范与旧的法律规范规定不一致，应当适用新的规定。新的规定是按照最新技术成果和监管实际制定的，更具有科学性和合理性。

（4）法不溯及既往　是对法律生效前行为的适用原则，指的是法律规范原则上不适用于其生效前发生的事件和行为，但为了保护行为人的合法权益而作的特别规定除外。

（四）法律责任

1. 法律责任的内涵　法律责任，是指因违反了法定义务或契约义务，或不当行使法律权利、权力所产生的，由行为人承担的不利后果。法律责任具有如下特点：①法律责任首先表示一种因违反法律上的义务关系（包括违约等）而形成的责任关系，它是以法律义务的存在为前提的；②法律责任还表示为一种责任方式，即承担不利后果；③法律责任具有内在逻辑性，即存在前因与后果的逻辑关系；④法律责任的追究是由国家强制力实施或者潜在保证的。

要追究行为人的法律责任，应该在符合归责原则的基础上满足以下要求：①过错，即承担法律责任的故意或者过失；②违法行为，指违反法律所规定的义务、超越权利的界限行使权利以及侵权行为的总称，一般认为违法行为包括犯罪行为和一般违法行为；③损害事实，指受到的损失和伤害的事实，包括对人身、对财产、对精神（或者三方面兼有）的损失和伤害；④因果关系，即违法行为与损害之间的因果关系，它是存在于自然界和人类社会中的各种因果关系的特殊形式。

2. 法律责任的种类

（1）民事责任　形式主要有停止侵害、排除妨碍、消除危险、返还财产、恢复原状、修理、重作、更换；赔偿损失、支付违约金；消除影响、恢复名誉、赔礼道歉。

（2）行政责任　包括行政处罚和行政处分。行政处罚是行政主体对行政相对人违反行政法律规范尚未构成犯罪的行为所给予的法律制裁。行政处罚的种类有警告、罚款；没收违法所得、没收非法财物；责令停产停业；暂扣或者吊销许可证、暂扣或者吊销执照；行政拘留；法律、行政法规规定的其他行政处罚。行政处分是对违反法律规定的国家机关工作人员或被授权、委托的执法人员所实施的内部制裁措施。行政处分种类有警告、记过、记大过、降级、撤职、开除。

（3）刑事责任　即刑罚，分为主刑和附加刑两类。主刑包括管制、拘役、有期徒刑、无期徒刑、死刑；附加刑包括罚金、剥夺政治权利、没收财产、驱逐出境。

⇒ **案件直击** -

某医院使用走私翻新旧彩超案

2021年12月14日，重庆市某经济技术开发区市场监督管理局根据海关缉私部门线索通报，对该经济技术开发区某医院使用走私翻新旧彩超有关情况开展调查。经查，当事人使用的标识某品牌彩色超声诊断仪系统是购买经翻新的国外已使用的医疗器械，货值金额68万元，违法所得共计18.733075万元。当事人使用未依法注册医疗器械的行为违反了《医疗器械监督管理条例》（国务院令第739号）第五十五条规定。2022年1月29日，改经济技术开发区市场监督管理局依据《医疗器械监督管理条例》（国务院令第739号）第八十六条第一款第三项和《关于规范市场监督管理行政处罚裁量权的指导意见》（国市监法〔2019〕244号）的规定，决定给予当事人减轻处罚，处以没收涉案产品及违法所得18.733075万元、罚款102万元的行政处罚。

　　典型意义：本案体现了行刑衔接、行刑互补机制对打击违法犯罪行为的重要性。《医疗器械监督管理条例》第五十五条规定，医疗器械经营企业、使用单位不得经营、使用未依法注册或者备案、无合格证明文件以及过期、失效、淘汰的医疗器械。本案当事人购买使用经翻新的国外已使用的医疗器械，破坏了正常进口秩序，存在较大安全隐患，极易造成漏诊或误诊、加重患者病情的风险。本案的查处，彰显了药品监管部门维护医疗器械监督管理秩序，保障人民群众用械安全的决心。

　　思考：1. 民事责任、行政责任和刑事责任的区别是什么？

　　　　　　2. 执法部门在查处案件时，如何适用不同的法律规范？

二、医疗器械监督管理法规体系简介

　　医疗器械监督管理遵循风险管理、全程管控、科学监管、社会共治的原则。医疗器械监管法规体系包含法律、行政法规、部门规章、规范性文件、指导原则、技术标准等，涵盖医疗器械全生命周期各个环节（表1-8）。其中《医疗器械监督管理条例》属于行政法规，包含总则、医疗器械产品注册与备案、医疗器械生产、医疗器械经营与使用、不良事件的处理与医疗器械的召回、监督检查、法律责任、附则等八个章节，对医疗器械各个环节质量管理作出了相当严格的规定。

表1-8　医疗器械监管法规体系

阶段	环节	法规文件名称	颁布机构	法律渊源
全生命周期	所有环节	《医疗器械监督管理条例》	国务院	行政法规
上市前阶段	研制	《医疗器械注册与备案管理办法》《体外诊断试剂注册与备案管理办法》（产品研制部分）	国家市场监督管理总局	部门规章
	命名	《医疗器械通用名称命名规则》	原国家食品药品监督管理总局	部门规章
		《医疗器械通用名称命名指导原则》《神经和心血管手术器械通用名称命名指导原则》等各专业领域指导原则	国家药品监督管理局	规范性文件
	分类	《医疗器械分类规则》《医疗器械分类目录》《体外诊断试剂分类规则》《体外诊断试剂分类目录》	原国家食品药品监督管理总局	部门规章
	临床试验	《医疗器械临床试验质量管理规范》《关于发布免于临床评价医疗器械目录的通告》《关于发布免于临床试验体外诊断试剂目录的通告》《关于医疗器械临床试验备案有关事宜的公告》《医疗器械临床试验机构条件和备案管理办法》	国家药品监督管理局	规范性文件
	信息管理	《医疗器械唯一标识系统规则》	国家药品监督管理局	规范性文件
		《医疗器械说明书和标签管理规定》	原国家食品药品监督管理总局	部门规章
	标准及技术评价	《医疗器械标准管理办法》	原国家食品药品监督管理总局	部门规章
		《医疗器械产品技术要求编写指导原则的通告》《医疗器械检验工作规范》《医疗器械注册自检管理规定》	国家药品监督管理局	规范性文件
	注册	《医疗器械注册与备案管理办法》《体外诊断试剂注册与备案管理办法》	国家市场监督管理总局	部门规章
		《创新医疗器械特别审查程序》《医疗器械优先审批程序》《医疗器械应急审批程序》《医疗器械附条件批准上市指导原则》	国家药品监督管理局	规范性文件
		《胰岛素泵注册审查指导原则》《移动心电房颤检测产品注册审查指导原则》等多个指导原则	国家药品监督管理局医疗器械技术审评中心	规范性文件

续表

阶段	环节	法规文件名称	颁布机构	法律渊源
上市前阶段	生产	《医疗器械生产监督管理办法》	国家市场监督管理总局	部门规章
		《医疗器械生产质量管理规范》《医疗器械生产质量管理规范附录无菌医疗器械》《医疗器械生产质量管理规范附录体外诊断试剂》《医疗器械生产质量管理规范附录定制式义齿》《医疗器械生产质量管理规范附录植入性医疗器械》《医疗器械生产质量管理规范附录独立软件》	原国家食品药品监督管理总局、国家药品监督管理局	规范性文件
上市后阶段	经营	《医疗器械经营监督管理办法》	国家市场监督管理总局	部门规章
		《医疗器械经营质量管理规范》《医疗器械经营质量管理规范附录专门提供医疗器械运输贮存服务的企业质量管理》	国家药品监督管理局	规范性文件
		《医疗器械网络销售监督管理办法》	原国家食品药品监督管理总局	部门规章
		《医疗器械网络销售质量管理规范》	国家药品监督管理局	规范性文件
	广告	《中华人民共和国广告法》	全国人大及其常委会	法律
		《药品、医疗器械、保健食品、特殊医学用途配方食品广告审查管理暂行办法》	国家市场监督管理总局	部门规章
	使用	《医疗器械使用质量监督管理办法》《医疗器械临床使用管理办法》《医疗机构医用耗材管理办法（试行）》	原国家食品药品监督管理总局、卫生健康委、中医药局	部门规章
	监测	《医疗器械不良事件监测和再评价管理办法》	国家市场监督管理总局	部门规章
	召回	《医疗器械召回管理办法》	原国家食品药品监督管理总局	
	监督	《药品医疗器械飞行检查办法》		
		《国家药监局综合司关于加强医疗器械生产经营分级监管工作的指导意见》	国家药品监督管理局	规范性文件

【任务总结】

1. 医疗器械监管法规体系包括法律、法规、规章、规范性文件、技术指导原则等。

2. 医疗器械监管法规冲突的适用规则：上位法优于下位法、特别法优于一般法、新法优于旧法、法不溯及既往。

技能巩固

一、选择题

（一）单选题

1.《医疗器械监督管理条例》的立法机关是（　　）

A. 全国人大及其常委会

B. 国务院

C. 国家药品监督管理局

D. 国家市场监督管理总局

2.《医疗器械监督管理条例》的法律渊源属于（　　）

A. 基本法律　　　　　B. 行政法规　　　　　C. 部门规章　　　　　D. 地方性法规

3.《医疗器械监督管理条例》的法律效力（　　）《医疗器械注册与备案管理办法》

A. 高于　　　　　　　B. 等于　　　　　　　C. 低于　　　　　　　D. 无法比较

4. 法律责任的种类不包括（ ）

    A. 民事责任   B. 行政责任   C. 刑事责任   D. 主观责任

5. 部门规章与地方政府规章对同一事项规定不一致的（ ）

    A. 按部门规章执行   B. 按地方政府规章执行

    C. 两者均可以执行   D. 由国务院提出裁决

（二）多选题

1. 医疗器械监督管理遵循原则包括（ ）

    A. 风险管理   B. 全程管控   C. 科学监管   D. 社会共治

2. 医疗器械监管法规冲突的适用规则包括（ ）

    A. 上位法优于下位法   B. 特别法优于一般法

    C. 新法优于旧法   D. 法不溯及既往

二、实训任务

1. 查询 5 个医疗器械法规文件，明确法律渊源，比较效力等级。

2. 查找一则医疗器械领域的行政处罚决定书，找出案件处罚的法律依据。

工作任务 1-4　医疗器械监管机构体系 微课

PPT

任务目标

【知识目标】

1. 掌握　我国医疗器械监管机构体系构成。

2. 熟悉　我国医疗器械行政监管机构与医疗器械技术支撑机构职责。

3. 了解　我国医疗器械监督管理体制。

【能力目标】

学会与不同的医疗器械监管机构对接工作事务。

【素质目标】

培养医疗器械质量管理合规意识，严守职业道德规范。

典型工作任务

工作情景：　　　　　　　　　国家药监局关于某公司停产整改的通告

    2021 年，国家药品监督管理局组织对某公司进行了飞行检查，检查发现该企业质量管理体系存在严重缺陷。国家药品监督管理局责成企业所在地药监局依法责令该企业立即停产整改，对涉及违反《医疗器械监督管理条例》及相关法律法规的，依法严肃处理；责成企业所在地药监局责令该企业评估产品安全风险，对有可能导致安全隐患的，按照《医疗器械召回管理办法》的规定召回相关产品。该企业完成全部项目整改并经北京市药品监督管理局复查合格后方可恢复生产。

    工作任务：1. 我国医疗器械监管机构体系是什么？

                  2. 医疗器械飞行检查工作涉及哪些监管机构？

一、医疗器械监督管理体制

我国现行的医疗器械监督管理机构分为行政监督机构和技术支撑机构。医疗器械最核心的行政监督机构包括国家药品监督管理局，各省、自治区、直辖市药品监督管理局，设区的市级、县级人民政府承担医疗器械监督管理职责的部门，管理上采用属地分级管理模式。各级药品监督管理机构在医疗器械监管方面的工作如下：

国家药品监督管理局，主管全国医疗器械监督管理工作，主要负责制定医疗器械监管制度，负责医疗器械研制环节的许可、检查和处罚。

省级药品监督管理局，由省级市场监督管理局管理，负责本行政区域内的医疗器械监督管理工作，主要包括医疗器械生产环节的许可、检查和处罚，互联网销售第三方平台备案及检查和处罚。为了便于医疗器械监管工作的开展，部分省级药品监管局设置了市级或区域药品监管（检查）分局，作为省级局的派出机构，受省级局委托履行部分监管职能。

设区的市级、县级机构改革，不再保留药品监督管理局，药品监督管理工作由新组建的市场监督管理部门负责。市县两级市场监管部门负责医疗器械经营的许可、检查和处罚，医疗器械使用环节质量的检查和处罚。县级市场监管局在乡镇和街道办事处设置分局或所，作为县级局的派出机构履行部分县级药品监管职能。

医疗器械技术支撑机构包括国家药品监督管理局的直属技术机构和各省、自治区、直辖市药品监督管理局的直属技术机构，依法承担实施医疗器械监督管理所需的审评、检验、核查、监测与评价等工作。

二、医疗器械监督管理机构体系简介

在医疗器械的行政监管中起主导作用的部门和机构当属医疗器械行政监管部门。所谓医疗器械行政监管部门，是指根据法律法规规定的权限和程序，履行行政职责，对医疗器械相关工作进行监督管理的部门，主要包括市场监督管理部门、各级药品监督管理部门、卫生健康主管部门等。医疗器械的技术监管主要由医疗器械技术支撑机构负责。所谓医疗器械技术支撑机构，是指在医疗器械的监管过程中对行政监管部门的监督管理工作提供技术支持的机构，主要包括医疗器械检验检测中心、医疗器械技术审评中心、药品不良反应监测中心、医疗器械标准化委员会等机构。

（一）医疗器械行政监管部门及其职责

1. 国家药品监督管理局　简称国家药监局，是中央政府直属的综合性药品监管机构，医疗器械领域监管工作主要职责包括：①负责医疗器械安全监督管理，拟订监督管理政策规划，组织起草法律法规草案，拟订部门规章，并监督实施。研究拟订鼓励医疗器械新技术新产品的管理与服务政策。②负责医疗器械标准管理，组织制定、公布医疗器械标准，组织制定分类管理制度，并监督实施。③负责医疗器械注册管理，制定注册管理制度，严格上市审评审批，完善审评审批服务便利化措施，并组织实施。④负责医疗器械质量管理，制定研制质量管理规范并监督实施。制定生产质量管理规范并依职责监督实施。制定经营、使用质量管理规范并指导实施。⑤负责医疗器械上市后风险管理，组织开展药医疗器械不良事件监测、评价和处置工作。依法承担医疗器械安全应急管理工作。⑥负责组织指导医疗器械监督检查，制定检查制度，依法查处医疗器械注册环节的违法行为，依职责组织指导查处生产环节的违法行为。⑦负责医疗器械监督管理领域对外交流与合作，参与相关国际监管规则和标准的制定。⑧负责指导省、自治区、直辖市药品监督管理部门工作。⑨完成党中央、国务院交办的其他任务。

2. 国家卫生健康委员会　简称国家卫健委，是国务院组成部门为正部级机构，与医疗器械行业监管相关的主要职责包括：①参与医疗器械临床试验监管。会同药品监督管理部门制定《医疗器械临床试验质量管理规范》《医疗器械临床试验机构条件和备案管理办法》等文件，开展医疗器械临床试验机构监管和医疗器械临床试验监管相关工作。②对使用环节的医疗器械使用行为进行监督管理。会同国家药品监督管理局制定、调整并公布《一次性使用的医疗器械目录》；对医疗机构医疗器械使用行为加强监督检查，实施监督检查时，可以进入医疗机构，查阅、复制有关档案、记录以及其他有关资料；对大型医用设备的使用状况进行监督和评估。③参与使用单位配置大型医用设备的管理。会同国务院有关部门制定大型医用设备配置管理办法与大型医用设备目录；负责大型医用设备配置许可证审评审批工作；发现违规使用以及与大型医用设备相关的过度检查、过度治疗等情形的，应当立即纠正，依法予以处理。④参与医疗器械不良事件监测和处理控制。与药品监督管理的部门共同负责医疗器械不良事件监测、召回相关工作。⑤提出紧急使用医疗器械建议。出现特别重大突发公共卫生事件或者其他严重威胁公众健康的紧急事件时，可以根据预防、控制事件的需要提出紧急使用医疗器械的建议，经国务院药品监督管理部门组织论证同意后可以在一定范围和期限内紧急使用。

3. 国家医疗保障局　简称国家医保局，是国务院直属机构，为副部级，其主要职责包括：①组织制定医疗保障筹资和待遇政策，完善动态调整和区域调剂平衡机制，统筹城乡医疗保障待遇标准，建立健全与筹资水平相适应的待遇调整机制。②组织制定城乡统一的医用耗材、医疗服务项目、医疗服务设施等医保目录和支付标准，建立动态调整机制，制定医保目录准入谈判规则并组织实施。③组织制定医用耗材价格和医疗服务项目医疗服务设施收费等政策，建立医保支付医药服务价格合理确定和动态调整机制，推动建立市场主导的社会医药服务价格形成机制，建立价格信息监测和信息发布制度。④制定医用耗材的招标采购政策并监督实施，指导医用耗材招标采购平台建设。⑤制定定点医药机构协议和支付管理办法并组织实施，建立健全医疗保障信用评价体系和信息披露制度，监督管理纳入医保范围内的医疗服务行为和医疗费用，依法查处医疗保障领域违法违规行为。⑥负责医疗保障经办管理、公共服务体系和信息化建设。组织制定和完善异地就医管理和费用结算政策。建立健全医疗保障关系转移接续制度。开展医疗保障领域国际合作交流。

4. 医疗器械行政监管相关部门　涉及医疗器械领域行政管理的部门还包括国家市场监督管理总局、国家发展和改革委员会、工业和信息化部、科学技术部等机构。国家市场监督管理总局负责医疗器械企业主体登记，营造诚实守信、公平竞争的市场环境等工作；国家发展和改革委员会负责制定医疗器械产业政策、行业规划；工业和信息化部负责引导医疗器械行业技术创新；科学技术部负责医疗器械行业技术管理，推进信息化建设。

（二）医疗器械技术支撑机构及其职责

1. 中国食品药品检定研究院　在医疗器械监管方面，中国食品药品检定研究院主要职责包括：①承担医疗器械、包装材料与容器的检验检测工作。组织开展医疗器械抽验和质量分析工作，负责相关复验、技术仲裁。②承担医疗器械质量标准、技术规范、技术要求、检验检测方法的制修订以及技术复核工作，组织开展检验检测新技术新方法新标准研究，承担医疗器械严重不良事件原因的实验研究工作。③负责医疗器械标准管理相关工作。④组织开展有关国家标准物质的规划、计划、研究、制备、标定、分发和管理工作。⑤负责生产用菌毒种、细胞株的检定工作，承担医用标准菌毒种、细胞株的收集、鉴定、保存、分发和管理工作。⑥承担实验动物饲育、保种、供应和实验动物及相关产品的质量检测工作。⑦承担食品药品检验检测机构实验室间比对以及能力验证、考核与评价等技术工作。⑧负责研究生教育培养工作，组织开展对医疗器械相关单位质量检验检测工作的培训和技术指导。⑨开展医疗器械检验检测国际（地区）交流与合作。⑩完成国家局交办的其他事项。

⇒ 案件直击

以非医用防护服冒充医用防护服销售案

　　2020年2月13日，××市市场监督管理局接到××某公司举报，称其购买的医用防护服存在质量问题，××市市场监督管理局立即展开调查，并进行抽样检验。经查戴某从常某处购入1700件畜牧业防护服（100元/件，货值170000元），并在常某办公室拍摄了某应急物资生产企业备案批件、省重点防控物资企业名单以及省医疗器械检验所评价报告的照片，自己伪造了该应急物资生产企业出厂报告，将畜牧业防护服宣称为医用防护服出售给举报人（210元/件，总额357000元）。经检验检测该防护服为不合格产品。当事人以非医用防护服冒充医用防护服进行销售的行为已涉嫌犯罪，依据《行政处罚法》第二十二条、《行政执法机关移送涉嫌犯罪案件的规定》第三条规定，××市市场监督管理局已将该案件移送至公安机关处理。

　　思考：1. 以非医用防护服冒充医用防护服的危害是什么？

　　　　　2. 该案件如何处罚？其法律依据是什么？

　　2. 国家药品监督管理局医疗器械技术审评中心　在医疗器械监管方面，国家药品监督管理局医疗器械技术审评中心主要职责包括：①负责申请注册的国产第三类医疗器械产品和进口医疗器械产品的受理和技术审评工作；负责进口第一类医疗器械产品备案工作。②参与拟订医疗器械注册管理相关法律法规和规范性文件。组织拟订相关医疗器械技术审评规范和技术指导原则并组织实施。③承担再生医学与组织工程等新兴医疗产品涉及医疗器械的技术审评。④协调医疗器械审评相关检查工作。⑤开展医疗器械审评相关理论、技术、发展趋势及法律问题研究。⑥负责对地方医疗器械技术审评工作进行业务指导和技术支持。⑦组织开展相关业务咨询及学术交流，开展医疗器械审评相关的国际（地区）交流与合作。⑧承办国家局交办的其他事项。

　　3. 国家药品监督管理局食品药品审核查验中心　在医疗器械监管方面，国家药品监督管理局食品药品审核查验中心主要职责包括：①组织制定修订医疗器械检查制度规范和技术文件；②承担医疗器械临床试验监督抽查、注册环节质量管理体系核查，生产环节有因检查，承担医疗器械境外检查；③承担国家级检查员考核、使用等管理工作；④承担国家级职业化、专业化医疗器械检查员管理。指导省级职业化、专业化医疗器械检查员管理；⑤开展检查理论、技术和发展趋势研究、学术交流及技术咨询；⑥承担医疗器械检查的国际（地区）交流与合作；⑦承办国家局交办的其他事项。

　　4. 国家药品监督管理局药品评价中心（国家药品不良反应监测中心）　在医疗器械监管方面，国家药品监督管理局药品评价中心（国家药品不良反应监测中心）主要职责包括：①组织制定修订医疗器械不良事件与上市后安全性评价的技术标准和规范；②组织开展医疗器械不良事件监测工作；③开展医疗器械上市后安全性评价工作；④指导地方相关监测与上市后安全性评价工作，组织开展相关监测与上市后安全性评价的方法研究、技术咨询和国际（地区）交流合作；⑤承办国家局交办的其他事项。

　　5. 医疗器械标准技术组织体系　在国家药品监督管理局管理下，医疗器械标准技术组织体系包括国家标准化管理委员会、医疗器械标准管理中心、由医疗器械标准管理中心领导的诸多技术组织单位。目前我国医疗器械标准技术组织已达37个，包括13个总标委会（TC）、13个分标委会（SC）、1个标准工作组和10个技术归口单位（图1-2）。

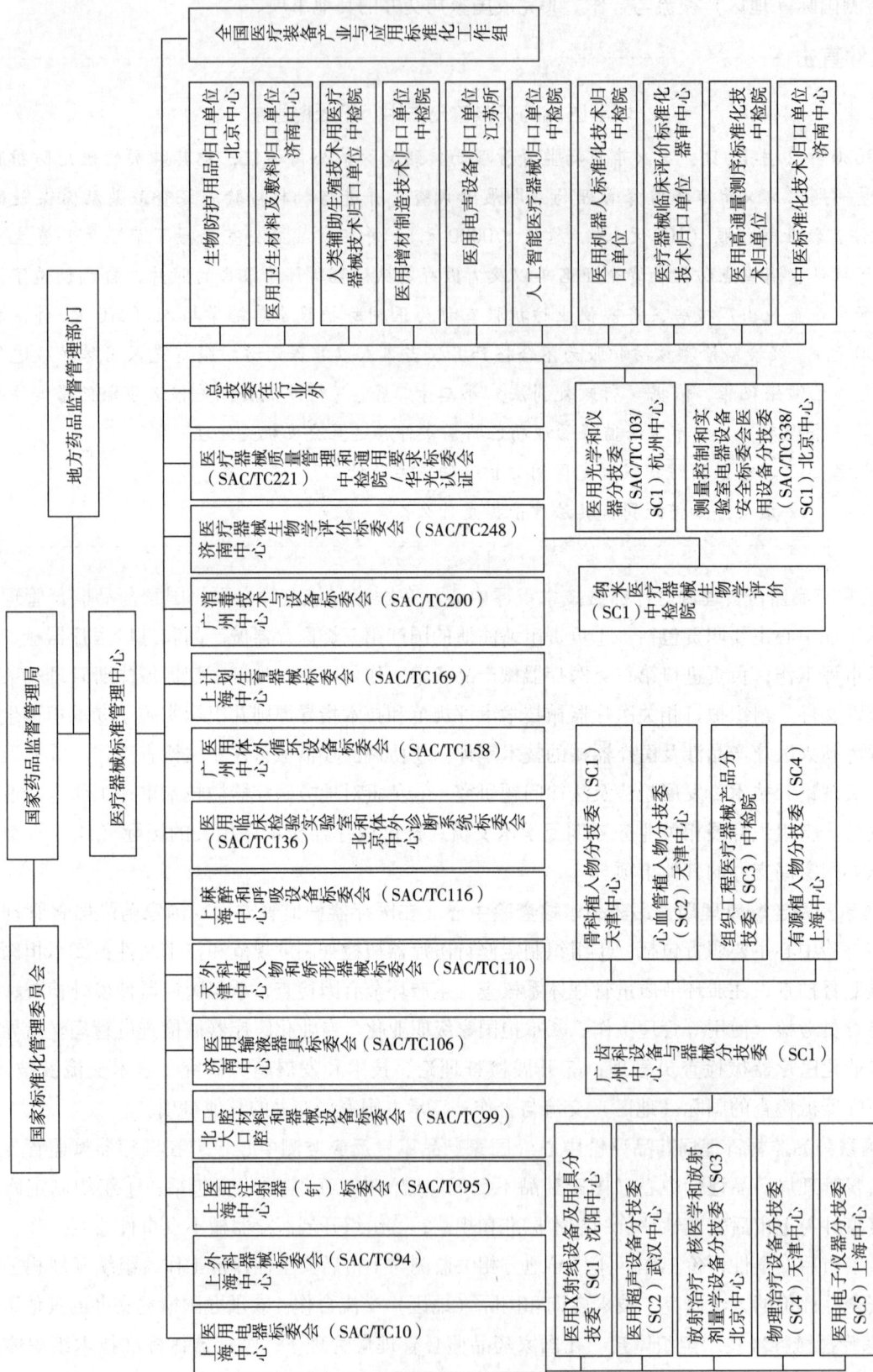

图 1 - 2 医疗器械标准技术组织体系框架

国家标准化管理委员会是中华人民共和国国务院下属的组织机构，其职责划入国家市场监督管理总局，对外保留牌子。主要职责为：下达国家标准计划，批准发布国家标准，审议并发布标准化政策、管理制度、规划、公告等重要文件；开展强制性国家标准对外通报；协调、指导和监督行业、地方、团体、企业标准工作；代表国家参加国际标准化组织、国际电工委员会和其他国际或区域性标准化组织；承担有关国际合作协议签署工作；承担国务院标准化协调机制日常工作。

国家药品监督管理局医疗器械标准管理中心牌子加挂在中国食品药品检定研究院之下，主要职责为：组织开展医疗器械标准体系的研究，拟定医疗器械标准规划草案和标准制修订年度工作计划建议；依法承担医疗器械标准制修订的管理工作；依法承担医疗器械标准化技术委员会的管理工作；承担医疗器械标准宣传、培训的组织工作；组织对标准实施情况进行调研，协调解决标准实施中的重大技术问题；承担医疗器械国际标准化活动和对外合作交流的相关工作；承担医疗器械标准信息化工作，组织医疗器械行业标准出版；承担国家药品监督管理局交办的其他标准管理工作。

医疗器械标准化技术委员会是国家药品监督管理局根据医疗器械标准化工作的需要，经批准依法组建的机构，主要职责为：开展医疗器械标准研究工作，提出本专业领域标准发展规划、标准体系意见；承担本专业领域医疗器械标准起草、征求意见、技术审查等组织工作，并对标准的技术内容和质量负责；承担本专业领域医疗器械标准的技术指导工作，协助解决标准实施中的技术问题；负责收集、整理本专业领域的医疗器械标准资料，并建立技术档案；负责本专业领域医疗器械标准实施情况的跟踪评价；负责本专业领域医疗器械标准技术内容的咨询和解释；承担本专业领域医疗器械标准的宣传、培训、学术交流和相关国际标准化活动。

目前我国医疗器械标准技术体系正在持续优化中，国家正在加大新兴产业医疗器械标准研制，提升标准数量，优化体系结构，覆盖更多领域，提升国际标准化工作水平，重点支持人工智能医疗器械、新型生物医用材料、伴随诊断、新型分子诊断技术等高端、创新领域医疗器械行业标准研制。对胶原蛋白等我国优势创新生物医用材料领域标准重点支持，采取快速程序，组织《重组人源化胶原蛋白》监管急需标准紧急立项、快速制定、优先审核，并同步组织推进国际标准预研和新项目申请，抢占国际标准先机。

【任务总结】

1. 医疗器械监管机构体系包括行政监管机构和技术支撑机构。

2. 医疗器械行政监管机构包括国家药品监督管理局、国家卫生健康委员会、国家医疗保障局、国家市场监督管理总局等；医疗器械技术支撑机构包括中国食品药品检定研究院、国家药品监督管理局医疗器械技术审评中心、国家药品监督管理局食品药品审核查验中心、国家药品监督管理局药品评价中心（国家药品不良反应监测中心）、医疗器械标准技术组织体系等。

技能巩固

一、选择题

单选题

1. 目前我国主要的医疗器械监督管理部门是（　　）

A. 国家市场监督管理总局　　　　　　　　B. 国家药品监督管理局

C. 国家卫生健康委员会 　　　　　　　D. 医疗器械技术审评中心

2. 下列属于医疗器械技术支持机构的是（　　）

A. 国家市场监督管理总局 　　　　　　B. 国家药品监督管理局

C. 国家卫生健康委员会 　　　　　　　D. 中国食品药品检定研究院

3. 医疗器械飞行检查工作由（　　）负责开展

A. 中国食品药品检定研究院

B. 医疗器械技术审评中心

C. 医疗器械标准研究所

D. 国家药品监督管理局食品药品审核查验中心

4. 医疗器械不良事件监测工作由（　　）负责开展

A. 中国食品药品检定研究院 　　　　　B. 医疗器械技术审评中心

C. 医疗器械标准研究所 　　　　　　　D. 国家药品监督管理局药品评价中心

5. 国家药品监督管理局组织机构中负责医疗器械违法行为查处的部门是（　　）

A. 医疗器械监督管理司 　　　　　　　B. 医疗器械注册管理司

C. 政策法规司 　　　　　　　　　　　D. 综合和规划财务司

二、实训任务

1. 请登录国家药品监督管理局官网，查询 3 则监管动态。

2. 请结合某一个医疗器械监管案例，谈一谈医疗器械监管部门的职责。

书网融合……

项目小结　　　　　　　习题　　　　　　　微课

项目二　医疗器械信息管理

【项目引言】

医疗器械产品投放市场后，消费者能够看到及接触到的是产品本身与产品信息，其信息传递主要包含医疗器械唯一标识系统、医疗器械说明书和标签、医疗器械广告三大部分。医疗器械产品包含的所有信息是具有法律意义的，因此医疗器械信息管理尤为重要。

工作任务 2-1　医疗器械唯一标识系统管理

任务目标

【知识目标】

1. **掌握**　医疗器械唯一标识系统的构成。
2. **熟悉**　医疗器械唯一标识系统的构建路径。
3. **了解**　医疗器械唯一标识系统的应用意义。

【能力目标】

能够做好医疗器械唯一标识系统管理工作，实现产品追溯。

【素质目标】

培养医疗器械唯一标识系统合规意识，形成严谨细致的工作作风。

典型工作任务

工作情景： 丙烯酸树脂骨水泥适用于骨质疏松引起的椎体压缩性骨折患者，在经皮椎体成形术中对椎体的填充与稳定。某企业为丙烯酸树脂骨水泥建立了医疗器械唯一标识系统，该产品标签信息如图所示。

产品名称：丙烯酸树脂骨水泥(Refobac in
产品编号：30039000100124　　　　批号：540CA10108
产品描述：丙烯酸脂骨水泥　　　　生产日期：190406
规格型号：R40X1　　　　　　　　有效日期至：220930
产品标准：进口产品注册标准 YZB/SNI 017
注册证号：国食药监械(进)字2018第562141
生产者名称：北京嘉华汇诚科技股份有限公司
生产者地址：北京市海淀区上地嘉华大厦
生产场所地址：北京市海淀区上地嘉华大厦
(01)01300390001001(21)2421300003
(17)220930(10)540CA0709N

工作任务： 1. 该产品医疗器械唯一标识的构成是什么？
　　　　　　2. 如何构建医疗器械唯一标识系统？

一、医疗器械唯一标识系统制度及实施意义

医疗器械唯一标识（unique device identification，UDI）是医疗器械产品的"电子身份证"。《医疗器械生产监督管理办法》第三十六条规定，医疗器械注册人、备案人、受托生产企业应当按照国家实施医疗器械唯一标识的有关要求，开展赋码、数据上传和维护更新，保证信息真实、准确、完整和可追溯。

国家根据医疗器械产品类别，分步实施医疗器械唯一标识制度，2019年我国将心脏、颅脑植入物、假体类等高风险植（介）入类医疗器械作为首批试点重点品种，近几年逐步分批次扩大品种范围，目

前包含了第三类医疗器械（含体外诊断试剂）、部分临床需求量较大的一次性使用产品、集中带量采购中选产品、医疗美容产品等众多品种。国家药监局发布的《医疗器械唯一标识系统规则》相当于中国医疗器械唯一标识"基本法"，该文件规定了境内销售、使用的医疗器械唯一标识系统建立的总体要求。《YY/T 1630 –2018 医疗器械唯一标识基本要求》《YY/T 1879 –2022 医疗器械唯一标识的创建和赋予》等标准文件（表 2 –1）进一步规范了医疗器械唯一标识系统建立。

表 2 –1   医疗器械唯一标识系统相关行业标准

标准编码	标准名称
YY/T 1630 –2018	医疗器械唯一标识基本要求
YY/T 1879 –2022	医疗器械唯一标识的创建和赋予
YY/T 1752 –2020	医疗器械唯一标识数据库基本数据集
YY/T 1753 –2020	医疗器械唯一标识数据库填报指南
YY/T 1681 –2019	医疗器械唯一标识系统基础术语
GB/T 16986 –2018	商品条码 应用标识符
GB 12904 –2008	商品条码 零售商品编码与条码标识

医疗器械唯一标识制度是落实国务院治理高值医用耗材改革和国务院深化医药卫生体制改革的重点工作，也是提升医疗器械监管效能、强化全生命周期精细化管理、促进产业高质量发展的重要举措。从政府管理角度看，利用唯一标识，可实现对医疗器械来源可查、去向可追、责任可究，从而实现智慧监管。从行业发展角度看，推行医疗器械唯一标识有利于促进医疗器械产业数字化转型，对于全面串联医疗器械供应链环节、提高行业管理效能和水平、提升医疗器械临床使用安全水平、促进全民健康事业发展具有十分重要的作用。推行医疗器械唯一标识制度有助于建立单一、全球化协调系统，使医疗器械各相关方不必再从多渠道、非一致性和不完整的来源尝试准确识别单一医疗器械及其关键属性。

二、医疗器械唯一标识系统内涵与要求

医疗器械唯一标识系统，由医疗器械唯一标识、医疗器械唯一标识数据载体和医疗器械唯一标识数据库组成，分别对应医疗器械唯一标识的创建、赋予和数据上传。

1. 医疗器械唯一标识内涵与要求   医疗器械唯一标识，是指在医疗器械产品或者包装上附载的，由数字、字母或者符号组成的代码，用于对医疗器械进行唯一性识别。医疗器械唯一标识由产品标识（device identifier, DI）和生产标识（production identifier, PI）组成。产品标识为识别注册人/备案人、医疗器械型号规格和包装的唯一代码；生产标识由医疗器械生产过程相关信息的代码组成，根据监管和实际应用需求，可包含医疗器械序列号、生产批号、生产日期、失效日期等，UDI 能够满足医疗器械流通和使用环节精细化识别和记录的需求（图 2 –1）。

医疗器械唯一标识应当符合唯一性、稳定性和可扩展性的要求。①唯一性：是首要原则，是确保产品精确识别的基础，是唯一标识发挥功能的核心原则。由于医疗器械产品的复杂性，唯一性应当与产品识别要求相一致，对于相同特征的医疗器械，唯一性应当指向单个规格型号产品；对于按照批次生产控制的产品，唯一性指向同批次产品；而对于采用序列号生产控制的医疗器械，唯一性应当指向单个产品。②稳定性：是指唯一标识一旦分配给医疗器械产品，只要其基本特征没有发生变化，产品标识就应该保持不变。医疗器械产品发生可能影响医疗器械识别、追溯的变更或者监管要求变化时，应当创建新的产品标识。医疗器械停止销售、使用的，其产品标识不得用于其他医疗器械；重新销售、使用时，可

使用原产品标识。③可扩展性：是指唯一标识应当与监管要求和实际应用不断发展相适应。"唯一"一词并不意味着对单个产品进行序列号化管理，在唯一标识中，生产标识可以和产品标识联合使用，实现规格型号、批次和单个产品三个层次的唯一性，从而满足当前和未来对医疗器械的识别需求。

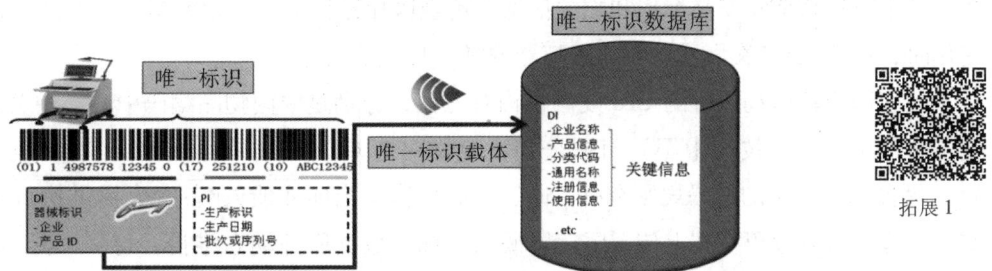

图 2 - 1 医疗器械唯一标识系统的构成

2. 医疗器械唯一标识数据载体内涵与要求 医疗器械唯一标识数据载体（unique device identification carrier，UDIC），是指存储或者传输医疗器械唯一标识的数据媒介。当前市面上常用的数据载体包括一维码、二维码和射频标签（rodio - frequency identification，RFID），注册人和备案人可根据产品的特征、价值、主要应用场景等因素选择适当的医疗器械唯一标识数据载体，各数据载体优劣势对比如表2 - 2所示。医疗器械注册人/备案人应当选择与其创建的医疗器械唯一标识相适应的数据载体标准，对以其名义上市的医疗器械最小销售单元和更高级别的包装或者医疗器械产品上赋予唯一标识数据载体，并确保在医疗器械经营使用期间唯一标识数据载体牢固、清晰、可读。

表 2 - 2 医疗器械唯一标识数据载体优劣势对比

载体形式	优势	劣势
一维码	已经应用多年，比较成熟，成本低，能很好兼容市面上现有的扫码设备	一维码所占空间大，破损纠错能力差
二维码	相比于一维码，相同空间能够容纳更多的数据，在器械包装尺寸受损时能发挥很好的作用，具备一定纠错能力	对识读设备的要求相较于一维码要高
射频标签	具有信息存储功能，能接收读写器的电磁调制信号，并返回相应信号的数据载体。读取速度快，可以实现批量读取	射频标签的载体成本和识读设备成本相较于一维码和二维码要高

3. 医疗器械唯一标识数据库内涵与要求 医疗器械唯一标识数据库（unique device identification data，UDID），是指储存医疗器械唯一标识的产品标识与关联信息的数据库。国家药品监督管理局制定医疗器械唯一标识数据相关标准及规范，组织建立医疗器械唯一标识数据库，供公众查询。注册人/备案人应当按照相关标准或者规范要求上传、维护和更新唯一标识数据库中的相关数据，并对数据的真实性、准确性、完整性负责。注册人/备案人应当在申请医疗器械注册、注册变更或者办理备案时，在注册/备案管理系统中提交其产品标识。在产品上市销售前，将产品标识和相关数据上传至医疗器械唯一标识数据库。药品监督管理部门可根据监管需求调用和管理相关数据。

三、医疗器械唯一标识系统建立

医疗器械注册人/备案人负责创建和维护医疗器械唯一标识，在产品或者包装上赋予医疗器械唯一标识数据载体，上传相关数据，利用医疗器械唯一标识加强产品全过程管理。医疗器械注册人/备案人实施唯一标识的流程包括如下几个环节：①注册人/备案人按照《医疗器械唯一标识系统规则》和相关标准，结合企业实际情况选择发码机构。②注册人/备案人按照发码机构的标准创建产品标识，并确定该产品生产标识的组成。③申请医疗器械注册、注册变更或者办理备案的，注册人/备案人应当在注册/备案管理系统中提交产品标识。④注册人/备案人根据发码机构标准选择适当的数据载体，对医疗器械最小销售单元和更高级别的包装或医疗器械产品上赋予医疗器械唯一标识数据载体。⑤注册人/备案人在产品上市销售前将产品标识和相关信息上传至医疗器械唯一标识数据库。⑥产品标识及数据相关信息变化时，注册人/备案人及时更新医疗器械唯一标识数据库。

目前国家药监局认可的 UDI 发码机构有三家，分别是中国物品编码中心、中关村工信二维码技术研究院、阿里健康科技（中国）有限公司，分别对应 GS1、MA 码、AHM 三种不同的编码体系（表2 - 3），每种编码体系的编码规则有所不同。发码机构应当向注册人/备案人提供执行其标准的流程并指导实施，应当将其编码标准上传至医疗器械唯一标识数据库并动态维护，每年 1 月 31 日前向国家药品监督管理局提交按照其标准创建的唯一标识上一年度的报告。

表 2 - 3　国内医疗器械唯一标识系统发码机构情况

名称	隶属/性质	编码体系	服务平台	数据载体
中国物品编码中心	国家市场监督管理总局	GS1	中国商品服务平台	以一维码为主
中关村工信二维码技术研究（ZIIOT）	科研服务机构	MA 码（IDcode）	统一二维码标识注册管理中心（UTCGlobal）	一维码、二维码
阿里健康科技（中国）有限公司	民营公司	AHM	码上放心平台	一维码、二维码、RFID/NCF

四、医疗器械唯一标识系统应用

随着 UDI 的逐步实施、医疗器械追溯体系的逐步建立，基于 UDI 串联从生产、经营到临床使用各环节的信息链，提升医疗器械质量安全和使用安全水平。

（一）医疗器械注册人和备案人 UDI 应用

医疗器械注册人和备案人要切实落实主体责任，基于唯一标识建立健全追溯体系，做好产品召回、追踪追溯等有关工作。医疗器械注册人和备案人是实施 UDI 的源头和主体，可以通过 UDI 实现对原材料采购信息化管理、生产过程管理、出入库以及仓储管理、产品渠道管理（管控窜货与假冒产品流入市场）、不良事件监测与召回管理等多维度精细化管理，建立与下游数据共享。

（二）医疗器械经营企业 UDI 应用

医疗器械经营企业要在经营活动中积极应用医疗器械唯一标识，做好带码入库、出库，实现产品在流通环节可追溯。医疗器械经营企业利用 UDI 扫码快速识别并自动获取静态和动态信息，可应用于出入库、仓储等众多环节，能够极大提高信息的捕捉效率和准确性，实现医疗器械供应链的透明化、可视化、智能化，形成高效的供应链运营系统。同时可用 UDI 实现上下游订单信息协同共享，提高管理效能。

（三）医疗机构 UDI 应用

医疗机构应当在临床使用、支付收费、结算报销等临床实践中积极应用医疗器械唯一标识，做好全程带码记录，实现产品在临床环节可追溯。医疗机构利用 UDI 开展医用耗材出入库管理、临床应用管理、医用耗材使用评价与监管等工作。在出入库管理方面，应用 UDI 扫码验收审核及入库，能节省人力成本，降低投入费用；在临床应用管理方面，医疗人员在术前或术中通过扫码核对产品信息可防止超范围使用、产品过期使用，术后可通过扫码实现已使用耗材与患者及手术信息关联形成患者收费清单。

UDI 应用可实现信息流、实物流、资金流高效流转，确保耗材院内存储、患者使用、计费消耗全程的质量可追溯，有效降低医疗器械质量风险和临床用械医疗风险。在医用耗材使用评价与监管方面，利用 UDI 开展耗材卫生经济学评价，如耗材采购、库存、消耗、结算、收入之间的关联分析，提高决策管理水平；开展间接医疗行为监管，评价医疗行为有效性，实现医疗组织绩效分析；开展医用耗材过度使用管理分析与追踪分析，加强高风险科室、岗位及人员的廉政风险监督管理。目前正在推进医保医用耗材分类编码与 UDI 的关联使用，实现目录准入、支付管理、带量招标等的透明化、智能化。

五、法律责任

《医疗器械生产监督管理办法》第七十九条规定，针对"未按照国家实施医疗器械唯一标识的有关要求，组织开展赋码、数据上传和维护更新等工作的"主体，由药品监督管理部门依职责责令限期改正；拒不改正的，处 1 万元以上 5 万元以下罚款；情节严重的，处 5 万元以上 10 万元以下罚款。

【任务总结】

1. 医疗器械唯一标识系统，由医疗器械唯一标识、唯一标识数据载体和唯一标识数据库组成。

2. 医疗器械唯一标识（UDI）由产品标识（DI）和生产标识（PI）构成。医疗器械唯一标识应当具备唯一性、稳定性和可扩展性的原则。

3. 医疗器械注册人/备案人负责创建和维护医疗器械唯一标识，在产品或者包装上赋予医疗器械唯一标识数据载体，上传相关数据，利用医疗器械唯一标识加强产品全过程管理。

技能巩固

一、选择题

（一）单选题

1. （　）是首要原则，是确保产品精确识别的基础，是唯一标识发挥功能的核心原则

　　A. 稳定性　　　　　　B. 唯一性　　　　　　C. 可扩展性　　　　　　D. 密度性

2. 医疗器械唯一标识的数据载体包括一维码、二维码和（　）

　　A. 图片　　　　　　　B. 标签　　　　　　　C. 射频标签（RFID）　　D. 模型

（二）多选题

1. 医疗器械唯一标识由（　）组成

　　A. 产品标识　　　　　B. 生产标识　　　　　C. 图像标识　　　　　　D. 图形标识

2. 目前国家药监局认可的医疗器械唯一标识发码机构包括（　）

　　A. 中国物品编码中心　　　　　　　　　　　B. 中关村工信二维码技术研究院

　　C. 阿里健康科技（中国）有限公司　　　　　D. 中国科学研究院

二、思考题

1. 医疗器械企业应如何在兼顾合规要求与成本的情况下，开展医疗器械唯一标识系统的建立？

2. 国际先进国家的医疗器械唯一标识系统实施现状如何？

工作任务 2-2　医疗器械说明书与标签管理 ⓔ微课

PPT

任务目标

【知识目标】

1. 掌握　医疗器械说明书和标签的管理规定。

2. 熟悉　医疗器械说明书和标签违规的法律责任。

3. 了解　医疗器械说明书和标签变更工作。

【能力目标】

学会审查医疗器械标签、说明书的合规问题。

【素质目标】

培养医疗器械说明书和标签合法合规意识，提升职业素养。

典型工作任务

工作情景：　　　　　　　　一次性导尿管说明书和标签修改案例

2019年10月，国家药品不良反应监测中心发布一则题为《关注一次性导尿管球囊破裂的风险》的医疗器械警戒信息，主要内容如下：

自2019年1月1日至5月30日，国家药品不良反应监测中心共收到导尿管有关的可疑不良事件报告658份，其中，使用过程中发生球囊破裂的报告318份，占48.3%。经调查，发生球囊破裂的导尿管主要为乳胶材质。该材质导尿管发生球囊破裂的主要原因是未按说明书要求使用了石油基质润滑剂。球囊破裂的主要伤害以需要二次置管、影响术后恢复、疼痛、尿潴留、尿道出血为主；也有部分病例球囊残片残留体内，甚至可能造成患者膀胱功能永久性损伤。在部分尿道手术患者中，导尿管在术后恢复中起支撑作用，球囊破裂导致患者手术失败，带来二次手术风险。

液体石蜡、凡士林等石油基质润滑剂对天然乳胶材质具有溶胀作用。导尿管球囊膨大以后形成薄壁结构，在石油基质润滑剂的作用下，破裂的风险增加。有相关文献证实，乳胶导尿管在使用石油基质润滑剂时，发生球囊破裂的风险明显增高。

导尿管球囊是一次性导尿管的易损部位，为减少导尿管球囊破裂不良事件重复发生造成伤害的风险，提升用械安全，临床医护人员应根据一次性导尿管的结构和材质，正确选择润滑剂；天然乳胶材质的球囊导尿管，推荐使用水溶性润滑剂，应尽量避免使用石油基质润滑剂，如液体石蜡、凡士林等。导尿管生产企业应当进一步完善产品说明书和标签中的风险提示信息，重视润滑剂使用相关培训和技术指导，提高该类产品临床使用的安全性和有效性。

工作任务： 1. 请问医疗器械说明书和标签应包含哪些信息？

　　　　　　　2. 一次性导尿管生产企业应如何撰写说明书和标签风险提示信息？

一、医疗器械说明书与标签内容

医疗器械说明书，是指由医疗器械注册人或者备案人制作，随产品提供给用户，涵盖该产品安全有效的基本信息，用以指导正确安装、调试、操作、使用、维护、保养的技术文件。医疗器械标签是指在医疗器械或者其包装上附有的用于识别产品特征和标明安全警示等信息的文字说明及图形、符号。

《医疗器械监督管理条例》第三十九条规定，医疗器械说明书、标签应当标明下列事项：①通用名称、型号、规格；②医疗器械注册人、备案人、受托生产企业的名称、地址以及联系方式；③生产日期，使用期限或者失效日期；④产品性能、主要结构、适用范围；⑤禁忌、注意事项以及其他需要警示或者提示的内容；⑥安装和使用说明或者图示；⑦维护和保养方法，特殊运输、贮存的条件、方法；⑧产品技术要求规定应当标明的其他内容。第二类、第三类医疗器械还应当标明医疗器械注册证编号。由消费者个人自行使用的医疗器械还应当具有安全使用的特别说明。

进口的医疗器械应当有中文说明书、中文标签。说明书、标签应当符合规定以及相关强制性标准的要求，并在说明书中载明医疗器械的原产地以及境外医疗器械注册人、备案人指定的我国境内企业法人的名称、地址、联系方式。没有中文说明书、中文标签或者说明书、标签不符合本条规定的，不得进口。

医疗器械标签因位置或者大小受限而无法全部标明上述内容的，至少应当标注产品名称、型号、规格、生产日期和使用期限或者失效日期，并在标签中明确"其他内容详见说明书"。

二、医疗器械说明书和标签合规要求

（一）内容规范性

1. 总体要求 《医疗器械说明书和标签管理规定》明确规定，医疗器械说明书和标签的内容应当科学、真实、完整、准确，并与产品特性相一致，应当与经注册或者备案的相关内容一致。医疗器械最小销售单元应当附有说明书。医疗器械的使用者应当按照说明书使用医疗器械。医疗器械标签的内容应当与说明书有关内容相符合。

2. 产品名称 医疗器械产品名称应当使用通用名称，通用名称应当符合国家药品监督管理局制定的医疗器械命名规则。第二类、第三类医疗器械产品名称应当与医疗器械注册证中的产品名称一致。产品名称应当清晰地标明在说明书和标签的显著位置。

3. 专用词汇 医疗器械说明书和标签对疾病名称、专业名词、诊断治疗过程和结果的表述，应当采用国家统一发布或者规范的专用词汇，度量衡单位应当符合国家相关标准的规定。

4. 文字与符号 医疗器械说明书和标签文字内容应当使用中文，中文的使用应当符合国家通用的语言文字规范。医疗器械说明书和标签可以附加其他文种，但应当以中文表述为准。医疗器械说明书和标签中的文字、符号、表格、数字、图形等应当准确、清晰、规范。医疗器械说明书和标签中使用的符号或者识别颜色应当符合国家相关标准的规定；无相关标准规定的，该符号及识别颜色应当在说明书中描述。医疗器械说明书和标签常用详见图 2-2。

拓展 2

→ **案件直击**

义齿公司生产标签不符合规定的第二类医疗器械案

2023 年 6 月 15 日，××省药品监督管理局对某义齿公司进行专项检查。经查，当事人生产第二类医疗器械"定制式固定义齿"和"定制式活动义齿"包装标示的生产企业名称，与经注册内容不一致。上述行为违反了《医疗器械监督管理条例》第三十九条第一款规定。2023 年 8 月 28 日，××省药品监督管理局依据《医疗器械监督管理条例》第八十八条第二项规定，责令当事人改正违法行为，并对当事人处以罚款 40000 元的行政处罚。

思考：医疗器械产品说明书和标签相关的违法情形有哪些？针对不同情形，处罚依据分别是什么？

符号	作用	符号	作用
 ⊘②	含义：一次性使用，禁止二次使用 用法：图形单独使用	 ⧖	含义：失效期 用法：图形后接数字，表示须在此日期前使用
LOT	含义：批号 用法：图形后或图形下接数字	SN	含义：序列号 用法：图形后接数字
 ⚒	含义：生产日期 用法：图形后或图形下接数字	STERILE	含义：无菌 用法：图形单独使用
STERILE ∣ EO	含义：无菌，灭菌法为环氧乙烷 用法：图形单独使用	STERILE ∣ R	含义：无菌，灭菌法为射线灭菌 用法：图形单独使用
STERILE ∣ I	含义：无菌，灭菌法为蒸汽或干燥灭菌 用法：图形单独使用	STERILE ∣ A	含义：无菌，无菌加工技术灭菌 用法：图形单独使用
REF	含义：型号 用法：图形后接数字或字母	 ⚠	含义：警告，参阅附带文件 用法：图形单独使用
⬛	含义：生产厂家 用法：图形后接生产厂家	EC REP	含义：欧盟授权 用法：图形单独使用
 📖i	含义：参阅使用说明书 用法：图形单独使用	 🌡	含义：温度上限 用法：图形后接数字
 🌡	含义：温度下限 用法：图形后接数字	 🌡	含义：温度限制 用法：图形后接数字
IVD	含义：体外诊断医疗器械 用法：图形单独使用	 ☣	含义：生物风险 用法：图形单独使用

图 2-2　医疗器械说明书和标签常用符号及含义

（二）重复使用与一次性使用医疗器械说明书和标签要求

重复使用的医疗器械应当在说明书中明确重复使用的处理过程，包括清洁、消毒、包装及灭菌的方法和重复使用的次数或者其他限制。一次性使用产品应当注明"一次性使用"字样或者符号，已灭菌产品应当注明灭菌方式以及灭菌包装损坏后的处理方法，使用前需要消毒或者灭菌的应当说明消毒或者灭菌的方法。

三、医疗器械说明书和标签违规内容

医疗器械说明书和标签不得有下列内容：①含有"疗效最佳""保证治愈""包治""根治""即刻见效""完全无毒副作用"等表示功效的断言或者保证的；②含有"最高技术""最科学""最先进""最佳"等绝对化语言和表示的；③说明治愈率或者有效率的；④与其他企业产品的功效和安全性相比较的；⑤含有"保险公司保险""无效退款"等承诺性语言的；⑥利用任何单位或者个人的名义、形象作证明或者推荐的；⑦含有误导性说明，使人感到已经患某种疾病，或者使人误解不使用该医疗器械会患某种疾病或者加重病情的表述，以及其他虚假、夸大、误导性的内容；⑧法律、法规规定禁止的其他内容。

四、医疗器械说明书和标签内容变更

经药品监督管理部门注册审查的医疗器械说明书的内容不得擅自更改。已注册的医疗器械发生注册变更的，申请人应当在取得变更文件后，依据变更文件自行修改说明书和标签。说明书的其他内容发生变化的，应当向医疗器械注册的审批部门书面告知，并提交说明书更改情况对比说明等相关文件。审批部门自收到书面告知之日起 20 个工作日内未发出不予同意通知件的，说明书更改生效。

五、法律责任

依据《医疗器械监督管理条例》第八十八条规定，"生产、经营说明书、标签不符合规定的医疗器械""未按照医疗器械说明书和标签标示要求运输、贮存医疗器械"的，由负责药品监督管理的部门责令改正，处 1 万元以上 5 万元以下罚款；拒不改正的，处 5 万元以上 10 万元以下罚款；情节严重的，责令停产停业，直至由原发证部门吊销医疗器械生产许可证、医疗器械经营许可证，对违法单位的法定代表人、主要负责人、直接负责的主管人员和其他责任人员，没收违法行为发生期间自本单位所获收入，并处所获收入 30% 以上 2 倍以下罚款，5 年内禁止其从事医疗器械生产经营活动。

【任务总结】

1. 医疗器械说明书和标签的内容应当科学、真实、完整、准确，并与产品特性相一致，应当与经注册或者备案的相关内容一致。

2. 医疗器械说明书和标签不得含有的内容包括"疗效最佳""保证治愈""包治""根治"等表示功效的断言或者保证的；"最高技术""最科学""最先进""最佳"等绝对化语言和表示的；说明治愈率或者有效率等表述。

3. 医疗器械说明书和标签不得擅自变更，注册变更后应同步变更说明书和标签内容，其他内容变更应当向医疗器械注册的审批部门书面告知。

技能巩固

一、选择题

（一）单选题

1. 医疗器械说明书、标签和包装标识可以有（　　）

　　A. "疗效最佳"等表示功效的断言或者保证的内容

　　B. 与其他企业产品的功效和安全性相比较的内容

　　C. 产品的性能、主要结构、适用范围的内容

　　D. 使人感觉不使用该医疗器械会患某种疾病的表述

2.（　　）应当附有说明书

　　A. 医疗器械最小销售单元　　　　　　　　B. 小包装

　　C. 中包装　　　　　　　　　　　　　　　D. 大包装

（二）多选题

1. 医疗器械标签因位置或者大小受限而无法全部标明上述内容的，至少应当标注（　　）

    A. 产品名称　　　　　　　　　　　　B. 型号、规格

    C. 生产日期　　　　　　　　　　　　D. 使用期限或者失效日期

    E. "其他内容详见说明书"

2. 重复使用产品应当在说明书中明确重复使用处理过程，包括（　　）

    A. 清洁、消毒方法　　　　　　　　　B. 包装、灭菌方法

    C. 重复使用的次数　　　　　　　　　D. 其他限制

二、判断题

1. 医疗器械说明书和标签内容可与经注册或者备案的相关内容不一致。（　　）

2. 已注册的医疗器械发生注册变更的，申请人应当在取得变更文件后，依据变更文件自行修改说明书和标签。（　　）

3. 医疗器械说明书和标签文字内容应当使用中文，中文的使用应当符合国家通用的语言文字规范。医疗器械说明书和标签可以附加其他文种，但应当以中文表述为准。（　　）

三、思考题

1. 医疗器械企业想要修改医疗器械说明书和标签，需要怎么做？

2. 当前医疗器械说明书和标签存在的问题主要有哪些？

四、案例分析题

A 市场监督管理局在监督检查中发现 B 医疗器械经营公司经营的 C 厂生产的医用电子体温计（医疗器械注册证号：×械注准 201622000××）说明书中标示"存储条件：−20℃～55℃，湿度 10%～93%"。该注册证标明该产品技术要求为"×械注准 201622000××"，×械注准 201622000×× 产品技术要求系根据 GB/T 21416−2008《医用电子体温计》编制，产品技术要求中明确"包装后的体温计应贮存在相对湿度不超过 85%，无腐蚀性气体和通风良好的室内"。请问该案例如何定性及处罚？

工作任务 2−3　医疗器械广告管理

PPT

任务目标

【知识目标】

1. 掌握　医疗器械广告合规要求。

2. 熟悉　医疗器械广告申请与审批。

3. 了解　医疗器械广告批准文号格式与有效期。

【能力目标】

1. 能够申请医疗器械广告批准文号。

2. 能够审查医疗器械广告的违规之处。

【素质目标】

培养医疗器械广告合规意识，始终实事求是，求真务实。

🩺 典型工作任务 --

工作情景： 某企业为推广经销全自动化学发光免疫分析仪、微生物自动监督及药敏测试系统等各类知名品牌医学诊断产品。于2013年2月6日起至2014年12月22日间，分别委托上海某文化传播有限公司、上海某印刷有限公司、北京某印务有限公司印制了由当事人自行编写文案含有医疗器械名称、适用范围、性能结构等内容的产品手册、小卡片、宣传折页、海报、易拉宝、用户杂志，共计84批170984份广告品，支付印制费用656282.42元。并通过产品销售、产品推广、展会等渠道向客户投放上述广告品，至案发当事人已将广告品投放完毕。经查当事人上述84批广告品中，83批广告内容与当事人《医疗器械广告审查表》审查合格内容不相符合；1批广告内容未经广告审查机关审查。对该企业未经广告审查机关审查批准发布医疗器械广告的违法行为，处罚如下：责令停止发布，罚款19592.82元；对当事人发布医疗器械广告与审查批准内容不一致的违法行为，处罚如下：责令停止发布；罚款1949254.44元。以上二项合并处罚款1968847.26元。

工作任务： 1. 请问该企业违规之处是什么？处罚法律依据是什么？

　　　　　　　2. 请问医疗器械广告合规要求是什么？

一、基础知识

广告是指商品经营者或者服务提供者承担费用，通过一定媒介和形式直接或者间接地介绍自己所推销的商品或者所提供的服务的商业广告。医疗器械是一类特殊商品，其广告也具有一定的特殊性。医疗器械广告应符合《中华人民共和国广告法》（中华人民共和国主席令第22号）、《医疗器械监督管理条例》（中华人民共和国国务院令第739号）、《药品、医疗器械、保健食品、特殊医学用途配方食品广告审查管理暂行办法》（国家市场监督管理总局令第21号）等法规的要求。

二、医疗器械广告申请与审批

（一）医疗器械广告审批机构

国家市场监督管理总局负责组织指导医疗器械广告审查工作。各省、自治区、直辖市市场监督管理部门、药品监督管理部门负责医疗器械广告审查，依法可以委托其他行政机关具体实施广告审查。未经审查，不得发布。医疗器械广告中只宣传产品名称的，不对其内容进行审查。

（二）医疗器械广告申请资料

申请医疗器械广告审查，应当依法提交《广告审查表》、与发布内容一致的广告样件，以及下列合法有效的材料。

1. 申请人的主体资格相关材料，或者合法有效的登记文件。

2. 产品注册证明文件或者备案凭证、注册或者备案的产品标签和说明书，以及生产许可文件。

3. 广告中涉及的知识产权相关有效证明材料。

经授权同意作为申请人的生产、经营企业，还应当提交合法的授权文件；委托代理人进行申请的，还应当提交委托书和代理人的主体资格相关材料。

（三）医疗器械广告审批流程

申请人可以到广告审查机关受理窗口提出申请，也可以通过信函、传真、电子邮件或者电子政务平台提交医疗器械广告申请。广告审查机关收到申请人提交的申请后，应当在 5 个工作日内作出受理或者不予受理决定。申请材料齐全、符合法定形式的，应当予以受理，出具《广告审查受理通知书》。申请材料不齐全、不符合法定形式的，应当一次性告知申请人需要补正的全部内容。

广告审查机关应当对申请人提交的材料进行审查，自受理之日起 10 个工作日内完成审查工作。经审查，对符合法律、行政法规和《药品、医疗器械、保健食品、特殊医学用途配方食品广告审查管理暂行办法》规定的广告，应当作出审查批准的决定，编发广告批准文号。对不符合法律、行政法规和《药品、医疗器械、保健食品、特殊医学用途配方食品广告审查管理暂行办法》规定的广告，应当作出不予批准的决定，送达申请人并说明理由，同时告知其享有依法申请行政复议或者提起行政诉讼的权利。

经审查批准的医疗器械广告，广告审查机关应当通过本部门网站以及其他方便公众查询的方式，在 10 个工作日内向社会公开。公开的信息应当包括广告批准文号、申请人名称、广告发布内容、广告批准文号有效期、广告类别、产品名称、产品注册证明文件或者备案凭证编号等内容。

三、医疗器械广告的合规要求

（一）内容的规范性

医疗器械广告的内容应当真实合法，不得含有虚假、夸大、误导性的内容。医疗器械广告的内容应当以药品监督管理部门批准的注册证书或者备案凭证、注册或者备案的产品说明书内容为准。医疗器械广告涉及医疗器械名称、适用范围、作用机理或者结构及组成等内容的，不得超出注册证书或者备案凭证、注册或者备案的产品说明书范围。

推荐给个人自用的医疗器械的广告，应当显著标明"请仔细阅读产品说明书或者在医务人员的指导下购买和使用"。医疗器械产品注册证书中有禁忌内容、注意事项的，广告应当显著标明"禁忌内容或者注意事项详见说明书"。医疗器械广告应当显著标明广告批准文号。广告中应当显著标明的内容，其字体和颜色必须清晰可见、易于辨认，在视频广告中应当持续显示。

戒毒治疗的医疗器械，依法停止或者禁止生产、销售或者使用的医疗器械及法律法规明确禁止发布广告情形的医疗器械禁止发布广告。

医疗器械广告主、广告经营者、广告发布者应当严格按照审查通过的内容发布，不得进行剪辑、拼接、修改。已经审查通过的广告内容需要改动的，应当重新申请广告审查。

> 🔗 知识链接 --
>
> ### 医疗器械广告批准文号格式
>
> "×械广审（视/声/文）第 000000－00000 号"，"×"为各省、自治区、直辖市的简称；"械"为产品分类；"视""声""文"为广告媒介形式的分类；"0"由 11 位数字组成：前 6 位代表广告批准文号失效年月日（年份仅显示后 2 位），后 5 位代表广告批准序号。
>
> 医疗器械广告批准文号有效期与产品注册证明文件、备案凭证或者生产许可文件最短的有效期一致。

（二）医疗器械广告违规内容

《药品、医疗器械、保健食品、特殊医学用途配方食品广告审查管理暂行办法》第十一条规定，医疗器械广告不得包含下列情形：①使用或者变相使用国家机关、国家机关工作人员、军队单位或者军队人员的名义或者形象，或者利用军队装备、设施等从事广告宣传；②使用科研单位、学术机构、行业协会或者专家、学者、医师、药师、临床营养师、患者等的名义或者形象作推荐、证明；③违反科学规律，明示或者暗示可以治疗所有疾病、适应所有症状、适应所有人群，或者正常生活和治疗病症所必需等内容；④引起公众对所处健康状况和所患疾病产生不必要的担忧和恐惧，或者使公众误解不使用该产品会患某种疾病或者加重病情的内容；⑤含有"安全""安全无毒副作用""毒副作用小"；明示或者暗示成分为"天然"，因而安全性有保证等内容；⑥含有"热销、抢购、试用""家庭必备、免费治疗、免费赠送"等诱导性内容，"评比、排序、推荐、指定、选用、获奖"等综合性评价内容，"无效退款、保险公司保险"等保证性内容，怂恿消费者任意、过量使用药品、保健食品和特殊医学用途配方食品的内容；⑦含有医疗机构的名称、地址、联系方式、诊疗项目、诊疗方法以及有关义诊、医疗咨询电话、开设特约门诊等医疗服务的内容；⑧法律、行政法规规定不得含有的其他内容。

四、法律责任

（一）未经审查发布广告的法律责任

《药品、医疗器械、保健食品、特殊医学用途配方食品广告审查管理暂行办法》第二十六条规定，未经审查发布医疗器械广告，或者广告批准文号已超过有效期，仍继续发布医疗器械广告的，或未按照审查通过的内容发布医疗器械广告的，均按《中华人民共和国广告法》第五十八条处罚，由市场监督管理部门责令停止发布广告，责令广告主在相应范围内消除影响，处广告费用一倍以上三倍以下的罚款，广告费用无法计算或者明显偏低的，处十万元以上二十万元以下的罚款；情节严重的，处广告费用三倍以上五倍以下的罚款，广告费用无法计算或者明显偏低的，处二十万元以上一百万元以下的罚款，可以吊销营业执照，并由广告审查机关撤销广告审查批准文件、一年内不受理其广告审查申请。

（二）发布虚假广告的法律责任

《药品、医疗器械、保健食品、特殊医学用途配方食品广告审查管理暂行办法》第二十七条规定，发布虚假广告的，依照《中华人民共和国广告法》第五十五条的规定处罚，由市场监督管理部门责令停止发布广告，责令广告主在相应范围内消除影响，处广告费用三倍以上五倍以下的罚款，广告费用无法计算或者明显偏低的，处二十万元以上一百万元以下的罚款；两年内有三次以上违法行为或者有其他严重情节的，处广告费用五倍以上十倍以下的罚款，广告费用无法计算或者明显偏低的，处一百万元以上二百万元以下的罚款，可以吊销营业执照，并由广告审查机关撤销广告审查批准文件、一年内不受理其广告审查申请。

（三）呈现禁止发布内容的法律责任

发布《药品、医疗器械、保健食品、特殊医学用途配方食品广告审查管理暂行办法》第十一条第二项至第五项规定的违规内容，同样按上述《中华人民共和国广告法》第五十八条规定处罚。

发布《药品、医疗器械、保健食品、特殊医学用途配方食品广告审查管理暂行办法》第十一条第六项至第八项规定的违规内容《中华人民共和国广告法》及其他法律法规有规定的，依照相关规定处罚，没有规定的，由县级以上市场监督管理部门责令改正；对负有责任的广告主、广告经营者、广告发布者处以违法所得三倍以下罚款，但最高不超过三万元；没有违法所得的，可处一万元以下罚款。

➡ **案件直击**

案情简介：在广州市市场监管局公布的违法广告典型案例中，广州某大药房因发布虚假违法医疗器械广告被罚款20万元。通报称，该公司为销售"医用透明质酸钠修复贴"（属于第二类医疗器械），在某平台"康贝文旗舰店"发布含有"抗皱""保湿""保护皮肤水分流失，有效阻隔紫外线、照射、细菌病的侵害"等内容的广告。

违法依据：上述广告内容未经有关部门审查，构成违反《中华人民共和国广告法》第二十八条、第四十六条等规定所指的广告违法行为。根据《中华人民共和国广告法》第五十五、第五十八条的规定，广州市白云区市场监管局对其作出责令停止发布违法广告，并处以罚款200000元的行政处罚。

【任务总结】

1. 医疗器械广告审批机关是各省、自治区、直辖市药品监督管理部门，依法可以委托其他行政机关具体实施广告审查。监督机关是县级以上药品监督管理部门。

2. 医疗器械广告的内容应当以药品监督管理部门批准的注册证书或者备案凭证、注册或者备案的产品说明书内容为准。

3. 医疗器械广告批准文号有效期与产品注册证明文件、备案凭证或者生产许可文件最短的有效期一致。

技能巩固

一、选择题

单选题

1. 发布医疗器械广告，应当在发布前由（　　）对广告内容进行审查，并取得医疗器械广告批准文号；未经审查，不得发布

A. 县级以上药品监督管理部门　　　　　　B. 市级药品监督管理部门

C. 省级药品监督管理部门　　　　　　　　D. 国家药品监督管理局

2. 医疗器械广告审查批准文号的有效期为（　　）

A. 2 年

B. 3 年

C. 4 年

D. 与医疗器械注册证或备案凭证，生产许可证有效期最短的效期一致

3. 广告审查机关应当对申请人提交的材料进行审查，自受理之日起（　　）工作日内完成审查工作

A. 5 个　　　　　　　B. 7 个　　　　　　　C. 10 个　　　　　　　D. 15 个

二、判断题

1. 医疗器械广告内容应当以药品监督管理部门批准的注册证书或者备案凭证、注册或者备案的产品说明书内容为准。　　　　　　　　　　　　　　　　　　　　　（　　）

2. 推荐给个人自用的医疗器械的广告，应当显著标明"请仔细阅读产品说明书或者在医务人员的指导下购买和使用"。 （ ）

3. 医疗器械广告可以含有"热销、抢购、试用""家庭必备、免费治疗、免费赠送"等诱导性内容。 （ ）

三、思考题

1. 明星能代言医疗器械广告吗？如果代言需要承担法律责任吗？

2. 医疗器械广告涉及虚假宣传，医疗器械企业应承担何种法律责任？

四、实训任务

1. 分组收集3个公开发布的医疗器械广告，审查广告是否合规。针对不合规的医疗器械广告指出违法之处及法律责任。

2. 在国家市场监督管理总局政务服务平台查询某一个医疗器械广告内容，写出产品名称、广告批准文号、广告类别、时长、有效期等信息。

书网融合……

| 项目小结 | 习题 | 微课 |

项目三 医疗器械注册与备案管理

【项目引言】

为了使民众获得安全且有效的医疗器械，我国对医疗器械产品上市前实施市场准入制度，医疗器械注册申请人和备案人应当熟悉医疗器械注册与备案要求，依法向我国药品监督管理部门办理备案或申请注册，获取医疗器械注册证或备案凭证后方可合法上市医疗器械。

工作任务 3 - 1 医疗器械标准与技术评价

PPT

任务目标

【知识目标】

1. **掌握** 医疗器械标准管理，产品技术要求编写要求。
2. **熟悉** 医疗器械产品检验相关规定，医疗器械临床评价规定。
3. **了解** 医疗器械产品风险分析和法律责任。

【能力目标】

1. 学会编写医疗器械产品技术要求。
2. 能够完成医疗器械检验工作。
3. 学会确定医疗器械产品的临床评价路径。

【素质目标】

提高守护大众用械安全的意识，遵守职业道德，激发家国情怀。

典型工作任务

工作情景：   A 公司生产不符合经备案产品技术要求的"液体伤口敷料"案

2022 年 5 月 26 日，浙江省药品稽查局根据投诉举报线索，组织绍兴市市场监督管理局和绍兴市柯桥区市场监督管理局对绍兴 A 公司进行现场检查，并对当事人生产的第一类医疗器械"液体伤口敷料"抽样检验。经检验，在产品中检出备案产品技术要求以外成分。经查，当事人生产不符合经备案产品技术要求的医疗器械"液体伤口敷料"，涉案货值金额 838899.6 元。

工作任务：该案件如何定性和处罚？请指出法律依据。

一、医疗器械标准管理

（一）医疗器械标准的定义与分类

医疗器械标准，是指由国家药品监督管理局依据职责组织制修订，依法定程序发布，在医疗器械研制、生产、经营、使用、监督管理等活动中遵循的统一的技术要求。医疗器械标准既是规范医疗器械产品质量的技术文件，也是医疗器械行政管理部门行使医疗器械监督管理职权的重要技术支撑。

医疗器械标准按照其效力不同，可以分为强制性标准和推荐性标准。医疗器械强制性标准是对保障人体健康和生命安全的技术要求，分为强制性国家标准和强制性行业标准。医疗器械推荐性标准是对满足基础通用、与强制性标准配套、对医疗器械产业起引领作用等需要的技术要求，可以分为推荐性国家标准和推荐性行业标准。医疗器械标准按照其规范对象不同，可以分为基础标准、方法标准、管理标准和产品标准。医疗器械标准可以在"中国食品药品检定研究院"官网的"医疗器械标准目录查询"模块进行检索与查阅，医疗器械标准举例见表3-1。

表3-1　医疗器械标准举例

目录名称	一级目录	二级目录	标准编号和标准名称
通用技术领域	医用电气设备	/	GB 9706.1—2020 医用电气设备 第1部分：基本安全和基本性能的通用要求
通用技术领域	医疗器械生物	基础通用	GB/T 16886.3—2019 医疗器械生物学评价 第3部分：遗传毒性、致癌性和生殖毒性试验
专业技术领域	医用防护器械	特定传染病防	GB 19082—2023 医用一次性防护服
专业技术领域	医用X射线设	专业通用领域	GB 9706.228—2020 医用电气设备 第2-28部分：医用诊断X射线管组件的基本安全和基本性能专用要求
专业技术领域	外科植入物	有源植入物	YY 0989.3—2023 手术植入物 有源植入式医疗器械 第3部分：植入式神经刺激器
通用技术领域	医用电气设备	/	YY/T 1861—2023 医学影像存储与传输系统软件专用技术条件

知识链接

医疗器械国家标准和医疗器械行业标准的编号

医疗器械国家标准和行业标准的编号按照国务院标准化行政主管部门的规定编制，其编号由国家标准/行业标准的代号、标准号和标准发布的年号构成。

医疗器械强制性国家标准的编号形式为 GB ×××\times1—××××2，推荐性国家标准的编号形式为 GB/T ×××\times1—××××2，其中×××\times1为标准号，××××2为标准发布年号，如 GB 9706.1—2020《医用电气设备 第1部分：基本安全和基本性能的通用要求》和 GB/T 42061—2022《医疗器械 质量管理体系 用于法规的要求》。

医疗器械强制性行业标准的编号形式为 YY ×××\times1—××××2，推荐性行业标准的编号形式为 YY/T ×××\times1—××××2，其中×××\times1为标准号，××××2为标准发布年号，如 YY 0499—2023《麻醉和呼吸设备 气管插管用喉镜》，YY/T 1028—2023《医用内窥镜 纤维内窥镜》。

（二）医疗器械标准的制定与修订

医疗器械标准制修订程序包括标准立项、起草、征求意见、技术审查、批准发布、复审和废止等。具体规定由国家药品监督管理局制定，对医疗器械监管急需制修订的标准，可以按照国家药品监督管理局规定的快速程序开展。

1. 标准立项　医疗器械标准管理中心应当根据医疗器械标准规划，向社会公开征集医疗器械标准制定、修订立项提案。对征集到的立项提案，由相应的医疗器械标准化技术委员会（包括标准化技术归口单位，下同）进行研究后，提出本专业领域标准计划项目立项申请。涉及两个或者两个以上医疗器械标准化技术委员会的标准计划项目立项提案，应当由医疗器械标准管理中心负责协调，确定牵头医疗器械标准化技术委员会，并由其提出标准计划项目立项申请。

医疗器械标准管理中心对医疗器械标准计划项目立项申请，经公开征求意见并组织专家论证后，提出医疗器械标准计划项目，编制标准制修订年度工作计划建议，报国家药品监督管理局审核。国家药品监督管理局审核通过的医疗器械标准计划项目，应当向社会公示。国家标准计划项目送国务院标准化行政主管部门批准下达；行业标准计划项目由国家药品监督管理局批准下达。

2. 标准起草，形成征求意见稿　医疗器械生产经营企业、使用单位、监管部门、检测机构以及有关教育科研机构、社会团体等，可以向承担医疗器械标准计划项目的医疗器械标准化技术委员会提出起草相关医疗器械标准的申请。医疗器械标准化技术委员会结合标准的技术内容，按照公开、公正、择优的原则，选定起草单位。起草单位应当广泛调研、深入分析研究，积极借鉴相关国际标准，在对技术内容进行充分验证的基础上起草医疗器械标准，形成医疗器械标准征求意见稿，经医疗器械标准化技术委员会初步审查后，报送医疗器械标准管理中心。

3. 公开征求意见，完善意见稿　医疗器械标准征求意见稿在医疗器械标准管理中心网站向社会公开征求意见，征求意见的期限一般为两个月。承担医疗器械标准计划项目的医疗器械标准化技术委员会对征集到的意见进行汇总后，反馈给标准起草单位，起草单位应当对汇总意见进行认真研究，对征求意见稿进行修改完善，形成医疗器械标准送审稿。承担医疗器械标准计划项目的医疗器械标准化技术委员会负责组织对医疗器械标准送审稿进行技术审查。审查通过后，将医疗器械标准报批稿、实施建议及相关资料报送医疗器械标准管理中心进行审核。

4. 标准技术审查和发布　医疗器械标准管理中心将审核通过后的医疗器械标准报批稿及审核结论等报送国家药品监督管理局审查。审查通过的医疗器械国家标准送国务院标准化行政主管部门批准、发布；审查通过的医疗器械行业标准由国家药品监督管理局确定实施日期和实施要求，以公告形式发布。医疗器械国家标准、行业标准按照国务院标准化行政主管部门的相关规定进行公开，供公众查阅。

5. 标准修改　医疗器械标准批准发布后，因个别技术内容影响标准使用、需要进行修改，或者对原标准内容进行少量增减时，应当采用标准修改单方式修改。标准修改单应当按照标准制修订程序制定，由医疗器械标准的原批准部门审查发布。

6. 标准复审与废止　医疗器械标准化技术委员会应当对已发布实施的医疗器械标准开展复审工作，根据科学技术进步、产业发展以及监管需要对其有效性、适用性和先进性及时组织复审，提出复审结论。复审结论分为继续有效、修订或者废止。复审周期原则上不超过 5 年。医疗器械标准复审结论由医疗器械标准管理中心审核通过后，报送国家药品监督管理局审查。医疗器械国家标准复审结论，送国务院标准化行政主管部门批准；医疗器械行业标准复审结论由国家药品监督管理局审查批准，并对复审结论为废止的标准以公告形式发布。

（三）医疗器械标准的实施与监督

医疗器械企业应当严格按照经注册或者备案的产品技术要求组织生产，保证出厂的医疗器械符合强制性标准以及经注册或者备案的产品技术要求。医疗器械推荐性标准被法律法规、规范性文件及经注册或者备案的产品技术要求引用的内容应当强制执行。医疗器械产品技术要求，应当与产品设计特性、预期用途和质量控制水平相适应，并不得低于产品适用的强制性国家标准和强制性行业标准。

药品监督管理部门对医疗器械企业实施医疗器械强制性标准以及经注册或者备案的产品技术要求的情况进行监督检查。任何单位和个人有权向药品监督管理部门举报或者反映违反医疗器械强制性标准以及经注册或者备案的产品技术要求的行为。收到举报或者反映的部门，应当及时按规定作出处理。

医疗器械标准实行信息化管理，标准立项、发布、实施等信息应当及时向公众公开。药品监督管理部门应当在医疗器械标准发布后，及时组织、指导标准的宣传、培训。医疗器械标准化技术委员会对标准的实施情况进行跟踪评价。医疗器械标准管理中心根据跟踪评价情况对强制性标准实施情况进行统计分析。

⇒ **案件直击**

国家药品监督管理局抽检公告

为加强医疗器械监督管理，保障医疗器械产品质量安全有效，国家药品监督管理局组织对牙科低压电动马达、贴敷类医疗器械（远红外治疗贴、磁疗贴、穴位磁疗贴）等5个品种进行了产品质量监督抽检，共12批（台）产品不符合标准规定。具体情况通告如下：

一、被抽检项目不符合标准规定的医疗器械产品

①牙科低压电动马达1台：广东A公司生产，涉及漏电流和患者辅助电流（工作温度下）、空载转速不符合标准规定。②立式压力蒸汽灭菌器1台：合肥B公司生产，涉及"可触及零部件的允许限值正常条件下的值"、单一故障条件下的限值（断地）不符合标准规定。③电动吸引器1台：苏州C公司生产，涉及"由网电源驱动、可移动的高负压/高流量设备"不符合标准规定。④贴敷类医疗器械（远红外治疗贴、磁疗贴、穴位磁疗贴）6批次：分别为九江D公司、郑州E公司、乌兰察布市F公司、湖南G公司、重庆H公司生产，涉及检出"按照补充检验方法要求不得检出的相关药物成分"。⑤人体血液及血液成分袋式塑料容器（血袋）3批次：南京I公司生产，涉及血袋输血插口不符合标准规定。以上抽检不符合标准规定产品具体情况见附件。

二、对抽检中发现的上述不符合标准规定产品，国家药品监督管理局已要求企业所在地省级药品监督管理部门按照《医疗器械监督管理条例》《医疗器械生产监督管理办法》和《医疗器械召回管理办法》等要求，及时作出行政处理决定并向社会公布。省级药品监督管理部门要督促企业对抽检不符合标准规定的产品进行风险评估，根据医疗器械缺陷的严重程度确定召回级别，主动召回产品并公开召回信息；督促企业尽快查明产品不合格原因，制定整改措施并按期整改到位。

思考：1. 医疗器械产品不符合标准，会造成哪些危害？

2. 上述医疗器械分别要符合哪些标准？

二、医疗器械产品技术要求

（一）重要性

《医疗器械监督管理条例》规定，第一类医疗器械产品备案和申请第二类、第三类医疗器械产品注册时应当提交产品技术要求及其他注册资料。产品技术要求经备案或注册核定后，不得随意更改。医疗器械产品技术要求贯穿于医疗器械的设计开发、检验、注册备案、生产、经营、使用、上市后管理等各个环节，对于整个医疗器械全生命周期的重要性不言而喻。医疗器械注册人、备案人、受托企业必须严格按照标准和产品技术要求组织生产，经营、使用单位必须经营或使用符合产品技术要求的产品，否则将承担相应违法责任。医疗器械注册人、备案人、生产者、经营者、审评机构、审批监管部门都应当重视产品技术要求的作用。

（二）编写要求

为提高医疗器械技术审评的规范性和科学性，指导医疗器械注册人、备案人编写产品技术要求，国家药品监督管理局发布了《医疗器械产品技术要求编写指导原则的通告》。产品技术要求的内容一般包括产品名称，型号、规格及其划分说明（必要时），性能指标，检验方法，术语（如适用）及附录（如适用）。如产品技术要求中的内容引用国家标准、行业标准的，应注明相应标准的编号和年代号。

产品技术要求中的性能指标是指可进行客观判定的成品的功能性、安全性指标，可参考相关国家标准/行业标准并结合具体产品的设计特性、预期用途且应当符合产品适用的强制性国家标准/行业标准。如产品结构特征、预期用途、使用方式等与强制性标准的适用范围不一致，注册人、备案人应当提出不适用强制性标准的说明，并提供相关资料。

产品技术要求中的检验方法是用于验证产品是否符合规定要求的方法，检验方法的制定应与相应的性能指标相适应。应优先考虑采用适用的已建立标准方法的检验方法，必要时，应当进行方法学验证，以确保检验方法的可重现性和可操作性。通常情况下，检验方法宜包括试验步骤和结果的表述（如计算方法等）。必要时，还可增加试验原理、样品的制备和保存、仪器等确保结果可重现的所有条件、步骤等内容。对于体外诊断试剂类产品，检验方法中还应明确说明采用的参考品/标准品、样本制备方法、试验次数、计算方法。

⇒ **案例直击** --

一次性使用负压引流装置不符合产品技术要求案

东莞某有限公司生产的"一次性使用负压引流装置"，硬度及紫外吸光度结果不符合粤械注准《一次性使用负压引流装置》产品技术要求，检验结论为不合格，产品货值金额共34306.8元。上述行为违反了《医疗器械监督管理条例》第三十五条第一款规定。2023年1月13日，市市场监管局依据《医疗器械监督管理条例》第八十六条第一款第一项规定，责令当事人立即改正违法行为，并没收违法生产的医疗器械157个、罚款171534元。

思考：1. 请问一次性使用负压引流装置相关的标准有哪些？产品技术要求应当有哪些性能指标？

2. 该产品不符合产品技术要求会有哪些危害？

三、医疗器械检验

医疗器械检验是指医疗器械在研发、生产、使用、维修等环节借助于专门的仪器设备，为了及时获得被测、被控对象的信息而进行实时或非实时的定性检验和测量，并出具检验报告的过程。医疗器械在其生命周期中需要我们不断地检验、评估，保证其正常地工作，因此医疗器械的日常检验必不可少。

（一）医疗器械检验基本要求

《医疗器械监督管理条例》第十四条第二项规定，第一类医疗器械产品备案和申请第二类、第三类医疗器械产品注册，应当提交产品检验报告。产品检验报告应当符合国务院药品监督管理部门的要求，可以是医疗器械注册申请人、备案人的自检报告，也可以是委托有资质的医疗器械检验机构出具的检验报告。

产品检验报告是医疗器械设计验证的重要评价资料，经检验合格的医疗器械方可办理备案、开展临床试验或提出注册申请。检验用医疗器械应当能够代表申请注册或者进行备案产品的安全性和有效性，其生产应当符合医疗器械生产质量管理规范的相关要求。

（二）医疗器械注册自检要求

为加强医疗器械注册管理，规范注册申请人注册自检工作，确保医疗器械注册检验工作有序开展，根据《医疗器械监督管理条例》及《医疗器械注册与备案管理办法》《体外诊断试剂注册与备案管理办法》，国家药品监督管理局组织制定了《医疗器械注册自检管理规定》（2021 年第 126 号）。

本规定共包含六部分，分别是自检能力要求、自检报告要求、委托检验要求、申报资料要求、现场检查要求和责任要求。其中，自检能力要求明确了总体要求、检验能力要求、管理体系要求、自检依据等；自检报告要求明确了自检报告的格式要求、签章要求和产品检验型号覆盖要求等；委托要求明确了受托条件、对受托方的评价要求、样品一致性等；申报资料要求明确了注册申请人在注册申报时，应该提交的自检报告、自检能力声明、质量管理体系相关资料、型号覆盖说明、报告真实性自我声明等；现场检查要求明确了在注册质量管理体系现场核查时，应将"自检能力要求"的检查情况在现场核查报告中予以阐述；责任要求明确了体验报告虚假的违法责任。

关于受托检验的检验机构资质问题，按照《医疗器械监督管理条例》第七十五条规定，经国务院认证认可监督管理部门会同国务院药品监督管理部门认定的检验机构，方可对医疗器械实施检验。根据国家检验检测机构资质认定的相关规定，医疗器械检验检测机构应获得资质认定证书（CMA）。注册申请人应根据产品特点，对受托机构的资质、检验能力、检验范围进行评价。委托检验报告应该加盖CMA 公章。

四、医疗器械临床评价

（一）医疗器械临床评价内涵

医疗器械临床评价是指采用科学合理的方法对临床数据进行分析、评价，以确认医疗器械在其适用范围内的安全性、有效性的活动。申请医疗器械注册，应当提交临床评价资料。注册申请人在进行临床评价前，应先明确申报产品的适用范围，若申报产品的适用范围尚不明确，则建议先开展探索性研究确认其适用范围。

为加强医疗器械产品临床评价工作的监督和指导，进一步提高注册审查质量，国家药品监督管理局发布了 5 项医疗器械临床评价技术指导原则，分别是《医疗器械临床评价技术指导原则》《决策是否开展医疗器械临床试验技术指导原则》《医疗器械临床评价等同性论证技术指导原则》《医疗器械注册申报临床评价报告技术指导原则》《列入免于临床评价医疗器械目录产品对比说明技术指导原则》。根据规定，第一类医疗器械不需要提供临床评价资料；需要进行临床评价的第二类、第三类医疗器械，应当按照相关要求提供临床评价资料。

（二）医疗器械临床评价路径

不同的医疗器械临床评价路径有所不同，明确与产品相适应的临床评价路径是注册人、备案人的重要任务。按照医疗器械产品风险程度由低到高，医疗器械临床评价路径主要包括免于临床评价、同品种比对临床评价和临床试验（图 3 - 1）。

1. 免于临床评价　第一类医疗器械免于临床评价，第二类和第三类医疗器械有下列情形之一的，也可以免于进行临床评价：①工作机理明确、设计定型，生产工艺成熟，已上市的同品种医疗器械临床应用多年且无严重不良事件记录，不改变常规用途的；②其他通过非临床评价能够证明该医疗器械安全、有效的。

免于进行临床评价的，可以免于提交临床评价资料。免于进行临床评价的医疗器械目录由国家药品

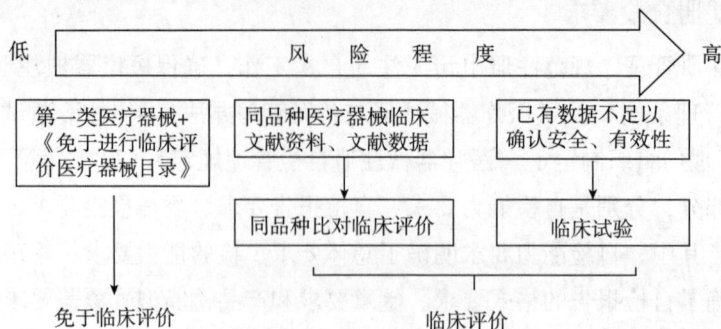

图 3-1 医疗器械临床评价路径

监督管理局制定、调整并公布。目前国家药监局发布了《免于临床评价医疗器械目录（2023 年）》(简称《目录》)。《目录》中包含了超声频谱多普勒诊断设备，手术无影灯、内窥镜手术剪、伽玛（γ）照相机、糖化血红蛋白检测试剂等诸多产品。

拓展 1

申请人需要认真研读豁免目录中的产品及产品描述，将申报产品与《目录》中已获准境内注册医疗器械产品进行对比说明，开展两者等同性论证（表 3-2），若申请人提交的资料能够证明申报产品与《目录》产品具有基本等同性，则可以免于临床评价，若无法证明则应开展临床评价。

表 3-2 申报产品与目录中已获准境内注册医疗器械对比表

对比项目	目录中医疗器械	申报产品	差异性	支持性资料概述	分析研究资料概述
基本原理（工作原理/作用机理）					
结构组成					
产品制造材料或与人体接触部分的制造材料					
性能要求					
灭菌/消毒方式					
适用范围					
使用方法					
……					

2. 同品种比对临床评价　对比器械是指注册申请人选择的，旨在将其临床数据用于支持申报产品临床评价的医疗器械。当对比器械的适用范围、技术和/或生物学特性与申报产品具有广泛相似性时，可将其视为同品种医疗器械。同品种医疗器械包括可比器械和等同器械两种情形。某些情形下，申报产品的适用范围与同品种医疗器械相同，技术特征和/或生物学特性与同品种医疗器械的相似程度使二者的安全性、临床性能和/或有效性不存在显著的临床差异，认为二者具有等同性。等同器械是同品种医疗器械的理想情形。当对比器械与申报产品不具有等同性，但二者在适用范围、技术特征和/或生物学特性具有广泛相似性时，可将对比器械视为可比器械。

注册申请人可通过同品种医疗器械的临床数据进行申报产品的全部或部分临床评价，但必须考虑差异性对产品安全性、临床性能和/或有效性产生的影响。产品的适用范围包括适应证、适用人群、使用部位、疾病的阶段和严重程度等；技术特征包括产品设计、工作原理、技术参数、理化特性、关键性能要求等；生物学特性包括降解特征和生物学反应等。论证对比器械与申报产品是否具有广泛相似性（即注册申请人选择的对比器械是否为同品种医疗器械）的需考虑事项，相应要求及需在临床评价报告中体现的内容见《医疗器械注册申报临床评价报告技术指导原则》，等同性论证的具体要求见《医疗器械临床评价等同性论证技术指导原则》。注册申请人需对非临床支持性信息进行评估、总结并将其归入临床评价报告，但是临床评价不对申报产品的技术特征和生物学特性进行全面评估。

3. 临床试验　按照国家药品监督管理局的规定，进行医疗器械临床评价时，已有临床文献资料、临床数据不足以确认产品安全、有效的医疗器械，应当开展临床试验，是否需要开展临床试验的主要考虑因素详见图3-2。

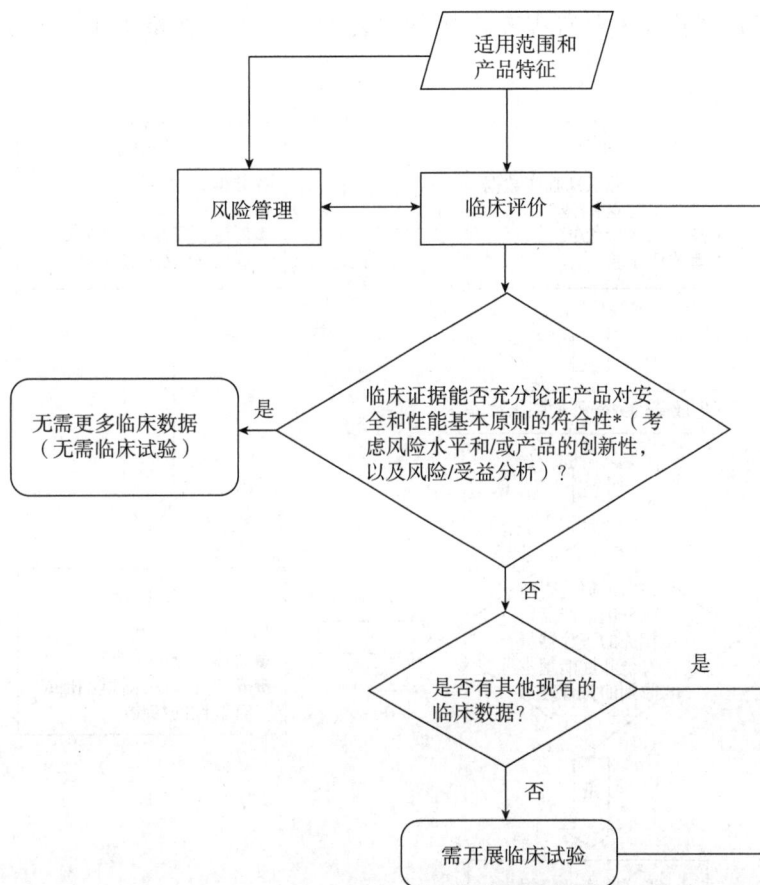

*符合性能标准可能可充分论证产品对医疗器械安全和性能基本原则的符合性

图3-2　是否需要开展临床试验的主要考虑因素

（三）医疗器械临床评价流程

医疗器械临床评价首要任务是确定临床评价的范围，临床评价对申报产品适用范围下的上市前和上市后临床数据（包括安全性、临床性能和/或有效性数据）进行综合分析，包括申报产品的数据以及注册申请人选择的同品种医疗器械的数据。评价必须对产品相关的临床宣称、说明书和标签中产品临床使用信息（特别是禁忌证、预防措施/警告）的充分性以及说明书的适宜性进行确认。根据需从临床角度确认的安全和性能基本原则，确定临床评价范围，考虑因素包括：①需要特别关注的设计特征或者目标使用人群；②将同品种医疗器械的临床数据用于支持申报产品的安全性、临床性能和/或有效性；③用于临床评价的数据来源和数据类型。

在确定医疗器械临床评价范围后，临床评价包括三个阶段（图3-3）：①识别需要临床数据支持的安全和性能基本原则，识别与产品及其适用范围相关的可用的临床数据；②根据产品在适用范围下的安全性、临床性能和/或有效性的论证需要，评价临床数据的适宜性和贡献；③分析各数据集，得出产品安全性、临床性能和/或有效性以及产品临床使用相关信息方面（如说明书和标签等）相关的结论。临床评价的最后阶段，需起草临床评价报告，其与相关临床数据一起，形成临床证据。若临床证据不足以论证产品对安全和性能基本原则的符合性，则注册申请人需要生成新的数据（例如开展临床试验、扩大文献检索的范围）。因此，临床评价过程可能重复图中流程。上述流程的结果应文件化，以形成临床评价报告。临床评价报告及作为其基础的临床数据将作为产品的临床证据。

注册申请人使用临床证据，以及其他设计验证和确认文件、器械描述、说明书和标签、风险分析以及生产信息，论证产品对安全和性能基本原则的符合性。上述信息和文件是医疗器械技术文档的一部分。

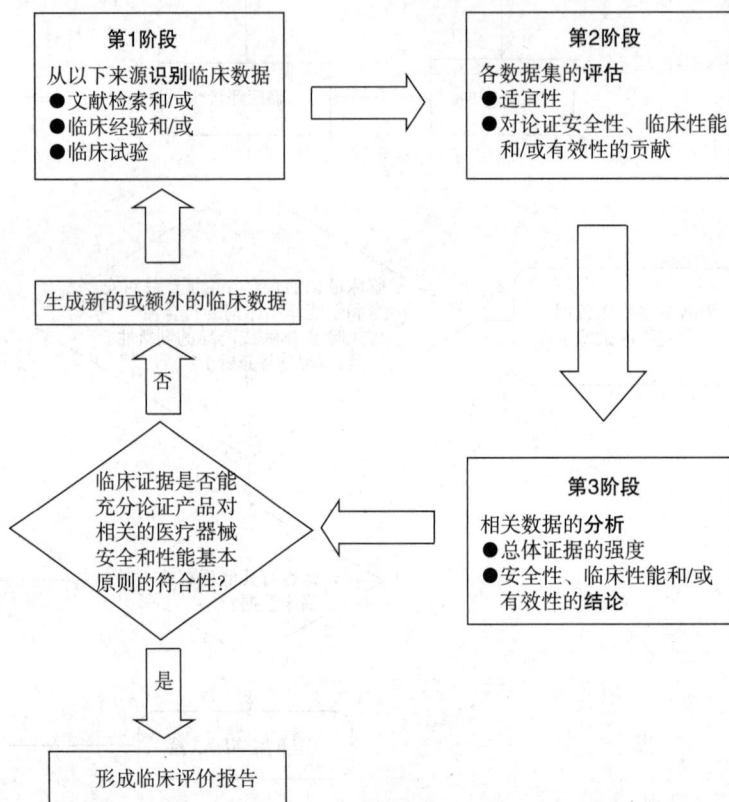

图 3-3 医疗器械临床评价阶段

（四）医疗器械临床试验备案与审批

1. 医疗器械临床试验的定义与目的 医疗器械临床试验被定义为，为评价医疗器械的安全性、临床性能和/或有效性，在一例或多例受试者中开展的系统性的试验或研究。临床试验旨在评价产品在其适用范围或特定适应证下的安全性、临床性能和/或有效性。

2. 医疗器械临床试验机构备案管理 医疗器械临床试验机构实行备案管理，医疗器械临床试验机构应当具备的条件以及备案管理办法和临床试验质量管理规范，由国务院药品监督管理部门会同国务院卫生主管部门制定并公布。国家支持医疗机构开展临床试验，将临床试验条件和能力评价纳入医疗机构等级评审，鼓励医疗机构开展创新医疗器械临床试验。

3. 医疗器械临床试验备案 临床试验开始前，临床试验申办者应当向所在地省、自治区、直辖市药品监督管理部门进行临床试验备案。接受临床试验备案的药品监督管理部门应当将备案情况通报临床试验机构所在地同级药品监督管理部门和卫生主管部门。临床试验医疗器械的生产应当符合医疗器械生产质量管理规范的相关要求。

4. 医疗器械临床试验审批　第三类医疗器械进行临床试验对人体具有较高风险的，应当经国家药品监督管理局批准。国家药品监督管理局制定、调整并公布《需进行临床试验审批的第三类医疗器械目录》（表3-3），其临床试验应在符合要求的三级甲等医疗机构开展。

医疗器械临床试验审批是指国家药品监督管理局根据申请人的申请，对拟开展临床试验的医疗器械的风险程度、临床试验方案、临床受益与风险对比分析报告等进行综合分析，以决定是否同意开展临床试验的过程。需进行医疗器械临床试验审批的，申请人应当按照相关要求提交综述资料、研究资料、临床资料、产品说明书和标签样稿等申请资料。

国家药品监督管理局医疗器械技术审评中心对受理的临床试验申请进行审评。对临床试验申请应当自受理申请之日60日内作出是否同意的决定，并通过国家局器械审评中心网站通知申请人。逾期未通知的，视为同意。此种制度被称为医疗器械临床试验默示许可制度。医疗器械临床试验应当在批准后3年内实施；医疗器械临床试验申请自批准之日起，3年内未有受试者签署知情同意书的，该医疗器械临床试验许可自行失效。仍需进行临床试验的，应当重新申请。

表3-3　需进行临床试验审批的第三类医疗器械目录

序号	产品类别	分类编码	产品描述
1	植入式心脏节律管理设备	12	植入式心脏起搏器：通常由植入式脉冲发生器和扭矩扳手组成。通过起搏电极将电脉冲施加在患者心脏的特定部位。用于治疗慢性心律失常。再同步治疗起搏器还可用于心力衰竭治疗 植入式心脏除颤器：通常由植入式脉冲发生器和扭矩扳手组成。通过检测室性心动过速和颤动，通过电极向心脏施加心律转复/除颤脉冲对其进行纠正。用于治疗快速室性心律失常。再同步治疗除颤器还可用于心力衰竭治疗
2	植入式心室辅助系统	12	通常由植入式泵体、电源部分、血管连接和控制器组成。用于为进展期难治性左心衰患者血液循环提供机械支持，用于心脏移植前或恢复心功能的过渡治疗和/或长期治疗。供具备心脏移植条件与术后综合护理能力的医疗机构使用，医务人员、院外护理人员以及患者须通过相应培训。抗凝治疗不耐受患者禁用
3	植入式药物输注设备	12	通常由药物灌注泵、再灌注组件和导管入口组件组成。该产品与鞘内导管配合使用，进行长期药物的输入
4	人工心脏瓣膜和血管内支架	13	人工心脏瓣膜或瓣膜修复器械：一般采用高分子材料、动物组织、金属材料、无机非金属材料制成，可含或不含表面改性物质。用于替代或修复天然心脏瓣膜 血管内支架：支架一般采用金属（包括可吸收金属材料）或高分子材料（包括可吸收高分子材料）制成，其结构一般呈网架状。支架可含或不含表面改性物质，如涂层。可含有药物成分。如用于治疗动脉粥样硬化，以及各种狭窄性、阻塞性或闭塞性等血管病变
5	含活细胞的组织工程医疗产品	13/16/17	以医疗器械作用为主的含活细胞的无源植入性组织工程医疗产品
6	可吸收四肢长骨内固定植入器械	13	采用可吸收高分子材料或可吸收金属材料制成，适用于四肢长骨骨折内固定

（五）医疗器械临床试验实施与管理

1. 医疗器械临床试验质量管理规范　为加强对医疗器械临床试验的管理，维护医疗器械临床试验过程中受试者权益，保证医疗器械临床试验过程规范，结果真实、科学、可靠和可追溯，根据《医疗器械监督管理条例》，国家药品监督管理局会同国家卫生健康委员会制定了《医疗

拓展2

器械临床试验质量管理规范》（简称《规范》）。在中华人民共和国境内，为申请医疗器械（含体外诊断试剂）注册而实施的医疗器械临床试验相关活动，应当遵守本规范。规范涵盖医疗器械临床试验全过程，包括医疗器械临床试验的方案设计、实施、监查、稽查、检查以及数据的采集、记录、保存、分析、总结和报告等。

《规范》共九章六十六条，分别是总则、伦理委员会、医疗器械临床试验机构、研究者、申办者、临床试验方案和试验报告、多中心临床试验、记录要求和附则。"总则"章节明确法律依据和适用范围等；"伦理委员会"章节规定伦理审查原则和审查要求；"医疗器械临床试验机构"章节明确了医疗器械临床试验机构应当具有相应的临床试验管理部门，承担医疗器械临床试验的管理工作；"研究者"章节强调了研究者应具备的条件和承担的职责；"申办者"章节突出申办者主体责任，要求申办者的质量管理体系应当覆盖医疗器械临床试验的全过程；"临床试验方案和试验报告"章节概述了方案和报告的一般要求、主要内容、签章要求等；"多中心临床试验"章节明确多中心定义及要求；"记录要求"章节规定了临床试验记录的基本原则，并对病例报告表填写、电子数据采集做出要求；"附则"章节提出术语和施行日期。

2. 医疗器械临床试验伦理审查　开展医疗器械临床试验，应当按照规定进行伦理审查，向受试者告知试验目的、用途和可能产生的风险等详细情况，获得受试者的书面知情同意；受试者为无民事行为能力人或者限制民事行为能力人的，应当依法获得其监护人的书面知情同意。开展临床试验，不得以任何形式向受试者收取与临床试验有关的费用。

3. 医疗器械临床试验暂停或终止　医疗器械临床试验中出现大范围临床试验医疗器械相关严重不良事件，或者其他重大安全性问题时，申办者应当暂停或者终止医疗器械临床试验，分别向所在地和临床试验机构所在地省、自治区、直辖市药品监督管理部门报告。未暂停或者终止的，省、自治区、直辖市药品监督管理部门依法责令申办者采取相应的风险控制措施。已批准开展的临床试验，有下列情形之一的，国家药品监督管理局可以责令申请人终止已开展的医疗器械临床试验：①临床试验申请资料虚假的；②已有最新研究证实原批准的临床试验伦理性和科学性存在问题的；③其他应当终止的情形。

4. 医疗器械拓展性临床试验　对正在开展临床试验的用于治疗严重危及生命且尚无有效治疗手段的疾病的医疗器械，经医学观察可能使患者获益，经伦理审查、知情同意后，可以在开展医疗器械临床试验的机构内免费用于其他病情相同的患者，其安全性数据可以用于医疗器械注册申请。

⇒ **案件直击**

外周药物涂层球囊导管临床试验真实性问题

为贯彻落实《医疗器械监督管理条例》，加强医疗器械临床试验监督管理，国家药品监督管理局组织开展医疗器械注册申请项目临床试验监督抽查，发现 A 公司申报注册的外周药物（紫杉醇）涂层球囊导管（受理号：CQZ2200024）存在临床试验产品真实性问题。该产品注册检验报告中显示的收样日期早于生产设备和检验设备购进日期，注册检验报告所用检验产品不是由该公司生产。根据《中华人民共和国行政许可法》第七十八条和《医疗器械注册与备案管理办法》第五十九条规定，对该注册申请项目不予注册，并自不予注册之日起一年内不予再次受理该项目的注册申请。

思考：1. 医疗器械临床试验的开展应当符合哪些规范？

2. 医疗器械临床试验报告应当符合哪些要求？

（六）法律责任

《医疗器械监督管理条例》第九十三条规定了三种违法情形的处罚：第一种违法情形是未进行医疗器械临床试验机构备案开展临床试验的，由负责药品监督管理的部门责令停止临床试验并改正；拒不改正的，该临床试验数据不得用于产品注册、备案，处 5 万元以上 10 万元以下罚款，并向社会公告；造成严重后果的，5 年内禁止其开展相关专业医疗器械临床试验，并处 10 万元以上 30 万元以下罚款，由卫生主管部门对违法单位的法定代表人、主要负责人、直接负责的主管人员和其他责任人员，没收违法行为发生期间自本单位所获收入，并处所获收入 30% 以上 3 倍以下罚款，依法给予处分。

第二种违法情形是临床试验申办者开展临床试验未经备案的，由负责药品监督管理的部门责令停止临床试验，对临床试验申办者处 5 万元以上 10 万元以下罚款，并向社会公告；造成严重后果的，处 10 万元以上 30 万元以下罚款。该临床试验数据不得用于产品注册、备案，5 年内不受理相关责任人以及单位提出的医疗器械注册申请。

第三种违法情形是临床试验申办者未经批准开展对人体具有较高风险的第三类医疗器械临床试验的，由负责药品监督管理的部门责令立即停止临床试验，对临床试验申办者处 10 万元以上 30 万元以下罚款，并向社会公告；造成严重后果的，处 30 万元以上 100 万元以下罚款。该临床试验数据不得用于产品注册，10 年内不受理相关责任人以及单位提出的医疗器械临床试验和注册申请，对违法单位的法定代表人、主要负责人、直接负责的主管人员和其他责任人员，没收违法行为发生期间自本单位所获收入，并处所获收入 30% 以上 3 倍以下罚款。

《医疗器械监督管理条例》第九十四条规定，医疗器械临床试验机构开展医疗器械临床试验未遵守临床试验质量管理规范的，由负责药品监督管理的部门责令改正或者立即停止临床试验，处 5 万元以上 10 万元以下罚款；造成严重后果的，5 年内禁止其开展相关专业医疗器械临床试验，由卫生主管部门对违法单位的法定代表人、主要负责人、直接负责的主管人员和其他责任人员，没收违法行为发生期间自本单位所获收入，并处所获收入 30% 以上 3 倍以下罚款，依法给予处分。

《医疗器械监督管理条例》第九十五条规定，医疗器械临床试验机构出具虚假报告的，由负责药品监督管理的部门处 10 万元以上 30 万元以下罚款；有违法所得的，没收违法所得；10 年内禁止其开展相关专业医疗器械临床试验；由卫生主管部门对违法单位的法定代表人、主要负责人、直接负责的主管人员和其他责任人员，没收违法行为发生期间自本单位所获收入，并处所获收入 30% 以上 3 倍以下罚款，依法给予处分。

五、医疗器械产品风险分析

医疗器械研制应当遵循风险管理原则，考虑现有公认技术水平，确保产品所有已知和可预见的风险以及非预期影响最小化并可接受，保证产品在正常使用中受益大于风险。由于医疗器械是涉及人类生命健康和安全的产品，因此从 20 世纪 80 年代开始，各国监管机构对于"制造商宜对医疗器械应用风险管理"的认同在不断增加，风险管理对医疗器械的应用的标准变得非常重要。

2022 年 10 月，国家市场监督管理总局、国家标准化管理委员会发布了 GB/T 42062—2022《医疗器械 风险管理对医疗器械的应用》，该标准为制造商提供了一个系统性地应用经验、见识和判断以管理与医疗器械使用相关的风险的框架。标准内容包括风险管理系统、风险分析、风险评价、风险控制、综合剩余风险评价、风险管理评审、生产和生产后活动等。

（一）风险管理

风险（risk）是指损害发生概率与该损害严重程度的结合。风险管理（risk management）是用于风险分析、评价、控制和监视工作的管理方针、程序及其实践的系统运用。医疗器械的风险管理，首先根据器械自身的特性和预期用途，识别所有相关的危害、危害处境或风险事件，然后对每种风险进行评价，当风险被评价不能接受的时候则应制定措施降低或控制风险，完成控制后要继续重复评价危害或损害的剩余风险，不断重复进行这种评价以及必要的控制，直到认为所有风险可接受为止。

（二）风险管理资料

产品风险管理资料是对产品的风险管理过程及其评审的结果予以记录所形成的资料。包括应当提供下列内容，并说明对于每项已判定危害的下列各个过程的可追溯性。①风险分析：包括医疗器械适用范围和与安全性有关特征的识别、危害的识别、估计每个危害处境的风险。②风险评价：对于每个已识别的危害处境，评价和决定是否需要降低风险，若需要，描述如何进行相应风险控制。③风险控制：描述为降低风险所执行风险控制的相关内容。④任何一个或多个剩余风险的可接受性评定。⑤与产品受益相比，综合评价产品风险可接受。

【任务总结】

1. 医疗器械产品技术要求主要包括医疗器械成品的可进行客观判定的功能性、安全性指标和检测方法。

2. 申请注册或者进行备案，应当按照产品技术要求进行检验，并提交检验报告。申请注册或者进行备案提交的医疗器械产品检验报告可以是申请人、备案人的自检报告，也可以是委托有资质的医疗器械检验机构出具的检验报告。

3. 医疗器械临床评价路径主要包括免于临床评价、同品种比对临床评价和临床试验。开展医疗器械临床试验，应当按照医疗器械临床试验质量管理规范的要求，在具备相应条件的临床试验机构进行，并向临床试验申办者所在地省、自治区、直辖市药品监督管理部门备案或经国家药监局批准。

4. 医疗器械注册人和备案人应当注重医疗器械产品风险分析，做好风险管理。

技能巩固

一、选择题

（一）单选题

1. 以下关于医疗器械临床试验说法，错误的是（   ）

    A. 第一类医疗器械不需要临床试验

    B. 所有需要进行临床试验的第二类医疗器械均采用备案管理

    C. 所有第三类医疗器械临床试验均采用审批管理

    D. 部分第二类医疗器械可以豁免临床试验

2. 医疗器械临床试验应当在批准后（   ）实施

    A. 1 年内   B. 2 年内   C. 3 年内   D. 4 年内

3. 医疗器械临床试验前，申办者应当向所在地（   ）药品监督管理部门备案

    A. 县级   B. 设区的市级

    C. 省、自治区、直辖市   D. 国家级

4. 关于医疗器械产品检验，下列说法错误的是（   ）

A. 申请第二类、第三类医疗器械注册，均应当进行产品检验

B. 医疗器械产品检验机构应当依据产品技术要求、强制标准等要求对相关产品进行检验

C. 医疗器械产品检验可以由具有资质要求的医疗器械检验机构进行

D. 医疗器械产品检验不合格的，也可以进入临床试验环节

5.《GB/T 42062–2022 医疗器械风险管理对医疗器械的应用》属于（　　）

A. 国家强制性标准　　　　　　　　　　　B. 国家推荐性标准

C. 行业强制性标准　　　　　　　　　　　D. 行业推荐性标准

（二）多选题

1. 医疗器械产品注册、备案，应当进行临床评价，可以免于进行临床评价的情形包括（　　）

A. 工作机理明确、设计定型，生产工艺成熟，已上市的同品种医疗器械临床应用多年且无严重不良事件记录，不改变常规用途的

B. 医疗器械安全性、有效性符合法规要求

C. 其他通过非临床评价能够证明该医疗器械安全、有效的

D. 医疗器械产品技术要求符合国家强制性标准的

2.《医疗器械临床试验质量管理规范》适用的医疗器械临床试验包括（　　）

A. 常规外科手术器械进行的临床试验

B. 第二类医疗器械进行的临床试验

C. 第三类医疗器械进行的临床试验

D. 体外诊断试剂进行的临床试验

3. 关于医疗器械产品技术要求，下列说法正确的是（　　）

A. 产品技术要求就是标准

B. 产品技术要求主要包括医疗器械成品的可进行客观判定的功能性、安全性指标和检测方法

C. 产品技术要求是生产的依据之一

D. 申请注册或者进行备案医疗器械的产品技术要求由申请人、备案人进行编制

4. 医疗器械产品注册前检验工作可由（　　）开展

A. 医疗器械质量监督检验中心　　　　　　B. 医疗器械审评中心

C. 药品稽查局　　　　　　　　　　　　　D. 医疗器械注册人

5. 医疗器械标准按照其规范对象可分为（　　）

A. 基础标准　　　　B. 方法标准　　　　C. 管理标准　　　　D. 产品标准

二、案例分析题

2023 年 11 月 21 日，湖南省药品监督管理局收到湖南省药品检验检测研究院省抽检验报告 1 份（报告编号：YQ202310444），显示某医疗器械有限公司生产的定制式固定义齿（标示产品编号为230810092）"铸造连接体和卡环"项目不合格。2023 年 11 月 28 日，湖南省药品监督管理局执法人员将上述报告书依法送达后，并对该公司上述批号定制式固定义齿的生产、销售情况进行了现场检查，确认被抽检产品是该公司生产和销售的。请问对该公司处罚的法律依据是什么？

三、实训任务

开展医疗器械临床试验，应当按照《医疗器械临床试验质量管理规范》的要求，在具备相应条件的临床试验机构进行，并向临床试验申办者所在地省、自治区、直辖市人民政府药品监督管理部门备案。

请以国家集中带量采购标的冠脉支架为例，模拟申请人的角色，填写《医疗器械临床试验备案表》，并熟悉备案材料清单。

试验名称								
试验目的								
试验用医疗器械	名称							
	规格型号							
	分类							
	需进行临床试验审批的第三类医疗器械			中心境内同类产品				
试验方案版本号及日期				多中心临床试验				
临床试验机构				研究者				
名称	地址	联系人	电话	姓名	科室	职务	电话	
项目开始日期				项目结束日期				
历次备案信息								
备案号				备案日期				

工作任务 3-2　医疗器械注册与备案概述

PPT

任务目标

【知识目标】

1. **掌握**　医疗器械注册人与备案人的义务。

2. **熟悉**　医疗器械注册与备案的分类管理与基本要求。

3. **了解**　医疗器械注册与备案的内涵。

【能力目标】

学会开展医疗器械注册与备案基本工作。

【素质目标】

培养医疗器械上市前合规管理意识，形成良好的专业素养。

典型工作任务

工作情景： 某家医疗器械科研机构经多年研究设计开发了一款新型椎间融合器，产品临床效果不错，现拟申请注册上市。

工作任务：1. 请问该产品上市应当申请注册还是办理备案？

　　　　　2. 若该产品成功上市，该科研机构需要承担哪些义务？

- -

一、医疗器械注册与备案的内涵

《医疗器械注册与备案管理办法》第三条规定了医疗器械注册与备案的不同内涵。医疗器械注册，是指医疗器械注册申请人依照法定程序和要求提出医疗器械注册申请，药品监督管理部门依据法律法规，基于科学认知，进行安全性、有效性和质量可控性等审查，决定是否同意其申请的活动。医疗器械备案，是指医疗器械备案人依照法定程序和要求向药品监督管理部门提交备案资料，药品监督管理部门对提交的备案资料存档备查的活动。

拓展 3

二、医疗器械注册与备案分类管理

按照医疗器械风险等级的不同，医疗器械上市前管理划分为医疗器械注册和医疗器械备案两种管理形式。根据《医疗器械监督管理条例》有关规定，第一类医疗器械实行产品备案管理，第二类、第三类医疗器械实行产品注册管理。境内第一类医疗器械备案，备案人向设区的市级负责药品监督管理的部门提交备案资料。境内第二类医疗器械由省、自治区、直辖市药品监督管理部门审查，批准后发给医疗器械注册证。境内第三类医疗器械由国家药品监督管理局审查，批准后发给医疗器械注册证。进口第一类医疗器械备案，备案人向国家药品监督管理局提交备案资料。进口第二类、第三类医疗器械由国家药品监督管理局审查，批准后发给医疗器械注册证（表3-4）。

表 3 - 4　医疗器械注册与备案分类管理

注册人/备案人所在地	产品管理类别	注册/备案	审查/备案部门
境内	第一类	备案	设区的市级药品监督管理的部门
	第二类	注册	省、自治区、直辖市药品监督管理部门
	第三类	注册	国家药品监督管理局
境外及我国港澳台地区	第一类	备案	国家药品监督管理局
	第二类、第三类	注册	国家药品监督管理局

三、医疗器械注册与备案的基本要求

医疗器械申请人、备案人应当为能够承担相应法律责任的企业或者研制机构。境外申请人、备案人应当指定中国境内的企业法人作为代理人，办理相关医疗器械注册、备案事项。

医疗器械注册、备案应当遵守相关法律、法规、规章、强制性标准，遵循医疗器械安全和性能基本原则，参照相关技术指导原则，证明注册、备案的医疗器械安全、有效、质量可控，保证全过程信息真实、准确、完整和可追溯。办理医疗器械注册、备案事项的人员应当具有相应的专业知识，熟悉医疗器械注册、备案管理的法律、法规、规章和注册管理相关规定。申请人、备案人应当建立与产品相适应的质量管理体系，并保持有效运行。

四、医疗器械注册人与备案人的义务

医疗器械注册人，是指取得第二类或第三类医疗器械注册证的企业或研制机构。医疗器械备案人，是指办理第一类医疗器械备案的企业或研制机构。医疗器械注册人、备案人应当加强医疗器械全生命周期质量管理，对研制、生产、经营、使用全过程中的医疗器械的安全性、有效性和质量可控性依法承担责任。《医疗器械监督管理条例》第二十条明确规定，医疗器械注册人、备案人应当履行下列义务：①建立与产品相适应的质量管理体系并保持有效运行；②制定上市后研究和风险管控计划并保证有效实施；③依法开展不良事件监测和再评价；④建立并执行产品追溯和召回制度；⑤国务院药品监督管理部门规定的其他义务。

在生产环节中，医疗器械注册人、备案人可以自行生产也可以委托具备相应条件的企业生产医疗器械。委托生产的，注册人、备案人应当对所委托生产的医疗器械质量负责。在经营环节，医疗器械注册人、备案人要监督经营企业建立健全与经营的医疗器械相适应的质量管理体系，并保证其有效运行；从事网络销售的主体，应当符合网络销售的有关规定；在不良事件监测环节，医疗器械注册人、备案人应当建立医疗器械不良事件监测体系，对不良事件及时开展调查和处置；在再评价环节，医疗器械注册人、备案人应当主动开展已上市医疗器械的再评价，根据再评价结果采取相应的风险控制措施。

医疗器械注册人、备案人应当建立全面的质量管理体系，掌控医疗器械全生命周期各个环节的质量，确保上市产品按照设计预期生产，且质量可控、风险可控。注册人、备案人应当承担监督、监控各个环节活动的管理责任，配备专职的质量管理人员、上市后事务管理人员，具备对全生命周期质量管理体系进行评估、审核和监督的能力。境外医疗器械注册人、备案人指定的我国境内企业法人应当协助注册人、备案人履行规定的义务。进口医疗器械代理人对境外医疗器械注册人、备案人落实协助义务。

⇒ 案件直击

A公司未履行境外医疗器械注册代理人义务案

根据国家药监局交办的案件线索，2022年6月，××省药品监督管理局对A公司涉嫌未履行境外医疗器械注册代理人义务的有关情况予以立案调查。经查，当事人作为医疗器械的进口注册代理人，在协助注册人向国家药监局办理进口医疗器械注册申请过程中，未履行告知注册人需补充提交生产地址变更的ISO证书、产品标签和真实性声明等文件的公证函的义务，当事人的注册专员尹某某擅自通过图片编辑软件伪造虚假公证函提交国家药监局作为注册补正材料。2021年11月，当事人已协助注册人申请撤回涉案医疗器械注册申请。

当事人的上述行为，违反《医疗器械监督管理条例》（国务院令第739号）第十四条第四款、第二十条第一款第五项、第二款规定。2022年8月，××省药品监督管理局依据《医疗器械监督管理条例》（国务院令第739号）第九十八条第一款规定，责令当事人改正上述违法行为，对当事人处以罚款12万元的行政处罚，对其责任人尹某某处以5年内禁止从事医疗器械生产经营活动的行政处罚。

思考：境外医疗器械注册代理人应当履行哪些义务？

【任务总结】

1. 医疗器械注册人、备案人是指取得医疗器械注册证或者办理医疗器械备案的企业或研制机构。

2. 国家对第二类、第三类医疗器械实行注册管理，对第一类医疗器械实行备案管理。医疗器械注册是药品监督管理部门根据医疗器械注册申请人的申请，依照法定程序，对其拟上市医疗器械的安全性、有效性研究及其结果进行系统评价，以决定是否同意其申请的过程。医疗器械备案是指医疗器械备案人向药品监督管理部门提交备案资料存档备查的过程。

技能巩固

一、选择题

（一）单选题

1. 国家对医疗器械实行注册与备案分类管理，境内第三类医疗器械应当向（　　）申请注册

　　A. 设区的市级药品监督管理机构

　　B. 省、自治区、直辖市药品监督管理机构

　　C. 国家药品监督管理局

　　D. 国家卫生健康委员会

2. 进口第三类医疗器械需要（　　）

　　A. 省、自治区、直辖市药品监督管理部门注册审批

　　B. 省、自治区、直辖市药品监督管理部门备案

　　C. 国家药品监督管理局注册审批

　　D. 国家药品监督管理局备案

3. 申请注册或办理备案的进口医疗器械，应当提供申请人或备案人在注册地或者生产地址所在国家（地区）的（　　）

　　A. 已获准生产证明　　　　　　　　　　B. 已获准上市销售证明

　　C. 产品注册（备案）证明　　　　　　　D. 公证书

4. 医疗器械注册人、备案人应当加强医疗器械全生命周期质量管理，对医疗器械的安全性、有效性和（　　）依法承担责任

　　A. 质量可控性　　　　　　　　　　　　B. 风险可控性

　　C. 产品可及性　　　　　　　　　　　　D. 价格可控性

5. 医疗器械注册申请人、备案人应当为能够承担相应法律责任的（　　）

　　A. 企业　　　　　　　　　　　　　　　B. 研制机构

　　C. 企业或研制机构　　　　　　　　　　D. 社会团体或组织

（二）多选题

1. 在医疗器械注册环节，国家药品监督管理局的职责有（　　）

　　A. 主管全国医疗器械注册与备案管理工作，负责建立医疗器械注册与备案管理工作体系和制度

　　B. 依法组织境内第三类和进口第二类、第三类医疗器械审评审批

　　C. 进口第一类医疗器械备案以及相关监督管理工作

　　D. 对地方医疗器械注册与备案工作进行监督指导

2. 在医疗器械注册环节，省、自治区、直辖市药品监督管理部门的职责有（　　）

　　A. 境内第二类医疗器械注册审评审批

　　B. 境内第二类、第三类医疗器械质量管理体系核查

　　C. 依法组织医疗器械临床试验机构以及临床试验的监督管理

　　D. 对设区的市级负责药品监督管理的部门境内第一类医疗器械备案的监督指导

3. 医疗器械注册人、备案人应当履行的义务包括（　）

    A. 建立与产品相适应的质量管理体系并保持有效运行

    B. 制定上市后研究和风险管控计划并保证有效实施

    C. 依法开展不良事件监测和再评价

    D. 建立并执行产品追溯和召回制度

4. 以下关于境外医疗器械注册人、备案人及其代理人说法正确的是（　）

    A. 境外注册人、备案人应当通过其在中国境内指定的企业法人作为代理人，配合境外注册人、备案人开展相关工作

    B. 代理人应建立与相应药品监督管理部门与境外注册人、备案人的联络

    C. 代理人应收集上市后医疗器械不良事件信息并反馈境外注册人、备案人，同时向相应的药品监督管理部门报告

    D. 代理人应承担其他涉及产品质量和售后服务的连带责任

5. 以下关于医疗器械注册人、备案人说法正确的是（　）

    A. 医疗器械注册人、备案人以自己名义把产品推向市场，对产品负法律责任

    B. 医疗器械注册人、备案人可以委托他人以自己名义把产品推向市场，由受托方对产品负法律责任

    C. 医疗器械注册人、备案人应当建立与产品研制、生产有关的质量管理体系，并保持有效运行

    D. 医疗器械注册人、备案人应当对所提交资料的真实性负责

二、案例分析题

2023 年 1 月 20 日，上海市闵行区市场监督管理局根据协查线索，对上海某贸易有限公司进行现场检查。经查当事人于 2021 年 7 月至 2022 年 1 月期间，经营未取得医疗器械注册证第三类医疗器械"FX80 classix 空心纤维血液透析滤过器"，涉案货值金额 120960 元，违法所得 18719.81 元。请问该案件如何定性和处罚？

工作任务 3-3　医疗器械备案管理

PPT

任务目标

【知识目标】

1. 掌握　医疗器械备案基本知识。

2. 熟悉　医疗器械备案资料要求。

3. 了解　医疗器械备案变更管理。

【能力目标】

能够完成第一类医疗器械备案与备案变更工作。

【素质目标】

培养医疗器械备案合法性、完整性、真实性的合规意识。

典型工作任务 --

    工作情景： 假设你是某省一医疗器械生产企业的医疗器械上市申报人员，企业拟生产一款用于心胸

外科手术中钳夹血管的止血夹，前期的研发设计已经完成，现拟申请上市。

　　工作任务： 1. 该产品是否属于医疗器械备案管理范畴？

　　　　　　　　2. 请你与研发设计人员沟通，编写整理完整的备案资料。

一、医疗器械备案办理

　　医疗器械备案，是指医疗器械备案人依照法定程序和要求，向药品监督管理部门提交备案资料，药品监督管理部门对提交的备案资料存档备查的活动。医疗器械备案管理，是以分类管理为基础，以产品风险高低为依据设置的行政监管手段。备案人向行政机关报送资料，行政机关对备案资料进行形式审查，发给备案人备案凭证，并公布备案信息。通过备案存档收集信息并开展后续监督检查，对不符合法规要求的，责成企业及时纠正或采取行政处罚等行政行为。

　　实行备案管理的医疗器械为《第一类医疗器械产品目录》和《体外诊断试剂分类目录》中的第一类医疗器械，或经分类界定属于第一类医疗器械的产品。凡在中华人民共和国境内销售、使用的第一类医疗器械，均应按照规定办理备案，未进行备案的第一类医疗器械，不得销售、使用。

（一）备案资料

　　按照《医疗器械监督管理条例》第十四条的规定，第一类医疗器械产品备案需要提交相关资料证明产品的安全性和有效性。医疗器械备案人应当确保提交的资料合法、真实、准确、完整和可追溯。根据国家药监局《关于第一类医疗器械备案有关事项的公告》（2022 年第 62 号），第一类医疗器械备案需提交的资料如下（表 3 - 5）。

表 3 - 5　第一类医疗器械备案资料表

资料名称	要求
第一类医疗器械备案表	
关联文件	境内备案人、境外备案人
产品技术要求	按照《医疗器械产品技术要求编写指导原则》编制，主要包括医疗器械成品的可进行客观判定的功能性、安全性指标和检测方法
产品检验报告	应为产品全性能自检报告或委托检验报告，检验的产品应当具有典型性
产品说明书及最小销售单元标签设计样稿	符合《医疗器械说明书和标签管理规定》《体外诊断试剂说明书编写指导原则》等相关要求
生产制造信息	对生产过程相关情况的概述
符合性说明	

1. 第一类医疗器械备案表

2. 关联文件

　　（1）境内备案人提供　企业营业执照副本或事业单位法人证书的复印件。委托其他企业生产的，应当提供受托企业资格文件（营业执照副本复印件）、委托合同和质量协议复印件。

　　（2）境外备案人提供　境外备案人企业资格证明文件：境外备案人注册地所在国家（地区）公司登记主管部门或医疗器械主管部门出具的能够证明境外备案人存续且具备相应医疗器械生产资格的证明文件；或第三方认证机构为境外备案人出具的能够证明境外备案人具备相应医疗器械生产资格的证明文件。

　　境外备案人注册地或生产地所在国家（地区）医疗器械主管部门出具的准许该产品上市销售的证

明文件。备案人注册地或生产地所在国家（地区）未将该产品作为医疗器械管理的，备案人需提供相关文件，包括备案人注册地或者生产地所在国家（地区）准许该产品上市销售的证明文件。未在境外备案人注册地或生产地所在国家（地区）上市的创新医疗器械可以不提交。

境外备案人在中国境内指定代理人的委托书、代理人承诺书，代理人营业执照副本复印件。

3. 产品技术要求　产品技术要求应按照国家药监局《关于发布医疗器械产品技术要求编写指导原则的通告》（2022 年第 8 号）编制，主要包括医疗器械成品的可进行客观判定的功能性、安全性指标和检测方法。

4. 产品检验报告　应为产品全性能自检报告或委托检验报告，检验的产品应当具有典型性。检验报告后随附产品实物照片。产品实物照片应当包括拆除所有内外包装后的样品实物照片，以及内外包装实样照片。多个型号规格的，提供典型产品的照片。

5. 产品说明书及最小销售单元标签设计样稿　医疗器械说明书和标签应当符合《医疗器械说明书和标签管理规定》《体外诊断试剂说明书编写指导原则》等相关要求，说明书中产品性能应当与产品技术要求中的相应内容一致。进口产品应当提交境外政府主管部门批准或者认可的说明书原文及其中文译本。

6. 生产制造信息　对生产过程相关情况的概述。无源医疗器械应明确产品生产加工工艺，注明关键工艺。有源医疗器械应提供产品生产工艺过程的描述性资料，可采用流程图的形式，或生产过程的概述。体外诊断试剂应概述主要生产工艺，包括固相载体、显色系统等的描述及确定依据，反应体系包括样本采集及处理、样本要求、样本用量、试剂用量、反应条件、校准方法（如果需要）、质控方法等。有多个研制、生产场地的，应当概述每个研制、生产场地的实际情况。委托其他企业生产的，应当列出受托企业名称、住所、生产地址。

7. 符合性声明　声明符合第一类医疗器械备案相关要求；声明本产品符合有关分类的要求及依据，包括《第一类医疗器械产品目录》或《体外诊断试剂分类子目录》的有关内容，应当注明确切的产品分类依据，明确所属子目录、一级、二级产品类别；声明本产品符合现行国家标准、行业标准并提供符合标准的清单；声明所提交备案资料的真实性（境内产品由备案人出具，进口产品由备案人和代理人分别出具）。

（二）备案流程

第一类医疗器械生产前，应当进行产品备案。境内第一类医疗器械备案，备案人向设区的市级负责药品监督管理的部门提交备案资料。进口第一类医疗器械备案，备案人向国家药品监督管理局提交备案资料。香港、澳门、台湾地区医疗器械的备案参考进口医疗器械办理。备案人向相应的备案部门提交备案资料。

备案部门应当结合备案人提交的备案资料，判断产品是否属于第一类医疗器械，备案资料是否符合规定。备案事项属于本部门职权范围，备案资料符合要求的，提供备案编号。备案资料不符合要求的，告知备案人并说明理由。备案事项不属于本部门职权范围的，告知备案人。备案部门按本部门档案管理程序对备案资料予以归档。

备案人提交符合要求的备案资料后即完成备案。备案部门应当按照第一类医疗器械备案操作规范开展备案工作。对备案的医疗器械，备案部门向备案人提供备案编号，并按照规定的时间公布《第一类医疗器械备案信息表》或《第一类体外诊断试剂备案信息表》中登载的有关信息。备案人应当将备案号标注在医疗器械的说明书及标签中。

第一类医疗器械备案编号的编排方式为：×1 械备 × × × ×2 × × × ×3。其中：×1 为备案部门所在地的简称，进口第一类医疗器械为"国"字，境内第一类医疗器械为备案部门所在地省、自治区、直辖市简称加所在地设区的市级行政区域的简称（无相应设区的市级行政区域时，仅为省、自治区、直辖市的简称）；×××2为备案年份；×××3为备案流水号。

二、医疗器械备案变更与取消

已备案的医疗器械，备案信息表中登载内容及备案的产品技术要求发生变化，备案人应当向原备案部门变更备案，并提交变化情况的说明及相关文件。对变更备案的医疗器械，备案部门应当将变更情况登载于备案信息表"变更情况"栏中，并按照规定的时间公布变更情况相关信息。

已备案的医疗器械管理类别调整为第二类、第三类的，应当按照规定申请注册；备案人应当主动取消备案。备案人开展产品再评价工作的结果表明，已上市产品不能保证安全、有效的，备案人应当主动取消备案。已备案的医疗器械调整为不再按照医疗器械管理的，备案人应当主动取消备案。备案人未按要求取消备案的，备案部门可以公告取消备案。取消备案后不得再继续生产相应医疗器械。

承担第一类医疗器械产品备案工作的药品监督管理部门在备案后监督中，发现备案资料不规范的，应当责令备案人限期改正。

三、法律责任

《医疗器械监督管理条例》第八十四条规定，生产、经营未经备案的第一类医疗器械，或已经备案的资料不符合要求的，由负责药品监督管理的部门向社会公告单位和产品名称，责令限期改正；逾期不改正的，没收违法所得、违法生产经营的医疗器械；违法生产经营的医疗器械货值金额不足1万元的，并处1万元以上5万元以下罚款；货值金额1万元以上的，并处货值金额5倍以上20倍以下罚款；情节严重的，对违法单位的法定代表人、主要负责人、直接负责的主管人员和其他责任人员，没收违法行为发生期间自本单位所获收入，并处所获收入30%以上2倍以下罚款，5年内禁止其从事医疗器械生产经营活动。

《医疗器械监督管理条例》第八十五条规定，备案时提供虚假资料的，由负责药品监督管理的部门向社会公告备案单位和产品名称，没收违法所得、违法生产经营的医疗器械；违法生产经营的医疗器械货值金额不足1万元的，并处2万元以上5万元以下罚款；货值金额1万元以上的，并处货值金额5倍以上20倍以下罚款；情节严重的，责令停产停业，对违法单位的法定代表人、主要负责人、直接负责的主管人员和其他责任人员，没收违法行为发生期间自本单位所获收入，并处所获收入30%以上3倍以下罚款，10年内禁止其从事医疗器械生产经营活动。

【任务总结】

1. 实行备案的医疗器械为《第一类医疗器械产品目录》和《体外诊断试剂分类目录》中的第一类医疗器械，或经分类界定属于第一类医疗器械的产品。

2. 境内第一类医疗器械备案，备案人向设区的市级负责药品监督管理的部门提交备案资料。进口第一类医疗器械备案，备案人向国家药品监督管理局提交备案资料。香港、澳门、台湾地区医疗器械的备案参考进口医疗器械办理。

3. 已备案的医疗器械，备案信息表中登载内容及备案的产品技术要求发生变化，备案人应当向原备案部门变更备案，并提交变化情况的说明及相关文件。

技能巩固

一、选择题

（一）单选题

1. 进口第一类医疗器械需要向（　　）
   A. 市级药品监督管理部门注册审批
   B. 市级药品监督管理部门备案
   C. 省级药品监督管理局注册审批
   D. 国家药品监督管理局备案

2. 第一类医疗器械备案需要递交的资料不包括（　　）
   A. 产品检验报告
   B. 产品技术要求
   C. 临床试验资料
   D. 产品说明书及标签样稿

3. 医疗器械备案号表示方法正确的为（　　）
   A. 国械备2024第315×××号
   B. 沪械备2024×××号
   C. 国械备24×××号
   D. 赣械备第2024×××号

4. 国产第一类医疗器械上市前需要（　　）
   A. 向设区的市级药监管理部门注册申请
   B. 向省级药监管理部门注册申请
   C. 向设区的市级药监管理部门备案
   D. 向省级药监管理部门备案

5. 在我国实行产品备案管理的医疗器械类别是（　　）
   A. 第一类
   B. 第三类
   C. 第一类和第二类
   D. 第二类和第三类

（二）多选题

1. 关于第一类医疗器械备案编号的编排方式，说法正确的是（　　）
   A. 第一位×代表备案部门所在地省、自治区、直辖市的简称
   B. 编排方式为：×1械备×××2×××3号
   C. 第二位×代表备案部门所在地设区的市级行政区域的简称
   D. 第三位×代表4位流水号

2. 下列关于医疗器械备案说法正确的是（　　）
   A. 第一类医疗器械产品备案需要提交相关资料证明产品的安全性和有效性
   B. 医疗器械备案人应当确保提交的资料合法、真实、准确、完整和可追溯
   C. 备案部门应当结合备案人提交的备案资料，判断产品是否属于第一类医疗器械，备案资料是否符合规定
   D. 第一类医疗器械可由备案人一边提交备案材料，一边进行正式生产

3. 《医疗器械监督管理条例》第八十四条规定，生产、经营未经备案的第一类医疗器械，或已经备案的资料不符合要求的，由负责药品监督管理的部门向社会公告单位和产品名称，责令限期改正；逾期不改正的，没收违法所得、违法生产经营的医疗器械；违法生产经营的医疗器械货值金额不足1万元的，并处货值金额（　　）罚款；货值金额1万元以上的，并处货值金额（　　）罚款
   A. 1万元以上5万元以下
   B. 5万元以上10万元以下
   C. 5倍以上20倍以下
   D. 10倍以上20倍以下

4. 下列医疗器械备案凭证编号表示方法是正确的是（　　）

    A. 国械备 20240040 号   B. 沪械备 20242022 号

    C. 浙杭械备 20242326 号   D. 湘株械备 20240018 号

5. 下列有关医疗器械备案凭证变更说法是正确的是（　　）

    A. 已备案的医疗器械，备案信息表中登载内容发生变化的，备案人应当向原备案部门变更备案，并提交变化情况的说明以及相关文件

    B. 药品监督管理部门应当将变更情况登载于备案信息中

    C. 已备案的医疗器械管理类别调整为第二类或者第三类医疗器械的，应当按规定申请注册

    D. 已备案的医疗器械，备案的产品技术要求发生变化的，备案人应当向原备案部门变更备案，并提交变化情况的说明以及相关文件

二、思考题

第一类医疗器械备案时需要提交哪些资料？

三、实训任务

1. 在"浙里办"官网查询浙江省宁波市第一类医疗器械产品备案流程。

2. 为某第一类医疗器械产品准备产品备案资料，能够完成备案凭证申领工作。

工作任务 3-4　医疗器械注册管理 📱微课

PPT

任务目标

【知识目标】

1. 掌握　医疗器械注册流程；特殊医疗器械注册程序。

2. 熟悉　医疗器械注册需递交的资料；医疗器械注册证的变更与管理。

3. 了解　医疗器械注册相关法律责任。

【能力目标】

能够完成医疗器械注册资料整理，并进行医疗器械注册申报。

【素质目标】

提高对医疗器械注册申报资料合法性、完整性、真实性的认知意识。

🧑‍⚕️ 典型工作任务 --

工作情景：医用雾化器可以用于对液态药物进行雾化，并通过患者吸入，起到预期的治疗效果。目前 A 企业已完成一款医用雾化器的设计开发工作，现拟申请注册上市。

工作任务： 1. 医用雾化器注册流程是什么？

                2. 请依据《医疗器械注册与备案管理办法》、《医用雾化器注册技术审查指导原则》等相关法律规范，帮助企业筹备医用雾化器注册申请资料，并协助其与医疗器械技术审评中心开展沟通与交流。

一、医疗器械注册流程

医疗器械注册，是指药品监督管理部门根据医疗器械注册申请人的申请，依照法定程序，对其拟上市医疗器械的安全性、有效性研究及其结果进行系统评价，以决定是否同意其申请的过程。医疗器械注册类型有首次注册、延续注册、变更注册等。

（一）医疗器械注册资料准备

按照《医疗器械监督管理条例》第十四条的规定，申请第二类、第三类医疗器械产品注册需要提交相关资料证明产品的安全性和有效性。医疗器械注册人应当确保提交的资料合法、真实、准确、完整和可追溯。根据国家药监局《关于公布医疗器械注册申报资料要求和批准证明文件格式的公告（2021年第 121 号）》，医疗器械注册需提交的资料及具体要求如下（表 3 - 6）。

表 3 - 6　医疗器械注册申请资料表

申报资料一级标题	申报资料二级标题
1. 监管信息	1.1 章节目录 1.2 申请表 1.3 术语、缩写词列表 1.4 产品列表 1.5 关联文件 1.6 申报前与监管机构的联系情况和沟通记录 1.7 符合性声明
2. 综述资料	2.1 章节目录 2.2 概述 2.3 产品描述 2.4 适用范围和禁忌证 2.5 申报产品上市历史 2.6 其他需说明的内容
3. 非临床资料	3.1 章节目录 3.2 产品风险管理资料 3.3 医疗器械安全和性能基本原则清单 3.4 产品技术要求及检验报告 3.5 研究资料 3.6 非临床文献 3.7 稳定性研究 3.8 其他资料
4. 临床评价资料	4.1 章节目录 4.2 临床评价资料 4.3 其他资料
5. 产品说明书和标签样稿	5.1 章节目录 5.2 产品说明书 5.3 标签样稿 5.4 其他资料
6. 质量管理体系文件	6.1 综述 6.2 章节目录 6.3 生产制造信息 6.4 质量管理体系程序 6.5 管理职责程序 6.6 资源管理程序 6.7 产品实现程序 6.8 质量管理体系的测量、分析和改进程序 6.9 其他质量体系程序信息 6.10 质量管理体系核查文件

1. 监管信息

（1）章节目录 应当包括本章的所有标题和小标题，注明目录中各内容的页码。

（2）申请表 按照填表要求填写。

（3）术语、缩写词列表 如适用，应当根据注册申报资料的实际情况，对其中出现的需要明确含义的术语或缩写词进行定义。

（4）产品列表 以表格形式列出拟申报产品的型号、规格、结构及组成、附件，以及每个型号规格的标识（如型号或部件的编号，器械唯一标识等）和描述说明（如尺寸、材质等）。

（5）关联文件

1）境内申请人应当提供：①企业营业执照副本或事业单位法人证书的复印件。②按照《创新医疗器械特别审查程序》审批的境内医疗器械申请注册时，应当提交通过创新医疗器械审查的相关说明。③按照《医疗器械应急审批程序》审批的医疗器械产品申请注册时，应当提交通过医疗器械应急审批的相关说明。④委托其他企业生产的，应当提供受托企业资格文件（营业执照副本复印件）、委托合同和质量协议。⑤进口医疗器械注册人通过其在境内设立的外商投资企业按照进口医疗器械产品在中国境内企业生产有关规定申请注册时，应当提交进口医疗器械注册人同意注册申报的声明或授权文件；还应提供申请人与进口医疗器械注册人的关系（包括法律责任）说明文件，应当附相关协议、质量责任、股权证明等文件。

2）境外申请人应当提供：①企业资格证明文件：境外申请人注册地所在国家（地区）公司登记主管部门或医疗器械主管部门出具的能够证明境外申请人存续且具备相应医疗器械生产资格的证明文件；或第三方认证机构为境外申请人出具的能够证明境外申请人具备相应医疗器械生产资格的证明文件。②境外申请人注册地或生产地所在国家（地区）医疗器械主管部门出具的准许该产品上市销售的证明文件，未在境外申请人注册地或生产地所在国家（地区）上市的创新医疗器械可以不提交。③境外申请人注册地或者生产地所在国家（地区）未将该产品作为医疗器械管理的，申请人需要提供相关文件，包括注册地或者生产地所在国家（地区）准许该产品上市销售的证明文件，未在境外申请人注册地或生产地所在国家（地区）上市的创新医疗器械可以不提交。④在中国境内指定代理人的委托书、代理人承诺书及营业执照副本复印件。⑤按照《创新医疗器械特别审查程序》审批的进口医疗器械申请注册时，应当提交通过创新医疗器械审查的相关说明。⑥按照《医疗器械应急审批程序》审批的进口医疗器械产品申请注册时，应当提交通过医疗器械应急审批的相关说明。⑦委托其他企业生产的，应当提供受托企业资格文件、委托合同和质量协议。

（6）申报前与监管机构的联系情况和沟通记录

（7）符合性声明。

2. 综述资料

（1）章节目录 应当包括本章的所有标题和小标题，注明目录中各内容的页码。

（2）概述 描述申报产品的通用名称及其确定依据；描述申报产品的管理类别，包括：所属分类子目录名称、一级产品类别、二级产品类别，管理类别，分类编码；描述申报产品适用范围；如适用，描述有关申报产品的背景信息概述或特别细节，如申报产品的历史概述、历次提交的信息，与其他经批准上市产品的关系等。

（3）产品描述 器械及操作原理描述；型号规格，对于存在多种型号规格的产品，应当明确各型号规格的区别；包装说明，说明所有产品组成的包装信息，若使用者在进行灭菌前需要包装医疗器械或附件时，应当提供正确包装的信息（如材料、成分和尺寸等）；研发历程；与同类和（或）前代产品的参考和比较。

（4）适用范围和禁忌证　适用范围：应当明确申报产品可提供的治疗或诊断功能，可描述其医疗过程（如体内或体外诊断、康复治疗监测、避孕、消毒等），并写明申报产品诊断、治疗、预防、缓解或治愈的疾病或病况，将要监测的参数和其他与适用范围相关的考虑；预期使用环境：该产品预期使用的地点，可能影响其安全性和有效性的环境条件；适用人群：目标患者人群的信息；禁忌证。

（5）申报产品上市历史　如适用，应当提交申报产品的下列资料：上市情况；不良事件和召回；销售、不良事件及召回率。

（6）其他需说明的内容　如适用，明确与申报产品联合使用实现预期用途的其他产品的详细信息；对于已获得批准的部件或配合使用的附件，应当提供注册证编号和国家药监局官方网站公布的注册证信息。

3. 非临床资料

（1）章节目录　应当包括本章的所有标题和小标题，注明目录中各内容的页码。

（2）产品风险管理资料　产品风险管理资料是对产品的风险管理过程及其评审的结果予以记录所形成的资料。应当提供风险分析、风险评价、风险控制、任何一个或多个剩余风险的可接受性评定、与产品受益相比综合评价产品风险可接受，并说明对于每项已判定危害的下列各个过程的可追溯性。

（3）医疗器械安全和性能基本原则清单　说明产品符合《医疗器械安全和性能基本原则清单》各项适用要求所采用的方法，以及证明其符合性的文件。对于《医疗器械安全和性能基本原则清单》中不适用的各项要求，应当说明理由。对于包含在产品注册申报资料中的文件，应当说明其在申报资料中的具体位置；对于未包含在产品注册申报资料中的文件，应当注明该证据文件名称及其在质量管理体系文件中的编号备查。

（4）产品技术要求及检验报告　申报产品适用标准情况；产品技术要求；产品检验报告，可提交申请人出具的自检报告或委托有资质的医疗器械检验机构出具的检验报告。

（5）研究资料　根据申报产品适用范围和技术特征，提供非临床研究综述，逐项描述所开展的研究，概述研究方法和研究结论。根据非临床研究综述，提供相应的研究资料，各项研究可通过文献研究、实验室研究、模型研究等方式开展，一般应当包含研究方案、研究报告。采用建模研究的，应当提供产品建模研究资料。可包括化学和物理性能研究；电气系统安全性研究；辐射安全研究；软件研究；生物学特性研究；生物源材料的安全性研究；清洁、消毒、灭菌研究；动物试验研究；及证明产品安全性、有效性的其他研究资料。

（6）非临床文献　提供与申报产品相关的已发表的非临床研究（如尸体研究、生物力学研究等）文献/书目列表，并提供相关内容的复印件（外文应同时提供翻译件）。如未检索到与申报产品相关的非临床文献/书目，应当提供相关的声明。

（7）稳定性研究　包括货架有效期（如适用）、使用稳定性（如适用）、运输稳定性等。

（8）其他资料　免于进行临床评价的第二类、第三类医疗器械，申请人应当按照《列入免于进行临床评价医疗器械目录产品对比说明技术指导原则》，从基本原理、结构组成、性能、安全性、适用范围等方面，证明产品的安全有效性。对于一次性使用的医疗器械，还应当提供证明其无法重复使用的支持性资料。

4. 临床评价资料　需要进行临床评价的第二类、第三类医疗器械，按照相关要求提供临床评价资料。

（1）章节目录　应当包括本章的所有标题和小标题，注明目录中各内容的页码。

（2）临床评价资料　包括产品描述和研发背景；明确临床评价涵盖的范围；临床评价路径。若通过同品种临床评价路径进行临床评价，应当提交申报产品与同品种医疗器械在适用范围、技术特征、生物学特性方面的对比资料；应当对同品种医疗器械的临床数据进行收集、评估和分析，形成临床证据。如适用，应当描述申报产品与同品种医疗器械的差异，提交充分的科学证据证明二者具有相同的安全有效性。若通过临床试验路径进行临床评价，应当提交临床试验方案、临床试验机构伦理委员会同意开展临床试验的书面意见、临床试验报告、知情同意书样本，并附临床试验数据库（原始数据库、分析数据库、说明性文件和程序代码）。

（3）其他资料　如适用，提供相应项目评价资料的摘要、报告和数据。

5. 产品说明书和标签样稿

（1）章节目录　应当包括本章的所有标题和小标题，注明目录中各内容的页码。

（2）产品说明书　内容应当符合《医疗器械说明书和标签管理规定》和相关法规、规章、规范性文件、强制性标准的要求。境外申请人应当提交产品原文说明书。

（3）标签样稿　应当提交最小销售单元标签样稿，内容应当符合《医疗器械说明书和标签管理规定》和相关法规、规章、规范性文件、强制性标准的要求。

（4）其他资料。

6. 质量管理体系文件

（1）综述　申请人应当承诺已按照相关法规要求建立相应的质量管理体系，随时接受质量管理体系核查。

（2）章节目录　应当包括本章的所有标题和小标题，注明目录中各内容的页码。

（3）生产制造信息　产品描述信息，器械工作原理和总体生产工艺的简要说明；一般生产信息，提供生产器械或其部件的所有地址和联络信息。如适用，应当提供外包生产、重要组件或原材料的生产（如动物组织和药品）、关键工艺过程、灭菌等情况的所有重要供应商名称和地址。

（4）质量管理体系程序　用于建立和维护质量管理体系的高层级质量管理体系程序，包括质量手册、质量方针、质量目标和文件及记录控制程序。

（5）管理职责程序　用于通过阐述质量方针、策划、职责/权限/沟通和管理评审，对建立和维护质量管理体系形成管理保证文件的程序。

（6）资源管理程序　用于为实施和维护质量管理体系所形成足够资源（包括人力资源、基础设施和工作环境）供应文件的程序。

（7）产品实现程序　设计和开发程序；采购程序；生产和服务控制程序；监视和测量装置控制程序等。

（8）质量管理体系的测量、分析和改进程序　用于形成如何监视、测量、分析和改进以确保产品和质量管理体系的符合性，并保持质量管理体系有效性的文件的程序。

（9）其他质量体系程序信息。

（10）质量管理体系核查文件　根据上述质量管理体系程序，申请人应当形成相关质量管理体系文件和记录。

（二）医疗器械注册申请

申请医疗器械注册，申请人应当按照相关要求向药品监督管理部门报送申报资料。药品监督管理部门收到申请后对申报资料进行形式审查，并根据下列情况分别作出处理，①申请事项属于本部门职权范围，申报资料齐全、符合形式审查要求的，予以受理；②申报资料存在可以当场更正错误的，应当允许申请人当场更正；③申报资料不齐全或者不符合形式审查要求的，应当在 5 个工作日内一次告知申请人需要补正的全部内容，逾期不告知的，自收到申报资料之日起即为受理；④申请事项不属于本部门职权范围的，应当即时告知申请人不予受理。药品监督管理部门受理或者不予受理医疗器械注册申请，应当出具加盖本部门专用印章并注明日期的受理或者不予受理的通知书。

医疗器械注册申请直接涉及申请人与他人之间重大利益关系的，药品监督管理部门应当告知申请人、利害关系人可以依照法律、法规以及国家药品监督管理局的其他规定享有申请听证的权利；对医疗器械注册申请进行审查时，药品监督管理部门认为属于涉及公共利益的重大许可事项，应当向社会公告，并举行听证。

对新研制的尚未列入分类目录的医疗器械，申请人可以直接申请第三类医疗器械产品注册，也可以依据分类规则判断产品类别并向国家药品监督管理局申请类别确认后，申请产品注册或者办理产品备案。直接申请第三类医疗器械注册的，国家药品监督管理局按照风险程度确定类别，境内医疗器械确定为第二类的，国家药品监督管理局将申请资料转申请人所在地省、自治区，直辖市药品监督管理部门审评审批，境内医疗器械确定为第一类的，国家药品监督管理局将申报资料转申请人所在地设区的市级药品监督管理部门备案。

（三）电子申报与立卷审查

1. 电子申报　医疗器械注册电子申报信息化系统（eRPS）是医疗器械注册申请的电子申报和在线审评平台。医疗器械注册申请人可按照《医疗器械注册申请电子提交技术指南（试行）》（国家药品监督管理局通告 2019 年第 29 号）以及相关通知的要求，在 eRPS 业务范围内进行线上电子申报，无需提交纸质资料。eRPS 业务范围为国家药监局医疗器械注册事项，包括行政许可事项和公共服务事项。行政许可事项包括境内第三类和进口第二、三类医疗器械注册、注册变更、延续注册以及第三类高风险医疗器械临床试验审批。公共服务事项包括医疗器械说明书更改告知、医疗器械注册及许可事项变更复审、创新医疗器械特别审查等事项。进口第一类医疗器械备案，注册证及变更文件补办，注册证及变更文件纠错，注册证及变更文件自行注销，自行撤回医疗器械注册、注册变更、延续注册、复审，医疗器械注册指定检验等事项暂不包含在 eRPS 业务范围之内，仍沿用提交纸质资料的线下形式办理。

2. 立卷审查　立卷审查是国家药品监督管理局医疗器械技术审评中心在受理环节按照立卷审查的要求对相应申请的申报资料进行审查，对申报资料进入技术审评环节的完整性、合规性、一致性进行判断，立卷审查不对产品安全性、有效性进行分析评价，不对产品风险受益比进行判定。立卷审查适用于医疗器械注册，许可事项变更、临床试验审批等申请事项。

国家药监局发布了《关于＜医疗器械产品注册项目立卷审查要求＞等文件的通告》（2022 年第 40 号），通告规定了医疗器械产品注册项目立卷审查要求、医疗器械变更注册项目立卷审查要求、医疗器械免临床评价目录对比立卷审查表、医疗器械临床评价立卷审查表、体外诊断试剂产品注册项目立卷审查要求、体外诊断试剂变更注册项目立卷审查要求、体外诊断试剂临床评价立卷审查表（非临床试验）、体外诊断试剂临床评价立卷审查表（临床试验）、医疗器械临床试验审批项目立卷审查要求、医疗器械延续注册项目立卷审查要求、体外诊断试剂延续注册项目立卷审查要求。

立卷审查实质上对应行政受理环节。按照《医疗器械注册与备案管理办法》的规定，在行政受理环节药品监管部门应对申报资料开展形式审查，并在 5 个工作日内完成。据此现定，立卷审查的定位明确为：立卷审查是依照"立卷审查要求"，对申请人/注册人递交注册申报资料的完整性进行形式审核，对注册申报资料在形式上是否满足相关的法规/规范性文件的要求、是否足够用于开展深入的技术审评进行判定。立卷审查阶段，审评人员仅对资料的完整性进行形式审核，对资料是是否证明产品用于所申请适用范围的受益大于风险不作评判。若在立卷审查环节未能作出正确判断，导致不应通过立卷审查环节的申报资料通过了立卷审查，在技术审评环节，审评人员仍可对立卷审查要求中的问题提出补正意见。立卷审查由国家药品监督管理局医疗器械技术审评中心审评部人员、临床与生物统计部人员完成，项目受理后，由进行立卷审查的人员对项目进行技术审评。与原行政受理形式审查相比，立卷审查及技术审评均由审评人员进行，审查计对性更强，也更加深入。

（四）医疗器械技术审评

为落实《医疗器械监督管理条例》要求，根据《医疗器械注册与备案管理办法》《体外诊断试剂注册与备案管理办法》规范医疗器械注册审批工作，国家药品监督管理局于 2021 年 11 月 04 日印发了《境内第三类和进口医疗器械注册审批操作规范的通知》（国药监械注〔2021〕53 号）和《境内第二类医疗器械注册审批操作规范的通知》（国药监械注〔2021〕54 号），并自发布之日起施行。

技术审评自受理申请之日起 3 个工作日内，由药品监督管理局医疗器械技术审评中心开展技术审评。技术审评机构应当在 60 个工作日内完成第二类医疗器械注册的技术审评工作，在 90 个工作日内完成第三类医疗器械注册的技术审评工作。需要外聘专家审评、药械组合产品需与药品审评机构联合审评的，所需时间不计算在内，技术审评机构应当将所需时间书面告知申请人。

技术审评过程中需要申请人补正资料的，技术审评机构应当一次告知需要补正的全部内容。申请人应当在 1 年内按照补正通知的要求一次提供补充资料；技术审评机构应当自收到补充资料之日起 60 个工作日内完成技术审评。申请人补充资料的时间不计算在审评时限内，申请人对补正资料通知内容有异议的，可以同相应的技术审评机构提出书面意见，说明理由并提供相应的技术支持资料。申请人逾期未提交补充资料的，终止技术审评，药品监督管理部门作出不予注册的决定。医疗器械注册技术审评过程中涉及的补正通知和补充资料过程，可参照《医疗器械注册审评补正资料要求管理规范》（国家药品监督管理局医疗器械技术审评中心通告 2020 年第 1 号）执行。

受理注册申请的药品监督管理部门在产品技术审评时认为有必要对质量管理体系进行核查的，应当组织开展质量管理体系核查，并可以根据需要调阅原始资料。境内第三类医疗器械质量管理体系核查，由国家局器械审评中心通知申请人所在地的省、自治区、直辖市药品监督管理部门开展。境内第二类医疗器械质量管理体系核查，由申请人所在地的省、自治区、直辖市药品监督管理部门组织开展。国家局器械审评中心对进口第二类、第三类医疗器械开展技术审评时，认为有必要进行质量管理体系核查的，通知国家局审核查验中心根据相关要求开展核查。

为加强医疗器械产品注册工作的监督和指导，进一步提高医疗器械注册质量管理体系核查工作质量，国家药品监督管理局组织制定了《医疗器械注册质量管理体系核查指南》（国家药监局通告 2022 年第 50 号）。该指南适用于医疗器械监管部门对第二类、第三类医疗器械注册质量管理体系现场核查。注册申请人（简称申请人）应当按照《医疗器械生产质量管理规范》及附录的要求，基于科学知识、经验以及风险管理原则，建立与产品实现过程相适应的质量管理体系，包括委托生产（如有）、临床评价（含临床试验）等环节，以确保其在医疗器械全生命周期管理过程中有效运行，保证设计开发、生产等过程数据真实、准确、完整和可追溯，并与注册申报资料一致。应当结合注册申报资料组织开展注册质量管理体系核查，重点关注与产品研制、生产有关的设计开发、采购、生产管理、质量控制等内容。产品真实性核查应当全面、客观。对提交自检报告的，应当按照《医疗器械注册自检管理规定》，结合提交的产品技术要求，对申请人的质量管理体系和能力逐项进行核实。对存在设计开发、产品生产等活动委托其他企业的申请人，核查范围应当涵盖受托研发、受托生产活动。必要时，应当对为医疗器械研发、生产活动提供产品或者服务的其他单位开展延伸检查。现场核查结论分为"通过核查""未通过核查""整改后通过核查""整改后未通过核查"4 种情形。

（五）行政审批

受理注册申请的药品监督管理部门应当自收到审评意见之日起 20 个工作日内作出决定。对符合条件的，准予注册并发给医疗器械注册证；对不符合条件的，不予注册并书面说明理由。对用于治疗罕见疾病、严重危及生命且尚无有效治疗手段的疾病和应对公共卫生事件等急需的医疗器械，药品监督管理部门可以作出附条件批准决定，并在医疗器械注册证中载明有效期、上市后需要继续完成的研究工作及完成时限等相关事项。医疗器械注册证有效期为 5 年。医疗器械注册证格式由国家药品监督管理局统一制定（图 3 - 4）。

中华人民共和国医疗器械注册证
（格式）

注册证编号：

注册人名称	
注册人住所	
生产地址	
代理人名称	（进口医疗器械适用）
代理人住所	（进口医疗器械适用）
产品名称	
型号、规格	
结构及组成	
适用范围	
附　件	产品技术要求
其他内容	
备　注	

审批部门：　　　　　　　　　　　　批准日期：　年　月　日
　　　　　　　　　　　　　　　　　生效日期：　年　月　日
　　　　　　　　　　　　　　　　　有效期至：　年　月　日

（审批部门盖章）

图 3 - 4　医疗器械注册证格式

对于已受理的注册申请，有下列情形之一的，药品监督管理部门做出不予注册的决定，并告知申请人：①申请人对拟上市销售医疗器械的安全性、有效性、质量可控性进行的研究及其结果无法证明产品安全、有效、质量可控的；②质量管理体系核查不通过，以及申请人拒绝接受质量管理体系现场检查的；③注册申请资料虚假的；④注册申请资料内容混乱、矛盾，注册申请资料内容与申请项目明显不符，不能证明产品安全、有效、质量可控的；⑤不予注册的其他情形。

对于已受理的注册申请，申请人可以在行政许可决定作出前，向受理该申请的药品监督管理部门申请撤回注册申请及相关资料，并说明理由。对于已经受理的注册申请，有证据表明注册申报资料可能虚假的，药品监督管理部门可以中止审批。经核实后，根据核实结论继续审查或作出不予注册的决定。

⇒ **案件直击**

生产未取得医疗器械注册证的第二类医疗器械案

2023 年 2 月 2 日，××市药品监督管理局对 A 公司进行现场检查。经查，当事人未取得医疗器械生产许可证，生产未取得医疗器械注册证第二类医疗器械"医用透明质酸钠修复贴"，涉案货值金额 18781.5 元，违法所得 16619.98 元。当事人上述行为违反了《医疗器械监督管理条例》第十三条第一款、第三十二条第一款规定。2023 年 7 月 31 日，××市药品监督管理局依据《医疗器械监督管理条例》第八十一条第一款第二项规定，对当事人处以没收违法所得 16619.98 元、罚款 375630 元的行政处罚。

思考：该公司应当如何开展医用透明质酸钠修复贴注册工作？

二、特殊注册程序

为了促进医疗器械的创新发展，《医疗器械注册与备案管理办法》明确了创新产品注册、优先注册以及应急注册三种特殊注册程序。

（一）创新产品注册程序

1. 创新产品注册程序适用条件　《医疗器械注册与备案管理办法》第六十八条规定，同时符合下列三个要求的医疗器械，申请人可以申请适用创新产品注册程序。

（1）申请人通过其主导的技术创新活动，在中国依法拥有产品核心技术发明专利权，或者依法通过受让取得在中国发明专利权或其使用权，且申请适用创新产品注册程序的时间在专利授权公告日起 5 年内；或者核心技术发明专利的申请已由国务院专利行政部门公开，并由国家知识产权局专利检索咨询中心出具检索报告，载明产品核心技术方案具备新颖性和创造性。

（2）申请人已完成产品的前期研究并具有基本定型产品，研究过程真实和受控，研究数据完整和可溯源。

（3）产品主要工作原理或者作用机理为国内首创，产品性能或者安全性与同类产品比较有根本性改进，技术上处于国际领先水平，且具有显著的临床应用价值。

2. 创新医疗器械审查申请流程　申请适用创新产品注册程序的，申请人应当按《创新医疗器械特别审查程序》规定，在产品基本定型后，向国家药品监督管理局提出创新医疗器械审查申请。境内申请人应当向其所在地的省级药品监督管理部门提出创新医疗器械特别审查申请。省级药品监督管理部门对申报项目是否符合本程序第二条要求进行初审，并于 20 个工作日内出具初审意见。经初审不符合要求的，省级药品监督管理部门应当告知申请人；符合要求的，省级药品监督管理部门将申报资料和初审意见一并报送国家药品监督管理局行政事项受理服务和投诉举报中心。境外申请人应当向国家药品监督管理局提出创新医疗器械特别审查申请。

国家药品监督管理局医疗器械技术审评中心设立创新医疗器械审查办公室，对创新医疗器械特别审查申请进行审查。创新医疗器械审查办公室收到创新医疗器械特别审查申请后，组织专家进行审查。申请资料存在以下五种情形之一的，创新医疗器械审查办公室不组织专家进行审查：申请资料虚假的；申请资料内容混乱、矛盾的；申请资料的内容与申报项目明显不符的；申请资料中产品知识产权证明文件不完整、专利权不清晰的；前次审查意见已明确指出产品主要工作原理或者作用机理非国内首创，且再次申请时产品设计未发生改变的。

创新医疗器械审查办公室收到创新医疗器械特别审查申请后，应当于 60 个工作日内出具审查意见。经创新医疗器械审查办公室审查，对拟进行特别审查的申请项目，应当在器审中心网站将申请人、产品名称予以公示，公示时间应当不少于 10 个工作日。对于公示内容有异议的，应当对相关意见研究后作出最终审查决定。创新医疗器械审查办公室作出审查决定后，将审查结果通过器审中心网站告知申请人。审查结果告知后 5 年内，未申报注册的创新医疗器械，不再适用创新产品注册程序。5 年后，申请人可按照本程序重新申请创新医疗器械特别审查。

对于适用创新产品注册程序的医疗器械注册申请，国家药品监督管理局以及承担相关技术工作的机构，根据各自职责指定专人负责，及时沟通，提供指导。纳入创新产品注册程序的医疗器械，国家局器械审评中心可以与申请人在注册申请受理前以及技术审评过程中就产品研制中的重大技术问题、重大安全性问题、临床试验方案、阶段性临床试验结果的总结与评价等问题沟通交流。

纳入创新产品注册程序的医疗器械，属于下列情形之一的，国家药品监督管理局可终止创新产品注册程序并告知申请人：申请人主动要求终止的；申请人未按规定的时间及要求履行相应义务的；申请人提供伪造和虚假资料的；全部核心技术发明专利申请被驳回或视为撤回的；失去产品全部核心技术发明专利权或者使用权的；申请产品不再作为医疗器械管理的；经专家审查会议讨论确定不宜再按照本程序管理的。国家局器械审评中心对已受理注册申报的创新医疗器械，应当优先进行技术审评；技术审评结束后，国家药品监督管理局优先进行行政审批。

（二）优先注册程序

1. 优先注册程序适用条件　《医疗器械注册与备案管理办法》第七十三条规定，满足下列情形之一的医疗器械，可以申请适用优先注册程序。

（1）诊断或者治疗罕见病、恶性肿瘤且具有明显临床优势，诊断或者治疗老年人特有和多发疾病且目前尚无有效诊断或者治疗手段，专用于儿童且具有明显临床优势，或者临床急需且在我国尚无同品种产品获准注册的医疗器械。

（2）列入国家科技重大专项或者国家重点研发计划的医疗器械。

（3）国家药品监督管理局规定的其他可以适用优先注册程序的医疗器械。

2. 优先注册程序申请流程　申请适用优先注册程序的，申请人应当在提出医疗器械注册申请时，向国家药品监督管理局提出适用优先注册程序的申请。属于第一项情形的，由国家药品监督管理局组织专家进行审核，符合的，纳入优先注册程序；属于第二项情形的，由国家局器械审评中心进行审核，符合的，纳入优先注册程序；属于第三项情形的，由国家药品监督管理局广泛听取意见，并组织专家论证后确定是否纳入优先注册程序。

国家局器械审评中心对列入优先审批的医疗器械注册申请，优先进行技术审评。国家药监局对技术审评报告中注明为优先审批的项目优先进行行政审批。省级药品监督管理部门对于优先审批的项目，优先安排医疗器械注册质量管理体系核查。

国家局器械审评中心设立优先审批医疗器械审核办公室（优先审核办），负责优先审批申请审核相关工作。优先审核办由器审中心副主任牵头、器械注册司注册处负责人、器审中心各审评部主要负责人、中国生物医学工程学会负责人及中国生物材料学会负责人共同组成。优先审核办日常及组织工作由器市中心综合部门承担，相关审评部门提供技术支持。

（三）应急注册程序

1. 应急注册程序适用条件　为有效预防、及时控制和消除突发公共卫生事件的危害，确保突发公共卫生事件应急所需医疗器械尽快完成注册审批，《医疗器械注册与备案管理办法》第七十六条规定，国家药品监督管理局可以依法对突发公共卫生事件应急所需且在我国境内尚无同类产品上市，或者虽在我国境内已有同类产品上市但产品供应不能满足突发公共卫生事件应急处理需要的医疗器械实施应急注册。

2. 应急注册程序申请流程　申请适用应急注册程序的，申请人应当向国家药品监督管理局提出应急注册申请。符合条件的，纳入应急注册程序。国家药监局发布的《医疗器械应急审批程序》（2021 年第 157 号）规定了申请流程。

（1）申请　申请医疗器械应急审批的，境内注册申请人应当将产品应急所需的情况及产品研发情况告知相应的省、自治区、直辖市药品监督管理局，省、自治区、直辖市药品监督管理局应当及时了解相关医疗器械研制情况，必要时采取早期介入的方式，对拟申报产品进行评估，并及时指导注册申请人开展相关申报工作。

（2）确认　对于申请应急审批的医疗器械，申请人应当向国家药品监督管理局先行提交综述资料及相关说明。国家药品监督管理局设立特别专家组，对申请应急审批的医疗器械进行评估和审核。在 3 日内，对产品是否进行应急审批予以确认，对产品管理类别进行界定，并将结果通知申请人。

申请境内第三类和进口第二类、第三类医疗器械应急审批的，应当向国家药监局受理部门提交《医疗器械应急审批申请表》和产品研究综述资料及相关说明。国家药监局组织专家，通过会议、函审、书面征求意见等方式对申请应急审批的医疗器械和国家应急响应工作机制书面推荐的应急所需医疗器械是否符合要求，以及研发成熟度、生产能力等进行评估，及时对产品是否进行应急审批予以确认，并将结果通知申请人、相应技术机构、省、自治区、直辖市药品监督管理局。

（3）技术评价　对于经国家药监局确认进行应急审批的医疗器械，如委托药品监督管理部门医疗器械检验机构开展检验的，相关医疗器械检验机构应当在接收样品后 24 小时内组织开展医疗器械检验，并及时出具检验报告。相关检验能力不足时，国家药监局可以指定具有检验能力的医疗器械检验机构开展检验。

对于应急审批医疗器械，国家药监局医疗器械技术审评中心应当指定专人，早期介入，按照注册申请人需求，通过适当方式开展咨询，指导注册申报资料准备，并按照医疗器械审评工作要求，对企业拟提交注册的资料按照随到随审原则开展受理前预审查。

对于应急审批医疗器械，相应的省、自治区、直辖市药品监督管理局应当在接到国家药监局通知后 2 日内组织开展质量管理体系核查，并及时出具质量管理体系核查报告，提交国家药监局医疗器械技术审评中心。对于应急审批医疗器械，注册申请人在申报表中勾选"应急审批"，国家药监局医疗器械技术审评中心于当天完成注册申请事项的签收并按照国家药监局立卷审查要求开展立卷审查。

（4）技术审评及行政审批　境内和进口第三类应急审批医疗器械注册申请受理并确认缴费转入技术审评阶段后，国家药监局应当在 10 日内完成技术审评；技术审评结束后，在 3 日内完成行政审批。进口第二类应急审批医疗器械注册申请受理并确认缴费转入技术审评阶段后，国家药监局应当在 5 日内完成技术审评；技术审评结束后，在 3 日内完成行政审批。

（5）生产许可　对于经国家药品监督管理局确认进行应急审批的第一类医疗器械，生产企业应当按照《医疗器械生产监督管理办法》的相关规定向所在地省、自治区、直辖市药品监督管理局书面告知，省、自治区、直辖市药品监督管理局应当及时予以签收。对于经国家药品监督管理局确认进行应急审批的第二类、第三类医疗器械，注册人所在地省、自治区、直辖市药品监督管理局在接到相关医疗器械生产许可申办或变更申请后，应当按照《医疗器械生产监督管理办法》的相关规定，在受理后 5 日内做出是否予以核发或变更医疗器械生产许可证的决定。

对于应急审批医疗器械，附条件批准上市的，医疗器械注册证的有效期与注册证注明的附带条件的完成时限一致，原则上不超过 1 年。如注册人完成附带条件，可以在到期之日前申请办理延续注册，符合要求的给予延续注册，注册证有效期为 5 年。对于应急审批医疗器械，自确认应急审批之日起 90 日内，如注册申请人无法按照注册要求完成注册申报资料准备并获得注册申请受理，不再按照应急审批办理，原则上可以参照《医疗器械优先审批程序》，受理后优先审评审批。

三、变更注册与延续注册

医疗器械注册人应当主动开展医疗器械上市后研究，对医疗器械的安全性、有效性和质量可控性进行进一步确认，加强对已上市医疗器械的持续管理。

（一）变更注册

已注册的第二类、第三类医疗器械产品，其设计、原材料、生产工艺、适用范围、使用方法等发生实质性变化，有可能影响该医疗器械安全、有效的，注册人应当向原注册部门申请办理变更注册手续；发生其他变化的，应当在变化之日起 30 日内向原注册部门备案。

注册证载明的产品名称、型号、规格、结构及组成、适用范围、产品技术要求、进口医疗器械的生产地址等，属于需要办理变更注册的事项。注册人名称和住所、代理人名称和住所等，属于需要备案的事项。境内医疗器械生产地址变更的，注册人应当在办理相应的生产许可变更后办理备案。发生其他变化的，注册人应当按照质量管理体系要求做好相关工作，并按照规定向药品监督管理部门报告。

对于变更注册申请，技术审评机构应当重点针对变化部分进行审评，对变化后产品是否安全、有效、质量可控形成审评意见。在对变更注册申请进行技术审评时，认为有必要对质量管理体系进行核查的，药品监督管理部门应当组织开展质量管理体系核查。医疗器械变更注册文件与原医疗器械注册证合并使用，有效期截止日期与原医疗器械注册证相同。

（二）延续注册

医疗器械注册证有效期届满需要延续注册的，注册人应当在医疗器械注册证有效期届满 6 个月前，向原注册部门申请延续注册，并按照相关要求提交申请资料。接到延续注册申请的药品监督管理部门应当在医疗器械注册证有效期届满前作出准予延续的决定。逾期未作决定的，视为准予延续。

有下列情形之一的，不予延续注册：①未在规定期限内提出延续注册申请；②新的医疗器械强制性标准发布实施，申请延续注册的医疗器械不能达到新要求；③附条件批准的医疗器械，未在规定期限内完成医疗器械注册证载明事项。

延续注册的批准时间在原注册证有效期内的，延续注册的注册证有效期起始日为原注册证到期日次日；批准时间不在原注册证有效期内的，延续注册的注册证有效期起始日为批准延续注册的日期。药品监督管理部门制作的医疗器械注册证、变更注册文件电子文件与纸质文件具有同等法律效力。

> ## 🔗 知识链接
>
> **医疗器械注册证编号的编排方式**
>
> 医疗器械注册证编号的编排方式为 ×1 械注 ×2 ×××× ×3 ×4 ×5 ×××× ×6。其中：
>
> ×1 为注册审批部门所在地的简称：境内第三类医疗器械、进口第二类、第三类医疗器械为"国"字；境内第二类医疗器械为注册审批部门所在地省、自治区、直辖市简称；

×2 为注册形式："准"字适用于境内医疗器械；"进"字适用于进口医疗器械；"许"字适用于香港、澳门、台湾地区的医疗器械；

×××3 为首次注册年份；

×4 为产品管理类别；

××5 为产品分类编码；

×××6 为首次注册流水号。

延续注册的，×××3 和×××6 数字不变。产品管理类别调整的，应当重新编号。

四、注册监督

药品监督管理部门应当加强对医疗器械研制活动的监督检查，必要时可以对为医疗器械研制提供产品或者服务的单位和个人进行延伸检查，有关单位和个人应当予以配合，提供相关文件和资料，不得拒绝、隐瞒、阻挠。国家药品监督管理局应当及时将代理人信息通报代理人所在地省、自治区、直辖市药品监督管理部门。省、自治区、直辖市药品监督管理部门对本行政区域内的代理人组织开展日常监督管理。

省、自治区、直辖市药品监督管理部门根据医疗器械临床试验机构备案情况，组织对本行政区域内已经备案的临床试验机构开展备案后监督检查。对于新备案的医疗器械临床试验机构，应当在备案后60 日内开展监督检查。省、自治区、直辖市药品监督管理部门应当组织对本行政区域内医疗器械临床试验机构遵守医疗器械临床试验质量管理规范的情况进行日常监督检查，监督其持续符合规定要求。国家药品监督管理局根据需要对医疗器械临床试验机构进行监督检查。药品监督管理部门认为有必要的，可以对临床试验的真实性、准确性、完整性、规范性和可追溯性进行现场检查。

药品监督管理部门未及时发现本行政区域内医疗器械注册管理系统性、区域性风险，或者未及时消除本行政区域内医疗器械注册管理系统性、区域性隐患的，上级药品监督管理部门可以对下级药品监督管理部门主要负责人进行约谈。

五、法律责任

(一) 生产经营未取得医疗器械注册证的医疗器械

《医疗器械监督管理条例》第八十一条规定，生产、经营未取得医疗器械注册证的第二类、第三类医疗器械，由负责药品监督管理的部门没收违法所得、违法生产经营的医疗器械和用于违法生产经营的工具、设备、原材料等物品；违法生产经营的医疗器械货值金额不足 1 万元的，并处 5 万元以上 15 万元以下罚款；货值金额 1 万元以上的，并处货值金额 15 倍以上 30 倍以下罚款；情节严重的，责令停产停业，10 年内不受理相关责任人以及单位提出的医疗器械许可申请，对违法单位的法定代表人、主要负责人、直接负责的主管人员和其他责任人员，没收违法行为发生期间自本单位所获收入，并处所获收入 30% 以上 3 倍以下罚款，终身禁止其从事医疗器械生产经营活动。

⇒ **案件直击** --

某医疗美容公司生产未注册的第三类医疗器械

　　2023 年 3 月 30 日，广东省广州市白云区市场监督管理局对广州市某医疗美容仪器有限公司进行日常检查。经查，当事人生产未取得医疗器械注册证的第三类医疗器械"塑拉提"和"面部女王"，涉案货值金额 29600 元，违法所得 17600 元。当事人生产未取得医疗器械注册证第三类医疗器械的行为，违反了《医疗器械监督管理条例》第十三条第一款规定。2023 年 7 月 12 日，广州市白云区市场监督管理局依据《医疗器械监督管理条例》第八十一条第一款第一项规定，对当事人处以没收涉案产品、没收违法所得 17600 元、罚款 490000 元的行政处罚。

　　思考：该公司的违法行为对社会有哪些危害？应当如何进行处罚？

（二）生产、经营未经备案的医疗器械

　　《医疗器械监督管理条例》第八十四条规定，生产、经营未经备案的第一类医疗器械，由负责药品监督管理的部门向社会公告单位和产品名称，责令限期改正；逾期不改正的，没收违法所得、违法生产经营的医疗器械；违法生产经营的医疗器械货值金额不足 1 万元的，并处 1 万元以上 5 万元以下罚款；货值金额 1 万元以上的，并处货值金额 5 倍以上 20 倍以下罚款；情节严重的，对违法单位的法定代表人、主要负责人、直接负责的主管人员和其他责任人员，没收违法行为发生期间自本单位所获收入，并处所获收入 30% 以上 2 倍以下罚款，5 年内禁止其从事医疗器械生产经营活动。

（三）注册申请时提供虚假资料或者采取其他欺骗手段

　　《医疗器械监督管理条例》第八十三条第一款规定，在申请医疗器械注册许可时提供虚假资料或者采取其他欺骗手段的，不予行政许可，已经取得行政许可的，由作出行政许可决定的部门撤销行政许可，没收违法所得、违法生产经营使用的医疗器械，10 年内不受理相关责任人以及单位提出的医疗器械许可申请；违法生产经营使用的医疗器械货值金额不足 1 万元的，并处 5 万元以上 15 万元以下罚款；货值金额 1 万元以上的，并处货值金额 15 倍以上 30 倍以下罚款；情节严重的，责令停产停业，对违法单位的法定代表人、主要负责人、直接负责的主管人员和其他责任人员，没收违法行为发生期间自本单位所获收入，并处所获收入 30% 以上 3 倍以下罚款，终身禁止其从事医疗器械生产经营活动。

（四）伪造、变造、买卖、出租、出借医疗器械注册证件

　　《医疗器械监督管理条例》第八十三条第二款规定，伪造、变造、买卖、出租、出借医疗器械注册证件的，由原发证部门予以收缴或者吊销，没收违法所得；违法所得不足 1 万元的，并处 5 万元以上 10 万元以下罚款；违法所得 1 万元以上的，并处违法所得 10 倍以上 20 倍以下罚款；构成违反治安管理行为的，由公安机关依法予以治安管理处罚。

（五）医疗器械检验机构出具虚假检验报告

　　《医疗器械监督管理条例》第九十六条规定，医疗器械检验机构出具虚假检验报告的，由授予其资质的主管部门撤销检验资质，10 年内不受理相关责任人以及单位提出的资质认定申请，并处 10 万元以上 30 万元以下罚款；有违法所得的，没收违法所得；对违法单位的法定代表人、主要负责人、直接负责的主管人员和其他责任人员，没收违法行为发生期间自本单位所获收入，并处所获收入 30% 以上 3 倍以下罚款，依法给予处分；受到开除处分的，10 年内禁止其从事医疗器械检验工作。

（六）医疗器械技术审评机构未按规定履职

《医疗器械监督管理条例》第一百条规定，医疗器械技术审评机构未依照《医疗器械监督管理条例》规定履行职责，致使审评工作出现重大失误的，由负责药品监督管理的部门责令改正，通报批评，给予警告；造成严重后果的，对违法单位的法定代表人、主要负责人、直接负责的主管人员和其他责任人员，依法给予处分。

【任务总结】

1. 医疗器械注册流程包括医疗器械注册资料准备、医疗器械注册申请、电子申报与立卷审查、医疗器械技术审评、行政审批等环节。

2. 医疗器械特殊注册程序，主要包括创新产品注册程序、优先注册程序以及应急注册程序三种类型。

3. 医疗器械注册证有效期届满需要延续注册的，注册人应当在医疗器械注册证有效期届满 6 个月前，向原注册部门申请延续注册，并按照相关要求提交申请资料。

技能巩固

一、选择题

（一）单选题

1. 下列不属于医疗器械注册流程的是（　　）

　　A. 电子申报与立卷审查　　　　　　　　B. 医疗器械技术审评

　　C. 医疗器械注册体系核查　　　　　　　D. 医疗器械应急审批

2. 下列可以申请优先注册程序的医疗器械是（　　）

　　A. 有效性、安全性、质量可控性满足法规要求的医疗器械

　　B. 在中国依法拥有产品核心技术发明专利权的医疗器械

　　C. 已完成产品的前期研究并具有基本定型产品，研究过程真实和受控，研究数据完整和可溯源的医疗器械

　　D. 列入国家科技重大专项或者国家重点研发计划的医疗器械

3. 下列不属于医疗器械注册变更事项的是（　　）

　　A. 产品名称、型号、规格　　　　　　　B. 注册人名称和住所

　　C. 产品技术要求　　　　　　　　　　　D. 适用范围、结构及组成

4. 医疗器械注册证有效期是（　　）年，对于应急审批医疗器械，附条件批准上市的，医疗器械注册证的有效期与注册证注明的附带条件的完成时限一致，原则上不超过（　　）年

　　A. 1；5　　　　　　B. 3；5　　　　　　C. 5；1　　　　　　D. 3；5

5. 医疗器械注册证有效期届满（　　）个月前，没有提出延续注册申请的，药品监督管理部门不再受理延续注册申请。

　　A. 4　　　　　　　B. 5　　　　　　　C. 6　　　　　　　D. 7

（二）多选题

1. 医疗器械注册人应当确保提交的注册资料（　　）

　　A. 合法　　　　　　B. 真实　　　　　　C. 准确　　　　　　D. 完整和可追溯

2. 医疗器械注册证编号的编排方式为 ×1 械注 ×2 ×××3 ×4 ××5 ×××6，其中 ×2 为注册形式，其形式有（　　）

A. 准　　　　　　　　B. 许　　　　　　　　C. 进　　　　　　　　D. 国

3. 医疗器械特殊注册程序包括（　　）

A. 创新产品注册程序
B. 应急注册程序
C. 优先注册程序
D. 附条件注册程序

4. 申请人申请适用创新产品注册程序，应当符合的要求是（　　）

A. 申请人通过其主导的技术创新活动，在中国依法拥有产品核心技术发明专利权，或者依法通过受让取得在中国发明专利权或其使用权，且申请适用创新产品注册程序的时间在专利授权公告日起 5 年内；或者核心技术发明专利的申请已由国务院专利行政部门公开，并由国家知识产权局专利检索咨询中心出具检索报告，载明产品核心技术方案具备新颖性和创造性

B. 申请人已完成产品的前期研究并具有基本定型产品，研究过程真实和受控，研究数据完整和可溯源

C. 诊断或者治疗罕见病、恶性肿瘤且具有明显临床优势，诊断或者治疗老年人特有和多发疾病且目前尚无有效诊断或者治疗手段，专用于儿童且具有明显临床优势，或者临床急需且在我国尚无同品种产品获准注册的医疗器械

D. 产品主要工作原理或者作用机理为国内首创，产品性能或者安全性与同类产品比较有根本性改进，技术上处于国际领先水平，且具有显著的临床应用价值

5. 对于已受理的医疗器械，药品监督管理部门不予注册的情形包括（　　）

A. 申请人对拟上市销售医疗器械的安全性、有效性、质量可控性进行的研究及其结果无法证明产品安全、有效、质量可控的

B. 质量管理体系核查不通过，以及申请人拒绝接受质量管理体系现场检查的

C. 注册申请资料虚假的

D. 注册申请资料内容混乱、矛盾，注册申请资料内容与申请项目明显不符，不能证明产品安全、有效、质量可控的

二、案例分析题

2023 年 1 月 11 日，重庆市大渡口区市场监督管理局对重庆某医疗美容门诊部有限公司进行专项检查。经查，当事人使用未依法注册第三类医疗器械"调 QNd：YAG 激光治疗机"，涉案货值金额 75000元。请问该案件如何定性和处罚？请指出法律依据。

三、实训任务

以医用透明质酸钠修复贴为例，模拟医疗器械注册人的角色，填写《医疗器械注册申请表》。

××省第二类医疗器械注册申请表

产品管理类别		产品类别	Ⅱ类医疗器械 □ Ⅱ类体外诊断试剂 □
型号、规格（包装规格）			
注册形式	首次注册　□ 延续注册　□	产品编号代号	

续表

原产品注册证号	延续注册时填写		
产品技术要求编号	延续注册时填写		
产品结构及组成（主要组成成分）			
产品适用范围（预期用途）			
产品储存条件及有效期			
注册人名称		许可证号	如有
生产地址		注册人住所	
联系人	注册专员姓名	职位	
电话手机	注册专员联系方式	传真	

书网融合······

项目小结　　　　习题　　　　微课

项目四　医疗器械生产管理

【项目引言】

从医疗器械全生命周期的角度来看，医疗器械生产环节是决定产品质量和品质的关键环节。随着我国医疗器械行业的快速发展，医疗器械生产企业大量涌现。为了规范医疗器械生产领域，国家高度重视生产环节的风险管理。医疗器械生产企业应当严格遵守生产相关法规，以保证医疗器械产品的安全性、有效性和质量可控性。

工作任务4-1　医疗器械生产企业开办

PPT

任务目标

【知识目标】

1. **掌握**　医疗器械生产企业开办条件。

2. **熟悉**　医疗器械生产企业许可申请与备案流程。

3. **了解**　医疗器械生产许可证的变更、重新办理、换发、补发、注销工作。

【能力目标】

能够依法开展医疗器械生产企业备案/许可申请工作，做好生产许可证管理。

【素质目标】

培养医疗器械生产质量管理意识，提升保障公众用械安全的责任感。

典型工作任务

工作情景： 假如你是某医疗器械生产企业筹建小组的工作人员，将要为企业申请医疗器械生产许可证，当前已搜集的法规主要有《医疗器械监督管理条例》《医疗器械生产监督管理办法》《医疗器械生产质量管理规范》。

工作任务： 1. 请问医疗器械生产企业开办条件有哪些？

　　　　　　　2. 请问医疗器械生产许可证申请流程是什么？

　　　　　　　3. 请列出医疗器械生产许可证申请材料清单。

一、医疗器械生产企业开办条件

根据《医疗器械监督管理条例》第三十条及《医疗器械生产监督管理办法》第九条规定，从事医疗器械生产活动，应当具备下列条件。

1. 有与生产的医疗器械相适应的生产场地、环境条件、生产设备以及专业技术人员。

2. 有能对生产的医疗器械进行质量检验的机构或者专职检验人员以及检验设备。

拓展1

3. 有保证医疗器械质量的管理制度。

4. 有与生产的医疗器械相适应的售后服务能力。

5. 符合产品研制、生产工艺文件规定的要求。

二、医疗器械生产分类管理

按照医疗器械风险程度，医疗器械生产实施分类管理。从事第一类医疗器械生产活动，应当向所在地设区的市级负责药品监督管理的部门办理医疗器械生产备案。从事第二类、第三类医疗器械生产活动，应当经所在地省、自治区、直辖市药品监督管理部门批准，依法取得医疗器械生产许可证。

⊗ 拓展提升

《医疗器械生产监督管理办法》第十八条规定，医疗器械生产企业跨省、自治区、直辖市设立生产场地的，应当向新设生产场地所在地省、自治区、直辖市药品监督管理部门申请医疗器械生产许可。

三、医疗器械生产备案

从事第一类医疗器械生产的，应当向所在地设区的市级负责药品监督管理的部门备案，在提交本规定的相关材料后，即完成生产备案，获取备案编号。医疗器械备案人自行生产第一类医疗器械的，可以在办理产品备案时一并办理生产备案，医疗器械生产备案表如表4-1所示。

药品监督管理部门应当在生产备案之日起3个月内，对提交的资料以及执行医疗器械生产质量管理规范情况开展现场检查。对不符合医疗器械生产质量管理规范要求的，依法处理并责令限期改正；不能保证产品安全、有效的，取消备案并向社会公告。

第一类医疗器械生产备案内容发生变化的，应当在10个工作日内向原备案部门提交《医疗器械生产监督管理办法》第十条规定的与变化有关的材料，药品监督管理部门必要时可以按规定规定开展现场核查。

表4-1　医疗器械生产备案表

企业名称					
统一社会信用代码			注册资本（万元）		
成立日期			营业期限		
			企业类型	一类	
住　　所			邮编		
			联系电话		
生产地址			邮编		
			联系电话		
人员情况	姓名	身份证号	职务	学历	职称
法定代表人					
企业负责人					
联系人	姓名	身份证号	联系电话	传真	电子邮件

续表

企业人员情况	人员总数（人）	生产管理人员（人）	质量管理人员（人）	专业技术人员（人）	
生产场所情况	建筑面积（m²）	生产面积（m²）	净化面积（m²）	检验面积（m²）	仓储面积（m²）
检验机构状况	总人数		技术人员数		
备案事项	生产范围				
生产产品列表					
序号	产品名称		产品备案号		备注

本企业承诺所提交的全部备案资料真实有效，并承担一切法律责任。同时，保证按照法律法规的要求从事医疗器械生产活动。

法定代表人（签字）　　　　（企业盖章）

年　　月　　日

四、医疗器械生产许可

（一）医疗器械生产许可申请

在境内从事第二类、第三类医疗器械生产的，应当向所在地省、自治区、直辖市药品监督管理部门申请生产许可，并提交下列材料。

1. 《医疗器械生产许可证》开办申请表（表4-2）。

2. 所生产的医疗器械注册证以及产品技术要求复印件。

3. 法定代表人（企业负责人）身份证明复印件。

4. 生产、质量和技术负责人的身份、学历、职称相关材料复印件。

5. 生产管理、质量检验岗位从业人员学历、职称一览表。

6. 生产场地的相关文件复印件，有特殊生产环境要求的，还应当提交设施、环境的相关文件复印件。

7. 主要生产设备和检验设备目录。

8. 质量手册和程序文件目录。

9. 生产工艺流程图。

10. 证明售后服务能力的相关材料。

11. 经办人的授权文件。

表4-2　医疗器械生产许可申请表

企业名称			
统一社会信用代码		注册资本（万元）	
成立日期		营业期限	
		企业类型	二类□　三类□
住　　所		邮编	
		电话	

续表

生产地址		邮编		
		电话		
人员情况	姓名	身份证号	职务	学历	职称
法定代表人					
企业负责人					
联系人	姓名	身份证号	联系电话	传真	电子邮件
企业人员情况	人员总数（人）		生产管理人员（人）	质量管理人员（人）	专业技术人员（人）
生产场所情况	建筑面积（m²）	生产面积（m²）	净化面积（m²）	检验面积（m²）	仓储面积（m²）
检验机构状况	总人数		检验人员数		

| 申请生产范围 | |

生产产品列表

序号	产品名称	注册号	类别（无菌、植入、体外诊断试剂、定制式义齿、独立软件、其他）	是否受托生产	注册人名称	注册人统一社会信用代码

本企业承诺所提交的全部资料真实有效，并承担一切法律责任。同时，保证按照法律法规的要求从事医疗器械生产活动。

法定代表人（签字）　　（企业盖章）
年　月　日

　　申请人应当确保所提交的材料合法、真实、准确、完整和可追溯。相关材料可以通过联网核查的，无需申请人提供。省、自治区、直辖市药品监督管理部门收到申请后，应当根据下列情况分别作出处理：①申请事项属于本行政机关职权范围，申请资料齐全、符合法定形式的，应当受理申请；②申请资料存在可以当场更正的错误的，应当允许申请人当场更正；③申请资料不齐全或者不符合法定形式的，应当当场或者在5个工作日内一次告知申请人需要补正的全部内容，逾期不告知的，自收到申请资料之日起即为受理；④申请事项依法不属于本行政机关职权范围的，应当即时作出不予受理的决定，并告知申请人向有关行政机关申请。省、自治区、直辖市药品监督管理部门受理或者不予受理医疗器械生产许可申请的，应当出具加盖本行政机关专用印章和注明日期的受理或者不予受理通知书。

法律、法规、规章规定实施行政许可应当听证的事项，或者药品监督管理部门认为需要听证的其他涉及公共利益的重大行政许可事项，药品监督管理部门应当向社会公告，并举行听证。医疗器械生产许可申请直接涉及申请人与他人之间重大利益关系的，药品监督管理部门在作出行政许可决定前，应当告知申请人、利害关系人享有要求听证的权利。

省、自治区、直辖市药品监督管理部门应当对申请资料进行审核，按照国家药品监督管理局制定的医疗器械生产质量管理规范的要求进行核查，并自受理申请之日起 20 个工作日内作出决定。现场核查可以与产品注册体系核查相结合，避免重复核查。需要整改的，整改时间不计入审核时限。符合规定条件的，依法作出准予许可的书面决定，并于 10 个工作日内发给《医疗器械生产许可证》；不符合规定条件的，作出不予许可的书面决定，并说明理由，同时告知申请人享有依法申请行政复议或者提起行政诉讼的权利。

医疗器械生产许可证分为正本和副本，有效期为 5 年。正本和副本载明许可证编号、企业名称、统一社会信用代码、法定代表人（企业负责人）、住所、生产地址、生产范围、发证部门、发证日期和有效期限。副本记载许可证正本载明事项变更以及车间或者生产线重大改造等情况。企业名称、统一社会信用代码、法定代表人（企业负责人）、住所等项目应当与营业执照中载明的相关内容一致。医疗器械生产许可证由国家药品监督管理局统一样式，由省、自治区、直辖市药品监督管理部门印制。医疗器械生产许可证电子证书与纸质证书具有同等法律效力。

（二）医疗器械生产许可证管理

1. 医疗器械生产许可证变更　医疗器械生产地址变更或者生产范围增加的，应当向原发证部门申请医疗器械生产许可变更，并提交涉及变更内容的有关材料，原发证部门应当依照规定进行审核并开展现场核查。车间或者生产线进行改造，导致生产条件发生变化，可能影响医疗器械安全、有效的，应当向原发证部门报告。属于许可事项变化的，应当按照规定办理相关许可变更手续。

企业名称、法定代表人（企业负责人）、住所变更或者生产地址文字性变更，以及生产范围核减的，应当在变更后 30 个工作日内，向原发证部门申请登记事项变更，并提交相关材料。原发证部门应当在 5 个工作日内完成登记事项变更。

医疗器械生产许可证正本、副本变更的，发证部门应当重新核发变更后的医疗器械生产许可证正本、副本，收回原许可证正本、副本；仅副本变更的，发证部门应当重新核发变更后的医疗器械生产许可证副本，收回原许可证副本。变更后的医疗器械生产许可证编号和有效期限不变。

2. 医疗器械生产许可证延续　医疗器械生产许可证有效期届满延续的，应当在有效期届满前 90 个工作日至 30 个工作日期间提出延续申请。逾期未提出延续申请的，不再受理其延续申请。原发证部门应当结合企业遵守医疗器械管理法律法规、医疗器械生产质量管理规范情况和企业质量管理体系运行情况进行审查，必要时开展现场核查，在医疗器械生产许可证有效期届满前作出是否准予延续的决定。

经审查符合规定条件的，准予延续，延续的医疗器械生产许可证编号不变。不符合规定条件的，责令限期改正；整改后仍不符合规定条件的，不予延续，并书面说明理由。延续许可的批准时间在原许可证有效期内的，延续起始日为原许可证到期日的次日；批准时间不在原许可证有效期内的，延续起始日为批准延续许可的日期。

3. 医疗器械生产许可证补（重）办　医疗器械生产许可证遗失的，应当向原发证部门申请补发。原发证部门应当及时补发医疗器械生产许可证，补发的医疗器械生产许可证编号和有效期限与原许可证一致。医疗器械生产企业跨省、自治区、直辖市设立生产场地的，应当向新设生产场地所在地省、自治区、直辖市药品监督管理部门申请医疗器械生产许可。

4. 医疗器械生产许可证注销 有下列情形之一的，由原发证部门依法注销医疗器械生产许可证，并予以公告：主动申请注销的；有效期届满未延续的；市场主体资格依法终止的；医疗器械生产许可证依法被吊销或者撤销的；法律、法规规定应当注销行政许可的其他情形。

五、法律责任

（一）未经许可从事医疗器械生产活动

1. 未经许可从事第二类、第三类医疗器械生产活动 由负责药品监督管理的部门没收违法所得、违法生产的医疗器械和用于违法生产的工具、设备、原材料等物品；违法生产的医疗器械货值金额不足1万元的，并处5万元以上15万元以下罚款；货值金额1万元以上的，并处货值金额15倍以上30倍以下罚款；情节严重的，责令停产停业，10年内不受理相关责任人以及单位提出的医疗器械许可申请，对违法单位的法定代表人、主要负责人、直接负责的主管人员和其他责任人员，没收违法行为发生期间自本单位所获收入，并处所获收入30%以上3倍以下罚款，终身禁止其从事医疗器械生产活动。

⇨ **案件直击** ---

未经许可生产未依法注册医疗器械案

案例简介：2022年3月4日，××省××市市场监督管理局对某康复辅具有限公司进行检查。经查，当事人涉嫌未经许可生产未依法注册的脊柱侧弯矫形器，涉案货值金额26.4万元，违法所得26.4万元。

法律依据：当事人未经许可生产未依法注册的第二类医疗器械的行为，违反了《医疗器械监督管理条例》（国务院令第739号）第十六条第一款、第三十二条第一款规定。2022年8月3日，宁波市市场监督管理局依据《医疗器械监督管理条例》（国务院令第739号）第八十一条第一款第一项、第二项和《关于规范市场监督管理行政处罚裁量权的指导意见》（国市监法〔2019〕244号）规定，决定给予当事人减轻处罚，处以没收违法所得26.4万元，罚款132万元的行政处罚。

典型意义：随着经济社会的发展，康复治疗成为医疗领域新的增长点。青少年特发性脊柱侧弯多发高发，其治疗过程、所使用医疗器械的合法性也成为人民群众关注的热点。监管部门在案件查办期间深入了解脊柱侧弯的成因、诊断要点、治疗方法、影像学特征，并利用技术方法从PACS系统中提取患者的放射影像电子数据，找准案件办理的突破方向，从而揭开医疗康复领域无证生产未依法注册医疗器械并侵害患者权益的潜规则。该案的办理彰显了药品监管部门针对新的医疗器械违法行为进行重点突破和攻坚克难的决心，维护了医疗器械生产、使用秩序，有力保障了公众用械安全。

2. 未经备案从事第一类医疗器械生产 由负责药品监督管理的部门向社会公告单位和产品名称，责令限期改正；逾期不改正的，没收违法所得、违法生产的医疗器械；违法生产的医疗器械货值金额不足1万元的，并处1万元以上5万元以下罚款；货值金额1万元以上的，并处货值金额5倍以上20倍以下罚款；情节严重的，对违法单位的法定代表人、主要负责人、直接负责的主管人员和其他责任人员，没收违法行为发生期间自本单位所获收入，并处所获收入30%以上2倍以下罚款，5年内禁止其从事医疗器械生产活动。

（二）骗取医疗器械生产许可证

在申请医疗器械行政许可时提供虚假资料或者采取其他欺骗手段的，不予行政许可，已经取得行政许可的，由作出行政许可决定的部门撤销行政许可，没收违法所得、违法生产的医疗器械，10 年内不受理相关责任人以及单位提出的医疗器械许可申请；违法生产的医疗器械货值金额不足 1 万元的，并处 5 万元以上 15 万元以下罚款；货值金额 1 万元以上的，并处货值金额 15 倍以上 30 倍以下罚款；情节严重的，责令停产停业，对违法单位的法定代表人、主要负责人、直接负责的主管人员和其他责任人员，没收违法行为发生期间自本单位所获收入，并处所获收入 30% 以上 3 倍以下罚款，终身禁止其从事医疗器械生产活动。

（三）伪造、变造、买卖、出租、出借医疗器械生产许可证

伪造、变造、买卖、出租、出借相关医疗器械许可证件的，由原发证部门予以收缴或者吊销，没收违法所得；违法所得不足 1 万元的，并处 5 万元以上 10 万元以下罚款；违法所得 1 万元以上的，并处违法所得 10 倍以上 20 倍以下罚款；构成违反治安管理行为的，由公安机关依法予以治安管理处罚。

【任务总结】

1. 医疗器械生产企业开办需要满足五个条件：有与生产的医疗器械相适应的生产场地、环境条件、生产设备以及专业技术人员；有能对生产的医疗器械进行质量检验的机构或者专职检验人员以及检验设备；有保证医疗器械质量的管理制度；有与生产的医疗器械相适应的售后服务能力；符合产品研制、生产工艺文件规定的要求。

2. 医疗器械生产许可与备案管理：从事第一类医疗器械生产的，应当向所在地设区的市级人民政府负责药品监督管理的部门备案。从事第二类、第三类医疗器械生产的，应当向所在地省、自治区、直辖市人民政府药品监督管理部门申请生产许可。

3. 医疗器械生产许可证、备案凭证的变更、延续、补发、注销等工作需依法办理。

技能巩固

一、选择题

（一）单选题

1. 关于《医疗器械生产许可证》的说法，错误的是（　　）

  A. 有效期为 5 年

  B. 载明许可证编号、企业名称、法定代表人、企业负责人、住所、生产地址、生产范围、发证部门、发证日期和有效期限等事项

  C. 附有医疗器械生产产品登记表，载明生产产品名称、注册号等信息

  D. 由国家药品监督管理局颁发

2. 从事第二类医疗器械生产的，由生产企业向（　　）

  A. 设区的市级人民政府药品监督管理部门备案

  B. 省级药品监督管理部门注册

  C. 省级药品监督管理部门提出许可申请

D. 国家药品监督管理部门提出许可申请

3. 医疗器械生产备案，是指从事（   ）生产活动的生产企业应该向企业所在地的设区的市级药监管理部门提交相关资料，进行生产备案告知行为

A. 第一类医疗器械
B. 第二类医疗器械
C. 第三类医疗器械
D. 第二、三类医疗器械

4. 从事第三类医疗器械生产的，由生产企业向（   ）

A. 设区的市级人民政府药品监督管理部门备案
B. 省级药品监督管理部门注册
C. 省级药品监督管理部门提出许可申请
D. 国家药品监督管理部门提出许可申请

5. 医疗器械生产许可证有效期届满延续的，应当在有效期届满前（   ）个工作日至30个工作日期间提出延续申请。逾期未提出延续申请的，不再受理其延续申请

A. 15
B. 90
C. 60
D. 45

（二）多选题

1. 医疗器械生产管理是指对医疗器械生产环节的管理行为，包括医疗器械的（   ）等活动的监督管理活动

A. 研发设计
B. 生产备案
C. 生产许可
D. 委托生产

2. 根据《医疗器械监督管理条例》第三十条及《医疗器械生产监督管理办法》第九条规定，医疗器械生产企业开办条件需要具备以下哪些条件（   ）

A. 有与生产的医疗器械相适应的生产场地、环境条件、生产设备以及专业技术人员

B. 有能对生产的医疗器械进行质量检验的机构或者专职检验人员以及检验设备

C. 有保证医疗器械质量的管理制度

D. 有与生产的医疗器械相适应的售后服务能力

E. 符合产品研制、生产工艺文件规定的要求

3. 按照医疗器械风险程度，医疗器械生产实施分类管理。从事（   ）医疗器械生产的，应当向所在地省、自治区、直辖市人民政府药品监督管理部门申请生产许可并提交其符合规定条件的有关资料以及所生产医疗器械的注册证

A. 第一类
B. 第二类
C. 第三类
D. 第四类

4. 在境内从事第二类、第三类医疗器械生产的，应当向所在地省、自治区、直辖市药品监督管理部门申请生产许可，并提交下列哪些材料（   ）

A. 所生产的医疗器械注册证以及产品技术要求复印件

B. 财务相关人员身份证明复印件

C. 生产、质量和技术负责人的身份、学历、职称相关材料复印件

D. 生产管理、质量检验岗位从业人员学历、职称一览表

E. 主要生产设备和检验设备目录

5. 以下哪些行为发生后，相应的医疗器械生产企业需要依法承担法律责任（   ）

A. 在申请医疗器械行政许可时提供虚假资料或者采取其他欺骗手段的

B. 未经备案从事第一类医疗器械生产

C. 未经备案从事第二类、第三类医疗器械生产活动的

D. 伪造、变造、买卖、出租、出借《医疗器械生产许可证》的

二、思考题

1. 医疗器械生产企业开办的基本条件有哪些？

2. 医疗器械生产企业将许可证或备案凭证租借给其他机构使用，其法律责任是什么？

三、实训任务

1. 在"浙里办"官网查询浙江省医疗器械生产企业许可和备案流程。

2. 为某家企业准备医疗器械生产企业许可、备案资料，完成许可证、备案凭证管理工作。

工作任务4-2   医疗器械生产质量管理 微课

PPT

任务目标

【知识目标】

1. 掌握   医疗器械生产质量管理规范重点内容。

2. 熟悉   特殊管理医疗器械生产要求，医疗器械生产企业现场检查要点。

3. 了解   医疗器械生产企业质量安全主体责任。

【能力目标】

能够做好医疗器械生产质量管理活动，开展质量管理体系内审工作。

【素质目标】

加强医疗器械生产质量管理合规意识，提高法治素养。

典型工作任务

工作情景： 国家药品监督管理局组织检查组对3家医疗器械企业进行飞行检查，检查发现企业质量管理体系存在缺陷。

（一）检查发现企业在厂区6楼存放牙种植体系统产品外包装盒、标签、成品，其他产品过期留样、退回产品及生产废料等物品，并存有其关联公司齿科相关产品包装盒、标签、基台成品等物品，以及其他闲置生产设备及杂物，未配备温湿度控制、防鼠等相关设施设备，无产品及物料流向记录，未进行仓库分区管理，该区域未纳入企业质量管理体系仓库管理。

（二）企业委托其关联公司对牙种植体系统产品进行金属材质物料采购以及机加工，但未能提供双方关于机加工工序外协加工质量保证协议。

（三）抽查企业《酸蚀工艺确认报告》，该文件内容实际为水浴锅设备确认，企业未能提供酸蚀工艺验证记录。

（四）企业委托某公司对牙种植体系统产品进行辐照灭菌。查该企业某批次产品批生产记录，其中收录的《辐照证明书》显示辐照灭菌检验日期早于辐照结束日期，企业未对灭菌过程的放行标准作出规定，未识别该风险，企业无菌检验合格后将该批次产品放行并销售。

工作任务： 1. 国家药品监督管理局对医疗器械生产企业飞行检查的法律依据是什么？

2. 上述缺陷违反了法律依据文件中的哪些条款？

3. 针对缺陷问题，相关企业应当启动哪些整改措施？

一、概述

《医疗器械监督管理条例》第三十五条规定，医疗器械注册人、备案人、受托生产企业应当按照医疗器械生产质量管理规范，建立健全与所生产医疗器械相适应的质量管理体系并保证其有效运行；严格按照经注册或者备案的产品技术要求组织生产，保证出厂的医疗器械符合强制性标准以及经注册或者备案的产品技术要求。为了加强医疗器械生产监管、规范生产质量管理，国家药品监督管理局先后出台了《医疗器械生产质量管理规范》《医疗器械生产质量管理规范附录无菌医疗器械》《医疗器械生产质量管理规范附录植入性医疗器械》《医疗器械生产质量管理规范附录体外诊断试剂》《医疗器械生产质量管理规范附录定制式义齿》《医疗器械生产质量管理规范附录独立软件》，及配套各个规范的现场检查指导原则（图 4 - 1）。其中《医疗器械生产质量管理规范》是医疗器械生产的通用要求，5 个《医疗器械生产质量管理规范》附录分别对应无菌医疗器械、植入性医疗器械、体外诊断试剂、定制式义齿、独立软件 5 类医疗器械生产的特殊要求。由此可见，我国医疗器械生产质量管理规范体系正在逐步完善。

| 拓展 2 | 拓展 3 | 拓展 4 | 拓展 5 | 拓展 6 | 拓展 7 |

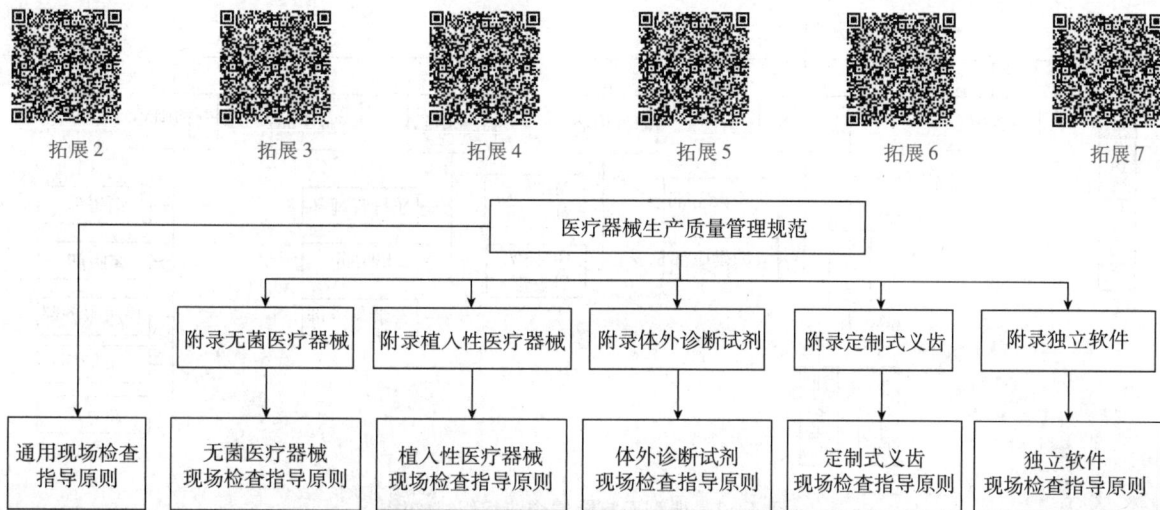

图 4 - 1　医疗器械生产质量管理规范体系

医疗器械质量管理体系是国际上普遍采用的管理方式和评价医疗器械质量的基本方法，对医疗器械生产企业质量体系的审查已成为产品能否进入市场的一个重要前提。为应对医疗器械产业和监管面临的共同挑战，2022 年 10 月，国家市场监督管理总局和国家标准化管理委员会发布了 GB/T 42061—2022《医疗器械质量管理体系用于法规的要求》，等同采用 ISO 13485：2016 标准，详细规定了医疗器械制造商的质量管理体系要求，涉及医疗器械生命周期的一个或多个阶段的组织可以依据该标准要求进行医疗器械的设计和开发、生产、贮存和流通、安装、服务和最终停用及处置，以及相关活动（如技术支持）的设计和开发或提供。该标准有八个章节，即范围、规范性引用文件；术语和定义；质量管理体系；管理职责；资源管理；产品实现；测量、分析和改进。医疗器械注册人、备案人和受托企业可以借鉴该标准建立适合自身发展的质量管理体系，并保持有效运行。

二、《医疗器械生产质量管理规范》主要内容

《医疗器械生产质量管理规范》（Good Manufacturing Practice for Medical Device，GMP）是对医疗器械生产的强制性要求，也是医疗器械生产质量的最低要求。GMP 的三大目标是将人为差错控制在最低限度、防止产品质量下降与污染、健全质量管理体系。实施 GMP 的三大精髓是有章可循、照章办事、

有据可查。医疗器械生产企业（以下简称"企业"）在医疗器械设计开发、生产、销售和售后服务等过程中应当遵守 GMP 要求。医疗器械注册申请人或备案人在进行产品研制时，也应当遵守 GMP 相关要求。企业应当按照 GMP 要求，结合产品特点，建立健全与所生产医疗器械相适应的质量管理体系，并保证其有效运行。企业应当将风险管理贯穿于设计开发、生产、销售和售后服务等全过程，所采取的措施应当与产品存在的风险相适应。

（一）机构与人员

1. 组织机构 企业应当建立与医疗器械生产相适应的管理机构，并有组织机构图（图 4 - 2），明确各部门的职责和权限，明确质量管理职能。生产管理部门和质量管理部门负责人不得互相兼任。

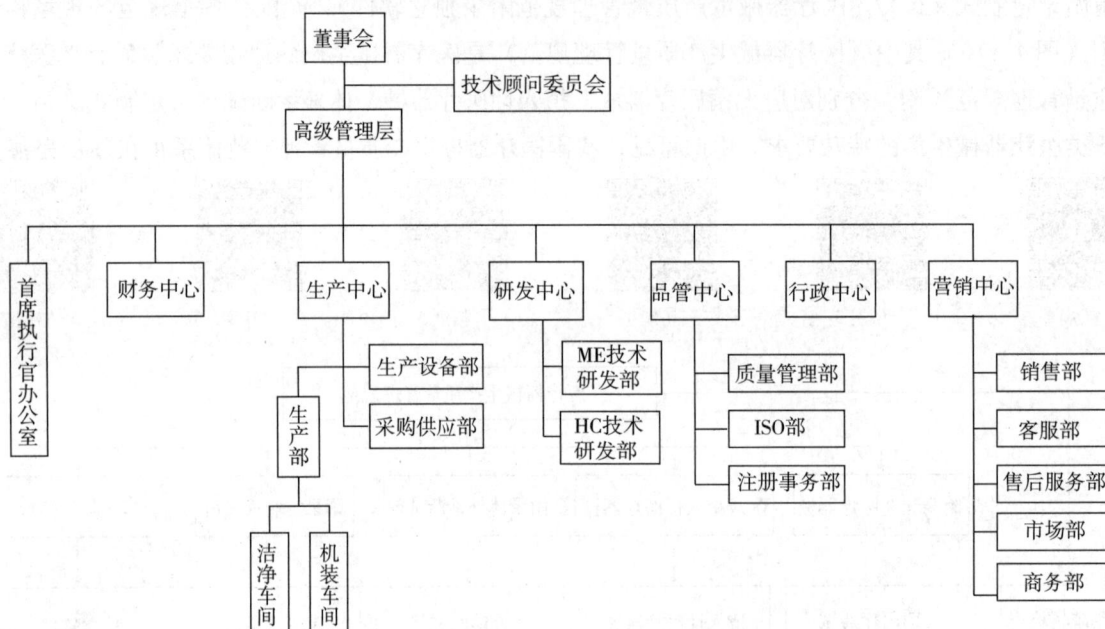

图 4 - 2 典型医疗器械企业组织机构图

2. 企业负责人及管理者代表 企业负责人是医疗器械产品质量的主要责任人，应当履行以下职责：①组织制定企业的质量方针和质量目标；②确保质量管理体系有效运行所需的人力资源、基础设施和工作环境等；③组织实施管理评审，定期对质量管理体系运行情况进行评估，并持续改进；④按照法律、法规和规章的要求组织生产。企业负责人应当确定一名管理者代表。管理者代表负责建立、实施并保持质量管理体系，报告质量管理体系的运行情况和改进需求，提高员工满足法规、规章和顾客要求的意识。

3. 技术、生产和质量管理部门负责人 技术、生产和质量管理部门的负责人应当熟悉医疗器械相关法律法规，具有质量管理的实践经验，有能力对生产管理和质量管理中的实际问题作出正确的判断和处理。企业应当配备与生产产品相适应的专业技术人员、管理人员和操作人员，具有相应的质量检验机构或者专职检验人员。从事影响产品质量工作的人员，应当经过与其岗位要求相适应的培训，具有相类理论知识和实际操作技能。从事影响产品质量工作的人员，企业应当对其健康进行管理，并建立健康档案。

知识链接

国家药监局发布的《企业落实医疗器械质量安全主体责任监督管理规定》含六章共三十条内容，主要包括三方面的内容。

一、质量安全关键岗位要求

明确生产企业质量安全关键岗位人员包括企业法定代表人和主要负责人（以下简称"企业负责人"）、管理者代表、质量管理部门负责人，细化各岗位职责和任职条件。

企业负责人应当按照相关法律、法规、规章、生产质量管理规范的要求，以及强制性标准和产品技术要求组织生产。管理者代表应当在企业内部独立履行职责，发现产品存在质量安全风险时，应当提出相关产品上市的否决意见或者停止生产活动的建议。管理者代表应当贯彻执行相关法律、法规、规章、规范、强制性标准和产品技术要求；组织建立、实施并保持企业质量管理体系，向企业负责人报告质量管理体系的运行情况和改进需求；确保产品符合放行要求，并组织开展上市后产品质量的信息收集工作等职责。人员是影响医疗器械产品质量关键要素，企业必须要系统、深入地理解质量安全关键岗位职责，确保医疗器生产企业质量安全关键岗位人员责任落实到位。

二、质量安全管理要求

规定了质量安全管理调度和风险会商制度，细化委托生产管理、产品放行等关键环节管理要求，明确各环节负责人员。医疗器械注册人、备案人依法对上市医疗器械的安全、有效负责，受托生产企业对受托生产行为负责，经营企业对本企业经营行为负责。

（一）委托生产管理

委托生产的，应当由企业负责人或者其授权人签订质量协议以及委托协议，不得通过协议转移依法应当由注册人、备案人履行的义务和责任。委托生产前，应当对受托生产企业质量保证能力和风险管理能力进行评估；委托生产后，应当定期对受托生产企业质量管理体系进行现场审核，并确保双方质量管理体系有效衔接。受托生产的产品不得再次委托生产。

（二）产品放行

生产企业应当建立产品放行程序，明确产品放行条件及审核、批准要求。注册人、备案人应当建立产品上市放行规程，由质量管理部门负责人组织对医疗器械生产过程记录和质量检验结果进行审核。

（三）受托生产企业

应当建立生产放行规程，由质量管理部门负责人组织对医疗器械生产过程进行审核，对产品进行检验。产品上市放行不得委托受托生产企业进行。

（四）定期调度

生产企业负责人应当每季度至少听取一次管理者代表工作情况汇报。经营企业负责人应当每季度至少听取一次质量负责人工作情况汇报。企业负责人对重点工作作出调度安排，并进行记录。

三、履职保障机制

要求企业制定质量安全关键岗位说明书并对相关人员进行岗前培训和继续教育，规定生产企业管理者代表、质量管理部门负责人和经营企业质量负责人、质量管理人员应当在职在岗，明确尽职免责制度和企业对相关人员的奖惩制度。建立培训记录，对负责人员的任命、调整、责任履行等情况予以记录，存档备查质量安全关键岗位人员未按规定履行职责，造成医疗器械质量安全事故的，企业应当追究其工作责任。

（二）厂房与设施

1. 总体要求　厂房与设施应当符合生产要求，生产、行政和辅助区的总体布局应当合理，不得互相妨碍。厂房与设施应当根据所生产产品的特性、工艺流程及相应的洁净级别要求合理设计、布局和使用。生产环境应当整洁、符合产品质量需要及相关技术标准的要求。产品有特殊要求的，应当确保厂房的外部环境不能对产品质量产生影响，必要时应当进行验证。

2. 设计安装与维护维修　厂房应当确保生产和贮存产品质量以及相关设备性能不会直接或者间接受到影响，厂房应当有适当的照明、温度、湿度和通风控制条件。厂房与设施的设计和安装应当根据产品特性采取必要的措施，有效防止昆虫或者其他动物进入。对厂房与设施的维护和维修不得影响产品质量。

（1）生产区　应当有足够的空间，并与其产品生产规模、品种相适应。

（2）仓储区　应当能够满足原材料、包装材料、中间品、产品等的贮存条件和要求，按照待验、合格、不合格、退货或者召回等情形进行分区存放，便于检查和监控。

（3）检验区　企业应当配备与产品生产规模、品种、检验要求相适应的检验场所和设施。

✺ 拓展提升

医疗器械生产过程洁净度的要求

一、洁净厂房的概念

洁净厂房也叫净化车间、洁净室（clean room），是指将一定空间范围之内空气中的微粒子、有害空气、细菌等污染物排除，并将室内温度、洁净度、室内压力、气流速度与气流分布、噪音振动及照明、静电控制在某一需求范围内，而所给予特别设计的车间，亦即是不论外在的空气条件如何变化，其室内均能具有维持原先所设定要求的洁净度、温湿度及压力等性能的特性。

二、洁净度的概念

洁净度指的是洁净环境内单位体积空气中含大于或等于某一粒径的悬浮粒子和微生物最大允许统计数。依据《无菌医疗器具生产管理规范》（YY0033 - 2000）标准，洁净室（区）的环境级别按照洁净度不同分为30万级、10万级、万级和100级（表4 - 3）。

表4 - 3　《无菌医疗器具生产管理规范》（YY0033 - 2000）中空气洁净度等级

洁净度级别	尘埃较大允许数（个/m³）		微生物较大允许数	
	浮游菌（个/m³）	≥0.5μm	≥5μm	沉降菌（个/皿）
100 级	3500	0	1	5
10000 级	350000	2000	3	100
100000 级	3500000	20000	10	500
300000 级	10500000	≤60000	15	—

三、医疗器械生产过程的洁净度要求

（一）无菌医疗器械生产洁净度要求

《医疗器械生产质量管理规范附录无菌医疗器械》规定了无菌医疗器械生产过程洁净度的要求。植入和介入血管内的无菌医疗器械及需要在10,000级下的局部100级洁净室（区）内进行后续加工（如灌装封等）的无菌医疗器械或单包装出厂的配件，其末道清洁处理、组装、初包装、封口的生产区域和不经清洁处理的零部件的加工生产区域应当不低于10,000级洁净度级别。与血液、骨髓腔或非自然腔道直接或间接接触的无菌医疗器械或单包装出厂的配件，其末道清洁处理、组装、初包装、封口的生产区域和不经清洁处理的零部件的加工生产区域应当不低于100,000级洁净度级别。

与人体损伤表面和黏膜接触的无菌医疗器械或单包装出厂的配件，其末道清洁处理、组装、初包装、封口的生产区域和不经清洁处理的零部件的加工生产区域应当不低于300,000级洁净度级别。与无菌医疗器械的使用表面直接接触、不需清洁处理即使用的初包装材料，其生产环境洁净度级别的设置应当遵循与产品生产环境的洁净度级别相同的原则，使初包装材料的质量满足所包装无菌医疗器械的要求；若初包装材料不与无菌医疗器械使用表面直接接触，应当在不低于300,000级洁净室（区）内生产。对于有要求或采用无菌操作技术加工的无菌医疗器械（包括医用材料），应当在10,000级下的局部100级洁净室（区）内进行生产。洁净工作服清洗干燥间、洁具间、专用工位器具的末道清洁处理与消毒的区域的空气洁净度级别可低于生产区一个级别，但不得低于300,000级。无菌工作服的整理、灭菌后的贮存应当在10,000级洁净室（区）内。

（二）植入性医疗器械生产洁净度要求

《医疗器械生产质量管理规范附录植入性医疗器械》规定了植入性医疗器械生产过程洁净度的要求。主要与骨接触的植入性无菌医疗器械或单包装出厂的配件，其末道清洁处理、组装、初包装、封口的生产区域和不经清洁处理零部件的加工生产区域应当不低于100,000级洁净度级别。主要与组织和组织液接触的植入性无菌医疗器械或单包装出厂的配件，其末道清洁处理、组装、初包装、封口的生产区域和不经清洁处理零部件的加工生产区域应当不低于100,000级洁净度级别。主要与血液接触的植入性无菌医疗器械或单包装出厂的配件，其末道清洁处理、组装、初包装、封口的生产区域和不经清洁处理零部件的加工生产区域应当不低于10,000级洁净度级别。

与人体损伤表面和黏膜接触的植入性无菌医疗器械或单包装出厂的零部件，其末道清洁处理、组装、初包装、封口的生产区域和不经清洁处理零部件的加工生产区域应当不低于300,000级洁净度级别。与植入性的无菌医疗器械的使用表面直接接触、不需清洁处理即使用的初包装材料，其生产环境洁净度级别的设置应当遵循与产品生产环境的洁净度级别相同的原则，使初包装材料的质量满足所包装无菌医疗器械的要求；若初包装材料不与植入性无菌医疗器械使用表面直接接触，应当在不低于300,000洁净室（区）内生产。对于有要求或采用无菌操作技术加工的植入性无菌医疗器械（包括医用材料），应当在10,000级下的局部100级洁净室（区）内进行生产。洁净工作服清洗干燥间、洁具间、专用工位器具的末道清洁处理与消毒的区域的空气洁净度级别可低于生产区一个级别，但不得低于300,000级。无菌工作服的整理、灭菌后的贮存应当在10,000级洁净室（区）内。

（三）设备

1. 设备生命周期管理　企业应当配备与所生产产品和规模相匹配的生产设备、工艺装备等，并确保有效运行。生产设备的设计、选型、安装、维修和维护必须符合预定用途，便于操作、清洁和维护。生产设备应当有明显的状态标识，防止非预期使用。企业应当建立生产设备使用、清洁、维护和维修的操作规程，并保存相应的操作记录（图4-3）。

2. 检验仪器设备及计量器具　企业应当配备与产品检验要求相适应的检验仪器和设备，主要检验

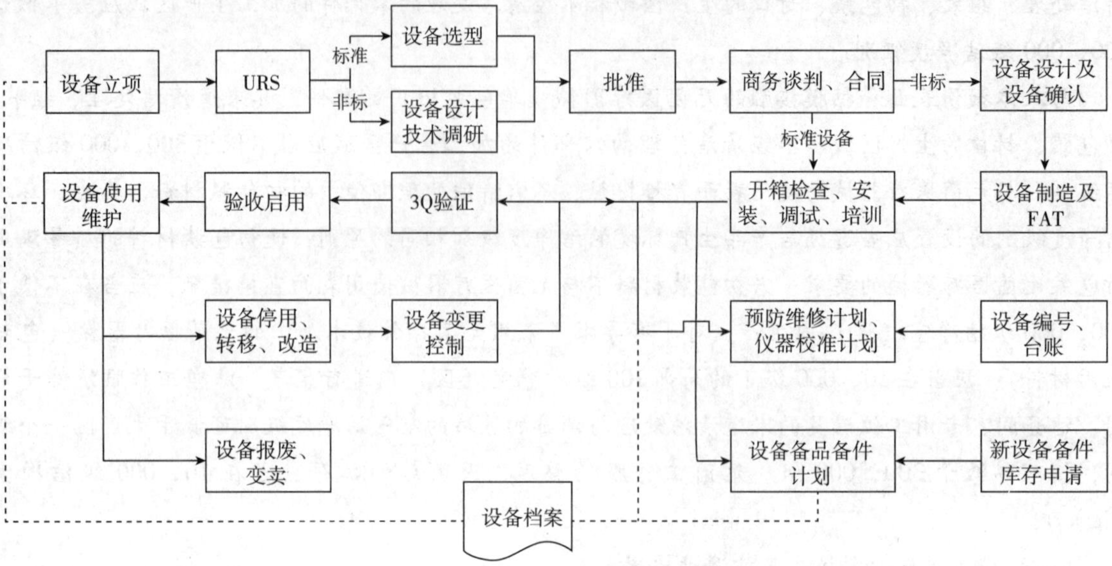

图 4 - 3   设备全生命周期参考示意图

仪器和设备应当具有明确的操作规程。企业应当建立检验仪器和设备的使用记录，记录内容包括使用、校准、维护和维修等情况。企业应当配备适当的计量器具。计量器具的量程和精度应当满足使用要求，标明其校准有效期，并保存相应记录。

（四）文件管理

1. 质量管理体系文件   企业应当建立健全质量管理体系文件，包括质量方针和质量目标、质量手册、程序文件、技术文件和记录，以及法规要求的其他文件。质量手册应当对质量管理体系作出规定。程序文件应当根据产品生产和质量管理过程中需要建立的各种工作程序而制定，包含规定的各项程序。技术文件应当包括产品技术要求及相关标准、生产工艺规程、作业指导书、检验和试验操作规程、安装和服务操作规程等相关文件。

2. 文件全生命周期管理   企业应当建立文件控制程序，系统地设计、制定、审核、批准和发放质量管理体系文件，至少应当符合以下要求：①文件的起草、修订、审核、批准、替换或者撤销、复制、保管和销毁等应当按照控制程序管理，并有相应的文件分发、替换或者撤销、复制和销毁记录；②文件更新或者修订时，应当按规定评审和批准，能够识别文件的更改和修订状态；③分发和使用的文件应当为适宜的文本，已撤销或者作废的文件应当进行标识，防止误用。企业应当确定作废的技术文件等必要的质量管理体系文件的保存期限，以满足产品维修和产品质量责任追溯等需要。文件全生命周期管理过程详见图 4 - 4。

3. 记录控制程序   企业应当建立记录控制程序，包括记录的标识、保管、检索、保存期限和处置要求等，并满足以下要求：①记录应当保证产品生产、质量控制等活动的可追溯性；②记录应当清晰、完整，易于识别和检索，防止破损和丢失；③记录不得随意涂改或者销毁，更改记录应当签注姓名和日期，并使原有信息仍清晰可辨，必要时，应当说明更改的理由；④记录的保存期限应当至少相当于企业所规定的医疗器械的寿命期，但从放行产品的日期起不少于 2 年，或者符合相关法规要求，并可追溯。

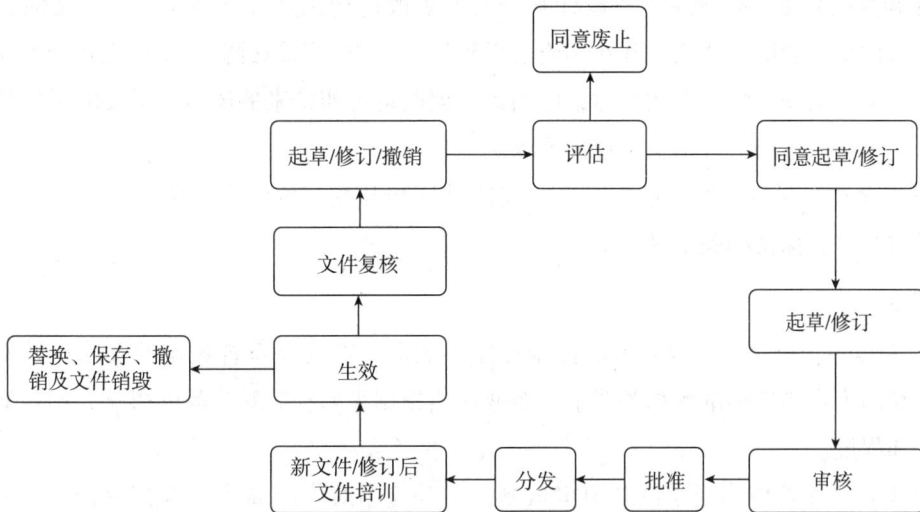

图 4-4　文件全生命周期管理图

（五）设计开发

1. 设计开发全流程

（1）设计控制程序　企业应当建立设计控制程序并形成文件，对医疗器械的设计和开发过程实施策划和控制（图 4-5）。

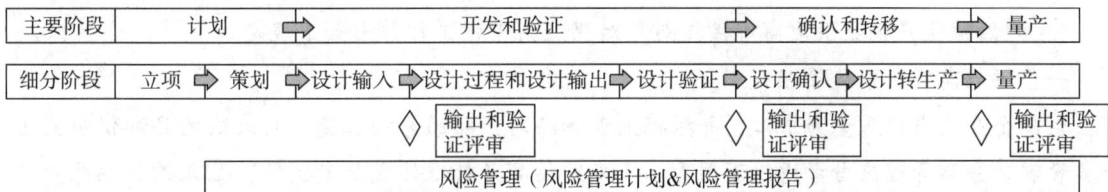

图 4-5　设计和开发全流程图示

（2）设计和开发策划　在进行设计和开发策划时，应当确定设计和开发的阶段及对各阶段的评审、验证、确认和设计转换等活动，应当识别和确定各个部门设计和开发的活动和接口，明确职责和分工。

（3）设计和开发输入　设计和开发输入应当包括预期用途规定的功能、性能和安全要求、法规要求、风险管理控制措施和其他要求。对设计和开发输入应当进行评审并得到批准，保持相关记录。

（4）设计和开发输出　设计和开发输出应当满足输入要求，包括采购、生产和服务所需的相关信息、产品技术要求等。设计和开发输出应当得到批准，保持相关记录。

（5）设计和开发转换　企业应当在设计和开发过程中开展设计和开发到生产的转换活动，以使设计和开发的输出在成为最终产品规范前得以验证，确保设计和开发输出适用于生产。

（6）设计和开发评审　企业应当在设计和开发的适宜阶段安排评审，保持评审结果及任何必要措施的记录。

（7）设计和开发验证　企业应当对设计和开发进行验证，以确保设计和开发输出满足输入的要求，并保持验证结果和任何必要措施的记录。

（8）设计和开发确认　企业应当对设计和开发进行确认，以确保产品满足规定的使用要求或者预期用途的要求，并保持确认结果和任何必要措施的记录。确认可采用临床评价或者性能评价。进行临床试验时应当符合医疗器械临床试验法规的要求。

（9）设计和开发变更　企业应当对设计和开发的更改进行识别并保持记录。必要时，应当对设计和开发更改进行评审、验证和确认，并在实施前得到批准。当选用的材料、零件或者产品功能的改变可能影响到医疗器械产品安全性、有效性时，应当评价因改动可能带来的风险，必要时采取措施将风险降低到可接受水平，同时应当符合相关法规的要求。

2. 设计开发全过程风险管理　企业应当在包括设计和开发在内的产品实现全过程中，制定风险管理的要求并形成文件，保持相关记录。

（六）采购

1. 采购控制程序　企业应当建立采购控制程序，确保采购物品符合规定的要求，且不低于法律法规的相关规定和国家强制性标准的相关要求。企业应当根据采购物品对产品的影响，确定对采购物品实行控制的方式和程度。

2. 供应商审核　企业应当建立供应商审核制度，并应当对供应商进行审核评价。必要时，应当进行现场审核。企业应当与主要原材料供应商签订质量协议，明确双方所承担的质量责任。

3. 采购记录　采购时应当明确采购信息，清晰表述采购要求，包括采购物品类别、验收准则、规格型号、规程、图样等内容。应当建立采购记录，包括采购合同、原材料清单、供应商资质证明文件、质量标准、检验报告及验收标准等。采购记录应当满足可追溯要求。企业应当对采购物品进行检验或者验证，确保满足生产要求。

知识链接

《医疗器械生产企业供应商审核指南》对供应商审核工作作出如下规定。

一、供应商实行分类管理

生产企业应当以质量为中心，并根据采购物品对产品的影响程度，对采购物品和供应商进行分类管理。分类管理应当考虑以下因素：①采购物品是标准件或是定制件；②采购物品生产工艺的复杂程度；③采购物品对产品质量安全的影响程度；④采购物品是供应商首次或是持续为医疗器械生产企业生产的。

二、供应商审核方式

（一）准入审核

生产企业应当根据对采购物品的要求，包括采购物品类别、验收准则、规格型号、规程、图样、采购数量等，制定相应的供应商准入要求，对供应商经营状况、生产能力、质量管理体系、产品质量、供货期等相关内容进行审核并保持记录。必要时应当对供应商开展现场审核，或进行产品小试样的生产验证和评价，以确保采购物品符合要求。

（二）过程审核

生产企业应当建立采购物品在使用过程中的审核程序，对采购物品的进货查验、生产使用、成品检验、不合格品处理等方面进行审核并保持记录，保证采购物品在使用过程中持续符合要求。

（三）评估管理

生产企业应当建立评估制度。应当对供应商定期进行综合评价，回顾分析其供应物品的质量、技术水平、交货能力等，并形成供应商定期审核报告，作为生产企业质量管理体系年度自查报告的必要资料。经评估发现供应商存在重大缺陷可能影响采购物品质量时，应当中止采购，及时分析已使用的采购物品对产品带来的风险，并采取相应措施。

三、供应商审核要点

（一）文件审核

文件审核内容：①供应商资质，包括企业营业执照、合法的生产经营证明文件等；②供应商的质量管理体系相关文件；③采购物品生产工艺说明；④采购物品性能、规格型号、安全性评估材料、企业自检报告或有资质检验机构出具的有效检验报告。⑤其他可以在合同中规定的文件和资料。

（二）进货查验

生产企业应当严格按照规定要求进行进货查验，要求供应商按供货批次提供有效检验报告或其他质量合格证明文件。

（三）现场审核

生产企业应当建立现场审核要点及审核原则，对供应商的生产环境、工艺流程、生产过程、质量管理、储存运输条件等可能影响采购物品质量安全的因素进行审核。应当特别关注供应商提供的检验能力是否满足要求，以及是否能保证供应物品持续符合要求。

（七）生产管理

企业应当按照建立的质量管理体系进行生产，以保证产品符合强制性标准和经注册或者备案的产品技术要求。

1. 生产工艺规程 企业应当编制生产工艺规程、作业指导书等，明确关键工序和特殊过程。

2. 生产清洁 在生产过程中需要对原材料、中间品等进行清洁处理的，应当明确清洁方法和要求，并对清洁效果进行验证。

3. 生产环境 企业应当根据生产工艺特点对环境进行监测，并保存记录。

4. 特殊生产过程确认 企业应当对生产的特殊过程进行确认，并保存记录，包括确认方案、确认方法、操作人员、结果评价、再确认等内容。生产过程中采用的计算机软件对产品质量有影响的，应当进行验证或者确认。

5. 批生产记录 每批（台）产品均应当有生产记录，并满足可追溯的要求。生产记录包括产品名称、规格型号、原材料批号、生产批号或者产品编号、生产日期、数量、主要设备、工艺参数、操作人员等内容。

6. 产品标识 企业应当建立产品标识控制程序，用适宜的方法对产品进行标识，以便识别，防止混用和错用。

7. 检验状态标识 企业应当在生产过程中标识产品的检验状态，防止不合格中间产品流向下道工序。

8. 产品可追溯性 企业应当建立产品的可追溯性程序，规定产品追溯范围、程度、标识和必要的记录。

9. 产品说明书及标签 产品的说明书、标签应当符合相关法律法规及标准要求。

10. 产品防护程序 企业应当建立产品防护程序，规定产品及其组成部分的防护要求，包括污染防护、静电防护、粉尘防护、腐蚀防护、运输防护等要求。防护应当包括标识、搬运、包装、贮存和保护等。

（八）质量控制

1. 质量控制程序　企业应当建立质量控制程序，规定产品检验部门、人员、操作等要求，并规定进货检验、过程检验和成品检验相关内容，规定检验仪器和设备的使用、校准等要求，以及产品放行的程序。

2. 检验　医疗器械企业在进货、生产过程和成品检验环节都要进行严格的检验，以确保产品质量符合标准。在进货检验环节，企业应该对所有进货的原材料、辅料和包装材料进行检验，包括外观、标识、包装等方面，确保其符合规定的技术要求和标准。在生产过程中，企业应该对关键工序进行过程检验，确保产品符合要求。同时，企业还应该建立完善的记录系统，记录每个批次的原材料使用情况、生产过程中的各项参数以及检验结果等信息。《医疗器械生产企业质量控制与成品放行指南》中规定，成品检验规程的内容原则上应当覆盖已注册或者备案的产品技术要求中需要常规控制的检验项目和检验方法。不能覆盖的，应当在成品检验规程中予以说明。必要时，应当给出经过确认的替代解决方案。因此，在成品检验环节，企业应该对每个批次的产品进行全面检验，包括外观、尺寸、性能等方面，确保产品符合规定的技术要求和标准。如果发现不合格产品，企业应该及时采取措施，包括停产、召回等，确保不合格产品不会流入市场。总之，进货检验、过程检验和成品检验是医疗器械企业质量管理的重要环节，企业应该建立完善的质量管理体系，确保产品质量符合标准。

3. 检验仪器和设备管理使用　检验仪器和设备的管理使用应当符合以下要求：①定期对检验仪器和设备进行校准或者检定，并予以标识；②规定检验仪器和设备在搬运、维护、贮存期间的防护要求，防止检验结果失准；③发现检验仪器和设备不符合要求时，应当对以往检验结果进行评价，并保存验证记录；④对用于检验的计算机软件，应当确认。

4. 质量检验　企业应当根据强制性标准以及经注册或者备案的产品技术要求制定产品的检验规程，并出具相应的检验报告或者证书。需要常规控制的进货检验、过程检验和成品检验项目原则上不得进行委托检验。对于检验条件和设备要求较高，确需委托检验的项目，可委托具有资质的机构进行检验，以证明产品符合强制性标准和经注册或者备案的产品技术要求。

5. 检验记录及其管理　每批（台）产品均应当有检验记录，并满足可追溯的要求。检验记录应当包括进货检验、过程检验和成品检验的检验记录、检验报告或者证书等。

6. 产品放行程序　企业应当规定产品放行程序、条件和放行批准要求。放行的产品应当附有合格证明。

7. 留样管理　企业应当根据产品和工艺特点制定留样管理规定，按规定进行留样，并保持留样观察记录。重点留样是指对具有特殊要求、特殊用途或特殊材料的产品进行留样，以确保其符合相关标准和规定；一般留样则是对其他产品进行的留样，以便进行常规检验和监测。

在进行留样管理时，医疗器械生产企业应制定观察记录、观察频次和观察内容等方面的规定。观察记录是指对留样产品进行观察并记录相关信息，包括产品外观、尺寸、工艺特点等方面的观察结果。观察频次是指对留样产品进行观察的时间间隔，一般应根据产品的特点和使用情况进行合理安排。观察内容则是指对留样产品进行观察时应关注的方面，包括产品的性能、安全性、可靠性等方面的内容。

通过制定科学合理的留样管理规定，医疗器械生产企业能够有效监控产品的质量和安全性，提高产品的合格率和可靠性。同时，留样管理也为产品的追溯和售后服务提供了重要的依据。因此，医疗器械生产企业应高度重视留样管理工作，不断完善留样管理制度，确保产品的质量和安全性得到有效保障。

（九）销售和售后服务

1. 销售记录　企业应当建立产品销售记录，并满足可追溯的要求。销售记录至少包括医疗器械的名称、规格、型号、数量；生产批号、有效期、销售日期、购货单位名称、地址、联系方式等内容。

2. 合法销售 直接销售自产产品或者选择医疗器械经营企业，应当符合医疗器械相关法规和规范要求。发现医疗器械经营企业存在违法违规经营行为时，应当及时向当地药品监督管理部门报告。

3. 售后服务 企业应当具备与所生产产品相适应的售后服务能力，建立健全售后服务制度。应当规定售后服务的要求并建立售后服务记录，并满足可追溯的要求。

4. 安装和验收 需要由企业安装的医疗器械，应当确定安装要求和安装验证的接收标准，建立安装和验收记录。由使用单位或者其他企业进行安装、维修的，应当提供安装要求、标准和维修零部件、资料、密码等，并进行指导。

5. 顾客反馈控制程序 企业应当建立顾客反馈处理程序，对顾客反馈信息进行跟踪分析。

⇒ **案件直击**

案情简介：据河南省药监局官网豫药监械处罚〔2023〕8 - 1号处罚决定书显示，鹤壁市某卫生材料有限责任公司生产销售不符合经注册的产品技术要求的医用外科口罩违法行为因涉嫌犯罪，依据《中华人民共和国行政处罚法》第二十七条、《行政执法机关移送涉嫌犯罪案件的规定》第三条、《药品行政执法与刑事司法衔接工作办法》第九条的规定，将涉嫌违法犯罪的全部案件材料向安阳市公安局食品药品环境犯罪侦查支队进行移送，同时抄送至安阳市人民检察院。且该企业未保持质量体系有效运行的违法行为：一是生产的产品数量与销售数量不一致，存在生产和销售数据严重不符的情况；二是未严格执行产品上市放行规定；三是生产销售的产品不能进行有效追溯。依据《医疗器械监督管理条例》第八十六条第（一）项、第（二）项之规定，吊销该企业生产许可证件；企业法定代表人、企业负责人和管理者代表10年内禁止相关责任人从事医疗器械生产经营活动。

典型意义：国家药监局发布的《企业落实医疗器械质量安全主体责任监督管理规定》（简称"规定"）已于2023年3月1日起施行，该规定指出生产企业质量安全关键岗位人员一般包括企业法定代表人和主要负责人（以下简称"企业负责人"）、管理者代表、质量管理部门负责人。企业负责人应当按照相关法律、法规、规章、生产质量管理规范的要求，以及强制性标准和产品技术要求组织生产。管理者代表应当在企业内部独立履行职责，发现产品存在质量安全风险时，应当提出相关产品上市的否决意见或者停止生产活动的建议。管理者代表应当贯彻执行相关法律、法规、规章、规范、强制性标准和产品技术要求；组织建立、实施并保持企业质量管理体系，向企业负责人报告质量管理体系的运行情况和改进需求；确保产品符合放行要求，并组织开展上市后产品质量的信息收集工作等职责。人员是影响医疗器械产品质量关键要素，企业必须要系统、深入地理解质量安全关键岗位职责，确保医疗器生产企业质量安全关键岗位人责任落实到位。

（十）不合格品控制

1. 不合格品控制程序 企业应当建立不合格品控制程序，规定不合格品控制的部门和人员的职责与权限。

2. 不合格品处置 企业应当对不合格品进行标识、记录、隔离、评审，根据评审结果，对不合格品采取相应的处置措施。在产品销售后发现产品不合格时，企业应当及时采取相应措施，如召回、销毁等。

3. 不合格品返工　不合格品可以返工的，企业应当编制返工控制文件。返工控制文件包括作业指导书、重新检验和重新验证等内容。不能返工的，应当建立相关处置制度。

（十一）不良事件监测、分析和改进

企业应当指定相关部门负责接收、调查、评价和处理顾客投诉，并保持相关记录。

1. 不良事件监测　企业应当按照有关法规的要求建立医疗器械不良事件监测制度，开展不良事件监测和再评价工作，并保持相关记录。

2. 数据分析程序　企业应当建立数据分析程序，收集分析与产品质量、不良事件、顾客反馈和质量管理体系运行有关的数据，验证产品安全性和有效性，并保持相关记录。

3. 纠正措施与预防措施　企业应当建立纠正措施程序，确定产生问题的原因，采取有效措施，防止相关问题再次发生。应当建立预防措施程序，确定潜在问题的原因，采取有效措施，防止问题发生。

4. 召回与信息告知　对于存在安全隐患的医疗器械，企业应当按照有关法规要求采取召回等措施，并按规定向有关部门报告。企业应当建立产品信息告知程序，及时将产品变动、使用等补充信息通知使用单位、相关企业或者消费者。

5. 质量管理体系内审和管理评审　企业应当建立质量管理体系内部审核程序，规定审核的准则、范围、频次、参加人员、方法、记录要求、纠正预防措施有效性的评定等内容，以确保质量管理体系符合本规范的要求。企业应当定期开展管理评审，对质量管理体系进行评价和审核，以确保其持续的适宜性、充分性和有效性。

三、医疗器械生产质量管理现场检查

为加强医疗器械生产监督管理，指导监管部门对医疗器械生产企业实施《医疗器械生产质量管理规范》及其相关附录的现场检查和对检查结果的评估，2015 年原国家食品药品监督管理总局印发了《医疗器械生产质量管理规范现场检查指导原则》《医疗器械生产质量管理规范无菌医疗器械现场检查指导原则》《医疗器械生产质量管理规范植入性医疗器械现场检查指导原则》《医疗器械生产质量管理规范体外诊断试剂现场检查指导原则》，2016 年原国家食品药品监督管理总局印发《医疗器械生产质量管理规范定制式义齿现场检查指导原则》，2020 年国家药监局综合司印发《医疗器械生产质量管理规范独立软件现场检查指导原则》。上述指导原则适用于医疗器械注册现场核查、医疗器械生产许可（含延续或变更）现场检查，以及根据工作需要对医疗器械生产企业开展的子类监督检查。

在医疗器械注册现场核查、生产许可（含变更）现场检查及监督检查中，检查组应当依据指导原则对现场检查情况出具建议结论，建议结论分为"通过检查""未通过检查""整改后复查"三种情况。现场检查中未发现企业有不符合项目的，建议结论为"通过检查"。现场检查中发现企业关键项（标识"*"项）不符合要求的，或虽然仅有一般项目（未标识"*"项）不符合要求，但可能产品质量产生直接影响的，建议结论为"未通过检查"。仅存在一般项目不符合要求，且不对产品质量产生直接影响的，建议结论为"整改后复查"。检查结论为"整改后复查"的企业应当在现场检查结束后的规定时限内（其中注册核查在 6 个月内，生产许可（含登更），现场检查在 30 天内）完成整改并向原审查部门一次性提交整改报告，审查部门必要时可安排进行现场复查，全部项目符合要求的，建议结论为"通过检查"。对于规定时限内未能提交整改报告或复查仍存在不符合项目的，建议结论为"未通过检查"。在生产许可延续现场检查中发现企业存在不符合项目的，应当通知企业限期整改，整改后仍不符合要求的，不予延续。

在各类监督检查中，发现关键项目不符合要求的，或虽然仅有一般项目不符合要求，但可能对产品质量产生直接影响的，应当要求企业停产整改；仅发现一般项目不符合要求，且不对产品质量产生直接影响的，应当要求企业限期整改。监管部门应当对检查组提交的建议结论和现场检查资料进行审核，出具最终检查结果。对于涉及违反《医疗器械监督管理条例》和相关法律法规的，应当依法依规进行处理。

【任务总结】

1. 医疗器械生产质量管理规范性文件包括《医疗器械生产质量管理规范》《医疗器械生产质量管理规范附录无菌医疗器械》《医疗器械生产质量管理规范附录植入性医疗器械》《医疗器械生产质量管理规范附录体外诊断试剂》《医疗器械生产质量管理规范附录定制式义齿》《医疗器械生产质量管理规范附录独立软件》等。

2. 《医疗器械生产质量管理规范》包含总则、机构与人员、厂房与设施、设备、文件管理、设计开发、采购、生产管理、质量控制、销售和售后服务、不合格品控制、不良事件监测、分析和改进、附则十三个章节的内容。

3. 在医疗器械注册现场核查、生产许可（含变更）现场检查及监督检查中，检查组应当依据《医疗器械生产质量管理规范现场检查指导原则》开展现场检查，对于生产无菌、植入性、体外诊断试剂、定制式义齿或独立软件的医疗器械生产企业，还应当依据对应的现场检查指导原则开展现场检查。

技能巩固

一、选择题

（一）单选题

1. 以下不属于医疗器械生产质量管理规范现场检查结果评定类型的是（　　）

    A. 通过检查　　　　　　　　　　　　　B. 不通过检查

    C. 整改后复查　　　　　　　　　　　　D. 整改后二次复查

2. 医疗器械生产质量管理体系形成的文件不包括（　　）

    A. 质量方针和质量目标　　　　　　　　B. 质量手册和作业指导书

    C. 程序文件和技术文件　　　　　　　　D. 产品说明书和维修手册

3. 通过提供客观证据对特定的预期用途或应用要求已得到满足的认定，称为（　　）

    A. 验证　　　　　　　　　　　　　　　B. 确认

    C. 设计和开发输入　　　　　　　　　　D. 关键工序

4. （　　）应当包括产品技术要求及相关标准、生产工艺规程、作业指导书、检验和试验操作规程、安装和服务操作规程等相关文件

    A. 质量方针和质量目标　　　　　　　　B. 质量手册

    C. 程序文件　　　　　　　　　　　　　D. 技术文件

5. 医疗器械生产企业应当加强采购管理，建立（　　），对供应商进行评价，确保采购产品符合法定要求

    A. 供应商审核制度　　　　　　　　　　B. 产品追溯制度

C. 生产记录制度   D. 生产检验制度

（二）多选题

1. 医疗器械生产质量管理规范应当对医疗器械的（　　）、产品放行、企业的机构设置和人员配备等影响医疗器械安全、有效的事项作出明确规定

A. 设计开发   B. 生产设备条件

C. 原材料采购   D. 生产过程控制

2. 企业负责人是医疗器械产品质量的主要责任人，应当履行的职责包括（　　）

A. 组织制定企业的质量方针和质量目标

B. 确保质量管理体系有效运行所需的人力资源、基础设施和工作环境等

C. 组织实施管理评审，定期对质量管理体系运行情况进行评估，并持续改进

D. 按照公司制度完成当年销售目标

3. 企业应当建立文件控制程序，系统地设计、制定、审核、批准和发放质量管理体系文件，文件的全生命周期包括（　　）

A. 起草、修订   B. 审核、批准

C. 替换或者撤销   D. 分发

4. 医疗器械设计开发的全流程包括（　　）

A. 设计和开发策划   B. 设计和开发输入与输出

C. 设计和开发转换与评审   D. 设计和开发验证和确认

5. 企业应当建立产品销售记录，并满足可追溯的要求。销售记录至少包括医疗器械（　　）等内容

A. 产品名称、规格、型号   B. 产品生产批号、有效期

C. 产品合作商信息   D. 销售日期、购货单位名称

二、简答题

1. 请简述医疗器械生产质量管理规范体系的构成。

2. 请梳理《医疗器械生产质量管理规范》及附录规范性文件重点内容。

三、实训任务

医疗器械生产企业按照生产质量管理规范要求实施内审是企业保证与要求一致的重要措施。定期进行内审，也是医疗器械全面质量的基本要求，是医疗器械质量改进的前提。此项工作的关键在于：内审工作必须有组织、有计划、有标准，按规定定期进行。内审范围要全覆盖，不遗漏。请结合内审表对某一家医疗器械企业完成质量管理体系内审工作。

表 4-4   ××医疗器械企业质量管理体系内审表

HS-QA-A3	质量管理体系内审表	01
1. 产品概况		
所供应产品名称：	执行的标准：	
2. 组织与人员		
2.1 企业是否建立相应的组织结构。如是，请提供企业组织机构图		□Yes □No
2.2 生产负责人与质量负责人是否一人兼任		□Yes □No
2.3 企业是否明确各部门和人员的职责		□Yes □No

HS - QA - A3	质量体系内审表	01
2.4 是否有直属于企业厂长（总经理）领导的质量保证机构		□Yes　□No
2.5 是否对各级人员（特别是生产、质量人员）进行相关技术培训和岗位特定操作培训		□Yes　□No
3. 厂房和设施、设备		
3.1 厂房所处的环境是否易造成对物料或产品的污染		□Yes　□No
3.2 厂区是否整洁		□Yes　□No
3.3 厂房布局是否合理，是否能防止交叉污染		□Yes　□No
3.4 厂房是否有防虫措施		□Yes　□No
3.5 设备是否经过验证		□Yes　□No
3.6 生产、检验设备使用、维修、保养是否由专人保管		□Yes　□No
3.7 设备是否有相应的操作规程		□Yes　□No
3.8 设备是否有操作记录及运行记录		□Yes　□No
4. 质量保证		
4.1 是否有一套完整的质量保证体系		□Yes　□No
4.2 质量保证部是否进行质量体系内部审核		□Yes　□No
4.3 如进行内部审核，每年审核几次		
4.4 生产记录是否保存至产品有效期或复测期后一年（未规定有效期及复测期，保存至少三年）		□Yes　□No
4.5 是否有不合格产品调查书面程序规定调查和处理措施		□Yes　□No
4.6 不合格产品的返工或再加工是否要得到质量保证部的批准		□Yes　□No
4.7 产品的放行是否经过质量保证部门批准		□Yes　□No
5. 质量控制		
5.1 是否对该产品建立质量标准和检测方法，如是，请提供质量标准和检测方法		□Yes　□No
5.2 该品种的检验是否由化验室独立检验完成 如是，则是否每批每项全检如否，则委托哪个单位检验，请提供委托检验合同		□Yes　□No
5.3 是否对每批出厂产品均进行检验并出具检验报告书		□Yes　□No
5.4 检验仪器是否经过确认		□Yes　□No
5.5 检验仪器是否定期校验		□Yes　□No
5.6 检验仪器是否定期进行维护		□Yes　□No
5.7 检验仪器是否建立清洁程序		□Yes　□No
5.8 检验仪器是否建立运行记录		□Yes　□No
5.9 是否有检验操作规程		□Yes　□No
6. 生产及过程控制		
6.1 该产品每一批最大数量为		
6.2 生产过程各岗位是否均有经批准的岗位操作规程		□Yes　□No
6.3 每一个中间体是否均经检验合格后才投入使用		□Yes　□No
6.4 生产现场所有的物料是否均有名称、批号、数量等标识		□Yes　□No
6.5 生产区内所有的计量器具是否定期校验		□Yes　□No
6.6 生产操作人员是否对生产过程中主要操作及数据及时、准确记录		□Yes　□No
6.7 批生产记录是否任意涂改和撕毁		□Yes　□No
6.8 每批生产结束后关键设备是否清洁		□Yes　□No
6.9 对关键设备的运行是否作记录		□Yes　□No
6.10 生产设备所处的状态是否清楚标明		□Yes　□No

续表

HS－QA－A3	质量体系内审表	01
7. 仓贮管理		
7.1 仓贮内所有的物料是否按规定的区域放置		□Yes □No
7.2 仓贮内所有物料是否都标明名称、批号、数量		□Yes □No
7.3 仓贮内所有物料是否都标明合格、不合格或待验状态标识		□Yes □No
7.4 物料进、出仓是否都有记录		□Yes □No
7.5 账、卡、物三者是否平衡		□Yes □No
7.6 是否有独立的区域存放不合格品		□Yes □No
7.7 是否有独立的区域存放退回产品		□Yes □No
7.8 是否有独立的区域存放危险品		□Yes □No
7.9 库存物料的发放是否按先进先出的原则		□Yes □No

工作任务4-3　医疗器械委托生产

PPT

任务目标

【知识目标】

1. 掌握　医疗器械委托生产要求。

2. 熟悉　医疗器械委托方和受托方资质要求。

3. 了解　禁止委托生产的医疗器械目录。

【能力目标】

能够完成医疗器械委托生产的基本工作。

【素质目标】

培养医疗器械委托生产的风险控制意识。

典型工作任务

工作情景： 　　　　　　　　非法委托生产医用一次性防护服案

2022年7月5日，J省药品监督管理局作出×药监罚〔2022〕××号《行政处罚决定书》，认定A公司委托案外人李某在不具备医用一次性防护服生产条件且未经药监部门许可的生产场地代加工医用一次性防护服半成品，系委托不具备《医疗器械监督管理条例》规定条件的企业生产医疗器械，违反了《医疗器械监督管理条例》第三十四条的规定。遂按照《医疗器械监督管理条例》第八十六条第（五）项的规定对A公司给予，没收违法生产经营的医用一次性防护服600套；并处货值金额3672562.5元五倍，即18362812.5元罚款的行政处罚。

A公司对处罚不服，向J南昌铁路运输法院提起行政诉讼。南昌铁路法院作出一审判决，同意J省药品监督管理局的决定，因此，驳回了A公司的诉讼请求。A公司随后又依法向南昌铁路运输中院提起上诉。南昌铁路运输中院作出二审判决，依照《中华人民共和国行政诉讼法》第八十九条第一款第一项的规定，判决如下：驳回上诉，维持原判。

工作任务： 1. 医疗器械委托方和受托方有什么资质要求？

2. 现行法规对医疗器械委托生产有哪些要求？

一、医疗器械委托方和受托方资质要求

医疗器械注册人、备案人可以自行生产医疗器械，也可以委托符合规定、具备相应条件的企业生产医疗器械。医疗器械委托生产的委托方应当是委托生产医疗器械的境内注册人或者备案人。医疗器械委托生产的受托方应当是取得受托生产医疗器械相应生产范围的生产许可或者办理第一类医疗器械生产备案的境内生产企业。

二、禁止委托生产医疗器械目录

具有高风险的植入性医疗器械不得委托生产，具体目录由国务院药品监督管理部门制定、调整并公布。2022 年 3 月，国家药品监督管理局发布了《国家药监局关于发布禁止委托生产医疗器械目录的通告（2022 年第 17 号）》，明确了当前禁止委托生产的医疗器械目录，具体如下。

1. 有源植入器械　植入式心脏起搏器（12 - 01 - 01）；植入式心脏收缩力调节器（12 - 04 - 01）；植入式循环辅助设备（12 - 04 - 02）。

2. 无源植入器械　硬脑（脊）膜补片（不含动物源性材料的产品除外）（13 - 06 - 04）；颅内支架系统（13 - 06 - 06）；颅内动脉瘤血流导向装置（13 - 06 - 11）；心血管植入物（外周血管支架、腔静脉滤器、心血管栓塞器械除外）（13 - 07）；整形填充材料（13 - 09 - 01）；整形用注射填充物（13 - 09 - 02）；乳房植入物（13 - 09 - 03）；组织工程支架材料（不含同种异体或者动物源性材料的产品除外）（13 - 10）；可吸收外科防粘连敷料（不含动物源性材料的产品除外）（14 - 08 - 02）。

3. 其他同种异体植入性医疗器械和直接取材于动物组织的植入性医疗器械

三、医疗器械委托生产要求

（一）委托方和受托方责任

医疗器械注册人、备案人应当对受托方的质量保证能力和风险管理能力进行评估，与受托生产企业签订委托协议，明确双方权利、义务和责任。医疗器械注册人、备案人、受托生产企业应当严格按照经注册或者备案的产品技术要求组织生产，保证出厂的医疗器械符合强制性标准以及经注册或者备案的产品技术要求。医疗器械注册人、备案人应当对所委托生产的医疗器械质量负责，并加强对受托生产企业生产行为的管理，保证其按照法定要求进行生产。受托生产企业应当依照法律法规、医疗器械生产质量管理规范、强制性标准、产品技术要求和委托协议组织生产，对生产行为负责，并接受委托方的监督。

（二）质量管理体系有效运行

医疗器械注册人、备案人、受托生产企业应当按照医疗器械生产质量管理规范，建立健全与所生产医疗器械相适应的质量管理体系并保证其有效运行，定期对质量管理体系的运行情况进行自查，并按照国务院药品监督管理部门的规定提交自查报告。医疗器械的生产条件发生变化，不再符合医疗器械质量管理体系要求的，医疗器械注册人、备案人、受托生产企业应当立即采取整改措施；可能影响医疗器械安全、有效的，应当立即停止生产活动，并向原生产许可或者生产备案部门报告。

（三）医疗器械产品放行

医疗器械注册人、备案人应当负责产品上市放行，建立产品上市放行规程，明确放行标准、条件，并对医疗器械生产过程记录和质量检验结果进行审核，符合标准和条件的，经授权的放行人员签字后方

可上市。医疗器械注册人、备案人还应当对受托生产企业的生产放行文件进行审核。受托生产企业应当建立生产放行规程，明确生产放行的标准、条件，确认符合标准、条件的，方可出厂。不符合法律、法规、规章、强制性标准以及经注册或者备案的产品技术要求的，不得放行出厂和上市。

（四）医疗器械产品追溯和召回

医疗器械注册人、备案人应当建立并实施产品追溯制度，保证产品可追溯。受托生产企业应当协助注册人、备案人实施产品追溯。受托生产企业应当按照医疗器械召回的相关规定履行责任，并协助医疗器械注册人、备案人对所生产的医疗器械实施召回。

【任务总结】

1. 具有高风险的植入性医疗器械不得委托生产，由国务院药品监督管理部门制定、调整并公布《禁止委托生产医疗器械目录》。

2. 医疗器械注册人、备案人应当与受托生产企业签订委托协议，明确双方权利、义务和责任。

3. 医疗器械注册人、备案人应当对所委托生产的医疗器械质量负责，受托生产企业对生产行为负责。

技能巩固

一、选择题

（一）单选题

1. 以下产品不得委托生产的是（　　）

　　A. 血糖仪　　　　　　　　B. 植入式心脏起搏器　　C. 监护仪　　　　　　D. 早早孕试纸

2. 医疗器械注册人、备案人应当对所委托生产医疗器械（　　）负责，受托生产企业对（　　）负责

　　A. 质量；生产行为　　　　　　　　　　　B. 生产行为；质量

　　C. 使用效果；生产质量　　　　　　　　　D. 上市过程；生产过程

3. 医疗器械注册人、备案人可以同时委托（　　）企业生产

　　A. 1 家　　　　　　　B. 2 家　　　　　　　C. 5 家　　　　　　　D. 多家

4. 医疗器械注册人、备案人应当负责产品（　　），受托生产企业应当负责（　　）

　　A. 上市放行；出厂放行　　　　　　　　　B. 销售放行；出厂放行

　　C. 出厂放行；上市放行　　　　　　　　　D. 上市放行；生产放行

5. 医疗器械的生产条件发生变化，不再符合医疗器械质量管理体系要求的，医疗器械注册人、备案人、受托生产企业应当立即采取整改措施，可能影响医疗器械安全、有效的，应当（　　）

　　A. 立即暂停生产活动

　　B. 立即暂停生产活动，并向原生产许可或者生产备案部门报告

　　C. 立即停止生产活动

　　D. 立即停止生产活动，并向原生产许可或者生产备案部门报告

（二）多选题

1. 医疗器械委托生产的委托方应当是委托生产医疗器械的（　　）

　　A. 境外注册人　　　　B. 境外备案人　　　　C. 境内注册人　　　　D. 境内备案人

2. 医疗器械委托生产的受托方应当是（　　）

    A. 取得受托生产医疗器械相应生产范围的生产许可的境外生产企业

    B. 取得受托生产医疗器械相应生产范围的生产许可的境内生产企业

    C. 办理第一类医疗器械生产备案的境内生产企业

    D. 取得受托生产医疗器械相应经营范围的经营许可的境内经营企业

3. 以下属于禁止委托生产医疗器械的是（　　）

    A. 整形填充材料
            B. 植入式心脏收缩力调节器

    C. 医用外科口罩
             D. 血糖仪

4. 医疗器械注册人、备案人应当对受托方的质量保证能力和风险管理能力进行评估，与受托生产企业签订（　　）

    A. 委托生产合同
            B. 责任书

    C. 售后服务协议
            D. 委托生产质量协议

5. 应当定期对质量管理体系的运行情况进行自查，并按照国务院药品监督管理部门的规定提交自查报告的是（　　）

    A. 医疗器械经营企业   B. 受托生产企业   C. 医疗器械注册人   D. 医疗器械备案人

二、思考题

1. 国家药品监督管理局在抽检过程中，发现某一个委托生产的医疗器械不合格，请问谁应该承担质量责任？

2. 医疗器械的生产条件发生变化，不再符合医疗器械质量管理体系要求的，医疗器械注册人、备案人、受托生产企业应采取哪些整改措施？

三、实训任务

以小组为单位，找到某个医疗器械产品的委托方和受托方，按法规要求审核双方资质，判断是否符合委托生产要求。

工作任务4-4　医疗器械注册人制度

PPT

任务目标

【知识目标】

1. 掌握　医疗器械注册人的资质条件和申请流程。

2. 熟悉　医疗器械注册人应承担的责任和义务。

3. 了解　医疗器械注册人制度背景和意义。

【能力目标】

1. 能够为医疗器械注册人寻找优质的受托生产企业。

2. 学会制定医疗器械委托生产合同和医疗器械委托生产质量协议。

3. 学会办理医疗器械注册人委托生产相关手续。

【素质目标】

培养医疗器械注册人全生命周期管理的责任意识。

🩺 **典型工作任务** -

　　工作情景：　　　　　　"远心医疗"单道心电记录仪成为首例突破

　　2017年12月，上海市食品药品监督管理局发布了关于实施《中国（上海）自由贸易试验区内医疗器械注册人制度试点工作实施方案》（简称《方案》）。2018年1月3日，上海远心医疗科技有限公司（简称"远心医疗"）按照《方案》要求向上海局提出"单道心电记录仪"注册申请，委托上海微创电生理医疗科技股份有限公司（简称"微创电生理"）生产。由于"远心医疗"和"微创电生理"同属上海微创医疗器械（集团）有限公司（简称"上海微创"），且"微创电生理"已获"单道心电记录仪"产品注册证和医疗器械生产许可证，所以这是一例集团公司内部优化产品布局、战略重组和产业分工的典型案例。由于试点项目纳入优先审批程序，2月8日"远心医疗"即获得"单道心电记录仪"医疗器械注册证，2月12日"微创电生理"即取得相应生产许可，除去"远心医疗"补正资料的时间，整个审评审批用时23个工作日，比法定工作时限缩短了80%。

　　工作任务：1. 请思考医疗器械注册人的义务和责任有哪些？

　　　　　　　2. 医疗器械注册人委托生产需要准备哪些工作？医疗器械受托生产企业需要具备哪些条件？

- -

一、医疗器械注册人制度概述

（一）医疗器械注册人制度内涵

　　医疗器械注册人制度是国际社会普遍采用的现代化医疗器械管理制度，《医疗器械监督管理条例》明确要全面实行医疗器械注册人制度，其核心要义是将医疗器械注册证和生产许可证进行剥离，明确医疗器械注册人是医疗器械产品的"出品人"，对研制、生产、经营、使用全过程的医疗器械安全性、有效性依法承担责任。

　　医疗器械注册申请人（企业或者研制机构）申请并取得医疗器械注册证的，成为医疗器械"注册人"。申请人可以委托具备相应生产能力的企业生产样品，注册人具备相应生产资质和能力的，可以自行生产；注册人不具备相应生产资质和能力的，可以将已获证产品委托给具备生产能力的一家或者多家企业生产产品。受托生产企业可提交注册人的医疗器械注册证申请生产许可。在医疗器械注册人制度下，医疗器械注册人有三种生产模式，一是完全自行生产，二是自行生产和委托生产同时进行，三是完全委托生产，该制度将选择权交给医疗器械注册人，充分释放主体活力，激发创新热情。

（二）医疗器械注册人制度起源与发展

　　从国际上的情况来看，上市许可持有人制度或注册人制度是当今国际社会药品、医疗器械领域的通行管理制度，是贯穿药品、医疗器械全生命周期的基本法律制度。2017年10月，为促进药品医疗器械产业结构调整和技术创新，提高产业竞争力，满足公众和临床需要，中办、国办印发《关于深化审评审批制度改革鼓励药品医疗器械创新的意见》，提出加强医疗器械全生命周期管理，落实医疗器械上市许可持有人制度（医疗器械注册人制度），并提出上市许可持有人承担产品全生命周期质量安全的主体责任。2017年12月，上海市食品药品监督管理局发布了关于实施《中国（上海）自由贸易试验区内医疗器械注册人制度试点工作实施方案》，首次提出允许自贸试验区内医疗器械研发机构和科研人员申请医疗器械上市许可、医疗器械注册申请人委托辖区内医疗器械生产企业生产产品、注册人多点委托生产、受托生产企业提交注册人持有的医疗器械注册证申请生产许可，并强调上市许可持有人对医疗器械设计开发、临床试验、生产制造、销售配送、不良事件报告等承担全部法律责任，推动上市许可持有人制度全面实施。2018年1月，国家药品监管部门同意上海开展医疗器械注册人制度试点，正式启动了我国医疗器械注册人制度在上海先行先试；2018年5月，国务院同意在广东、天津、附件等自贸区开展医疗器械注册人制度试点；2019年8月，国家药监局印发了《关于扩大医疗器械注册人制度试点工作的通知》，截至2020年，全国22个省市分区都已经开展注册人制度试点；2021年2月，国务院发布《医疗器械监督管理条例》，强调要全面实行医疗器械注册人制度；2022年2月，国家市场监督管理总局发布《医疗器械生产监督管理办法》，要求全面推行医疗器械注册人备案人制度，严格落实企业主体责任。国家和地方还发布了《长江三角洲区域医疗器械注册人制度跨区域监管办法（试行）》《京津冀三地医疗器械注册人协同监管办法（试行）》《医疗器械注册人委托生产质量管理体系实施指南》《医疗器械注册人委托生产质量协议编制指南》等文件，支撑医疗器械注册人制度的大力发展。2024年9月，国家药监局发布《关于进一步加强医疗器械注册人委托生产监督管理的公告》，全面落实医疗器械注册人质量安全主体责任，进一步加强注册人委托生产监督管理，有效防控医疗器械质量安全风险。

（三）医疗器械注册人制度实施意义

1. 通过优化资源配置，加强产业结构调整，提高企业的市场竞争力　一家集团公司拥有众多分支机构，它们分布在不同的省份，但是每一家都是独立运营，负责医疗器械研发和生产，这样的做法既浪费了资源，又无法实现有效的管理。随着医疗器械注册人制度的实施，企业可以根据人力资源、土地价格、环境保护要求、劳动力成本、运输费用等因素，有效地安排研发、生产、销售等活动，优化资源配置，进而大幅提高企业的自主性和竞争力。

2. 鼓励创新，缩短产品上市周期，提升市场竞争力　在推动医疗器械注册人制度落地的过程中，研发机构有资格以注册申请人的身份参与，在成功获取注册证书之后，他们就会成为注册人。这一举措，不仅能够提高科研机构创新成果的市场价值，也将有助于激发他们在创新道路上的活力。同时，采用注册人制度是一举两得的举措，既避免了科研人员因缺乏成果转化经验而将"半成品"拱手让人的尴尬，又进一步激发了科研创新的热情。这项医疗器械注册人制度的落实，可谓是科研创新型企业的福音。它免去了企业筹建庞大的生产基地的财力投入，减轻其管理压力，以集中精力专注于研发工作。企业只需组建起一支专业的研发队伍，利用现有的生产资源，便能高效地生产出自家的创新产品。如此一来，产品上市的周期将大大缩短，而产品上市的成本也将随之降低，有利于企业和广大消费者。

3. 推动供给侧的结构性调整，清除低效、小型、分散的产业与组织　当前的医疗器械行业正经历着企业规模小、产业分散、行业复杂的局面，这一现状或多或少地源于各地区的重复设厂、重复注册以及恶性竞争。然而，在实施注册人制度后，同质化的弱小品牌将逐渐减少，落后产能也将进一步压缩，规模企业将实现更大的扩张，产业集中度将得到提高，有助于推动产业结构的优化和实现高质量发展。

二、医疗器械注册人条件和义务责任

（一）医疗器械注册人条件

《国家药监局关于扩大医疗器械注册人制度试点工作的通知》（国药监械注〔2019〕33号）明确规定了医疗器械注册人条件，具体如下。

1. 住所或者生产地址位于参与试点的省、自治区和直辖市内的企业、科研机构。

2. 具备专职的法规事务、质量管理、上市后事务等工作相关的技术与管理人员，具有医疗器械监管法规和标准相关知识和经验。

3. 建立与产品相适应的质量管理体系并保持有效运行，有对质量管理体系独立进行评估、审核和监督的人员。

4. 具备承担医疗器械质量安全责任的能力。

（二）医疗器械注册人义务责任

医疗器械注册人应当加强医疗器械全生命周期质量管理，对设计开发、临床试验、生产制造、销售配送、售后服务、产品召回、不良事件报告全过程中的医疗器械的安全性、有效性和质量可控性依法承担责任并履行义务。通过信息化手段，对研发、生产、销售和不良事件监测情况进行全流程追溯、监控。根据风险等级建立医疗器械相应的追溯管理制度，确保医疗器械产品可满足全程追溯的要求。确保提交的研究资料和临床试验数据真实可靠、系统完整、可追溯。

1. 质量安全主体责任　医疗器械注册人应当全面落实医疗器械质量安全主体责任，建立覆盖医疗器械全生命周期的质量管理体系并保持有效运行。注册人委托生产的，应当建立健全与所委托生产的产品特点、企业规模相适应的管理机构，充分履行产品风险管理、变更控制、产品放行、售后服务、产品投诉处理、不良事件监测和产品召回等职责，定期按照医疗器械生产质量管理规范对受托生产企业质量管理体系运行情况进行审核。注册人仅委托生产时，也应当保持产品全生命周期质量管理能力，维持质量管理体系完整性和有效性；设置与委托生产相适应的管理机构，并至少明确技术、生产、质量管理、不良事件监测、售后服务等相关部门职责，质量管理部门应当独立设置，配备足够数量和能力的专职质量管理人员，以及熟悉产品、具有相应专业知识的技术人员，能够对委托生产活动进行有效的监测和控制。注册人应当能够依法承担医疗器械质量安全责任，鼓励通过购买商业保险等形式，建立与产品风险程度、市场规模和人身损害赔偿标准等因素相匹配的责任赔偿能力。

2. 选择优质受托方　医疗器械注册人应当优先选择质量管理水平较高、生产规模较大、信用记录良好、生产自动化程度和信息化管理水平较高的企业作为受托方。进行委托生产前，注册人应当要求受托方提交信用情况说明，并查阅监管部门公开信息，全面了解受托方信用情况。加强对受托生产企业的监督管理，对受托生产企业的质量管理能力进行评估，定期对受托生产企业开展质量管理体系评估和审核。

3. 植入性器械特殊要求　对于植入性医疗器械，鼓励注册人自行生产，确需进行委托生产的，在委托生产活动期间，注册人原则上应当选派具有相关领域生产质量管理工作经验、熟悉产品生产过程和质量控制要求的人员入驻受托生产企业，对生产管理、质量管理关键环节进行现场指导和监督，确保按照法规、规章、规范性文件、强制性标准和经注册的产品技术要求组织生产。派驻人员工作职责应当在质量协议中予以明确。《禁止委托生产医疗器械目录》中的产品不得委托生产。

4. 委托生产质量协议　医疗器械注册人进行委托生产，应当按照《医疗器械委托生产质量协议编制指南》要求，结合企业实际情况，与受托生产企业签订质量协议，原则上质量协议有效期限不超过产品注册证和受托生产企业生产许可证有效期限。在符合相关法规要求的前提下，注册人可以与受托生产企业在质量协议中自行约定文件控制、采购控制、过程控制、检验控制、产品放行、变更控制等的具体实施方式，但必须明确沟通和衔接要求。注册人应当会同受托生产企业，将质量协议相关要求转化为可执行的委托生产相关管理文件，并监督受托生产企业落实到位。鼓励企业采用受控的信息化系统优化委托生产相关管理流程，提升质量管理效能。注册人和受托生产企业应当每年对质量协议的适宜性、充分性、有效性开展评审，确认质量协议相关要求与委托生产管理文件和实际生产情况相一致。发现不一致的，应当及时采取整改措施。

5. 采购管理　医疗器械注册人应当会同受托生产企业，根据采购物品对产品的影响程度，确定采购物品和供应商的管理方式。对于关键采购物品或者主要原材料，如动物源性原材料、外包的灭菌过程、有源产品的关键元器件/部件/组件、体外诊断试剂的抗原和抗体等，由受托生产企业进行采购的，注册人应当自行或者会同受托生产企业确定采购验收标准、对相关供应商进行审核。

6. 场地设备共用管理　受托生产的产品与其他产品（含不同品种、规格、型号等）共用生产场地或者生产设备的，受托生产企业应当基于产品质量风险管理、风险控制措施和收益整体平衡等原则，建立相应管理制度，防止可能发生的产品或者物料混淆、交叉污染、工艺参数误用等风险。注册人应当加强对受托生产企业的监督和指导，确保相关风险控制措施落实到位。

7. 产品放行　医疗器械注册人委托生产时，应当建立产品上市放行规程，明确放行标准、条件，对医疗器械生产过程记录、质量检验结果和受托生产企业生产放行文件进行审核，符合标准和条件的，经授权的放行人员签字后方可上市。产品上市放行应当由注册人自行完成，不得委托其他企业上市放行。受托生产企业应当建立生产放行规程，明确生产放行的标准、条件，对医疗器械生产过程进行审核，对产品进行检验，确认符合标准、条件的，方可生产放行。产品上市放行、生产放行的记录保存期限，应当符合医疗器械生产质量管理规范相关要求。

8. 自行销售或委托销售　医疗器械注册人可以自行销售医疗器械，也可以委托具有相关资质的医疗器械经营企业销售。自行销售的注册人应当具备规定的医疗器械经营能力和条件；委托销售的，应当签订委托合同，明确各方权利义务。

9. 纠正预防措施　医疗器械注册人应当会同受托生产企业，在质量协议中明确纠正预防措施沟通机制、双方职责和处置要求，并制定与产品风险相适宜的纠正预防控制程序。出现产品质量符合性有显著降低趋势，连续多批次中间品或者成品不合格，上市后风险管理中的风险事件超出可接受准则等趋势性、系统性、突发性问题时，注册人应当与受托生产企业共同对发现的问题进行调查和分析，制订并评审纠正预防措施计划，实施相关措施并对措施的有效性进行评价。注册人应当强化变更控制能力，会同受托生产企业，建立完善的变更控制程序，做好变更评估、验证或者确认。

10. 变更控制　对于委托研发、生产过程外包和服务外包等外包供方的引入或者变更，应当通过风险评估判定相关变化是否影响质量管理体系有效运行，做好变更控制。

11. 不良事件监测　委托生产的医疗器械注册人应当按照《医疗器械不良事件监测和再评价管理办法》等规定，结合产品风险特点，在制度体系建设、机构人员配备、信息收集上报、事件调查处置、风险研究评价等方面，配足资源、完善机制、强化能力，切实承担医疗器械不良事件监测责任，并在质量协议中约定在不良事件调查处置中委托双方的责任义务。对于《医疗器械监督管理条例》等法规规定的注册人应当履行的不良事件监测责任，不得通过质量协议向受托生产企业转移。

三、医疗器械受托生产企业条件和义务责任

（一）医疗器械受托生产企业条件

1. 住所或者生产地址位于参与试点的省、自治区和直辖市内的企业。

2. 具备与受托生产医疗器械相适应的质量管理体系和生产能力。

（二）医疗器械受托生产企业义务责任

1. 承担《医疗器械监督管理条例》、其他相关法律法规以及委托合同、质量协议规定的义务，并承担相应的法律责任。

2. 按照医疗器械相关法规规定以及委托合同、质量协议约定的要求组织生产，对注册人负相应质量责任。

3. 发现上市后医疗器械发生重大质量事故的，应当及时报告所在地省级药品监管部门。

4. 受托生产终止时，受托生产企业应当向所在地省级药品监管部门申请减少医疗器械生产许可所附生产产品登记表中登载的受托产品信息。

5. 受托生产企业不得再次转托。

四、医疗器械注册人注册申请

（一）注册人未取得注册证的办理流程

1. **医疗器械注册申请**　医疗器械注册申请人向药品监督管理部门提交产品注册申请资料，经过技术审评和注册体系核查，核发医疗器械注册证，医疗器械注册证中登载的生产地址为受托生产地址，备注栏标注受托企业名称。

2. **受托生产许可**　受托生产企业可以提交注册人的医疗器械注册证申请生产许可（图4-6）。

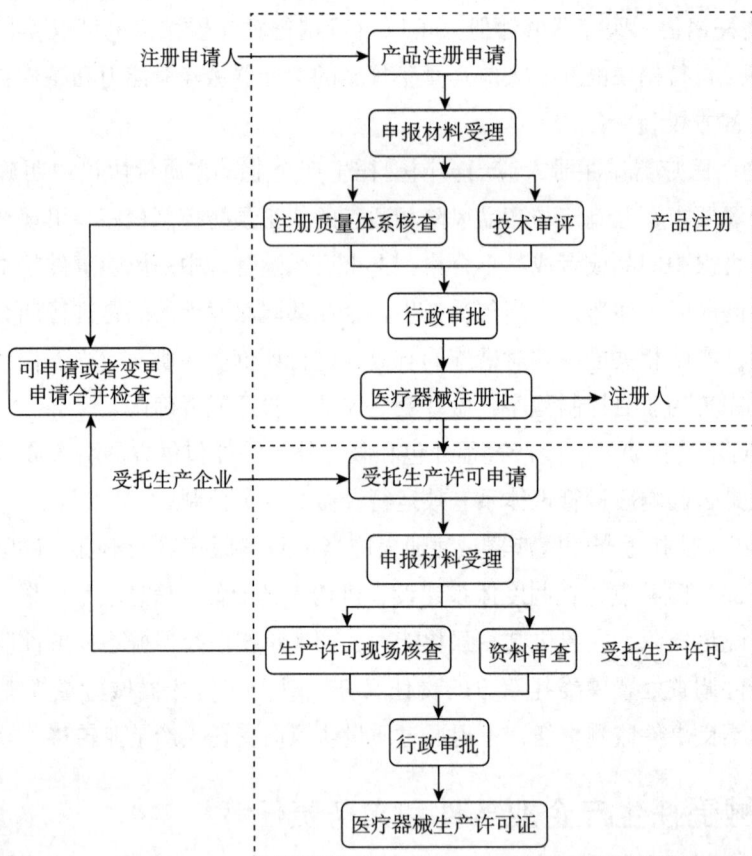

图4-6　未取得注册证的注册人注册申请流程

（二）注册人已取得注册证的办理流程

1. **受托生产许可**　受托生产企业进行受托生产许可申请，经审查符合要求的，获取医疗器械生产许可证。

2. **医疗器械注册证变更备案**　注册人增加受托生产地址，需要申请变更备案，获取医疗器械注册证变更文件（图4-7）。注册人不再进行委托生产的，应当及时向原注册部门核减受托生产地址；受托生产企业应当及时向所在地省级药品监督管理部门报告有关情况。

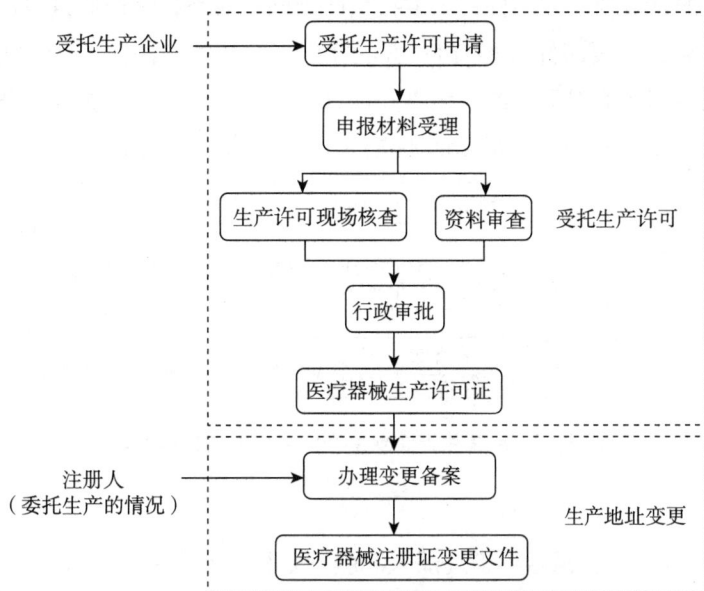

图 4-7　取得注册证的注册人注册申请流程

(三) 注册申报资料

注册申报资料除符合《医疗器械注册申报资料要求和批准证明文件格式的公告》的要求外，还需提交以下资料：①受托生产企业资质文件：如营业执照复印件、生产备案或生产许可复印件（如有）；②注册申请人的质量管理能力自查报告；③委托生产合同复印件、委托生产质量协议复印件、知识产权保护协议复印件；④注册申请人对受托生产企业的现场考核评估报告；⑤转移文件清单；⑥注册资料中的质量管理体系文件章节，还需要提供受托生产企业平面布置图、洁净厂房检测报告（如有）、组织架构主要人员信息、和委托生产相关的生产设备、检验仪器清单等。

(四) 注册人注册质量管理体系核查

医疗器械注册申请人应当在质量管理体系文件中明确将受托生产企业的委托生产相关过程纳入注册人质量管理体系覆盖范围，并在注册申报提交的"质量管理体系文件—质量管理体系的测量、分析和改进程序"中涵盖委托方对受托方进行测量、分析和改进的程序及相关资料。开展注册质量管理体系核查时，应当重点关注企业质量管理机构建立情况，质量体系关键人员配备和在职履职情况，质量协议签订情况，委托研发和委托生产管理情况等内容。

五、受托企业生产许可/备案办理

(一) 受托企业许可/备案办理

受托企业生产许可/备案办理分为以下三种情形。①受托企业无许可证/备案：受托企业需要新申办医疗器械生产企业许可证/备案凭证。②受托企业有许可证/备案凭证，生产范围不包含受托产品：受托生产企业需要申请医疗器械生产许可证/备案变更，申请增加生产范围。③受托企业有许可证/备案凭证，生产范围包含受托产品：受托生产企业增加生产产品报告即可（图4-8）。

(二) 受托企业许可/备案申报资料

受托方除应当符合生产许可/备案申报资料的要求外，还需提交以下资料：①注册人的营业执照复印件；②受托生产企业的营业执照复印件；③委托生产合同；④委托生产质量协议复印件；受托生产企业的《医疗器械生产许可证》复印件（如有）；⑤受托生产产品的《医疗器械注册证》复印件、产品技术要求复印件；⑥受托生产产品拟采用的说明书和标签样稿；⑦受托生产企业具备相应生产能力的证明材料（例如受托生产企业质量管理体系情况证明文件）；⑧经办人授权证明。

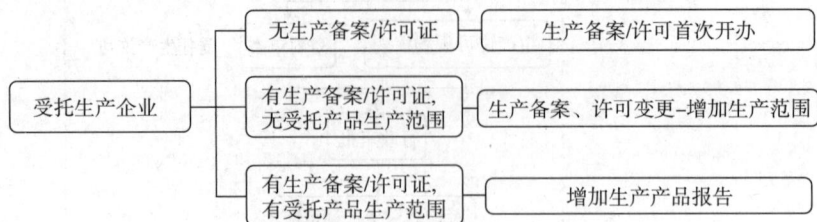

图4-8　受托生产企业生产许可申请或备案办理

> ✎ 知识链接
>
> **医疗器械注册人制度下委托生产实例**
>
> 　　伟康医疗是江苏省首批注册人制度试点企业，集研发、生产、销售于一体，母公司为江苏伟康洁婧医疗器械股份有限公司（以下简称"江苏伟康"），主要以生产为主，子公司为苏州伟康医疗器械有限公司（以下简称"苏州伟康"），主要以研发、销售为主，实施注册人制度后，苏州伟康将36个产品全部委托江苏伟康生产，不再延续自身的生产许可。
>
> 　　在实施注册人制度之前，就委托方（苏州伟康）而言，作为研发型企业受到限制：①必须要投入大量资产，具备产品生产条件后，才能成为产品注册人；②无需量产的样品在制度实施之前无法进行委托生产，且自身若不生产产品无法直接将产品委托生产。就受托方（江苏伟康）而言，作为生产型企业受到限制：①必须要拿到产品注册证才能从事产品生产活动；②"两证齐全"限制其接受委托生产的范围，增加研发成本。
>
> 　　注册人制度实施之后，打破对委托双方的限制，让研发者可以集中力量研发创新，生产者可以集中生产，促进伟康医疗集团节约资源、整合资源、发展互补。

六、医疗器械注册人制度下 CDMO 的实施

　　医疗器械注册人制度强化了专业分工的概念，专业第三方服务企业应运而生，形式主要包括两种，即合同生产企业（contract manufacturing organization，CMO）、合同定制研发生产企业（contract development and manufacturing organization，CDMO）。CMO接受注册人委托，提供产品生产的各项服务，CDMO是CMO的进阶版，可进一步提供辅助研发、风险管理等全生命周期的专业服务。

　　医疗器械CDMO则是指专门为医疗器械注册人提供创新产品的工艺研发、工艺优化、注册和验证、批量生产等服务的机构。医疗器械注册人制度的推广，将促进器械外包服务向上游延伸，在医疗器械研发与生产环节，器械企业可以委托第三方服务机构进行研发或生产，提高资源的利用率。医疗器械CDMO通常具有先进的生产设备和技术，能够为医疗器械注册人提供高质量、高效率的生产服务，能够通过规模化生产，进一步降低成本；医疗器械CDMO通常具有严格的质量控制体系和专业的技术团队，能够保证产品的质量和安全性。此外，CDMO还能够为注册人提供技术支持和咨询服务，帮助注册人提高产品质量；医疗器械CDMO能够提供从产品设计到上市的一站式服务，能够大大缩短产品上市时间。这对于注册人来说，不仅能够提高市场竞争力，还能够降低开发成本。

医疗器械 CDMO 是一种重要的外包模式，在实施过程中需要注意选择合适的 CDMO、确定合理的合同条款以及加强监管和管理等方面。只有做好这些工作，才能够更好地发挥医疗器械 CDMO 的优势，为医疗器械行业的发展做出更大的贡献。

七、监督管理

（一）监管原则"品种属人、生产属地"

医疗器械注册人制度"品种属人、生产属地"的区域监管模式，联动监管机制的实施，解决了传统注册人、生产人分离监管过程中难以兼顾的问题，实现了医疗器械注册人与生产人的紧密关联。区域监管模式充分考虑了地理位置的特殊性，根据产品销售范围，将注册人与生产人集中至特定区域，避免了因地理位置差异导致的监管难题。在这一监管模式下，区域监管部门可以根据产品的实际销售情况制定监管策略，降低监管成本，提高监管效率。此外，联动监管机制则保证了注册人、生产人在信息交流、产品研发、生产质量等方面的高效协同。在联动监管机制的推动下，注册人和生产人可以更加紧密地合作，共同推进医疗器械的研发、生产和上市，确保产品的质量和安全性。

（二）强化事中事后监管

药品监管部门强化注册人医疗器械全生命周期质量管理责任和全链条全环节的质量管控能力，督促受托企业严格管理、规范生产。加强对企业注册检验样品和临床试验用样品真实性的核查力度，利用产品抽检、不良事件监测等手段加强产品上市后质量评估和风险监测，引入第三方机构对企业生产质量管理体系运行情况进行评估，做好企业年度质量管理体系自查报告核查。

1. 注册质量管理体系核查，生产许可现场核查　严格落实质量管理体系核查要求。对于注册（申请）人委托生产的，质量管理体系核查应当重点关注企业质量管理机构建立情况、质量协议规定转化为委托生产管理文件情况、委托生产过程中外包过程（如研发外包、生产过程外包、服务外包等）控制情况等内容。涉及跨区域委托生产的，注册/申请人质量管理体系核查原则上应当由所在地药品监督管理部门自行或者联合受托生产企业所在地药品监督管理部门开展，对注册/申请人及受托生产企业质量管理体系运行情况进行全面检查。特殊情况下注册/申请人所在地药品监督管理部门确实无法派出检查人员的，可以委托受托生产企业所在地药品监督管理部门对受托生产企业进行核查，注册/申请人所在地药品监督管理部门应当结合注册/申请人体系核查情况对受托生产企业核查报告进行审核确认。

2. 日常监管、抽查、检查、处置　持续强化医疗器械注册人委托生产日常监管。药品监督管理部门应当切实落实属地监管责任，通过收集委托生产注册证信息、督促企业上报生产品种、接收跨区域生产品种通报等多种方式和途径，全面梳理和掌握辖区内各类型注册人和受托生产企业底数，依据风险管理原则，有针对性加强监管。注册人所在地药品监督管理部门应当持续关注注册人全生命周期质量管理能力、对受托生产企业评估和管控能力、变更管理能力，并结合对受托生产企业检查情况核实注册人提供信息，特别是要重点关注由自行生产转为委托生产，或者变更受托生产企业主体的注册人，采取有效措施防范产品风险。对质量管理体系未保持有效运行的企业，经研判认为影响产品安全、有效的，应当严格按照《医疗器械监督管理条例》第八十六条进行处罚。

委托生产注册人相对集中的地区，属地药品监督管理部门应当结合监管工作开展情况，定期对注册人委托生产监管情况进行专题会商，分析监督检查和产品抽检结果，全面排查企业质量管理体系、产品质量方面存在安全隐患，采取针对性的防控措施，杜绝系统性、区域性风险。

🔗 知识链接

医疗器械注册人制度下跨区域委托生产协同监管

随着注册人制度全面实施，医疗器械生产组织形式更加多样，特别是医疗器械注册人跨省、自治区、直辖市进行委托生产（以下简称"跨区域委托生产"），涉及省级药品监管部门的职责分工与协调配合，给监管工作带来新的挑战。为切实加强医疗器械注册人跨区域委托生产监管，夯实注册人医疗器械全生命周期质量管理责任，加强监管部门协同配合，保障医疗器械质量安全，国务院于2022年4月2日发布《关于加强医疗器械跨区域委托生产协同监管工作的意见》。

一、明确监管要求，完善监管机制

要求地方药品监管部门在履行属地监管责任的基础上，加强跨区域监管协同配合，形成职责清晰、信息畅通、衔接有序、协作有力的监管工作机制，推动医疗器械产业高质量发展，保障人民群众用械安全有效。

二、明晰分工，不留监管死角

进一步明确注册人备案人和受托生产企业所在地药品监管部门在医疗器械注册质量体系核查、生产环节监督检查、质量抽检、不良事件监测等监管环节的职责分工，完善各环节跨区域监管衔接机制，确保对医疗器械全生命周期、全链条监管"无缝隙""无死角"。

三、细化规定，规范措施

详细说明了跨区域监督检查的实施方式，并规定自行检查、联合检查、委托检查的适用情况，指导各地药品监管部门做好注册人备案人制度全面实施新形势下的跨区域监管工作，明晰监管责任，杜绝监管盲区。

【任务总结】

1. 医疗器械注册人是医疗器械产品的"出品人"，对研制、生产、经营、使用全过程的医疗器械安全性、有效性依法承担责任。

2. 医疗器械注册人制度下，注册人与受托生产企业应当具备特定条件，履行合法义务与责任。医疗器械注册人的注册申请、受托生产企业的许可申请或备案办理应当符合法规要求。

3. 医疗器械注册人制度下，我国实行"品种属人、生产属地"的区域监管模式。

技能巩固

一、选择题

（一）单选题

1. 医疗器械注册人是医疗器械产品的"出品人"，对医疗器械（　　）的安全性、有效性依法承担法律责任

    A. 研制环节 　　　　　　　　　　　　B. 生产环节

    C. 经营及使用环节 　　　　　　　　　D. 全生命周期

2.《关于扩大医疗器械注册人制度试点工作的通知》中明确，注册人的义务责任不包括承担以下哪

项事务的相应法律责任（　　）

  A. 设计开发   B. 生产制造

  C. 产品召回   D. 广告宣传

3. 医疗器械注册人应当与受托生产企业签订质量协议，原则上质量协议有效期限不超过（　　）有效期限

  A. 产品注册证   B. 受托企业生产许可证

  C. 双方营业执照   D. 产品注册证和受托企业生产许可证

4. 受托生产企业不具备相应生产资质的，可提交注册人的医疗器械注册证申请生产许可或者申请生产许可变更，跨区域试点的向受托生产企业（　　）药品监管部门提交

  A. 所在地省级   B. 所在地市级

  C. 注册人所在地省级   D. 注册人所在地市级

5. 医疗器械注册人制度强化专业分工的概念，专业第三方服务企业应运而生，形式主要包括（　　）

  A. CRO，CMO   B. CRO，CDMO

  C. CMO，CDMO   D. CRO，CSO

（二）多选题

1. 医疗器械注册人制度的实施意义包括（　　）

  A. 通过优化资源配置，加强产业结构调整，提高企业的市场竞争力

  B. 鼓励创新，缩短产品上市周期，以提升市场竞争力

  C. 推动供给侧的结构性调整，清除低效、小型、分散的产业与组织

  D. 减少医疗器械销售过程中的质量风险

2. 《国家药监局关于扩大医疗器械注册人制度试点工作的通知》（国药监械注〔2019〕33号）明确规定了医疗器械注册人条件，包括（　　）

  A. 住所或者生产地址位于参与试点的省、自治区和直辖市内的企业、科研机构

  B. 具备专职的法规事务、质量管理、上市后事务等工作相关的技术与管理人员，具有医疗器械监管法规和标准相关知识和经验

  C. 建立与产品相适应的质量管理体系并保持有效运行，有对质量管理体系独立进行评估、审核和监督的人员

  D. 具备承担医疗器械质量安全责任的能力

3. 成为医疗器械受托生产企业，需要具备的条件包括（　　）

  A. 具备医疗器械研发能力

  B. 住所或者生产地址位于参与试点的省、自治区和直辖市内的企业

  C. 具备与受托生产医疗器械相适应的质量管理体系和生产能力

  D. 具备强大的医疗器械销售能力

4. 医疗器械注册人制度下，注册申请可能涉及（　　）

  A. 注册申请   B. 生产许可申请或备案办理

  C. 注册变更   D. 注册质量管理体系核查

5. 医疗器械注册人制度监督管理原则包括（　　）

  A. 品种属人   B. 生产属人

  C. 生产属地   D. 品种属地

二、思考题

1. 医疗器械注册人需要具备哪些条件？需要承担哪些义务责任？

2. 医疗器械受托生产企业需要具备哪些条件？需要承担哪些义务责任？

三、实训任务

2022 年国家药监局发布《医疗器械委托生产质量协议编制指南》，并指出在质量协议中双方应明确委托生产产品物料的采购方式、采购途径、质量标准、检验要求，并按照医疗器械委托生产质量协议要求实施采购。必要时，双方一起对物料供应商进行筛选、审核、签订质量协议、定期复评。该指南提到，《医疗器械委托生产质量协议》的基本要素应当包含以下几方面内容：①委托生产的产品范围；②在协议中使用的专用术语和定义；③适用的法律法规、标准的要求；④适用质量管理规范或体系的要求；⑤质量管理体系中委托方和受托方的责任；⑥分歧的解决；⑦协议的有效期限和终止条款；⑧知识产权的保护、保密及商业保险要求。

拓展 8

请参阅该指南文件，编写一份医疗器械注册人委托生产质量协议。

工作任务4-5　医疗器械生产监督管理

PPT

任务目标

【知识目标】

1. **掌握**　医疗器械生产企业分级监管。

2. **熟悉**　医疗器械生产企业监督检查类别及检查重点。

3. **了解**　医疗器械生产报告制度、信用档案制度和失信惩戒制度。

【能力目标】

1. 能够明确医疗器械生产企业的监管级别。

2. 学会开展医疗器械生产企业质量管理体系内审工作。

3. 能够按规定执行医疗器械生产报告制度。

【素质目标】

培养医疗器械生产质量管理风险控制意识，提升从业者的责任感和使命感。

典型工作任务

工作情景：作为病毒核酸检测的上游产品，病毒采样产品、核酸提取或纯化试剂等产品的质量与检测结果的准确性密切相关。医疗器械产品的安全、有效需要严密的质量管理体系来保障。据统计 2021 年-2023 年北京市海淀区病毒采样及核酸检测相关第一类医疗器械生产企业监督检查的数据发现，企业生产质量管理体系的运行漏洞集中分布在生产管理、质量控制、文件管理、采购控制、设施设备管理方面，缺陷项数量占比分别为 23.7%、23.7%、13.6%、11.9%、10.2%。设计开发部分的缺陷项占比（6.8%）虽然不在前列，但对产品合规性的影响较大。具体问题主要有实际操作与生产、检验规程不一致，生产、检验、采购等记录未满足完整、可追溯的要求，对设计和开发的更改控制不力等。部分严重缺陷直接导致了企业违法行为的发生，如某一次性使用病毒采样管生产企业未保持质量管理体系有效运行，其研发部门在实验室配制了尚处于研发阶段的新配方产品，却使用已备案产品的包装、标签，并提供给检验机构。再如，某企业未严格执行产品放行管理制度，未对生产完成的一次性使用病毒采样管产品附合格证明（合格签）就直接放置于成品库房的合格品货架上。

工作任务：1. 请分析医疗器械生产质量管理体系存在运行漏洞的核心原因是什么？

2. 模拟医疗器械企业质量管理人员，针对生产活动基本情况、企业年度重要变更情况、年度质量管理体系运行情况等方面撰写一份《医疗器械质量管理体系年度自查报告》。

一、实施医疗器械生产报告制度

为进一步落实医疗器械注册人、备案人、受托生产企业主体责任，《医疗器械生产监督管理办法》规定年度自查报告、生产产品品种报告、生产条件变化报告和重新生产报告的要求，以便监管部门及时掌握企业的生产状况，有针对性地采取监管措施，并规定相应法律责任。医疗器械注册人、备案人、受托生产企业应当按照规定执行医疗器械报告制度。

1. 落实年度自查报告制度　医疗器械注册人、备案人、受托生产企业应当每年对质量管理体系的运行情况进行自查，并于次年 3 月 31 日前向所在地药品监督管理部门提交自查报告。进口医疗器械注册人、备案人由其代理人向代理人所在地省、自治区、直辖市药品监督管理部门提交自查报告。

2. 落实生产产品品种报告制度　医疗器械生产企业应当向药品监督管理部门报告所生产的产品品种情况。增加生产产品品种的，应当向原生产许可或者生产备案部门报告，涉及委托生产的，还应当提供委托方、受托生产产品、受托期限等信息。医疗器械生产企业增加生产产品涉及生产条件变化，可能影响产品安全、有效的，应当在增加生产产品 30 个工作日前向原生产许可部门报告，原生产许可部门应当及时开展现场核查。属于许可事项变化的，应当按照规定办理相关许可变更。

3. 落实生产条件变化报告制度　医疗器械注册人、备案人、受托生产企业的生产条件发生变化，不再符合医疗器械质量管理体系要求的，应当立即采取整改措施；可能影响医疗器械安全、有效的，应当立即停止生产活动，并向原生产许可或者生产备案部门报告。受托生产企业应当及时将变化情况告知医疗器械注册人、备案人。

4. 落实重新生产报告制度　医疗器械生产企业连续停产一年以上且无同类产品在产的，重新生产时，应当进行必要的验证和确认，并书面报告药品监督管理部门。可能影响质量安全的，药品监督管理部门可以根据需要组织核查。

二、医疗器械生产分级监督管理

药品监督管理部门依照风险管理原则，对医疗器械生产实施分级管理。2022 年 9 月 9 日，国家药监局综合司发布了《关于加强医疗器械生产经营分级监管工作的指导意见》（药监综械管〔2022〕78号）。按照"风险分级、科学监管，全面覆盖、动态调整，落实责任、提升效能"的原则，开展医疗器械生产经营分级监管工作，夯实各级药品监管部门监管责任，建立健全科学高效的监管模式，加强医疗器械生产经营监督管理，保障人民群众用械安全。

（一）概念

医疗器械分级监督管理，是指根据医疗器械的风险程度、医疗器械生产企业的质量管理水平，并结合医疗器械不良事件、企业监管信用及产品投诉状况等因素，将医疗器械生产企业分为不同的类别，并按照属地监管原则，实施分级动态管理的活动。

（二）医疗器械生产分级监管

国家药品监督管理局负责指导和检查全国医疗器械生产分级监管工作，制定《医疗器械生产重点监管品种目录》；省、自治区、直辖市药品监督管理部门负责制定本行政区域医疗器械生产重点监管品种目录，组织实施医疗器械生产分级监管工作；设区的市级负责药品监督管理的部门依法按职责负责本行政区域第一类医疗器械生产分级监管的具体工作。

国家药品监督管理局根据医疗器械产品风险程度制定并动态调整医疗器械生产重点监管品种目录；省、自治区、直辖市药品监督管理部门应当综合分析本行政区域同类产品注册数量、市场占有率、生产质量管理总体水平和风险会商情况等因素，对国家药品监督管理局制定的目录进行补充，确定本行政区域医疗器械生产重点监管品种目录并进行动态调整。对于跨区域委托生产的医疗器械注册人，由注册人所在地省、自治区、直辖市药品监督管理部门负责研究确定其产品是否纳入本行政区域医疗器械生产重点监管品种目录。

省、自治区、直辖市药品监督管理部门应当结合本行政区域产业发展、企业质量管理状况和监管资源配备情况，制定并印发医疗器械生产分级监管细化规定，明确监管级别划分原则，以及对不同监管级别医疗器械注册人备案人、受托生产企业的监督检查形式、频次和覆盖率。

医疗器械生产分级监管的监管级别划分原则如下（图4-9）：①对风险程度高的企业实施四级监管，主要包括生产本行政区域重点监管品种目录产品，以及质量管理体系运行状况差、有严重不良监管信用记录的企业；②对风险程度较高的企业实施三级监管，主要包括生产除本行政区域重点监管品种目录以外第三类医疗器械，以及质量管理体系运行状况较差、有不良监管信用记录的企业；③对风险程度一般的企业实施二级监管，主要包括生产除本行政区域重点监管品种目录以外第二类医疗器械的企业；④对风险程度较低的企业实施一级监管，主要包括生产第一类医疗器械的企业。涉及多个监管级别的，按照最高级别进行监管。

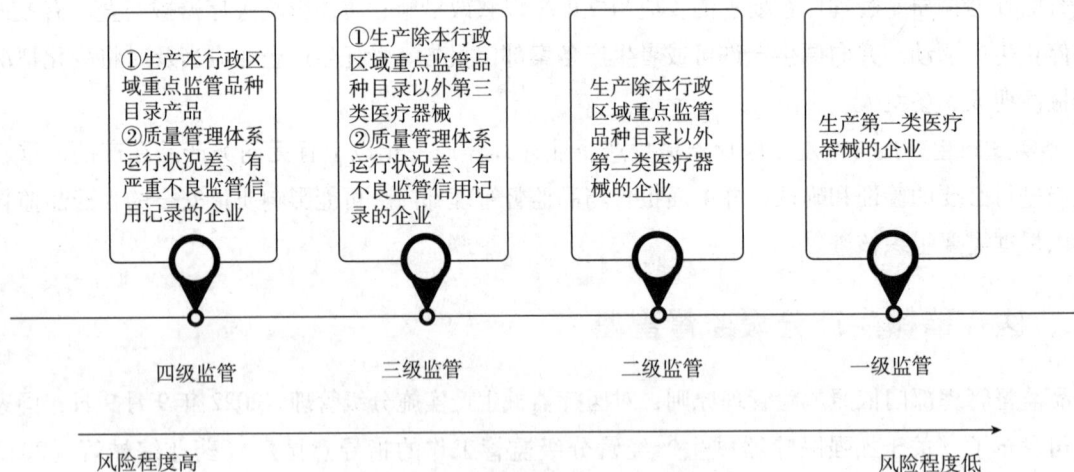

图4-9　医疗器械生产监管级别划分

一般情况下，对实施四级监管的企业，每年全项目检查不少于一次；对实施三级监管的，每年检查不少于一次，其中每两年全项目检查不少于一次；对实施二级监管的，原则上每两年检查不少于一次；对实施一级监管的，原则上每年随机抽取本行政区域25%以上的企业进行监督检查，并对新增第一类医疗器械生产企业在生产备案之日起3个月内开展现场检查，必要时对生产地址变更或者生产范围增加的第一类医疗器械生产企业进行现场核查。监督检查可以与产品注册体系核查、生产许可变更或者延续现场核查等相结合，提高监管效能。

省、自治区、直辖市药品监督管理部门应当根据医疗器械生产分级监管细化规定，结合监督检查、监督抽验、不良事件监测、产品召回、投诉举报和案件查办等情况，每年组织对本行政区域医疗器械注册人备案人、受托生产企业风险程度进行科学研判，确定监管级别并告知企业。对于当年内医疗器械注册人备案人、受托生产企业出现严重质量事故，新增高风险产品、国家集中带量采购中选产品、创新产品等情况，应当即时评估并调整其监管级别。

对于长期以来监管信用状况较好的企业，可以酌情下调监管级别；对于以委托生产方式或者通过创新医疗器械审评审批通道取得产品上市许可，以及跨区域委托生产的医疗器械注册人，仅进行受托生产的受托生产企业，国家集中带量采购中选产品的医疗器械注册人备案人、受托生产企业应当酌情上调监管级别。具体调整方式由省、自治区、直辖市药品监管部门结合本行政区域企业整体监管信用状况、企业数量和监管资源配比等情况确定。

三、医疗器械生产监督检查

（一）医疗器械注册人、备案人自行生产的监督检查

药品监督管理部门对医疗器械注册人、备案人自行生产的，开展监督检查时重点检查：①医疗器械注册人、备案人执行法律法规、医疗器械生产质量管理规范情况；②按照强制性标准以及经注册、备案的产品技术要求组织生产，实际生产与医疗器械注册备案、医疗器械生产许可备案等内容的一致情况；③质量管理体系运行持续合规、有效情况；④法定代表人、企业负责人、管理者代表等人员了解熟悉医疗器械相关法律法规情况；⑤管理者代表履职情况；⑥法定代表人、企业负责人、管理者代表、质量检验机构或者专职人员、生产场地、环境条件、关键生产检验设备等变化情况；⑦用户反馈、企业内部审核等所发现问题的纠正预防措施；⑧企业产品抽检、监督检查、投诉举报等发现问题的整改落实情况；⑨内部审核、管理评审、变更控制、年度自查报告等情况；⑩其他应当重点检查的内容。

（二）医疗器械注册人、备案人委托生产的监督检查

药品监督管理部门对医疗器械注册人、备案人采取委托生产方式的，开展监督检查时重点检查：①医疗器械注册人、备案人执行法律法规、医疗器械生产质量管理规范情况；②质量管理体系运行是否持续合规、有效；③管理者代表履职情况；④按照强制性标准以及经注册或者备案的产品技术要求组织生产情况；⑤用户反馈、企业内部审核等所发现问题的纠正预防措施；⑥内部审核、管理评审、变更控制、年度自查报告等情况；⑦开展不良事件监测、再评价以及产品安全风险信息收集与评估等情况；⑧产品的上市放行情况；⑨对受托生产企业的监督情况，委托生产质量协议的履行、委托生产产品的设计转换和变更控制、委托生产产品的生产放行等情况；⑩其他应当重点检查的内容。必要时，可以对受托生产企业开展检查。

（三）受托生产企业的监督检查

药品监督管理部门对受托生产企业开展监督检查时重点检查：①实际生产与医疗器械注册备案、医疗器械生产许可备案等内容的一致情况；②受托生产企业执行法律法规、医疗器械生产质量管理规范情况；③法定代表人、企业负责人、管理者代表等人员了解熟悉医疗器械相关法律法规情况；④法定代表人、企业负责人、管理者代表、质量检验机构或者专职人员、生产场地、环境条件、关键生产检验设备等变化情况；⑤产品的生产放行情况；⑥企业产品抽检、监督检查、投诉举报等发现问题的整改落实情况；⑦内部审核、管理评审、年度自查报告等情况；⑧其他应当重点检查的内容。必要时，可以对医疗器械注册人、备案人开展检查。

❀ 拓展提升

医疗器械监督检查类别丰富

医疗器械的质量安全关乎人民群众生命健康，医疗器械全过程的质量管理状况直接影响产品的质量安全。根据检查性质和目的，医疗器械检查主要分为许可检查、常规检查、飞行检查、重点监督检查、延伸检查、抽查检验、有因检查、联合检查等。

1. 许可检查　是监督管理部门在开展医疗器械生产/经营许可申请审查过程中，对申请人是否具备从事生产/经营活动条件开展的检查。许可检查是入场门槛，只有通过许可检查，取得了相应资质的企业才是合法的医疗器械生产/经营企业。

2. 常规检查　是根据监督管理部门制定的年度检查计划，对医疗器械生产企业、经营企业、使用单位遵守有关法律、法规、规章，执行相关质量管理规范以及有关标准情况开展的监督检查。一般包括全项目检查、专项检查、跟踪检查等。常规检查关注的是企业生产/经营环节的质量管理体系是否持续有效运行，在法规及企业实际运行情况发生变更时是否及时梳理并优化、调整。

3. 飞行检查　简称飞检，是指监督管理部门针对医疗器械研制、生产、经营、使用等环节开展的不预先告知的、突击性有因监督检查。飞检具有"两不两直"原则：不得事先告知被检查单位检查行程和检查内容；不得透露检查进展情况和发现的违法线索等信息；第一时间直接进入检查现场；直接针对可能存在的问题开展检查。

4. 重点监督检查　是从防控医疗器械质量安全风险出发，聚焦重点企业、重点产品和重点环节，如：既往检查中存在严重问题的、风险程度较高的、生产经营条件发生重大变化的、第三方物流等都属于重点监督检查范畴。

5. 延伸检查　监管部门根据医疗器械质量安全风险防控需要，可以对为医疗器械生产经营活动提供产品或者服务的其他相关单位和个人进行延伸检查。医疗器械的研制、生产、经营以及使用环节，哪个环节出现了问题，都适用于延伸检查。如果本单位生产经营活动的合作企业出现了问题，本单位也可能被纳入延伸检查的范畴。

6. 抽查检验　是指监督管理部门对生产、流通及使用环节的医疗器械进行随机抽检，对抽查检验不合格的予以处置，并发布医疗器械质量公告。《医疗器械质量抽查检验管理办法》中明确，安全风险性高的（如植入类医疗器械），产品质量易受储存运输条件影响的（如储运条件为冷藏、冷冻的品种）属于重点抽查检验范畴。

7. 有因检查　对不良事件监测、抽查检验、投诉举报等发现可能存在严重质量安全风险的，监管部门将依法开展有因检查。有因检查是针对特定的信息进行的特殊检查，特定信息通常是指会引起监管部门或公众对相关企业或产品产生某种疑问或担忧的信息。

8. 联合检查　医疗器械注册人和受托生产企业不在同一省、自治区、直辖市的情形，以及医疗器械经营企业跨设区的市设置库房的情形，药品监督管理部门的监管信息实现共享，需要跨区域开展检查的，可以采取联合检查。

监管部门通过常规检查的全面覆盖、飞行检查的有效威慑、重点监督检查的突出重点、抽查检验的技术支撑、有因检查的精准出击，行刑衔接，全面监管医疗器械质量安全，规范医疗器械全行业质量秩序。医疗器械全生命周期中，质量管理体系在各环节的持续有效运行是合法合规的关键。全面提升员工质量意识，将检查和持续改进贯穿于质量管控中，是质量管理体系有效运转的坚实基础。

四、责任约谈

责任约谈，是指拥有行政职权的行政主体，约见未履行职责或履行职责不到位的下级组织或者行政相对人，纠正并规范不当行为的工作制度。通过责任约谈，可以进一步落实地方政府管理责任、药品监督管理部门监管责任以及医疗器械行政相对人的主体责任。医疗器械注册人、备案人、受托生产企业对存在的医疗器械质量安全风险，未采取有效措施消除的，药品监督管理部门可以对医疗器械注册人、备案人、受托生产企业的法定代表人或者企业负责人进行责任约谈。涉及跨区域委托生产的，约谈情况应当通报相关药品监督管理部门。

五、信用档案和失信惩戒

医疗器械注册人、备案人和受托企业的信用档案包括生产许可备案和生产产品品种、委托生产、监督检查结果、违法行为查处、质量抽查检验、不良行为记录和投诉举报等信息。受托生产企业增加生产第二类、第三类医疗器械，且与该产品注册人不在同一省、自治区、直辖市，或者增加生产第一类医疗器械，且与该产品备案人不在同一设区的市的，受托生产企业所在地药品监督管理部门还应当将相关情况通报注册人、备案人所在地药品监督管理部门。对有不良信用记录的医疗器械注册人、备案人和受托生产企业，药品监督管理部门应当增加监督检查频次，依法加强失信惩戒。

六、风险会商

各级药品监管部门定期组织医疗器械质量安全风险会商，原则上每季度一次。风险会商聚焦风险（涉及企业、产品、处置）、聚焦产品、聚焦处置、聚焦企业，围绕医疗器械监管工作的质量安全风险隐患展开。会商前，药品监管部门需全面梳理监管工作中发现及相关部门通报的风险信息，可充分利用大数据等技术手段进行系统梳理。风险研判需从产品质量、社会影响、法律风险等多方面进行评估，明确与风险程度相适宜的处置措施。风险处置时，企业需落实主体责任，积极配合监管部门，以消除风险隐患，真正做到让监管"跑"在风险前面。

七、紧急控制

生产的医疗器械对人体造成伤害或者有证据证明可能危害人体健康的、药品监督管理部门可以采取暂停生产、进口、经营、使用的紧急控制措施，并发布安全警示信息。医疗器械生产企业生产的医疗器械发生重大质量事故的，应当在 24 小时内报告所在地省、自治区、直辖市药品监督管理部门，省、自治区、直辖市药品监督管理部门应当立即报告国家药品监督管理部门。

八、医疗器械出口监管

生产出口医疗器械的，应当保证其生产的医疗器械符合进口国（地区）的要求，并将产品相关信息向所在地设区的市级药品监督管理部门备案。生产企业接受境外企业委托生产在境外上市销售的医疗器械的，应当取得医疗器械质量管理体系第三方认证或者同类产品境内生产许可或者备案。

九、投诉与举报

药品监督管理部门应当公布接受投诉、举报的联系方式。接到举报的药品监督管理部门应当及时核实、处理、答复。经查证属实的,应当按照有关规定对举报人给予奖励。

十、立案查处

药品监督管理部门在监督检查中,发现涉嫌违法行为的,应当及时收集和固定证据,依法立案查处;涉嫌犯罪的,及时移交公安机关处理。

【任务总结】

1. 医疗器械注册人、备案人与受托生产企业应当按规定向药品监督管理部门提交年度自查报告、生产产品品种报告、生产条件变化报告和重新生产报告。

2. 医疗器械生产分级监督管理,是指将医疗器械生产企业划分为四个监管级别,并按照属地监管原则,实施分级动态管理的活动。

3. 药品监督管理部门对医疗器械注册人、备案人与受托生产企业的监督检查方式包括生产监督检查、责任约谈、信用档案、失信惩戒、风险会商、紧急控制、出口监管、投诉与举报、立案查处等。

技能巩固

一、选择题

(一)单选题

1. 医疗器械生产企业监管分为四个监管级别,四级监管是对 ( )

    A. 本行政区域重点监管品种目录产品,以及质量管理体系运行状况差、有严重不良监管信用记录的企业进行的监管活动

    B. 生产除本行政区域重点监管品种目录以外第二类医疗器械的企业进行的监管活动

    C. 生产除本行政区域重点监管品种目录以外第三类医疗器械,以及质量管理体系运行状况较差、有不良监管信用记录的企业进行的监管活动

    D. 生产第一类医疗器械的企业进行的监管活动

2. ( ) 是指根据监管工作需求,对医疗器械生产企业开展的突击性有因检查

    A. 全项目检查   B. 飞行检查   C. 日常检查   D. 跟踪检查

3. 生产出口医疗器械的,应当保证其生产的医疗器械符合进口国(地区)的要求,并将产品相关信息向所在地设区的市级药品监督管理部门 ( )

    A. 审核   B. 告知   C. 审批   D. 备案

4. 对于实施四级监管的医疗器械生产企业,应当 ( )

    A. 每年全项目检查不少于一次

    B. 每年检查不少于一次,其中每两年全项目检查不少于一次

    C. 每两年检查不少于一次

    D. 每年随机抽取本行政区域25%以上的企业进行监督检查

5. 医疗器械生产企业分为四个监管级别。涉及多个监管级别的,按照 ( ) 级别进行监管

    A. 最低   B. 最高   C. 所有级别   D. 中间级别

(二)多选题

1. 为进一步落实医疗器械注册人、备案人、受托生产企业主体责任,《医疗器械生产监督管理办

法》规定（　　）多种报告形式，以便监管部门及时掌握企业的生产状况，有针对性地采取监管措施，并规定相应法律责任

A. 年度报告

B. 生产产品品种报告

C. 生产条件变化报告

D. 重新生产报告

2. 医疗器械检查主要包括常规检查、重点监督检查、抽查检验、联合检查及（　　）

A. 许可检查

B. 飞行检查

C. 延伸检查

D. 有因检查

3. 生产的医疗器械对人体造成伤害或者有证据证明可能危害人体健康的、药品监督管理部门可以采取暂停（　　）的紧急控制措施，并发布安全警示信息

A. 生产   B. 进口   C. 经营   D. 使用

4. 药品监督管理部门在监督检查中，发现（　　），应当及时收集和固定证据，依法立案查处或及时移交公安机关处理

A. 未及时消除质量安全风险

B. 发生严重不良事件

C. 涉嫌违法行为

D. 涉嫌犯罪

5. 药品监督管理部门对医疗器械注册人、备案人自行生产的，开展监督检查时需要重点检查的内容包括（　　）

A. 按照强制性标准以及经注册、备案的产品技术要求组织生产，实际生产与医疗器械注册备案、医疗器械生产许可备案等内容的一致情况

B. 质量管理体系运行持续合规、有效情况

C. 企业产品抽检、监督检查、投诉举报等发现问题的整改落实情况

D. 内部审核、管理评审、变更控制、年度自查报告等情况

二、思考题

1. 请简述医疗器械生产分级监管的要点。

2. 请简述药品监督管理部门对医疗器械生产企业的监督检查重点是什么？

三、实训任务

医疗器械质量管理体系年度自查报告是生产企业自查、药品监督管理部门日常监管的重要文件材料，请根据国家药品监督管理局发布的《医疗器械质量管理体系年度自查报告编写指南》，编写一份医疗器械质量管理体系年度自查报告。

拓展9

书网融合……

项目小结　　　习题　　　微课

项目五　医疗器械经营管理

【项目引言】

从医疗器械全生命周期的角度来看，经营流通环节是介于生产、使用环节之间的中间环节，医疗器械经营企业是连通医疗器械生产企业和医疗器械使用单位的"桥梁"，有承上启下的关键作用。医疗器械经营质量管理是否符合法规要求会直接影响医疗器械产品的安全性和有效性。

工作任务 5-1　医疗器械经营企业开办

PPT

任务目标

【知识目标】

1. 掌握　医疗器械经营企业开办条件。

2. 熟悉　医疗器械经营企业许可申请与备案流程。

3. 了解　医疗器械经营许可证变更、重新办理、换发、补发、注销工作。

【能力目标】

1. 能够依法开展医疗器械经营企业许可申请与备案工作。

2. 学会医疗器械经营许可证管理。

【素质目标】

培养医疗器械经营管理合规意识，具备诚实守信、遵纪守法、精益求精的职业素养。

典型工作任务

工作情景： 医疗器械经营企业数量众多，经营种类丰富，医疗器械经营企业的安全监管是国家药品监督管理局的重点工作内容。当前有四家医疗器械企业分别打算经营血管支架、彩色超声诊断系统、人绒毛膜促性腺激素检测试剂、电子血压计四种产品。

工作任务： 请问他们应该如何完成医疗器械经营企业开办工作？

一、医疗器械经营的概念

医疗器械经营是指以购销的方式提供医疗器械产品的行为，包括采购、验收、贮存、销售、运输、售后服务等环节。医疗器械经营方式有四种，分别是批发、零售、批零兼营，以及为医疗器械注册人、备案人和经营企业专门提供运输、贮存服务。医疗器械批发是指将医疗器械销售给医疗器械生产企业、医疗器械经营企业、医疗器械使用单位或者其他有合理使用需求的单位的医疗器械经营行为；医疗器械零售是指将医疗器械直接销售给消费者个人使用的医疗器械经营行为；医疗器械批零兼营是指同时具备批发与零售经营行为；为医疗器械注册人、备案人和经营企业专门提供运输、贮存服务也属于医疗器械经营的范畴。

二、医疗器械经营企业开办条件

《医疗器械经营监督管理办法》第九条规定，从事医疗器械经营活动，应当具备下列条件：①与经营范围和经营规模相适应的质量管理机构或者质量管理人员，质量管理人员应当具有相关专业学历或者职称；②与经营范围和经营规模相适应的经营场所；③与经营范围和经营规模相适应的贮存条件；④与经营的医疗器械相适应的质量管理制度；⑤与经营的医疗器械相适应的专业指导、技术培训和售后服务的质量管理机构或者人员。从事第三类医疗器械经营的企业还应当具有符合医疗器械经营质量管理制度要求的计算机信息管理系统，保证经营的产品可追溯。鼓励从事第一类、第二类医疗器械经营的企业建立符合医疗器械经营质量管理制度要求的计算机信息管理系统。

拓展 1

三、医疗器械经营分类管理

按照医疗器械风险程度，医疗器械经营实施分类管理。第一类医疗器械经营不需要许可和备案，第二类医疗器械经营实行备案管理，第三类医疗器械经营实行许可管理。对产品安全性、有效性不受流通过程影响的第二类医疗器械，可以免予经营备案。产品目录由国家药品监督管理局制定、调整并公布（表 5 - 1）。医疗器械注册人、备案人在其住所或者生产地址销售其注册、备案的医疗器械的，不需要办理经营许可或备案，但是在其他住所贮存或销售医疗器械的，无论是否是注册人自身注册或备案的产品，都需办理经营许可或备案。

表 5 - 1　免于经营备案的第二类医疗器械产品目录（国家药品监督管理局 2021 年第 86 号公告）

序号	产品名称	产品描述	用途	目录名称
1	电子血压计	通常由阻塞袖带、传感器、充气泵、测量电路组成。采用示波法、柯式音法或类似的无创血压间接测量原理进行血压测量的电子设备	用于在手臂或手腕部位测量患者血压	07 医用诊察和监护器械
2	水银血压表	通常由阻塞袖带、听诊器、压力表组成。通过水银或机械表显示，采用柯式音法或类似的无创血压间接测量原理进行血压测量的设备	用于在手臂或手腕部位测量患者血压	07 医用诊察和监护器械
3	无菌医用脱脂棉	通常包括吸水性材料。为了方便使用，部分产品有供手持的组件。不含消毒剂。无菌提供，一次性使用	用于对皮肤、创面进行清洁处理	14 注输、护理和防护器械
4	医用脱脂纱布	通常为由医用脱脂棉纱布或脱脂棉与粘胶纤维混纺纱布经过裁切、折叠、包装、灭菌步骤加工制成的敷料	用于吸收手术过程中的体内渗出液，手术过程中承托器官、组织等	14 注输、护理和防护器械
5	脱脂棉纱布	通常为由医用脱脂棉纱布或脱脂棉与粘胶纤维混纺纱布经过裁切、折叠、包装、灭菌步骤加工制成的敷料	用于吸收手术过程中的体内渗出液，手术过程中承托器官、组织等	14 注输、护理和防护器械
6	避孕套	通常由天然胶乳或合成乳胶或聚氨酯薄膜制成，开口端为完整卷边的鞘套物。非无菌提供	用于生殖道局部范围内，用物理方法（机械阻挡）不让精子到达子宫口处，以此阻断精子和卵子相遇而达到避孕目的	18 妇产科、辅助生殖和避孕器械
7	避孕帽	通常由天然胶乳或合成乳胶或聚氨酯薄膜制成，开口端为完整卷边的鞘套物。非无菌提供	用于生殖道局部范围内，用物理方法（机械阻挡）不让精子到达子宫口处，以此阻断精子和卵子相遇而达到避孕目的	18 妇产科、辅助生殖和避孕器械
8	电动轮椅	通常由电机、蓄电池、控制系统、车轮、座椅、扶手、脚踏板等组成。可由乘坐者或护理者操作的、有一个或多个电机驱动，有座椅支撑。分为手动转向和动力转向	用于行动障碍患者转运、行走功能补偿	19 医用康复器械

续表

序号	产品名称	产品描述	用途	目录名称
9	手动轮椅	通常由车轮、座椅、扶手、脚踏板等组成。以乘坐者手驱动、脚踏驱动或护理者手推为动力。至少有三个车轮	用于行动障碍患者转运、行走功能补偿	19 医用康复器械
10	血糖分析仪	通常由主机模块、电源模块、软件模块等组成。原理一般为电化学法、光反射技术、比色法等。不包含采血器具及适配试剂	与适配试剂配合使用，用于人体样本中待测物的定性和/或定量分析	22 临床检验器械
11	自测用血糖监测系统（血糖试纸）	/	产品用于定量检测新鲜毛细血管全血中的葡萄糖浓度（如可用于静脉血、动脉血、新生儿血检测也可进行详细描述），检测部位可以是手指、手掌及上臂等。只用于监测糖尿病患者血糖控制的效果，而不能用于糖尿病的诊断和筛查，也不能作为治疗药物调整的依据	6840 体外诊断试剂
12	人绒毛膜促性腺激素检测试剂（妊娠诊断试纸）	/	运用双抗体夹心免疫胶体金层析等技术实现对人尿液中人绒毛膜促性腺激素体外定性检测，不可用于滋养细胞肿瘤的检测	6840 体外诊断试剂
13	促黄体生成素检测试剂（排卵检测试纸）		通过定性或半定量检测女性尿液中促黄体生成素的水平，以预测排卵时间，用于指导育龄女性选择最佳受孕时机或指导安全期避孕	6840 体外诊断试剂

四、医疗器械经营备案

从事第二类医疗器械经营的，经营企业应当向所在地设区的市级负责药品监督管理的部门备案，并提交相关资料，即完成经营备案，获取经营备案编号。第二类医疗器械经营备案表如 5 - 2 所示，具体备案所需资料如下。

1. 法定代表人（企业负责人）、质量负责人身份证明、学历或者职称相关材料复印件。
2. 企业组织机构与部门设置。
3. 医疗器械经营范围、经营方式。
4. 经营场所和库房的地理位置图、平面图、房屋产权文件或者租赁协议复印件。
5. 主要经营设施、设备目录。
6. 经营质量管理制度、工作程序等文件目录。
7. 经办人授权文件。

医疗器械经营备案人应当确保提交的资料合法、真实、准确、完整和可追溯。必要时，设区的市级负责药品监督管理的部门在完成备案之日起 3 个月内，对提交的资料以及执行医疗器械经营质量管理规范情况开展现场检查。现场检查发现与提交的资料不一致或者不符合医疗器械经营质量管理规范要求的，责令限期改正；不能保证产品安全、有效的，取消备案并向社会公告。同时申请第三类医疗器械经营许可和进行第二类医疗器械经营备案的，或者已经取得第三类医疗器械经营许可进行第二类医疗器械备案的，可以免予提交相应资料。

第二类医疗器械经营企业的经营场所、经营方式、经营范围、库房地址等发生变化的，应当及时进行备案变更。必要时设区的市级负责药品监督管理的部门开展现场检查。现场检查不符合医疗器械经营质量管理规范要求的，责令限期改正；不能保证产品安全、有效的，取消备案并向社会公告。

表 5 - 2 第二类医疗器械经营备案表

企业名称					
统一社会信用代码				成立日期	
住所				营业期限	
经营方式	□批发 □零售 □批零兼营 □为医疗器械注册人、备案人和经营企业专门提供运输、贮存服务			注册资本（万元）	
经营场所				邮编	
库房地址				联系电话	
				邮编	
经营范围					
人员情况	姓名	身份证号	职务	学历	职称
法定代表人					
企业负责人					
质量负责人					
联系人	姓名	身份证号	联系电话	传真	电子邮件
企业人员情况	人员总数（人）	质量管理人员（人）	售后服务人员（人）	专业技术人员（人）	
经营场所和库房情况	经营面积（m²）		库房面积（m²）		
经营场所及库房条件简述	经营场所条件（包括用房性质、设施设备情况等）				
	库房条件（包括环境控制、设施设备等）				
本企业承诺所提交的全部资料真实有效，并承担一切法律责任。同时，保证按照法律法规的要求从事医疗器械经营活动。 法定代表人（签字）　　　（企业盖章） 　　　　　　　　　　　　　　年　月　日					

填表说明： 1. 本表按照实际内容填写，不涉及的可缺项。其中，企业名称、统一社会信用代码、住所、法定代表人、注册资本、成立日期、营业期限等按照营业执照内容填写。
　　　　　 2. 本表经营范围应当按照国家药品监督管理部门发布的医疗器械分类目录中规定的分类编码及名称填写。
　　　　　 3. 本表经营方式指批发、零售、批零兼营以及为医疗器械注册人、备案人和经营企业专门提供运输、贮存服务。

五、医疗器械经营许可

（一）医疗器械经营企业许可申请

从事第三类医疗器械经营的，经营企业应当向所在地设区的市级负责药品监督管理的部门提出申请，需提交以下材料：①法定代表人（企业负责人）、质量负责人身份证明、学历或者职称相关材料复印件；②企业组织机构与部门设置；③医疗器械经营范围、经营方式；④经营场所和库房的地理位置图、平面图、房屋产权文件或者租赁协议复印件；⑤主要经营设施、设备目录；⑥经营质量管理制度、工作程序等文件目录；⑦信息管理系统基本情况；⑧经办人授权文件。医疗器械经营许可申请表详见表5-3。

表5-3　医疗器械经营许可申请表

企业名称					
统一社会信用代码				成立日期	
住所				营业期限	
经营场所				注册资本（万元）	
经营方式	□批发 □零售 □批零兼营 □为医疗器械注册人、备案人和经营企业专门提供运输、贮存服务			邮编	
库房地址				联系人	
				联系电话	
经营范围					
人员情况	姓名	身份证号	职务	学历	职称
法定代表人					
企业负责人					
质量负责人					
联系人	姓名	身份证号	联系电话	传真	电子邮件
企业人员情况	人员总数（人）	质量管理人员（人）	售后服务人员（人）	专业技术人员（人）	
经营场所和库房情况	经营面积（m²）			库房面积（m²）	
经营场所及库房条件简述	经营场所条件（包括用房性质、设施设备情况等）				
	库房条件（包括环境控制、设施设备等）				
本企业承诺所提交的全部资料真实有效，并承担一切法律责任。同时，保证按照法律法规的要求从事医疗器械经营活动。 　　　　　　　　　　　　　　　　　　法定代表人（签字）　　　（企业盖章） 　　　　　　　　　　　　　　　　　　　　　　　　　　　　年　月　日					

填表说明：1. 本表按照实际内容填写，不涉及的可缺项。其中，企业名称、统一社会信用代码、住所、法定代表人、注册资本、成立日期、营业期限等按照营业执照内容填写。
　　　　　2. 本表经营范围应当按照国家药品监督管理部门发布的医疗器械分类目录中规定的分类编码及名称填写。
　　　　　3. 本表经营方式指批发、零售、批零兼营以及为医疗器械注册人、备案人和经营企业专门提供运输、贮存服务。

　　医疗器械经营许可申请人应当确保提交的资料合法、真实、准确、完整和可追溯。设区的市级负责药品监督管理的部门自受理经营许可申请后，对申请资料进行审查，必要时按照医疗器械经营质量管理规范的要求开展现场核查，并自受理之日起20个工作日内作出决定。需要整改的，整改时间不计入审核时限。符合规定条件的，作出准予许可的书面决定，并于10个工作日内发给医疗器械经营许可证。医疗器械经营许可证有效期为5年，载明许可证编号、企业名称、统一社会信用代码、法定代表人、企业负责人、住所、经营场所、经营方式、经营范围、库房地址、发证部门、发证日期和有效期限等事项。医疗器械经营许可证由国家药品监督管理局统一样式，由设区的市级负责药品监督管理的部门印制。药品监督管理部门制作的医疗器械经营许可证的电子证书与纸质证书具有同等法律效力。

有下列情形之一的，由原发证部门依法注销医疗器械经营许可证，并予以公告：①主动申请注销的；②有效期届满未延续的；③市场主体资格依法终止的；④医疗器械经营许可证依法被吊销或者撤销的；⑤法律、法规规定应当注销行政许可的其他情形。

（二）医疗器械经营许可证管理

1. 医疗器械经营许可证变更　若医疗器械经营许可证需要变更的，应当向原发证部门提出医疗器械经营许可证变更申请。经营场所、经营方式、经营范围、库房地址变更的，药品监督管理部门自受理之日起 20 个工作日内作出准予变更或者不予变更的决定。必要时按照医疗器械经营质量管理规范的要求开展现场核查。需要整改的，整改时间不计入审核时限。不予变更的，应当书面说明理由并告知申请人。其他事项变更的，药品监督管理部门应当当场予以变更。变更后的医疗器械经营许可证编号和有效期限不变。

2. 医疗器械经营许可证延续　医疗器械经营许可证有效期届满需要延续的，医疗器械经营企业应当在有效期届满前 90 个工作日至 30 个工作日期间提出延续申请。逾期未提出延续申请的，不再受理其延续申请。经审查符合规定条件的，准予延续，延续后的医疗器械经营许可证编号不变。不符合规定条件的，责令限期整改；整改后仍不符合规定条件的，不予延续，并书面说明理由。逾期未作出决定的，视为准予延续。延续许可的批准时间在原许可证有效期内的，延续起始日为原许可证到期日的次日；批准时间不在原许可证有效期内的，延续起始日为批准延续许可的日期。医疗器械经营许可证延续申请需要向原发证部门提交营业执照（含有统一社会信用代码）复印件、《医疗器械经营许可证》原件、复印件、法定代表人的身份证、学历或职称证书复印件 1 份、告知承诺书、医疗器械经营延续申请表。

3. 医疗器械经营许可证补发　若医疗器械经营许可证遗失，应当向原发证部门申请补发。补发的医疗器械经营许可证编号和有效期限与原许可证一致。

4. 医疗器械经营许可证注销　有下列情形之一的，由原发证部门依法注销医疗器械经营许可证，并予以公告：①主动申请注销的；②有效期届满未延续的；③市场主体资格依法终止的；④医疗器械经营许可证依法被吊销或者撤销的；⑤法律、法规规定应当注销行政许可的其他情形。

六、法律责任

（一）未经许可或备案从事医疗器械经营活动

1. 未经许可从事第三类医疗器械经营活动　由负责药品监督管理的部门没收违法所得、违法经营的医疗器械和用于违法经营的工具、设备、原材料等物品；违法经营的医疗器械货值金额不足 1 万元的，并处 5 万元以上 15 万元以下罚款；货值金额 1 万元以上的，并处货值金额 15 倍以上 30 倍以下罚款；情节严重的，责令停产停业，10 年内不受理相关责任人以及单位提出的医疗器械许可申请，对违法单位的法定代表人、主要负责人、直接负责的主管人员和其他责任人员，没收违法行为发生期间自本单位所获收入，并处所获收入 30% 以上 3 倍以下罚款，终身禁止其从事医疗器械经营活动。

2. 未经备案经营第二类医疗器械　由负责药品监督管理的部门向社会公告单位和产品名称，责令限期改正；逾期不改正的，没收违法所得、违法经营的医疗器械；违法经营的医疗器械货值金额不足 1 万元的，并处 1 万元以上 5 万元以下罚款；货值金额 1 万元以上的，并处货值金额 5 倍以上 20 倍以下罚款；情节严重的，对违法单位的法定代表人、主要负责人、直接负责的主管人员和其他责任人员，没收违法行为发生期间自本单位所获收入，并处所获收入30%以上2倍以下罚款，5年内禁止其从事医疗器械经营活动。

（二）骗取医疗器械经营许可证

在申请医疗器械行政许可时提供虚假资料或者采取其他欺骗手段的，不予行政许可，已经取得行政许可的，由作出行政许可决定的部门撤销行政许可，没收违法所得、违法经营使用的医疗器械，10年内不受理相关责任人以及单位提出的医疗器械许可申请；违法经营使用的医疗器械货值金额不足1万元的，并处5万元以上15万元以下罚款；货值金额1万元以上的，并处货值金额15倍以上30倍以下罚款；情节严重的，责令停产停业，对违法单位的法定代表人、主要负责人、直接负责的主管人员和其他责任人员，没收违法行为发生期间自本单位所获收入，并处所获收入30%以上3倍以下罚款，终身禁止其从事医疗器械经营活动。

（三）擅自变更医疗器械经营许可事项

第三类医疗器械经营企业擅自变更经营场所、经营范围、经营方式、库房地址的，责令限期改正，并处1万元以上5万元以下罚款；情节严重的，处5万元以上10万元以下罚款；造成危害后果的，处10万元以上20万元以下罚款。

> ⇒ **案件直击**
>
> ### 未经许可经营医疗器械案
>
> 深圳某连锁股份有限公司因未取得《医疗器械经营许可证》经营第三类医疗器械，依据《医疗器械监督管理条例》第八十一条第一款第三项规定，被罚款186419.6元，同时被没收违法所得。深圳市大鹏新区某便利店因未取得《医疗器械经营许可证》经营第三类医疗器械，被罚款2000元，没收非法财物。
>
> ### 擅自变更经营许可事项案
>
> 安徽A医疗器械公司于2022年4月18日和亳州B公司签订了房屋租赁合同，并且办理了《营业执照》《医疗器械经营许可证》，证照经营场所均为亳州市某产业园11层×室。该公司主要从事医疗器械批发业务，2022年11月该公司搬到该产业园12层×室，未按规定向主管部门提出医疗器械经营许可证变更。对于该公司擅自变更经营场所经营医疗器械的行为，亳州市市场监督管理局根据《医疗器械经营监督管理办法》第六十六条第一款第一项、《中华人民共和国行政处罚法》第二十八条第一款、第三十二条第一款第五项之规定。责令当事人立即改正违法行为，罚款7000元。
>
> **典型意义：** 第三类医疗器械经营企业应当具备合规意识，按规定办理经营许可证，若有许可事项变更应当主动提出变更申请，否则就会面临违规查处。监督部门对企业的处罚只是手段而非目的，真正目的是给更多企业带来一定的警示作用，从而保障广大患者的用械安全。
>
> **思考：** 1. 第三类医疗器械经营企业如何申办医疗器械经营许可证？
>
> 2. 医疗器械经营企业如何办理经营许可证变更手续？

【任务总结】

1. 医疗器械经营企业开办需要满足五个条件，从事第三类医疗器械经营的企业应当具有符合医疗器械经营质量管理制度要求的计算机信息管理系统。

2. 医疗器械许可与备案管理：第三类医疗器械经营企业需要向所在地市级药监管理部门提出许可申请；第二类医疗器械经营企业需要向所在地市级药监管理部门办理备案；经营第一类医疗器械及《免于经营备案的第二类医疗器械产品目录》中产品的企业不备案、不许可。

3. 医疗器械许可证的变更、延续、补发、注销等工作需依法办理。

技能巩固

一、选择题

单选题

1. 从事第二类医疗器械经营的，企业应向（　　）

　　A. 设区市级药品监管部门备案　　　　　　B. 省级药品监管部门注册

　　C. 省级药品监管部门提出许可申请　　　　D. 国家药监局提出许可申请

2. 从事第三类医疗器械经营的，企业应向（　　）

　　A. 设区的市级药品监管部门提出许可申请　B. 省级药品监管部门注册

　　C. 省级药品监管部门提出许可申请　　　　D. 国家药监局提出许可申请

3.《医疗器械经营许可证》有效期为（　　）

　　A. 2 年　　　　　　B. 3 年　　　　　　C. 4 年　　　　　　D. 5 年

4. 第三类医疗器械经营企业的经营范围发生变更的，应当（　　）

　　A. 自行变更即可

　　B. 向原发证部门提出变更备案

　　C. 向原发证部门提出变更申请

　　D. 向省级药监部门提出变更申请

5. 从事（　　）的企业必须具有符合医疗器械经营质量管理制度要求的计算机信息管理系统，保证经营的产品可追溯

　　A. 第一类医疗器械经营

　　B. 第二类医疗器械经营

　　C. 第三类医疗器械经营

　　D. 第一类和第二类医疗器械经营

二、思考题

1. 医疗器械注册人、备案人在其住所或者生产地址销售其注册、备案的医疗器械，需要申请医疗器械经营许可证或办理备案吗？

2. 医疗器械经营企业将许可证或备案凭证租借给其他机构使用，其法律责任是什么？

三、实训任务

1. 在"浙里办"官网查询浙江省医疗器械经营企业许可和备案流程。

2. 为某家企业准备医疗器械经营企业许可、备案资料，完成许可证、备案凭证办理工作。

工作任务 5 - 2　医疗器械经营质量管理

PPT

任务目标

【知识目标】

1. 掌握　医疗器械经营质量管理规范重点内容。

2. 熟悉　专门提供医疗器械运输贮存服务的企业质量管理要求。

3. 了解　医疗器械经营质量管理总体思路。

【能力目标】

1. 能够开展医疗器械经营全过程质量管理活动。

2. 能够为医疗器械经营企业建立质量管理体系，并持续改进。

【素质目标】

加强医疗器械经营合规意识，树立正确的价值观，培养高尚的道德情操。

典型工作任务

工作情景： 河北省药品监督管理局对河北某贸易有限公司开展飞行检查后，发现如下问题：①该公司企业负责人及质量负责人无任命书；②进货查验记录和销售记录无医疗器械注册证号；③法定代表人企业负责人未进行法规培训学习，不了解相关器械法规规定；④该公司验收售后人员离职后未及时任命新的负责人员。⑤该公司计算机软件不具有供货者、购货者以及购销医疗器械的合法性、有效性审核控制功能。

工作任务： 1. 上述违规行为会产生哪些后果？

　　　　　　2. 对该企业飞行检查的法律依据是什么？企业的上述问题分别违反了哪些条款？

一、医疗器械经营质量管理总体思路

医疗器械经营企业质量管理工作应当依据《医疗器械监督管理条例》《医疗器械经营监督管理办法》《医疗器械经营质量管理规范》《医疗器械经营质量管理规范现场检查指导原则》《医疗器械经营质量管理规范附录：专门提供医疗器械运输贮存服务的企业质量管理》《医疗器械经营质量管理规范附录：专门提供医疗器械运输贮存服务的企业质量管理现场检查指导原则》《医疗器械冷链（运输、贮存）管理指南》及所在地药监部门相关规范文件来执行。需要说明的是，医疗器械注册人、备案人销售其注册或者备案的医疗器械，医疗器械流通过程中其他涉及贮存与运输医疗器械的，都应当符合上述法规要求。

根据医疗器械经营流程，经营质量管理应当建立覆盖采购、收货、验收、入库、贮存、检查、销售、运输、售后服务等全过程的质量管理体系文件，采取有效的质量控制措施，并做好相关记录，确保医疗器械产品在经营过程中的质量安全与可追溯。医疗器械经营企业各个环节质量管理要点及记录要求详见图 5 - 1。

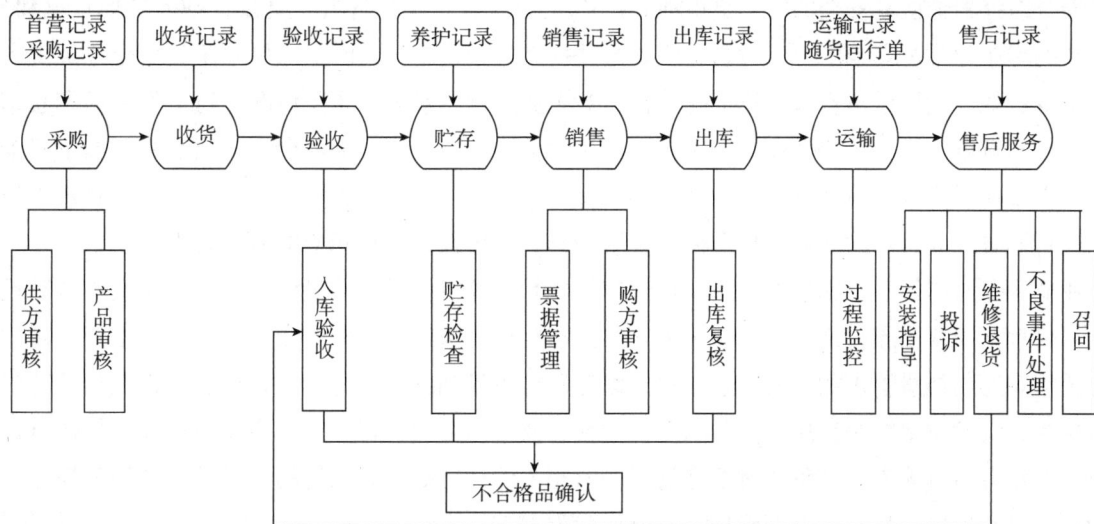

图 5-1 医疗器械经营管理各环节管控重点及记录

二、医疗器械经营质量管理具体要求

(一) 质量管理体系建立与改进

企业应当建立健全符合《医疗器械经营质量管理规范》要求的质量管理体系。质量管理体系应当与企业的经营范围和经营规模相适应,包括质量管理体系文件、组织机构、人员、设施设备等。鼓励企业制定质量方针和质量目标。质量方针和质量目标应当满足适用的法律、法规、规章、规范的要求并符合企业实际,相关要求应当贯彻到医疗器械经营活动的全过程。

企业应当依法履行医疗器械质量安全责任,提供必要的资源和制度保障,保证质量管理体系有效运行,确保质量安全关键岗位人员有效履行职责、全员参与质量管理,各有关部门、岗位人员正确理解并履行职责,承担相应质量责任。

从事第二类、第三类医疗器械经营的企业,应当按照本规范以及质量管理自查制度要求进行自查,每年 3 月 31 日前向所在地市县级药品监督管理部门提交上一年度的自查报告。自查报告内容应当真实、准确、完整和可追溯。

企业应当根据经营产品的风险程度、质量安全风险情况和质量管理自查情况等,运用质量管理技术与方法,持续改进质量管理体系,保持质量管理体系的适宜性、充分性和有效性。鼓励企业运用先进的质量管理工具与方法实施质量管理,持续改进质量管理体系。鼓励企业数字化、智能化、绿色化发展,提升医疗器械供应链效率与质量安全,促进行业高质量发展。

(二) 职责与制度

1. 职责 企业质量安全关键岗位人员包括企业负责人、质量负责人和质量管理人员,其中企业负责人为最高管理者,质量负责人为高层管理人员或者质量管理机构负责人。企业应当按照"权责一致、责任到人、因岗选人、人岗相适"的原则,设置质量安全关键岗位,配备与经营范围和经营规模相适应的质量安全关键岗位人员,并为其履职提供必要的资源和制度保障,确保质量安全关键岗位人员充分履行职责。

企业负责人应当对本企业医疗器械质量安全工作全面负责,提供必要的条件,保证质量负责人、质量管理人员有效履行职责,确保企业按照相关法律、法规、规章和本规范要求经营医疗器械;企业负责人作出涉及医疗器械质量安全的重大决策前，应当充分听取质量负责人、质量管理人员的意见和建议，对其发现的本企业质量安全隐患，应当组织研究并提出处置措施，及时消除风险隐患。企业负责人应当每季度至少听取一次质量负责人工作情况汇报，对企业经营质量安全风险情况进行工作会商和总结，对重点工作作出调度安排，形成医疗器械质量安全风险会商会议纪要。会商会议应当有企业质量安全关键岗位人员以及质量安全风险情况涉及的相关部门参加。企业质量负责人负责医疗器械质量管理工作，应当独立履行职责，在企业内部对医疗器械质量管理具有裁决权，承担相应的质量管理责任。

企业应当具有与经营范围和经营规模相适应的质量管理机构或者质量管理人员。企业质量管理机构或者质量管理人员应当履行下列职责：①负责收集和管理与医疗器械经营相关的法律、法规、规章、规范和有关规定等与质量管理相关的信息，建立医疗器械质量档案，实施动态管理，并督促相关部门和岗位人员执行；②负责组织制定质量管理制度，指导、监督制度的执行，并对质量管理制度的执行情况进行检查、纠正和持续改进；③负责对医疗器械经营相关的计算机信息系统的质量控制功能和操作权限进行管理；④负责实施医疗器械追溯管理，推进医疗器械唯一标识制度实施；⑤负责对医疗器械供货者、产品、购货者资质的审核，并实施动态管理；⑥负责不合格医疗器械的确认，对不合格医疗器械的处理过程实施监督；⑦负责医疗器械质量投诉和质量事故的调查、处理及报告；⑧负责医疗器械召回的管理；⑨负责医疗器械质量安全风险会商的组织实施；⑩组织医疗器械不良事件的收集与报告；⑪组织验证、校准相关设施设备；⑫组织对受托运输承运方进行质量保障能力审核及质量监督；⑬组织对专门提供医疗器械运输、贮存服务的企业质量保障能力审核及产品质量监督；⑭组织对医疗器械网络销售相关过程进行质量保障能力审核以及质量监督；⑮组织质量管理自查和各项专项自查，按时提交自查报告；⑯组织或者协助开展质量管理培训；⑰其他应当由质量管理机构或者质量管理人员履行的职责。

2. 制度　企业应当依照本规范建立覆盖医疗器械经营全过程的质量管理体系文件。质量管理体系文件应当符合企业实际，并实施动态管理，确保文件持续有效。质量管理体系文件应当由企业负责人批准后实施，并至少包括下列内容：①质量管理机构或者质量管理人员管理职责；②质量安全关键岗位人员岗位说明；③质量文件审核批准管理制度；④质量记录管理制度；⑤质量管理自查制度；⑥医疗器械供货者和产品资质审核制度；⑦医疗器械采购管理制度；⑧医疗器械收货和验收管理制度；⑨医疗器械贮存（陈列）和在库检查管理制度；⑩医疗器械出入库管理制度；⑪医疗器械效期管理制度；⑫医疗器械运输管理制度；⑬医疗器械销售和售后服务管理制度；⑭医疗器械不合格品管理制度；⑮医疗器械退货管理制度；⑯医疗器械不良事件监测和报告制度；⑰医疗器械产品召回管理制度；⑱医疗器械追溯管理制度；⑲医疗器械质量投诉、事故调查和处理报告制度；⑳设施设备维护和验证校准管理制度；㉑环境卫生和人员健康管理制度；㉒质量管理培训和考核制度；㉓医疗器械质量安全风险会商管理制度；㉔医疗器械采购、收货、验收、贮存、销售、出库、运输等环节的工作程序。

从事第二类、第三类医疗器械批发业务和第三类医疗器械零售业务的，企业应当制定购货者资格审核制度、销售记录制度。鼓励其他医疗器械经营企业建立销售记录制度。从事需要冷藏、冷冻管理的医疗器械经营的，企业应当制定冷链医疗器械管理制度和应急管理制度。进行医疗器械直调购销的，企业应当制定医疗器械直调管理制度。

3. 记录要求　企业应当依照本规范建立覆盖医疗器械经营全过程的质量记录。质量记录应当包括下列内容：①供货者和产品资质审核记录；②医疗器械采购合同或者协议、采购记录；③医疗器械进货查验记录（包括留存随货同行单据）；④医疗器械入库记录；⑤医疗器械在库检查记录、各库区温湿度记录；⑥医疗器械库存记录；⑦医疗器械销售记录；⑧医疗器械出库复核记录、出库记录；⑨医疗器械运输记录、冷链产品运输过程温度记录；⑩医疗器械售后服务记录或者管理记录；⑪医疗器械退货记录；⑫医疗器械召回和不良事件处理记录；⑬医疗器械质量投诉、事故调查的相关记录和档案；⑭医疗器械不合格品处理记录、销毁记录；⑮企业年度自查报告档案；⑯员工档案及人员资质证明、培训记录、直接接触医疗器械产品人员的健康档案；⑰设施设备档案、维护维修记录；⑱计量器具校准或者检定记录、冷链设施验证记录；⑲医疗器械质量安全风险会商相关记录；⑳其他质量管理过程生成的相关质量记录。

从事第二类、第三类医疗器械批发业务的，企业还应当建立购货者档案。记录内容应当真实、准确、完整和可追溯。鼓励企业采用先进技术手段进行记录。企业应当采取有效措施，妥善保存质量记录。进货查验记录、销售记录应当保存至医疗器械有效期满后 2 年；没有有效期的，不得少于 5 年。植入类医疗器械进货查验记录和销售记录应当永久保存。使用计算机信息系统存储的质量记录，应当采用安全可靠的方式存储各类数据，定期备份并确保备份数据存储安全，防止损坏和丢失。

（三）人员与培训

1. 人员资质 企业负责人、企业质量负责人和质量管理人员应当熟悉医疗器械监督管理的法律、法规、规章、规范和所经营医疗器械的相关知识，并符合有关法律、法规、规章、规范规定的资格要求，不得有相关法律、法规禁止从业的情形。企业质量负责人、质量管理人员应当在职在岗，并履行岗位职责。企业应当按照质量管理体系要求，对质量安全关键岗位负责人员的任命、调整、责任履行等情况予以记录，存档备查。

企业应当配备与经营范围和经营规模相适应的经营相关岗位人员，人员专业、学历、职称、工作经历、培训要求、人数等要求各有不同（表5-4）。企业应当配备与经营范围和经营规模相适应的售后服务技术人员和售后服务管理人员。企业自行为客户提供安装、维修、技术培训等售后技术服务的，应当配备具有相应技术能力的售后服务技术人员，售后服务技术人员应当具备专业资格或者经过医疗器械注册人、备案人、其他专业机构技术培训；企业配备的专职或者兼职售后服务管理人员，应当熟悉质量投诉、不良事件监测、召回的相关法律、法规、规章、规范、质量管理制度和所经营医疗器械的相关知识。

表5-4 医疗器械经营企业相关岗位人员资格要求一览表

岗位名称	医疗器械类别/管理类别		专业	学历/职称	工作/培训经历	人数要求
质量负责人	第三类		医疗器械相关专业*	大专以上学历/中级以上专业技术职称	3年以上医疗器械经营质量管理工作经历	1人
质量管理人员	第三类批发		医疗器械相关专业*	大专及以上学历/中级及以上专业技术职称	/	≥1人
	体外诊断试剂（免经营备案的除外）	经营（满足一条即可）	/	主管检验师	/	≥1人
			检验学相关专业*	大专及以上学历/中级及以上专业技术职称	3年以上检验相关工作经历	
		验收	检验学相关专业*	中专及以上学历/检验师初级及以上专业技术职称	/	≥1人
	专门提供医疗器械运输、贮存服务的主体		医疗器械相关专业*	大专及以上学历/中级及以上专业技术职称	3年及以上医疗器械质量管理工作经历	≥2人
售后服务技术人员	体外诊断试剂		检验学相关专业*	中专及以上学历或者具有检验师初级及以上专业技术职称	/	≥1人

岗位名称	医疗器械类别/管理类别	专业	学历/职称	工作/培训经历	人数要求
采购或者销售	植入和介入类	医学相关专业*	大专及以上学历	经过医疗器械注册人/其他专业机构培训	≥1人
零售	角膜接触镜、助听器等其他有特殊要求医疗器械	相关专业/职业资格	/	/	≥1人

*注：医疗器械相关专业，是指医疗器械、生物医学工程、机械、电子、医学、生物工程、化学、药学、护理学、康复、检验学、计算机、法律、管理学等专业；检验学相关专业，是指检验学、生物医学工程、生物化学、免疫学、基因学、药学、生物技术、临床医学、医疗器械等专业；医学相关专业，是指包括基础医学、预防医学、临床医学、医学技术、口腔医学、中医学、护理学、药学等专业。

2. 人员培训与考核　企业应当对质量安全关键岗位人员及其他相关岗位人员进行与其职责和工作内容相关的岗前和继续培训，并建立培训记录，使相关人员能够正确理解并履行职责。培训内容应当包括相关法律、法规、规章、规范、质量管理制度、医疗器械专业知识和技能、职责、岗位操作规程等。从事需要冷藏、冷冻管理的医疗器械收货、验收、贮存、检查、出库、运输等工作的人员，还应当接受冷链相关法律、法规、规章、规范、质量管理制度、冷链专业知识和操作规程的培训。企业应当对质量负责人、质量管理人员、售后服务技术人员、售后服务管理人员、冷链工作人员等相关人员进行上岗和定期考核，经考核合格后方可上岗或者继续从事此岗位工作。

3. 人员健康档案管理　企业应当按照人员健康管理制度的要求，对质量管理、验收、库房管理、售后技术服务、零售等直接接触医疗器械岗位的人员进行健康管理，实施岗前和年度健康检查，并建立员工健康档案。身体条件不符合相应岗位特定要求、影响质量判定或者医疗器械质量安全的，不得从事相关工作。

（四）设施与设备

符合规范的设施设备是企业从事医疗器械经营活动的必要条件。对设施设备良好的管理和维护，是医疗器械产品有效性的保证。经营企业常见的设施设备有具有一般温度调节功能的库房、空调、温湿度计，需要冷链控制的冷库、冷链车、保温箱、冰柜、冰箱等。企业应当对基础设施及相关设备进行定期检查、清洁和维护，并建立记录和档案。

1. 经营场所与库房　企业应当具有与经营范围和经营规模相适应的经营场所和库房，经营场所和库房的面积应当满足经营与质量管理的要求。经营场所和库房不得设在居民住宅内等不适合开展经营活动的场所。库房的选址、设计、布局、建造、改造和维护应当符合医疗器械贮存的要求，防止医疗器械的混淆、差错或者被污损，并具有符合医疗器械产品特性要求的贮存设施设备。

（1）不单设库房的情形　有下列情形之一的，企业可以不单独设立医疗器械库房：①单一门店零售企业的经营场所陈列条件能符合其所经营医疗器械产品性能要求、经营场所能满足其经营规模及品种陈列需要的；②连锁零售经营医疗器械的；③全部委托专门提供医疗器械运输、贮存服务的企业进行贮存的；④仅经营医疗器械软件，且经营场所满足其产品存储介质贮存要求的；⑤仅经营磁共振成像设备、X射线计算机体层摄影设备、放射治疗设备等大型医用设备的；⑥省级药品监督管理部门规定其他可以不单独设立医疗器械库房的。

（2）库房条件　库房的条件应当符合下列要求：①库房内外环境整洁、无污染源；②库房内墙光洁、地面平整、房屋结构严密；③有防止室外装卸、搬运、接收、发运等作业受异常天气影响的措施；④库房有可靠的安全防护措施，能够对无关人员进入实行可控管理。

（3）库房分区　库房贮存作业区、辅助作业区，应当与办公区和生活区分开一定距离或者有隔离措施，有效防止对贮存的医疗器械造成产品质量安全风险。库房应当按质量状态实行分区管理，设置待验区、合格品区、不合格品区、发货区、退货区等，并有明显区分。可以采用色标管理，待验区、退货区为黄色，合格品区和发货区为绿色，不合格品区为红色。企业应当根据所经营医疗器械产品的质量特性和管理要求，合理设置满足不同质量状态、贮存环境要求的库区与库位。库房贮存产品包含非医疗器械产品时，应当做好库房分区管理。应当充分评估非医疗器械产品对贮存环境与人员的污染风险，制定措施确保医疗器械贮存环境安全。

2. 经营场所与库房的设施设备

（1）总体要求　库房应当配备与经营范围和经营规模相适应的设施设备，包括：①医疗器械与地面之间有效隔离的设施设备，如货架、托盘等；②避光、通风、防潮、防虫、防鼠等设施；③符合安全用电要求和满足照明需求的照明设备；④包装物料的存放场所；⑤有特殊贮存要求的，应当配备相应的设施设备。库房温度、湿度以及其他贮存条件应当符合所经营医疗器械说明书或者标签标示的要求。对有特殊温湿度贮存要求的，应当配备有效调控及监测温湿度的设施设备或者仪器。

（2）批发企业和专门提供运输、贮存服务企业设施设备　从事医疗器械批发和专门提供医疗器械运输、贮存服务的企业，其经营或者运输、贮存的医疗器械涉及需要冷藏、冷冻管理的，应当配备下列设施设备：①与其经营规模和经营品种相适应的冷藏、冷冻设施设备；②用于冷藏、冷冻设施设备的温湿度自动监测、显示、记录、调控、报警的设备；③能够确保制冷设备正常运转的不间断的供电设备（如双回路供电系统或者备用发电机组等）；④根据相应的运输规模和运输环境要求配备冷藏车、保温车，或者冷藏（冷冻）箱、保温箱等设备；冷藏车应当具有自动显示温度、调控温度、报警、存储和读取温度监测数据的功能；⑤对有特殊温湿度要求的，应当配备符合其贮存、运输要求的设施设备。

（3）零售企业设施设备　医疗器械零售的经营场所应当与其经营范围和经营规模相适应，并符合下列要求：①配备陈列货架和柜台；②相关证照应当在醒目位置展示；③经营需要冷藏、冷冻管理的医疗器械的，应当配备经过验证并具有温度显示和监测功能的冷柜；④经营可拆零医疗器械的，应当配备拆零销售所需的工具、包装用品，拆零的医疗器械标签和说明书应当符合有关规定；⑤提供验配服务的，应当设立符合验配服务相关规定的独立区域。

零售医疗器械的陈列应当符合下列要求：①陈列环境应当满足所经营医疗器械说明书或者标签标示的贮存要求；②分区陈列，并设置醒目标志，类别标签字迹清晰、放置准确；③医疗器械的摆放应当整齐有序，避免阳光直射；④需要冷藏、冷冻管理的医疗器械，应当放置在冷藏、冷冻设备中，并对温度进行监测和记录；⑤医疗器械与非医疗器械应当分开陈列，并醒目标示。

自动售械机作为医疗器械零售经营场所的延伸，其设置位置、数量等应当与企业的管理能力相适应。自动售械机应当符合下列要求：①自动售械机内的陈列环境应当满足所经营医疗器械说明书或者标签标示的贮存要求；需要冷藏、冷冻管理的医疗器械应当对贮存环境的温度进行监测和记录；②自动售械机内的医疗器械摆放应当整齐有序，类别标签字迹清晰、放置准确，避免阳光直射；③自动售械机的贮存与出货、取货方式，应当有效防止所陈列医疗器械的污染及产品破损风险；④应当具备开具纸质或者电子销售凭据的功能；⑤应当在醒目位置展示经营主体的相关信息、证照；⑥应当在醒目位置公布企业售后服务电话，建立畅通的顾客意见反馈机制及退货等售后服务渠道。

3. 设施设备管理　企业应当对库房的基础设施以及相关设备进行保养、维护与维修，并对设施设备状态进行定期检查，相关记录应当妥善存放至设施设备档案中。

（1）校准与检定　校准是指在规定条件下，为确定计量仪器或测量系统的示值，或实物量具或标准物质所代表的值，与相对应的被测量的已知值之间关系的组操作。简单来说，校准是为了确定计量器具或测量系统的示值误差。检定是指由法制计量部门或法定授权组织按照检定规程，通过实验，提供证明，来确定测量器具的示值误差满足规定要求的活动。校准和检定都需要使用比被计量器具精度更高的标准器具来做对比，以得出示值误差。企业应当按照国家有关规定，对温湿度监测设备等计量器具进行有效管理，保证计量器具性能持续满足要求，定期进行校准或者检定，保存相关校准或者检定记录。

（2）验证   验证是指通过提供客观证据对规定要求已得到满足的认定。具体地说，即企业虽然配备了冷冻、冷藏的设施和设备，但要保证这些设施设备是能切实发挥作用的，还需要通过一系列的操作或建立一定的操作规程来证明它们确实能达到规定的要求。验证范围与内容，主要包括对冷库、冷藏车、冷藏箱、保温箱以及温湿度自动监测系统等进行验证，确认相关设施、设备及监测系统能够符合规定的设计标准和要求，并能安全、有效地正常运行和使用，确保冷藏、冷冻医疗器械在储存、运输过程中的质量安全。企业应当根据验证确定的参数及条件，正确、合理使用相关设施设备及监测系统，未经验证的设施、设备及监测系统，不得用于医疗器械冷藏、冷冻储运管理。

企业应当对冷库、冷柜等贮存设施设备，冷藏冷冻、保温等运输设施设备，以及温湿度监测系统进行使用前验证、定期验证和停用时间超过规定时限情况下的验证。企业应当在验证实施过程中，建立并形成验证控制文件，包括验证方案、报告、评价和预防措施等，验证使用的计量器具应当经法定计量机构校准，校准证书复印件应当作为验证报告的必要附件。

4. 计算机系统要求   经营第三类医疗器械的企业，应当具有符合医疗器械经营质量管理要求的计算机信息系统，保证经营的产品可追溯。计算机信息系统应当具有下列功能：①具有对采购、收货、验收、贮存、销售、出库、复核、退货等各经营环节进行实时质量控制的功能；②具有权限管理功能，确保各类数据的录入、修改、保存等操作应当符合授权范围、管理制度和操作规程的要求，保证数据真实、准确、安全和可追溯；③具有部门之间、岗位之间在权限授权范围内进行信息传输和数据共享的功能；④具有供货者、购货者以及所经营医疗器械的合法性、有效性审核控制的功能；⑤具有对供货者以及所经营医疗器械产品信息记录与资质效期预警的功能；⑥具有对库存医疗器械的有效期进行自动跟踪和控制功能，有近效期预警及超过有效期自动锁定等功能，防止过期医疗器械销售；⑦具有实现医疗器械产品经营过程质量追溯的功能，以及采集、记录医疗器械唯一标识的功能；⑧具有医疗器械经营业务票据生成、打印和管理的功能；⑨具有质量记录数据自动备份功能，确保数据存储安全；⑩具有与企业外部业务及监管系统进行数据交互接口的功能。鼓励其他企业建立符合医疗器械经营质量管理要求的计算机信息系统。医疗器械经营计算机核心功能见图 5 - 2。

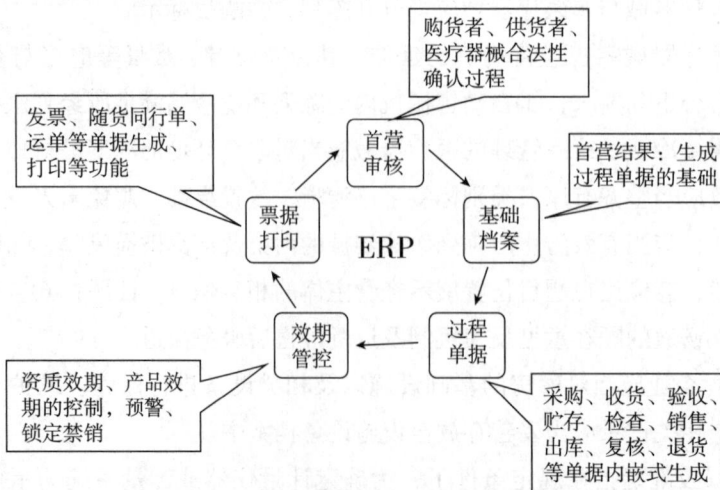

图 5 - 2   医疗器械经营计算机系统核心功能图

5. 物流管理　企业可以通过跨行政区域设置仓库或者委托专门提供医疗器械运输贮存服务企业贮存等方式，构建全国或者区域多仓协同物流管理模式。企业应当对跨行政区域设置的仓库加强质量管理：①应当建立与其规模相适应的质量管理制度；②应当配备与其规模相适应的质量管理人员、设施设备；③应当配备与经营企业本部互联互通、能够实时交互医疗器械贮存、出入库数据的计算机信息系统；④应当满足医疗器械贮存与追溯质量管理要求。

（五）采购、收货与验收

1. 采购

（1）首营企业审核　医疗器械采购流程如图5-3所示，企业在与医疗器械注册人、备案人或者经营企业首次发生采购前，应当获取加盖供货者公章的相关资料复印件或者扫描件，进行资质的合法性审核并建立供货者档案，内容至少包括：①营业执照；②医疗器械注册人、备案人证明文件及受托医疗器械生产厂家的生产许可证或者备案凭证，或者医疗器械经营企业的经营许可证或者备案凭证；③载明授权销售的品种、地域、期限、销售人员身份证件号码的授权书，以及销售人员身份证件复印件；④随货同行单样式（含企业样章或者出库样章）。必要时，企业可以派员对供货者进行现场核查，对供货者质量管理情况进行评价。企业发现供货者存在违法违规经营行为时，应当及时向企业所在地市县级药品监督管理部门报告。

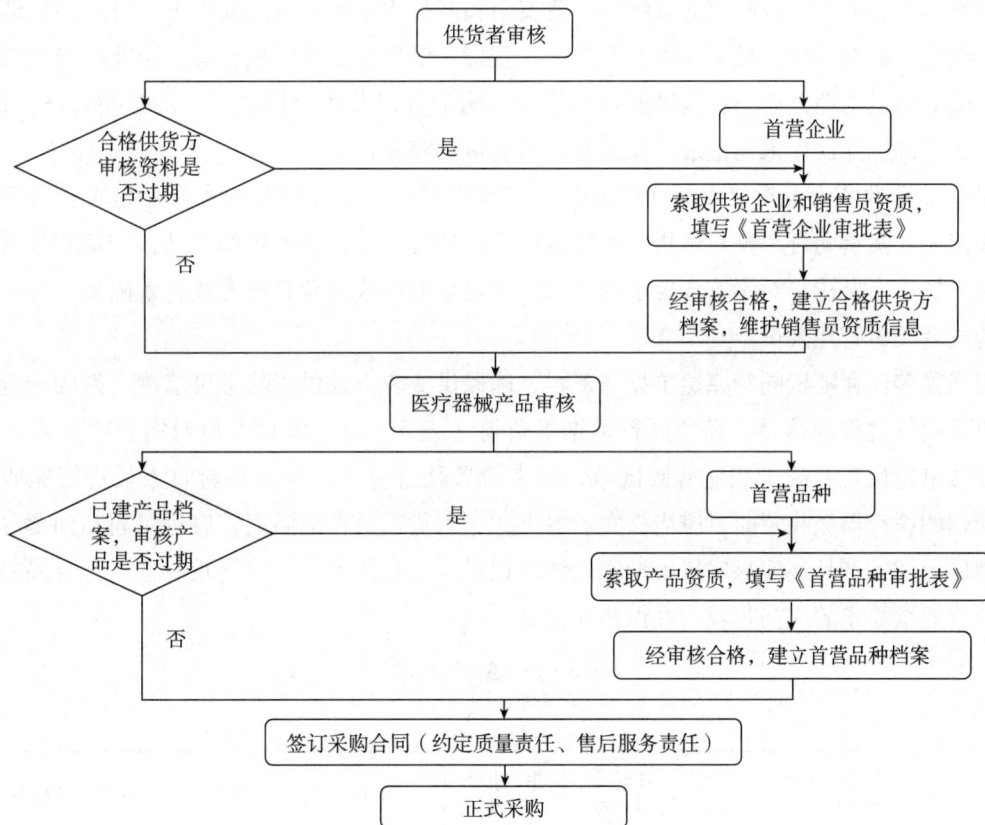

图5-3　医疗器械采购流程

（2）首营产品审核　企业在首次采购医疗器械前，应当获取加盖供货者公章的医疗器械产品的相关资料复印件或者扫描件，进行资质的合法性审核并建立产品档案，内容至少包括：①医疗器械注册证或者备案凭证；②医疗器械标签样稿或者图片；③医疗器械唯一标识产品标识（若有）。

（3）采购合同或协议　企业应当与供货者签订采购合同或者协议，采购合同、协议或者采购订单中，应当明确采购医疗器械的名称、型号、规格、医疗器械注册人或者备案人名称、医疗器械注册证编号或者备案编号，数量、单价、金额、供货者等内容。企业应当在采购合同或者协议中与供货者约定质量责任和售后服务责任，以保证医疗器械售后的安全使用。企业不得采购未依法注册或者备案、无合格证明文件以及过期、失效、淘汰的医疗器械。不得进口过期、失效、淘汰等已使用过的医疗器械。

（4）采购记录　企业在采购医疗器械时，应当建立采购记录，记录应当包括医疗器械的名称、型号、规格、医疗器械注册人或者备案人名称、医疗器械注册证编号或者备案编号，单位、数量、单价、金额、供货者、购货日期等，采购记录范例详见表5-5。

表5-5　医疗器械采购记录

序号	医疗器械名称	规格、型号	注册人/备案人名称	注册证号/备案凭证编号	单位	数量	单价	金额	供货者	购货日期

（5）直调方式购销医疗器械要求　发生灾情、疫情、突发事件、临床紧急救治等特殊情况，或者仅经营磁共振成像设备、X射线计算机体层摄影设备、放射治疗设备等大型医用设备以及其他符合国家有关规定的情形，企业在保证医疗器械购销渠道安全和产品质量可追溯的前提下，可采用直调方式购销医疗器械，将已采购的医疗器械不入本企业仓库，直接从供货者发送到购货者。企业应当加强直调方式购销医疗器械的质量管理，应当在购销前对供货者、购货者以及医疗器械产品的资质合法性进行审核，并建立专门的直调医疗器械采购记录，保证有效的质量跟踪和追溯。

2. 收货　企业收货人员在接收医疗器械时，应当核实运输方式以及到货产品是否符合要求，并对照相关采购记录和随货同行单据与到货的医疗器械进行核对。对符合要求的产品，交货和收货双方应当对交运情况当场签字确认。对不符合要求的产品，应当采取拒收或者其他方式有效隔离，并立即报告质量管理机构或者质量管理人员。

企业应当妥善保存随货同行原始单据与资料，确保供货者以及供货信息可追溯。鼓励企业采用电子文件方式留存收货过程的运单、随货同行单据等资料（表5-6）。收货人员对符合收货要求的医疗器械，应当按质量特性要求放于相应待验区域，或者设置状态标示，并通知验收人员进行验收。需要冷藏、冷冻管理的医疗器械收货时，应当核实运输方式、到货以及在途温度、启运时间和到货时间并做好记录，对销后退回的产品还应核实售出期间的温度记录。符合要求的，应当及时移入符合温控要求的待验区；不符合温度要求的应当拒收，并做相应记录。

表5-6　随货同行单

供货单位：　　　　　　　　　　　生产企业：
收货单位：　　　　　　　　　　　收货地址：

序号	产品名称	规格（型号）	生产许可证（备案号）	注册证（备案号）	生产批号（序列）	灭菌批号	效期	数量	储运条件	实收数量	备注

供货单位：出库专用章

收货人员对符合收货要求的医疗器械，应当按品种特性要求放于相应待验区域，或者设置状态标示，并通知验收人员进行验收。需要冷藏、冷冻的医疗器械应当在冷库内待验。在进行冷链管理医疗器械收货时，应核实运输方式、到货及在途温度、启运时间和到货时间并做好记录；符合要求的，应及时移入冷库内待验区。

3. 验收

（1）总体要求　验收人员应当对医疗器械的外观、包装、标签以及合格证明文件等进行检查、核对，并做好进货查验记录。进货查验记录应当包括：①医疗器械的名称、型号、规格、数量；②医疗器械注册证编号或者备案编号；③医疗器械注册人、备案人和受托生产企业名称、生产许可证号或者备案编号；④医疗器械的生产批号或者序列号、使用期限或者失效日期、购货日期等；⑤供货者的名称、地址以及联系方式；⑥验收结论、验收合格数量、验收人员、验收日期；⑦医疗器械唯一标识（若有）。验收不合格的，还应当注明不合格事项及处置措施。进货查验记录范例详见表5-7。

表5-7　医疗器械验收记录

序号	医疗器械名称	规格、型号	注册人/备案人名称	受托生产企业名称	生产许可证号/备案编号	供货者名称	供货者地址	供货者联系方式	注册证编号/备案编号	生产批号/序列号	使用期限/失效日期	到货数量	购货日期	合格数量	验收结果	验收人员	验收日期	验收结论	医疗器械唯一标识	不合格事项及处置措施

（2）冷链管理医疗器械的验收　对需要冷藏、冷冻管理的医疗器械进行验收时，应当对其运输方式及运输过程的温度记录、运输时间、到货温度以及外观、包装、标签等质量状况进行重点检查并记录；对销售后退回的需要冷藏、冷冻管理的医疗器械，还应当核实售出期间的温度记录，不符合温度要求的应当拒收。验收不合格的，应当注明不合格事项及处置措施。

（3）委托运输、贮存医疗器械的验收　企业委托专门提供医疗器械运输、贮存服务的企业进行收货和验收时，应当对受托方进行必要的质量监督。委托方应当与受托方签订书面协议，明确双方质量责任和义务，并按照协议承担和履行相应的质量责任和义务。

（4）直调方式购销医疗器械的验收　企业按规范进行医疗器械直调购销的，应当由验收人员或者委托的验收人员进行医疗器械验收。直调验收应当严格按照规范的要求验收医疗器械，验收完成当日，验收人员应当将进货查验记录相关信息传递给直调企业。企业应当建立专门的直调医疗器械进货查验记录，除满足进货查验记录内容以外，还应当记录验收地点、验收人员信息，直调医疗器械进货查验记录应当真实、准确、完整和可追溯。

（六）入库、贮存与检查

1. 入库　企业应当建立入库记录，验收合格的医疗器械应当及时入库登记；验收不合格的，应当注明不合格事项，并放置在不合格品区，按照有关规定采取退货、销毁等处置措施。入库记录应当包括：①医疗器械的名称、型号、规格、数量；②医疗器械注册证编号或者备案编号；③医疗器械注册人、备案人和受托生产企业名称、生产许可证号或者备案编号；④医疗器械的生产批号或者序列号、使用期限或者失效日期、入库日期；⑤医疗器械唯一标识（若有）。入库记录范例详见表5-8。

表5-8　医疗器械入库记录

序号	医疗器械名称	规格型号	注册证编号/备案编号	注册人、备案人和受托生产企业名称	生产许可证号/备案编号	生产批号/序列号	使用期限/失效日期	到货数量	到货日期	入库数量	入库日期	医疗器械唯一标识	货位号/存放区域

2. 贮存　企业应当根据医疗器械的质量特性进行合理贮存,并符合下列要求:①按照医疗器械说明书或者标签标示的贮存要求贮存;②冷库贮存时,应当根据冷库验证报告确定合理的贮存区域,制冷机组出风口应当避免遮挡;③应当按照要求采取避光、通风、防潮、防虫、防鼠等措施;④搬运、堆垛、放置医疗器械时,应当按照包装标示要求规范操作,堆垛高度、放置方向等应当符合包装图示要求;应当按照货架、托盘承重范围等要求妥善存放,避免损坏医疗器械;⑤按照医疗器械的贮存要求分库(区)存放,医疗器械与非医疗器械应当分开存放;组合销售的医疗器械和非医疗器械可以不分开贮存;在实施自动化操作的自动化仓库中,医疗器械与非医疗器械可以按货位分开存放;⑥医疗器械应当按照品种、规格、型号分开存放;医疗器械与库房地面、内墙、顶、灯、温度调控设备及管道等设施间保留有足够空隙;⑦贮存医疗器械的货架、托盘等设施设备应当保持清洁,无破损;⑧非作业区工作人员未经批准不得进入贮存作业区,贮存作业区内的工作人员不得有影响医疗器械质量安全的行为;⑨医疗器械贮存作业区内不得存放与贮存管理无关的物品。从事专门提供医疗器械运输、贮存服务的企业,应当通过计算机信息系统有效区分其自营、受托,以及不同委托方的医疗器械。

⇨ **案件直击**

"水光针"违规贮存案

注射用透明质酸钠复合溶液("水光针")是一种常见的皮肤美容注射方法,通过在皮肤表面注射透明质酸等物质,以达到保湿、改善肤质和减少细纹等效果。近年来,国家药品监督管理局将注射用透明质酸钠复合溶液的管理类别调整为第三类,意味着要加强对水光针的监管力度,严格规范市场。某药品监督管理部门在某公司经营场所阴凉柜中查获了4盒注射用透明质酸钠复合溶液,标签上写有贮藏条件为2~10℃,但案发时实际温度为15.5℃。当事人在收到《责令改正通知书》后,立即主动将上述4盒注射用透明质酸钠复合溶液进行了下架处理。

思考:1. 注射用透明质酸钠复合溶液贮存温度不符合要求,有哪些危害?

2. 药品监督管理部门应当如何处理上述违规行为?

3. 检查　企业应当根据库房条件、外部环境、产品有效期要求等,对医疗器械进行定期检查,建立在库检查记录。在库检查记录应当包括:①检查医疗器械合理贮存与作业流程;②检查并改善贮存条件、防护措施、卫生环境;③对温湿度监控系统、冷库温湿度自动报警装置进行检查、保养;④未采用温湿度监测系统进行自动监测的,应当每天上、下午各不少于1次对库房温湿度进行监测记录;⑤对库存医疗器械的外观、包装、有效期等质量状况进行检查。

发现存在质量疑问的医疗器械,应当立即进行质量隐患产品隔离并标示,防止其销售出库,并及时通知质量管理机构进行质量判定与处理。零售企业应当定期对零售陈列、自动售械机陈列、存放的医疗器械进行检查，重点检查拆零医疗器械和近效期医疗器械。发现有质量疑问的，应当及时撤柜、停止销售，由质量管理人员确认和处理，并保留相关记录。

企业应当对库存医疗器械有效期进行跟踪和控制，采取近效期预警措施。超过有效期的医疗器械应当及时放置到不合格品区进行隔离，按照相关制度采取销毁、退货等处置措施，并保存相关记录。企业应当定期对库存医疗器械进行盘点，核对库存医疗器械的名称、规格、型号，生产批号或者序列号、有效期、数量等，发现质量及数量问题应当及时查明原因并做好记录，保证账、货相符。

（七）销售、出库与运输

1. 销售

（1）销售人员 企业应当加强对销售人员的培训和管理，对销售人员以本企业名义从事的医疗器械购销行为承担法律责任。企业销售人员销售医疗器械，应当提供加盖本企业公章的授权书。授权书应当载明授权销售的品种、地域、期限，并注明销售人员的身份证件号码。医疗器械注册人、备案人委托销售的，应当委托符合条件的医疗器械经营企业，签订委托协议明确双方的权利和义务，并加强对经营企业的培训和管理。企业不得销售未依法注册或者备案、无合格证明文件以及过期、失效、淘汰的医疗器械。

（2）购货者 从事第二类、第三类医疗器械批发业务的企业，应当将医疗器械销售给医疗器械生产企业、医疗器械经营企业、医疗器械使用单位或者其他有合理使用需求的单位。向其他有合理使用需求的单位销售医疗器械，销售前应当索取购货者对所采购医疗器械的使用需求说明。从事第二类、第三类医疗器械批发业务的企业，在首次发生销售前，应当获取购货者相关资料复印件或者扫描件，对购货者的证明文件、经营范围进行核实，并建立购货者档案，保证医疗器械销售流向真实、准确、完整和可追溯。

（3）销售记录 从事第二类、第三类医疗器械批发业务以及第三类医疗器械零售业务的经营企业，应当实施销售记录制度。销售记录应当包括：①医疗器械的名称、型号、规格、注册证编号或者备案编号、数量、单价、金额；②医疗器械的生产批号或者序列号、使用期限或者失效日期、销售日期；③医疗器械注册人、备案人和受托生产企业名称、生产许可证编号或者备案编号。从事第二类、第三类医疗器械批发业务的企业，销售记录还应当包括购货者的名称、收货地址、联系方式、相关许可证明文件编号或者备案编号等（表5-9）。

表5-9 医疗器械销售记录

医疗器械名称	规格、型号	注册证编号/备案编号	生产批号/序列号	使用期限/失效日期	医疗器械注册人、备案人名称	受托生产企业名称	生产许可证编号/备案编号	数量	单价	金额	销售日期	备注

企业按规范进行医疗器械直调购销的，应当建立专门的直调医疗器械销售记录。从事医疗器械零售业务的企业，应当给消费者开具销售凭据，记录医疗器械的名称、型号、规格、医疗器械注册人、备案人和受托生产企业名称、注册证编号或者备案编号，生产批号或者序列号、数量、单价、金额，零售企业名称、经营地址、电话、销售日期等，以方便进行质量追溯。

2. 出库 医疗器械出库前，企业应当进行出库复核，并建立出库复核记录。发现有下列情况之一的不得出库，并报告质量管理机构或者质量管理人员处理：①医疗器械包装出现破损、污染、封口不牢、封条损坏等问题；②标签脱落、字迹模糊不清或者标示内容与实物不符；③医疗器械超过有效期；④存在其他异常情况的。出库复核记录应当包括医疗器械的名称、型号、规格、医疗器械注册人、备案人和受托生产企业名称、注册证编号或者备案编号，生产批号或者序列号、使用期限或者失效日期、单位、数量，购货者、出库日期、医疗器械唯一标识（若有）等内容（表5-10）。

表5-10 医疗器械出库复核记录

医疗器械名称	规格型号	医疗器械注册人、备案人名称	受托生产企业名称	注册证编号/备案编号	生产批号/序列号	使用期限/失效日期	单位	数量	购货者	出库日期	医疗器械唯一标识	库管员签字	部门负责人签字

需要医疗机构选配后方可确认销售的医疗器械，企业应当加强出库前的质量复核，符合产品质量安全要求方可出库，并留存出库质量复核记录。医疗机构临床选择确认后，应当及时建立销售记录。医疗机构选配后未使用的退回产品，按照进行退货管理。企业应当加强过程质量记录管理，确保医疗机构选配销售产品的出库质量复核记录、销售记录、退货记录信息真实、准确、完整和可追溯。

从事医疗器械批发业务的企业，在医疗器械出库时应当附随货同行单，并加盖本企业或者委托的专门提供医疗器械运输、贮存服务企业的出库印章。随货同行单内容应当包括：①供货企业名称；②医疗器械注册人、备案人和受托生产企业名称；③医疗器械的名称、型号、规格、注册证编号或者备案编号；④医疗器械的生产批号或者序列号、使用期限或者失效日期、数量；⑤医疗器械运输及贮存条件；⑥专门提供医疗器械运输、贮存服务的企业名称（若有）；⑦收货单位名称、收货地址、联系方式、发货日期等。

企业按照规范进行医疗器械直调购销的，直调医疗器械出库时供货者应当开具两份随货同行单，分别发往直调企业和购货者。直调随货同行单应当有明显的直调标识，并标明直调企业名称、直调原因。医疗器械拼箱发货的代用包装箱应当有醒目的拼箱标识。

3. 运输 企业应当按照相关制度以及运输操作规程要求进行医疗器械运输，选择合理的运输工具及运输路线，做好运输过程的产品防护，确保运输过程医疗器械产品的质量安全，并做好运输记录。运输记录应当包括收货单位名称、地址、联系方式、运输方式，医疗器械名称、型号、规格、医疗器械注册证编号或者备案编号，生产批号或者序列号、单位、数量、发货日期等内容。委托运输时还应当记录承运单位名称和运单号，自行运输时应当记录运输车辆车牌号和运输人员。

运输需要冷藏、冷冻管理的医疗器械，应当根据运输的产品数量、距离、时间以及温度要求、外部环境温度等情况，选择合理的运输工具和温控方式，确保运输过程中温度控制符合要求。冷藏车、车载冷藏冷冻箱、保温箱应当符合医疗器械运输过程中对温度控制的要求。

需要冷藏、冷冻管理的医疗器械装箱、装车作业时，应当由专人负责，并符合下列要求：①车载冷藏冷冻箱或者保温箱在使用前应当达到相应的温度要求；②包装、装箱、封箱工作应当在符合医疗器械说明书或者标签标示的温度范围内的环境下完成；③装车前应当检查冷藏车辆的启动、运行状态，达到规定温度后方可装车。

企业应当制定需要冷藏、冷冻管理的医疗器械在贮存、运输过程中温度控制的应急预案，并对应急预案进行定期演练。对贮存、运输过程中出现的断电、异常气候、设备故障、交通事故等意外或者紧急情况能够及时采取有效的应对措施，防止因异常突发情况造成的温度失控。

企业可以委托其他具备质量保障能力的承运单位运输医疗器械，应当签订委托运输质量保证协议，并定期对承运单位运输医疗器械的质量保障能力进行考核评估，确保运输过程的质量安全。委托运输质量保证协议应当包括运输过程中的质量责任、运输操作规程、在途时限、温度控制、签收和回执要求等。

（八）售后服务

1. 售后服务能力 企业应当按照与供货者在采购合同或者协议中约定的质量责任和售后服务责任，以及与购货者约定的质量责任和售后服务责任，提供相应的售后服务。①企业自行为客户提供安装、维修、技术培训等售后技术服务的，应当设置售后服务部门或者配备售后服务技术人员，具备与所经营的医疗器械产品以及规模相适应的售后服务能力。②企业与供货者约定由供货者负责产品安装、维修、技术培训服务等售后技术服务的，或者由约定的第三方机构提供技术支持的，企业可以不设置售后服务部门和售后服务技术人员，但应当配备相应的售后服务管理人员。③企业使用第三方机构提供售后服务支持的，应当选择具备质量保障能力的服务机构，签订质量保证书面协议，约定双方质量责任和义务，明确售后服务的服务范围与质量管理要求。企业应当定期对服务机构的质量保障能力进行考核评估，确保售后服务过程的质量安全与可追溯。

企业应当配备专职或者兼职的售后服务管理人员，对客户投诉的质量安全问题查明原因，采取有效措施及时处理和反馈，并做好记录，及时通知医疗器械注册人、备案人和供货者。从事医疗器械零售业务的，企业应当在营业场所公布售后服务电话，设置顾客意见簿，及时处理顾客医疗器械质量安全投诉。

企业应当加强对退货产品的管理，防止混入不符合法定要求的医疗器械。退货医疗器械应当经过验收人员质量查验，并生成退货记录。对质量查验不合格的，应当注明不合格事项及处置措施，并放置在不合格品区，按照有关规定采取退货、销毁等处置措施。退货记录应当包括退货日期、原出库单号、退货单位名称、医疗器械名称、型号、规格、医疗器械注册人、备案人和受托生产企业名称、注册证编号或者备案编号、运输及贮存条件、生产批号或者序列号、使用期限或者失效日期、医疗器械唯一标识（若有）、退货原因、产品质量状态、退货数量、验收人员等内容。

2. 售后服务制度 企业应当按照质量管理制度的要求，制定售后服务管理操作规程，内容包括投诉渠道及方式、档案记录、调查与评估、处理措施、反馈和事后跟踪等。企业应当及时将售后服务处理结果等信息记入档案，以便查询和跟踪。

3. 上市后管理 企业应当配备专职或者兼职人员，协助医疗器械注册人、备案人对所经营的医疗器械开展不良事件监测，按照国家药品监督管理部门的规定，向医疗器械注册人、备案人以及医疗器械不良事件监测技术机构报告。对相关部门开展的不良事件调查应当予以配合。

企业发现其经营的医疗器械有严重质量安全问题，或者不符合强制性标准、不符合经注册或者备案的医疗器械产品技术要求的，应当立即停止经营，通知相关医疗器械注册人、备案人、生产经营企业、使用单位、购货者，记录停止经营和通知情况，并立即向企业所在地市县级药品监督管理部门报告。企业应当协助医疗器械注册人、备案人履行召回义务，按照召回计划的要求及时传达、反馈医疗器械召回信息，控制和收回存在质量安全隐患的医疗器械，并建立医疗器械召回记录。

✐ 知识链接 -

医疗器械企业飞行检查结果通报

国家药品监督管理局组织对洛阳市某医疗器械有限公司进行了飞行检查。检查中，发现该企业质量管理体系主要存在以下缺陷。

1. 职责与制度方面 ①质量负责人不在岗，不能承担相应的质量管理责任，不符合《医疗器械经营质量管理规范》（以下简称《规范》）中企业质量负责人负责医疗器械质量管理工作，应当独立履行职责，承担相应的质量管理责任的要求。②质量负责人不能履行指导、监督各项质量管理制度的执行、落实等各项应尽职责，不符合《规范》中企业质量管理机构或者质量管理人员应当督促相关部门和岗位人员执行医疗器械的法规规章及本规范的要求。③企业无法提供任何质量管理有效运行的证明记录，不符合《规范》中企业应当根据经营范围和经营规模建立相应的质量管理记录制度的要求。

2. 设施与设备方面 ①企业经营场所与其经营规模、范围不相适应，不符合《规范》中企业应当具有与经营范围和经营规模相适应的经营场所和库房，经营场所和库房的面积应当满足经营的要求。②企业未配备符合《规范》的计算机信息系统，不符合《规范》中经营第三类医疗器械的企业，应当具有符合医疗器械经营质量管理要求的计算机信息管理系统，保证经营的产品可追溯的要求。

3. 采购、收货与验收方面 ①企业不能提供供货者档案，不符合《规范》中企业在采购前应当审核供货者的合法资格、所购入医疗器械的合法性并获取加盖供货者公章的相关证明文件或者复印件的要求。②企业未做采购记录，不符合《规范》中企业在采购医疗器械时，应当建立采购记录的要求。③企业未做验收记录，不符合《规范》中验收人员应当对医疗器械的外观、包装、标签以及合格证明文件等进行检查。

4. 销售、出库与运输方面 ①企业未建立购货者档案，不符合《规范》中从事医疗器械批发业务的企业，应当将医疗器械批发销售给合法的购货者，销售前应当对购货者的证明文件、经营范围进行核实，建立购货者档案，保证医疗器械销售流向真实、合法的要求。②企业未做销售记录，不符合《规范》中从事第二、第三类医疗器械批发以及第三类医疗器械零售业务的企业应当建立销售记录的要求。

企业已对上述其质量管理体系存在缺陷予以确认。该企业上述行为不符合医疗器械经营质量管理规范相关规定，经营质量管理体系存在严重缺陷，国家药品监督管理局责成河南省药品监督管理局依法责令该企业立即停止经营进行整改，对涉及违反《医疗器械监督管理条例》及相关法律法规的，依法严肃处理。待企业完成全部项目整改并经所在地省级药品监督管理局跟踪复查合格后方可恢复经营。

三、专门提供医疗器械运输贮存服务的企业质量管理

专门提供医疗器械运输、贮存服务的企业，是指为医疗器械注册人、备案人和经营企业（统称委托方）专门提供医疗器械运输、贮存服务的企业。该类企业在实践中应符合《医疗器械经营质量管理规范附录：专门提供医疗器械运输贮存服务的企业质量管理》的要求。

（一）质量管理体系建立与改进

专门提供医疗器械运输、贮存服务的企业应当建立健全与运输、贮存的医疗器械相适应的质量管理体系，并保持其有效运行。运用质量管理技术与方法，持续改进质量管理体系。质量管理体系应当覆盖运输、贮存服务全过程。质量管理制度与文件应当至少包括质量文件审核批准管理制度、委托方企业资质审核与产品资质核准管理制度、医疗器械收货与验收管理制度、医疗器械出入库管理制度、医疗器械贮存管理制度、医疗器械运输管理制度、医疗器械退货管理制度、医疗器械不合格品管理制度、医疗器械质量记录管理制度、冷链医疗器械管理制度及应急管理制度（若涉及）、医疗器械追溯管理制度、医疗器械产品召回管理制度、数据安全管理制度、计算机信息系统管理制度、设施设备维护及验证校准管理制度、环境卫生和人员健康状况管理制度、企业机构设置与岗位质量管理职责、与委托方的质量协议及相关文件。

企业应当建立覆盖运输、贮存服务全过程的质量记录。记录应当至少包括医疗器械资质审核核准记录、收货记录、进货查验记录、在库检查记录、出库复核记录和发货记录、运输记录、退货记录、库房及其他贮存设施温湿度监测记录。符合医疗器械冷链管理要求的冷链产品的收货、验收、贮存、复核、包装、运输等质量管理记录；异常情况处置及不合格医疗器械以及存在质量安全隐患医疗器械的处理记录。

专门提供医疗器械运输、贮存服务的企业应当进行委托方企业资质合法性审核和委托医疗器械产品资质核准，形成审核核准记录，建立基础数据。应当依据委托方的收货指令收货，生成收货记录；依据《医疗器械经营质量管理规范》及与委托方确认的验收标准，对医疗器械进行验收，留存供货单位随货同行单据，根据验收结果生成进货查验记录；应当依据医疗器械在库贮存的质量管理要求对贮存的医疗器械进行定期检查，根据检查结果生成在库检查记录；应当依据委托方的发货指令，进行拣选、出库质量复核，生成出库复核记录；应当依据出库复核结果进行发货，生成发货记录并提供符合《医疗器械经营质量管理规范》要求的随货同行单；应当依据委托方的配送指令运输至收货单位，形成运输记录；应当依据委托方的退货指令接收退回产品，收货查验完成后生成退货记录；应当每年至少一次对质量管理体系运行情况进行自查，形成自查报告，评估质量管理体系的充分性、适宜性和有效性。识别质量管理问题，制定改进措施。

（二）机构与人员

专门提供医疗器械运输、贮存服务的企业的机构与人员要求如表 5-11 所示，企业质量负责人及质量管理人员应当专职专岗，质量管理人员不得兼职其他业务工作。应该对人员开展岗前培训和继续培训，建立培训记录，并经考核合格后方可上岗。建立员工健康档案，质量管理、收货、验收、在库检查、运输、贮存等直接接触医疗器械岗位的人员，应当至少每年进行一次健康检查。

表 5-11　专门提供医疗器械运输、贮存服务的企业机构与人员要求

机构/人员	人员要求			工作职责
	数量	学历/职称	工作经历	
质量负责人（第三类）	1 人	医疗器械相关专业*大专以上/中级以上	3 年以上医疗器械经营质量管理工作，是企业高层管理人员	独立履行职责，对质量管理具有裁决权，承担质量管理责任
质量管理人员	≥2 人	大专及以上/中级以上	3 年以上医疗器械质量管理工作	负责运输、贮存服务的质量管理
质量管理人员（体外诊断试剂）	≥1 人	主管检验师/检验学相关专业*大专及以上/中级以上	3 年以上医疗器械质量管理工作	负责质量管理

续表

机构/人员	人员要求			工作职责
	数量	学历/职称	工作经历	
验收人员（体外诊断试剂）	≥1人	检验学相关专业*中专及以上/检验师初级以上	/	负责验收
物流管理人员	≥2人	物流管理相关专业大专及以上/中级及以上	2年以上医药行业相关工作经历	负责运输、贮存服务运营管理
计算机系统管理人员	≥2人	计算机相关专业大专及以上/中级及以上	1年以上医药行业相关工作经历	负责计算机系统维护与管理
设施设备管理人员	≥1人	/	/	负责设施设备维护与管理

注：医疗器械相关专业，是指医疗器械、生物医学工程、机械、电子、医学、生物工程、化学、药学、护理学、康复、检验学、计算机、法律、管理学等；检验学相关专业，是指检验学、生物医学工程、生物化学、免疫学、基因学、药学、生物技术、临床医学、医疗器械等专业。

（三）设施设备

专门提供医疗器械运输、贮存服务的企业应当配备与所提供运输、贮存服务规模相适应的经营管理场所，配备办公与计算机设备。具备与产品相适应的仓储条件，开展现代物流自动化、智能化与集约化管理，应当配备相应的设备设施，仓储设备设施应当满足医疗器械运输、贮存服务全过程的物流操作与质量管理要求，应当包括计算机硬件设备、医疗器械唯一标识采集识读设备、货架系统、装卸搬运及输送设备、分拣及出库设备；避光、通风、防潮、防虫、防鼠等设备；温湿度自动监测及控制设备、运输车辆及设备、实时监测监控设备，鼓励企业建设自动化仓库。冷链医疗器械管理应当配备备用供电设备或采用双路供电。

（四）计算机信息系统

专门提供医疗器械运输、贮存服务的企业应当具有与委托方在基础数据、收货、验收、库存、发货等环节进行电子数据实时同步的能力，具有实现医疗器械运输、贮存服务全过程可追溯的计算机信息系统，对医疗器械的运输、贮存全过程实行动态管理和控制，对相关数据进行收集、记录、查询、统计。计算机信息系统应包括仓库管理系统、温湿度监测系统、运输管理系统等，具备与药品监督管理部门实时同步电子数据的功能（图5-4）。

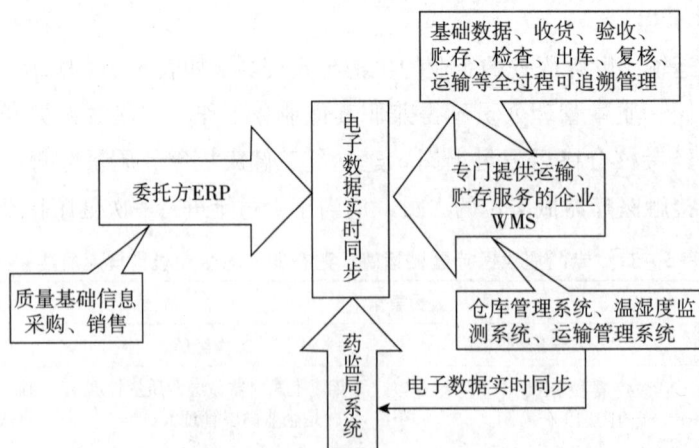

图5-4　计算机信息系统功能图

仓库管理系统应当具备基础数据管理、质量记录管理、识别与货位分配、质量控制功能、打印等功能。运输管理系统应当具备对运输车辆、运输医疗器械、承运人员、调度分配、送达状况等信息进行追踪管理的功能。需冷链运输医疗器械的还应当配备冷链运输管理系统，具备运输记录、自动报警、过程温度、在线查询等功能。

专门提供医疗器械运输、贮存服务的企业应当具备独立的服务器或存储空间，采用安全可靠的方式存储记录各类数据，按日备份。应当确保备份数据存储安全，防止损坏和丢失。数据的保存年限应当不低于《医疗器械经营质量管理规范》中各项记录的保存年限。

（五）质量责任

医疗器械注册人、备案人和经营企业委托专门提供医疗器械运输、贮存服务的企业运输、贮存时，委托方应当依法承担质量管理责任。委托方应当负责其经营医疗器械的供货者、购货者与医疗器械产品资质审核、采购、销售、售后服务及医疗器械召回、不良事件监测等工作，并对委托的专门提供医疗器械运输、贮存服务的企业进行必要的质量监督。

专门提供医疗器械运输、贮存服务的企业应当与委托方签订书面协议，明确运输、贮存的服务范围与质量管理要求，约定双方质量责任和义务。负责收货、验收、贮存、在库检查、出库复核、发货与运输的具体操作，以及协助委托方进行退货、召回、不良事件监测等工作。在操作过程中发现委托方产品相关质量疑问时，由委托方质量负责人进行质量裁决并承担相应的质量管理责任。

专门提供医疗器械运输、贮存服务的企业发现运输、贮存的医疗器械有严重质量安全问题，不符合强制性标准、经注册或者备案的医疗器械产品技术要求，应当立即采取控制措施，向所在地药品监督管理部门报告，并及时通知委托方。需要召回的，应当协助召回。应当接受药品监督管理部门的监督，对开展的调查予以配合。

【任务总结】

1. 医疗器械经营质量管理的目的就是查找医疗器械流通过程中各种影响医疗器械质量的安全隐患，采取切实可行的管理措施加以控制，保证经营活动中医疗器械的安全性和有效性。《医疗器械经营质量管理规范》质量管理体系建立与改进、从职责与制度、人员与培训、设施与设备、采购、收货、验收、入库、贮存与检查、销售、出库、运输、售后服务等方面规定了经营全过程的工作要求。医疗器械经营环节质量管理重点环节如下所示。

2. 《医疗器械经营质量管理规范附录：专门提供医疗器械运输贮存服务的企业质量管理》从质量管理体系建立与改进、机构与人员、设施设备、计算机信息系统、质量责任等方面规定了专门提供医疗器械运输贮存服务的企业的工作要求。

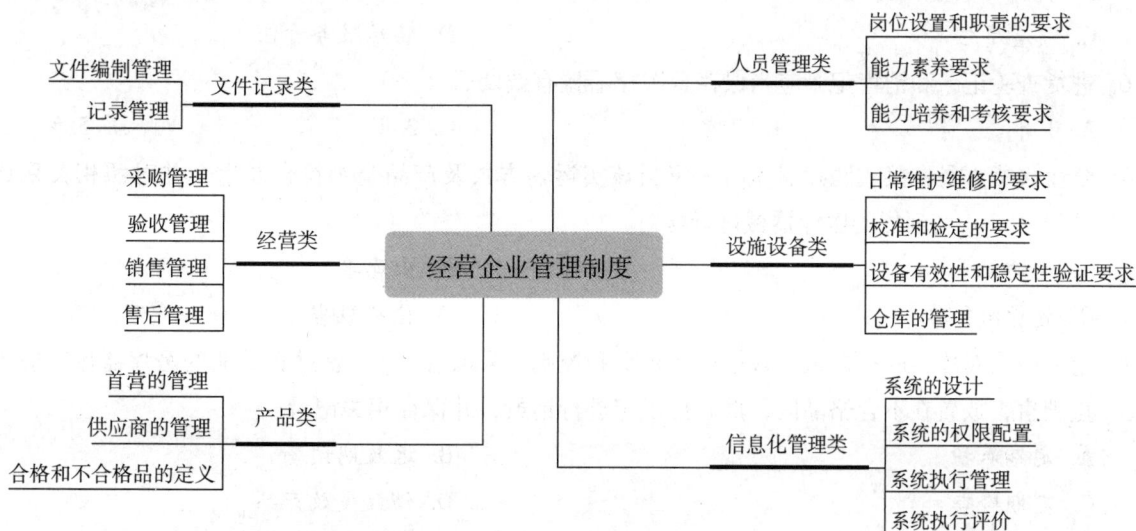

技能巩固

一、选择题

单选题

1. 第三类医疗器械经营企业质量负责人应当具备医疗器械相关专业（　　）以上学历或者中级以上专业技术职称，同时应当具有（　　）以上医疗器械经营质量管理工作经历

   A. 本科；3 年　　　　　　　　　　　　　B. 大专；3 年

   C. 大专；2 年　　　　　　　　　　　　　D. 本科；2 年

2. 全面负责医疗器械质量管理工作，应当独立履行职责，在企业内部对医疗器械质量管理具有裁决权，承担相应的质量管理责任的是（　　）

   A. 企业质量负责人　　　　　　　　　　　B. 企业法定代表人

   C. 企业质量管理人员　　　　　　　　　　D. 企业负责人

3. （　　）的企业应当具备从事现代物流运输、贮存业务的基础条件与管理能力，具有与委托方进行电子数据实时同步的能力，具有实现医疗器械运输、贮存服务全过程可追溯的计算机信息系统

   A. 第三类医疗器械批发企业

   B. 第三类医疗器械零售企业

   C. 第三类医疗器械批零兼营企业

   D. 专门提供医疗器械运输、贮存服务

4. 需要冷藏、冷冻运输的医疗器械装箱、装车作业时，应当由专人负责。下列表述不合理的是（　　）

   A. 车载冷藏箱或者保温箱在使用前应当达到相应的温度要求

   B. 应当在冷藏环境下完成装箱、封箱工作

   C. 装车前应当检查冷藏车辆的启动、运行状态，达到规定温度后方可装车

   D. 装箱、装车工作以节省时间为最高准则

5. 医疗器械经营企业应当与购货者约定（　　）

   A. 交货时间和卸货时间　　　　　　　　　B. 质量责任和售后服务责任

   C. 质量责任　　　　　　　　　　　　　　D. 售后服务责任

6. 进货查验记录和销售记录应当保存至医疗器械有效期后（　　）

   A. 1 年　　　　　　　B. 2 年　　　　　　　C. 3 年　　　　　　　D. 5 年

7. 企业收货人员在接收医疗器械时，应当核实运输方式及产品是否符合要求，并对照相关采购记录和（　　）与到货的医疗器械进行核对

   A. 运输记录　　　　　　　　　　　　　　B. 出库单

   C. 随货同行单　　　　　　　　　　　　　D. 检验报告

8. 企业应当对库存医疗器械有效期进行跟踪和控制，采取（　　），超过有效期的医疗器械，应当禁止销售，放置在不合格品区，然后按规定进行销毁，并保存相关记录

   A. 定期养护　　　　　　　　　　　　　　B. 近效期预警

   C. 定期检查　　　　　　　　　　　　　　D. 销毁失效产品

9. 医疗器械企业销售人员的授权书应载明授权销售的（　　）

    A. 品种、地域、期限、人员年龄　　　　　　B. 品种、地域、职称、身份证号

    C. 品种、职称、期限、身份证号　　　　　　D. 品种、地域、期限、身份证号

10. 医疗器械经营企业未依照规定建立并执行医疗器械进货查验记录制度的，药品监督管理部门的处罚决定不包括（　　）

    A. 由负责药品监督管理的部门和卫生主管部门依据各自职责责令改正，给予警告

    B. 拒不改正的，处 1 万元以上 10 万元以下罚款

    C. 拒不改正的，处 5 万元以上 10 万元以下罚款

    D. 情节严重的，责令停产停业，直至由原发证部门吊销医疗器械经营许可证，对违法单位的法定代表人、主要负责人、直接负责的主管人员和其他责任人员处 1 万元以上 3 万元以下罚款

二、思考题

1. 医疗器械经营企业对首营企业和首营品种的审核有哪些要求？

2. 《医疗器械经营质量管理规范》出台的目的和意义是什么？

三、实训任务

1. 以 5 人为一小组，依照《医疗器械经营质量管理规范现场指导原则》对某医疗器械经营企业进行现场检查，并撰写现场检查报告。

2. 在国家药品监督管理局官网查找医疗器械经营企业飞行检查公示，针对每个缺陷项逐一提出整改措施。

工作任务 5 – 3　医疗器械网络销售管理

PPT

任务目标

【知识目标】

　1. 掌握　医疗器械网络销售的总体要求；医疗器械网络销售企业应具备的资质与条件；为医疗器械网络交易提供服务的第三方平台应符合的要求。

　2. 熟悉　从事医疗器械网络销售的企业和医疗器械网络交易服务第三方平台提供者的义务及管理要求。

　3. 了解　从事医疗器械网络销售的企业和医疗器械网络交易服务第三方平台备案的相关流程与资料要求。

【能力目标】

1. 学会《医疗器械网络销售监督管理办法》的相关要求，合规经营。

2. 具备医疗器械网络销售的企业和医疗器械网络交易服务第三方平台的管理能力。

【素质目标】

加强医疗器械网络销售管理合规意识，培养良好的职业素养。

典型工作任务

工作情景：刚毕业的几位大学生计划合伙创业，设想入驻某医疗器械网络销售第三方平台销售医疗

器械产品，但是不熟悉医疗器械网络销售管理相关法规的他们无从下手，请给予专业的指导。

工作任务：1. 从事医疗器械网络销售的企业需要哪些资质条件？

2. 从事医疗器械网络销售的企业需要办理哪些手续？

3. 医疗器械网络销售第三方平台需要符合哪些要求？

一、概述

从事医疗器械网络销售的企业，是指通过网络销售的医疗器械注册人或者备案人和医疗器械生产经营企业。医疗器械网络交易服务第三方平台提供者，是指在医疗器械网络交易中仅提供网页空间、虚拟交易场所、交易规则、交易撮合、电子订单等交易服务，供交易双方或者多方开展交易活动，不直接参与医疗器械销售的企业。从事医疗器械网络销售、提供医疗器械网络交易服务的主体应符合《医疗器械监督管理条例》《医疗器械网络销售监督管理办法》《医疗器械网络销售质量管理规范》相关规定。

二、医疗器械网络销售管理要点

（一）医疗器械网络销售主体的资质条件

从事医疗器械网络销售的企业应当是依法取得医疗器械生产许可、经营许可或者办理备案的医疗器械生产经营企业。法律法规规定不需要办理许可或者备案的除外。

医疗器械注册人或者备案人通过网络销售其医疗器械，医疗器械生产企业受医疗器械注册人或者备案人委托通过网络销售受托生产的医疗器械，不需要办理经营许可或者备案，其销售条件应当符合《医疗器械监督管理条例》《医疗器械网络销售监督管理办法》《医疗器械网络销售质量管理规范》的要求。

医疗器械注册人或者备案人委托开展医疗器械网络销售的，应当评估确认受托方的合法资质、销售条件、技术水平和质量管理能力，对网络销售过程和质量控制进行指导和监督，对网络销售的医疗器械质量负责。

> ⇨ 案件直击
>
> 案情介绍：王某是某医疗器械零售企业的业务员，利用微信朋友圈将隐形眼镜、N95 口罩等产品按市场价格销售给微信"朋友"。据查，他所销售的隐形眼镜和 N95 口罩均为医疗器械注册产品。
>
> 讨论焦点：王某的做法是否符合《医疗器械网络销售监督管理办法》的要求？

（二）医疗器械网络销售信息备案与资格证书申请

从事医疗器械网络销售的企业，应当通过自建网站或者医疗器械网络交易服务第三方平台开展医疗器械网络销售活动，应当填写医疗器械网络销售信息表（表 5-12），将企业名称、法定代表人或者主要负责人、网站名称、网络客户端应用程序名、网站域名、网站 IP 地址、电信业务经营许可证或者非经营性互联网信息服务备案编号、医疗器械生产经营许可证件或者备案凭证编号等信息事先向所在地设区的市级药品监督管理部门备案。相关信息发生变化的，应当及时变更备案。通过自建网站开展医疗器械网络销售的企业，应当依法取得《互联网药品信息服务资格证书》，并具备与其规模相适应的办公场所以及数据备份、故障恢复等技术条件。

表 5－12　医疗器械网络销售信息表例表（浙江省）

医疗器械网络销售类型*	□ 自建类　　□ 入驻类					
联系人*	姓名	身份证件类型	证件号	电话	传真	电子邮件

主体信息	企业名称*					
	住　所*					
	社会信用代码*					
	经营场所或生产场所*					
	库房地址*					
	主体业态（可多选）*	□医疗器械生产　　□医疗器械批发 □医疗器械零售　　□医疗器械批零兼营				
	医疗器械生产（经营）许可证或备案凭证编号*					
	互联网药品信息服务资格证书编号（自建类必填）					
	经营范围*					
	法定代表人*					
	企业负责人*					
网站信息（自建类）	网站名称*					
	网络客户端应用程序名					
	网站域名*					
	网站 IP 地址*					
	服务器存放地址*					
	非经营性互联网信息服务备案编号*					
	电信业务经营许可证编号					
入驻医疗器械网络交易服务第三方平台信息（入驻类）	医疗器械网络交易服务第三方平台名称*	医疗器械网络交易服务第三方平台备案凭证编号*				

本单位承诺填报信息全部真实、合法、有效，并承担一切法律责任。同时，保证按照法律法规的要求从事医疗器械网络销售活动。

法定代表人（负责人）签字：

单位盖章：

年　　月　　日

填表说明：

一、本表按照实际内容填写，＊号内容为必填项目，其他不涉及的可缺项。其中，企业名称、社会信用代码、住所、法定代表人等按照营业执照内容填写；经营场所或生产场所、库房地址、医疗器械生产（经营）许可证或备案凭证编号、企业负责人等按照医疗器械生产（经营）许可证、第一类医疗器械生产备案凭证、第二类医疗器械经营备案凭证内容填写。

二、本表经营范围应当按照医疗器械经营许可证、第二类医疗器械经营备案凭证内容填写，主体业态仅为"医疗器械生产"的，应填写"仅限本厂生产医疗器械"。

三、本表填报内容应使用 A4 纸双面打印，不得手写。

✐ 知识链接 ┄┄

《互联网药品信息服务资格证书》申办

《互联网药品信息服务资格证书》是互联网药品信息服务提供者从事互联网药品信息服务的必要资质证明。根据《互联网药品信息服务管理办法》的有关规定，拟提供互联网药品信息服务的网站，应当在向国务院信息产业主管部门或者省级电信管理机构申请办理经营许可证或者办理备案手续之前，按照属地监督管理的原则，向该网站主办单位所在地省、自治区、直辖市药品监督管理部门提出申请，经审核同意后取得提供互联网药品信息服务的资格。

申请提供互联网药品信息服务的企业需具备如下条件：①互联网药品信息服务的提供者应当为依法设立的企事业单位或者其他组织；②具有与开展互联网药品信息服务活动相适应的专业人员、设施及相关制度；③有两名以上熟悉药品、医疗器械管理法律、法规和药品、医疗器械专业知识，或者依法经资格认定的药学、医疗器械技术人员。

申请提供互联网药品信息服务的企业，应当填写国家药品监督管理局统一制发的《互联网药品信息服务申请表》，向网站主办单位所在地省、自治区、直辖市食品药品监督管理部门提出申请，同时提交以下材料：①企业营业执照复印件。②网站域名注册的相关证书或者证明文件。从事互联网药品信息服务网站的中文名称，除与主办单位名称相同的以外，不得以"中国""中华""全国"等冠名；除取得药品招标代理机构资格证书的单位开办的互联网站外，其他提供互联网药品信息服务的网站名称中不得出现"电子商务""药品招商""药品招标"等内容。③网站栏目设置说明（申请经营性互联网药品信息服务的网站需提供收费栏目及收费方式的说明）。④网站对历史发布信息进行备份和查阅的相关管理制度及执行情况说明。⑤药品监督管理部门在线浏览网站上所有栏目、内容的方法及操作说明。⑥药品及医疗器械相关专业技术人员学历证明或者其专业技术资格证书复印件、网站负责人身份证复印件及简历。⑦健全的网络与信息安全保障措施，包括网站安全保障措施、信息安全保密管理制度、用户信息安全管理制度。⑧保证药品信息来源合法、真实、安全的管理措施、情况说明及相关证明。

《互联网药品信息服务资格证书》有效期为5年。有效期届满，需要继续提供互联网药品信息服务的，持证单位应当在有效期届满前6个月内，向原发证机关申请换发《互联网药品信息服务资格证书》。原发证机关进行审核后，认为符合条件的，予以换发新证；认为不符合条件的，发给不予换发新证的通知并说明理由，原《互联网药品信息服务资格证书》由原发证机关收回并公告注销。省、自治区、直辖市药品监督管理部门根据申请人的申请，应当在《互联网药品信息服务资格证书》有效期届满前做出是否准予其换证的决定。逾期未做出决定的，视为准予换证。

互联网药品信息服务提供者变更下列事项之一的，应当向原发证机关申请办理变更手续，填写《互联网药品信息服务项目变更申请表》，同时提供下列相关证明文件：①《互联网药品信息服务资格证书》中审核批准的项目（互联网药品信息服务提供者单位名称、网站名称、IP地址等）；②互联网药品信息服务提供者的基本项目（地址、法定代表人、企业负责人等）；③网站提供互联网药品信息服务的基本情况（服务方式、服务项目等）。

未取得或者超出有效期限使用《互联网药品信息服务资格证书》从事互联网药品信息服务的；提供互联网药品信息服务的网站未按规定在网站主页显著位置标注《互联网药品信息服务资

格证书》编号的；已经获得《互联网药品信息服务资格证书》，但超出审核同意的范围提供互联网药品信息服务的；提供不真实互联网药品信息服务并造成不良社会影响的；擅自变更互联网药品信息服务项目等，由国家药品监督管理局或者省、自治区、直辖市药品监督管理部门给予警告，责令限期改正，情节严重者，移送相关部门，依照有关法律、法规给予处罚。

（三）医疗器械网络销售质量管理

从事医疗器械网络销售的企业，经营范围不得超出其生产经营许可或者备案的范围。医疗器械批发企业从事医疗器械网络销售，应当销售给具有资质的医疗器械经营企业或者使用单位。医疗器械零售企业从事医疗器械网络销售，应当销售给消费者。销售给消费者个人的医疗器械，应当是可以由消费者个人自行使用的，其说明书应当符合医疗器械说明书和标签管理相关规定，标注安全使用的特别说明。

从事医疗器械网络销售的企业，应当建立和健全与经营范围和经营规模相适宜的质量管理体系和信息化管理能力，在医疗器械采购、验收、贮存、网络销售、运输、售后服务等环节采取有效的质量控制措施，保障网络销售医疗器械质量安全和可追溯。从事医疗器械网络销售的企业，应当制定与网络销售医疗器械相适应的质量管理制度与文件，同时按要求进行体系自查，并按规定将自查报告提交所在地药品监督管理部门。

应当对从事医疗器械网络销售的工作人员进行与其职责和工作内容相关的岗前培训和继续培训，建立培训记录，并经考核合格后方可上岗。通过直播方式营销医疗器械网络销售企业，应当为直播营销人员出具加盖本企业公章的授权书，授权书应当载明直播营销的品种和期限，并加强对直播营销人员的培训和管理，对直播营销人员为本企业开展的直播营销行为承担法律责任。

从事医疗器械网络销售的企业，应当按照医疗器械标签和说明书标明的条件贮存和运输医疗器械。委托其他单位贮存和运输医疗器械的，应当对被委托方贮存和运输医疗器械的质量保障能力进行考核评估，明确贮存和运输过程中的质量安全责任，确保贮存和运输过程中的质量安全。

从事医疗器械网络销售的企业应当记录医疗器械销售信息，记录应当保存至医疗器械有效期后2年；无有效期的，保存时间不得少于5年；植入类医疗器械的销售信息应当永久保存。相关记录应当真实、完整、可追溯。

（四）医疗器械网络销售的信息展示

从事医疗器械网络销售的企业，应当在其主页面显著位置展示其医疗器械生产经营许可证件或者备案凭证，产品页面应当展示该产品的医疗器械注册证或者备案凭证。相关展示信息应当画面清晰，容易辨识。其中，医疗器械生产经营许可证件或者备案凭证、医疗器械注册证或者备案凭证的编号还应当以文本形式展示。相关信息发生变更的，应当及时更新展示内容。

从事医疗器械网络销售的企业在网上发布的医疗器械名称、型号、规格、结构及组成、适用范围、医疗器械注册证编号或者备案凭证编号、注册人或者备案人信息、生产许可证或者备案凭证编号、产品技术要求编号、禁忌症等信息，应当与经注册或者备案的相关内容保持一致。

三、医疗器械网络交易服务管理要点

（一）医疗器械网络交易服务资质条件

医疗器械网络交易服务第三方平台提供者应当依法取得《互联网药品信息服务资格证书》，具备与其规模相适应的办公场所以及数据备份、故障恢复等技术条件，设置专门的医疗器械网络质量安全管理机构或者配备医疗器械质量安全管理人员。

（二）医疗器械网络交易服务第三方平台备案

医疗器械网络交易服务第三方平台提供者应当向所在地省级药品监督管理部门备案，填写医疗器械网络交易服务第三方平台备案表，并提交以下材料：①营业执照原件、复印件；②法定代表人或者主要负责人、医疗器械质量安全管理人身份证明原件、复印件；③组织机构与部门设置说明；④办公场所地理位置图、房屋产权证明文件或者租赁协议（附房屋产权证明文件）原件、复印件；⑤电信业务经营许可证原件、复印件或者非经营性互联网信息服务备案说明；⑥《互联网药品信息服务资格证书》原件、复印件；⑦医疗器械网络交易服务质量管理制度等文件目录；⑧网站或者网络客户端应用程序基本情况介绍和功能说明；⑨其他相关证明材料。

医疗器械网络交易服务第三方平台提供者名称、法定代表人或者主要负责人、网站名称、网络客户端应用程序名、网站域名、网站 IP 地址、电信业务经营许可证或者非经营性互联网信息服务备案编号等备案信息发生变化的，应当及时变更备案。

（三）医疗器械网络交易服务第三方平台质量管理

医疗器械网络交易服务第三方平台应当建立健全与医疗器械网络交易服务规模和所承载经营医疗器械风险程度相适应的质量管理体系，并保持质量管理体系有效运行，在提供医疗器械网络交易服务的全过程中采取有效的质量控制措施，保障网络销售医疗器械产品的质量安全和可追溯。医疗器械网络交易服务第三方平台应当建立覆盖医疗器械网络交易服务全过程的质量管理体系文件，制定的质量管理体系文件应当符合平台经营者实际情况，并实施动态管理，确保文件持续有效。应当每年至少一次按照相关法律、法规、规章和规范要求进行自查，形成自查报告，评估质量管理体系的充分性、适宜性和有效性，识别质量管理风险，制定改进措施。

医疗器械网络交易服务第三方平台提供者应当建立包括入驻平台的企业核实登记、质量安全监测、交易安全保障、网络销售违法行为制止及报告、严重违法行为平台服务停止、安全投诉举报处理、消费者权益保护、质量安全信息公告等管理制度。

医疗器械网络交易服务第三方平台提供者应当对申请入驻平台的企业提供的医疗器械生产经营许可证件或者备案凭证、医疗器械注册证或者备案凭证、企业营业执照等材料进行核实，建立档案并及时更新，保证入驻平台的企业许可证件或者备案凭证所载明的生产经营场所等许可或者备案信息真实。同时，应当与入驻平台的企业签订入驻协议，并在协议中明确双方义务及违约处置措施等相关内容。

医疗器械网络交易服务第三方平台提供者应当对平台上的医疗器械销售行为及信息进行监测，发现入驻网络交易服务第三方平台的企业存在超范围经营、发布虚假信息、夸大宣传等违法违规行为、无法取得联系或者存在其他严重安全隐患的，应当立即对其停止网络交易服务，并保存有关记录，向所在地省级药品监督管理部门报告。发现入驻网络交易服务第三方平台的企业被药品监督管理部门责令停产停业、吊销许可证件等处罚，或者平台交易的产品被药品监督管理部门暂停销售或者停止销售的，应当立即停止提供相关网络交易服务。

（四）医疗器械网络交易服务第三方平台信息展示

医疗器械网络交易服务第三方平台提供者，应当在其网站主页面显著位置标注医疗器械网络交易服务第三方平台备案凭证的编号，并及时在网站醒目位置发布产品质量安全隐患等相关信息。

医疗器械网络交易服务第三方平台备案凭证编号的编排方式为：（X）网械平台备字〔XXXX〕第

XXXXX 号。其中，第一位 X 代表备案部门所在地省、自治区、直辖市的简称；第二到五位 X 代表 4 位数备案年份；第六到十位 X 代表 5 位数备案流水号。

（五）数据记录管理与保存

医疗器械销售与追溯的记录保存年限应当不低于法律、法规、规章和规范中规定的各项记录保存年限；对入驻医疗器械网络销售经营者资质审核与登记档案记录的保存时间自其退出平台之日起不少于 3 年；对医疗器械产品网络销售信息检查监控记录、支付记录、物流快递、退换货以及售后等交易信息管理记录的保存时间自交易完成之日起不少于 5 年，涉及植入类医疗器械交易信息管理记录应当永久保存。提供直播方式营销服务的平台经营者，应当保存平台内医疗器械网络营销活动的直播视频，保存时间自直播结束之日起不少于 3 年。

> ⚛ **拓展提升**
>
> #### 平台如何有效管理医疗器械网络销售经营者
>
> JD 平台要求入驻电商根据销售的医疗器械产品类别提供相应资质材料，经第三方专业机构进行二次审核后方可入驻销售；AL 平台通过迭代监测模型、排查风险商品、预警违规信息、甄别恶意商家，提升网络销售医疗器械合规性；SN 平台坚持从入驻企业核实登记、产品质量安全隐患信息发布、质量安全监测、网络销售违法行为制止，直到严重违法行为触发平台服务停止的全链条平台管理；PDD 平台严格审核商品信息发布，开发了文本关键词提取算法、图像搜索识别、商品拦截模型等技术手段加强平台治理和管控，将违规入驻电商纳入黑名单；W 平台每年定期抽查商家销售的医疗器械进货渠道、上游供应商资质，加强商品质量安全监测；杭州 J 平台积极主动收集反馈医疗器械不良事件，妥善对待医疗器械安全投诉，协助消费者解决问题；D 平台建立投诉举报绿色通道，对入驻商家的网络医疗器械经营违法行为及时制止并向监管部门报告，及时处理有关投诉。

四、医疗器械网络销售监督管理

（一）网络销售实际与备案信息不符

从事医疗器械网络销售的企业实际情况与备案信息不符且无法取得联系的，经所在地设区的市级食品药品监督管理部门公示后，依法注销其《医疗器械经营许可证》或者在第二类医疗器械经营备案信息中予以标注，并向社会公告。相关网站由省级药品监督管理部门通报同级通信主管部门。

医疗器械网络交易服务第三方平台提供者实际情况与备案信息不符且无法取得联系的，经原备案所在地省级药品监督管理部门公示后，在其备案信息中予以标注，向社会公告；备案时提供虚假资料的，由省级药品监督管理部门向社会公告备案单位。其网站由省级药品监督管理部门通报同级通信主管部门。

（二）医疗器械抽检不合格

对网络销售医疗器械的抽样检验，按照医疗器械质量监督抽查检验相关管理规定实施。检验结果不符合医疗器械质量安全标准的，药品监督管理部门收到检验报告后，应当及时对相关生产经营企业开展监督检查，采取控制措施，及时发布质量公告，对违法行为依法查处。

（三）未建立及执行质量管理制度

药品监督管理部门在检查中发现从事医疗器械网络销售的企业或者医疗器械网络交易服务第三方平台未按规定建立并执行相关质量管理制度，且存在医疗器械质量安全隐患的，药品监督管理部门可以责令其暂停网络销售或者暂停提供相关网络交易服务。

恢复网络销售或者恢复提供相关网络交易服务的，从事医疗器械网络销售的企业或者医疗器械网络交易服务第三方平台提供者应当向原作出处理决定的药品监督管理部门提出申请，经药品监督管理部门检查通过后方可恢复。

（四）责任约谈

从事医疗器械网络销售的企业、医疗器械网络交易服务第三方平台提供者，有下列情形之一的，药品监督管理部门可以依职责对其法定代表人或者主要负责人进行约谈：①发生医疗器械质量安全问题，可能引发医疗器械质量安全风险的；②未及时妥善处理投诉举报的医疗器械质量问题，可能存在医疗器械质量安全隐患的；③未及时采取有效措施排查、消除医疗器械质量安全隐患，未落实医疗器械质量安全责任的；④需要进行约谈的其他情形。

约谈不影响药品监督管理部门依法对其进行行政处理，约谈情况及后续处理情况可以向社会公开。被约谈企业无正当理由未按照要求落实整改的，省级药品监督管理部门、所在地设区的市级药品监督管理部门应当依职责增加监督检查频次。

（五）失信名单

医疗器械网络销售的企业、医疗器械网络交易服务第三方平台提供者拒不执行暂停网络销售或者暂停提供相关网络交易服务决定的，或者企业被约谈后拒不按照要求整改的，药品监督管理部门可以将从事医疗器械网络销售的企业、医疗器械网络交易服务第三方平台提供者及其法定代表人或者主要负责人列入失信企业和失信人员名单，并向社会公开。

五、法律责任

（一）未取得经营许可擅自进行网络销售

未取得医疗器械经营许可从事网络第三类医疗器械销售的，依照《医疗器械监督管理条例》第八十一条的规定予以处罚；未取得第二类医疗器械经营备案凭证从事网络第二类医疗器械销售的，依照《医疗器械监督管理条例》第八十四条的规定予以处罚。从事医疗器械网络销售的企业未按照规定备案的，由县级以上地方药品监督管理部门责令限期改正，给予警告；拒不改正的，向社会公告，处1万元以下罚款。

（二）未尽告知义务

医疗器械注册人、备案人、经营企业从事医疗器械网络销售未按照规定告知负责药品监督管理的部门的，由负责药品监督管理的部门和卫生主管部门依据各自职责责令改正，给予警告；拒不改正的，处1万元以上10万元以下罚款；情节严重的，责令停产停业，直至由原发证部门吊销医疗器械注册证、医疗器械生产许可证、医疗器械经营许可证，对违法单位的法定代表人、主要负责人、直接负责的主管人员和其他责任人员处1万元以上3万元以下罚款。

（三）未按规定展示关键信息

从事医疗器械网络销售的企业未按照要求展示医疗器械生产经营许可证或者备案凭证、医疗器械注册证或者备案凭证的，或者医疗器械网络交易服务第三方平台提供者未按照要求展示医疗器械网络交易服务第三方平台备案凭证编号的，由县级以上地方食品药品监督管理部门责令改正，给予警告；拒不改正的，处 5000 元以上 1 万元以下罚款。

⇒ 案件直击

未经许可在某网络平台销售第三类医疗器械

2023 年 5 月 5 日，某市市场监督管理局根据国家医疗器械网络销售监测平台监测线索，对辽宁某公司进行现场检查。经查，当事人未取得医疗器械经营许可证在某网络平台销售第三类医疗器械"胰岛素注射笔针头"、未更新展示医疗器械注册证。上述行为违反了《医疗器械监督管理条例》第四十二条和《医疗器械网络销售监督管理办法》第十条规定。依据《医疗器械监督管理条例》第八十一条和《医疗器械网络销售监督管理办法》第四十条规定，该市市场监督管理局给予当事人行政处罚。

思考：1. 请查阅《医疗器械监督管理条例》《医疗器械网络销售监督管理办法》，分析应当如何处罚该企业。

2. 针对有多种违法行为的医疗器械网络销售企业，应当如何查处？

【任务总结】

1. 从事医疗器械网络销售的企业应当是依法取得医疗器械生产许可、经营许可或者办理备案的医疗器械生产经营企业，不需要办理许可或者备案的除外。应当向所在地设区的市级药品监督管理部门办理备案，自建网站的企业向该网站主办单位所在地省、自治区、直辖市药品监督管理部门提出《互联网药品信息服务资格证书》的申请。

2. 医疗器械网络交易服务第三方平台提供者应当依法取得《互联网药品信息服务资格证书》，应当向所在地省级药品监督管理部门备案，具备与其规模相适应的办公场所以及数据备份、故障恢复等技术条件，设置专门的医疗器械网络质量安全管理机构或者配备医疗器械质量安全管理人员。

3. 医疗器械网络交易服务第三方平台提供者应当对平台上的医疗器械销售行为及信息进行监测，发现入驻网络交易服务第三方平台的企业存在超范围经营、发布虚假信息、夸大宣传等违法违规行为、无法取得联系或者存在其他严重安全隐患的，应当立即对其停止网络交易服务，并保存有关记录，向所在地省级药品监督管理部门报告。

技能巩固

一、选择题

单选题

1. 医疗器械网络交易服务第三方平台提供者应当依法取得（　　）

A.《互联网从业资格证书》　　　　B.《互联网药品信息服务资格证书》

C.《互联网药品交易服务资格证书》　　D.《互联网经营许可证》

2. 省级药品监督管理部门应当在医疗器械网络交易服务第三方平台提供者备案后，（　　）个月内，

对医疗器械网络交易服务第三方平台开展现场检查

　A. 1　　　　　　　　　B. 3　　　　　　　　　C. 4　　　　　　　　　D. 5

3. 医疗器械网络交易服务第三方平台备案凭证由（　　）印制

　A. 国家药品监督管理局　　　　　　　　　　　B. 省级药品监督管理部门

　C. 县级以上地方药品监督管理部门　　　　　　D. 省级人民政府主管部门

4. 从事医疗器械网络销售的企业应当记录医疗器械销售记录，销售记录应当保存至医疗器械有效期后（　　）年

　A. 1 年　　　　　　　　B. 2 年　　　　　　　　C. 5 年　　　　　　　　D. 永久

5. 下列属于医疗器械网络交易服务第三方平台备案凭证编号的编排方式的是（　　）

　A. 国网械平台备字（2023）第 00001 号

　B. 国网械平台注字（2023）第 00001 号

　C. 浙网械平台备字（2023）第 00001 号

　D. 鲁网械平台注字（2023）第 00001 号

6. 发现入驻企业被药品监督管理部门责令停产停业，医疗器械网络交易服务第三方平台的应当（　　）提供相关网络交易服务

　A. 在检查后　　　　　　B. 在 1 年后　　　　　C. 在 5 年后　　　　　D. 立即停止

7. 未取得医疗器械经营许可从事网络第三类医疗器械销售，情节严重的，（　　）年内不受理相关责任人及企业提出的医疗器械许可申请

　A. 2　　　　　　　　　B. 3　　　　　　　　　C. 4　　　　　　　　　D. 5

8. 从事医疗器械网络销售的企业，应当填写相关信息向（　　）备案

　A. 国家药品监督管理部门　　　　　　　　　　B. 省级药品监督管理部门

　C. 设区市级药品监督管理部门　　　　　　　　D. 县级以上地方药品监督管理部门

9. 医疗器械网络交易服务第三方平台提供者应当向所在地（　　）备案

　A. 国家药品监督管理部门　　　　　　　　　　B. 省级药品监督管理部门

　C. 设区市级药品监督管理部门　　　　　　　　D. 县级以上地方药品监督管理部门

10. 医疗器械网络交易服务第三方平台提供者发现入驻网络交易服务第三方平台的企业存在严重安全隐患的，应当立即对其停止网络交易服务，并保存有关记录，向所在地（　　）报告

　A. 国家药品监督管理部门　　　　　　　　　　B. 省级药品监督管理部门

　C. 设区市级药品监督管理部门　　　　　　　　D. 县级以上地方药品监督管理部门

二、思考题

1. 从事医疗器械网络销售的企业和医疗器械网络交易服务第三方平台提供者有哪些主要义务？

2. 医疗器械网络销售的贮存和配送要求有哪些？

3. 对违法违规医疗器械网络销售企业、医疗器械网络交易服务第三方平台提供者主要责任人的惩戒措施有哪些？

三、实训任务

以 5 人为一小组，依据医疗器械网络销售相关法规，审查阿里健康大药房或京东健康某一个医疗器械产品销售店铺的合规性，并撰写审查报告。

工作任务 5-4　医疗器械经营监督管理 🄴微课

PPT

任务目标

【知识目标】

1. 掌握　医疗器械经营企业分级监管。

2. 熟悉　医疗器械监督检查方式。

3. 了解　医疗器械经营监管方式。

【能力目标】

能够应对医疗器械经营监督管理，学会撰写年度自查报告。

【素质目标】

加强医疗器械质量安全风险控制意识，培养严谨求实的职业素养。

典型工作任务

工作情景： 2022 年 1 月 27 日，××市市场监督管理局根据投诉举报线索，对某医疗器械贸易有限公司进行现场检查。经查，当事人经营无合格证明文件第二类医疗器械"子午流注低频治疗仪"，涉案货值金额 135000 元。当事人经营无合格证明文件第二类医疗器械的行为，违反了《医疗器械监督管理条例》第五十五条规定。2022 年 6 月 27 日，××市市场监督管理局依据《医疗器械监督管理条例》第八十六条第三项规定，责令当事人改正违法行为，并对当事人处以罚款 675000 元的行政处罚。

工作任务： 1. 医疗器械经营监督管理方式有哪些？

　　　　　　2. 如何科学高效监管地医疗器械经营环节，实现产业健康有序发展？

一、实施医疗器械经营报告制度

医疗器械经营企业应当建立质量管理自查制度，按照医疗器械经营质量管理规范要求进行自查，每年 3 月 31 日前向所在地市县级负责药品监督管理的部门提交上一年度的自查报告。设区的市级、县级负责药品监督管理的部门应当结合医疗器械经营企业提交的年度自查报告反映的情况加强监督检查。

医疗器械注册人、备案人、经营企业经营条件发生重大变化，不再符合医疗器械经营质量管理体系要求的，应当立即采取整改措施；可能影响医疗器械安全、有效的，应当立即停止经营活动，并向原经营许可或者备案部门报告。

第三类医疗器械经营企业停业一年以上，恢复经营前，应当进行必要的验证和确认，并书面报告所在地设区的市级负责药品监督管理的部门。可能影响质量安全的，药品监督管理部门可以根据需要组织核查。

二、医疗器械经营分级监督管理

（一）医疗器械经营分级监管职责

国家药品监督管理局负责指导和检查全国医疗器械经营分级监管工作，并制定医疗器械经营重点监管品种目录；省、自治区、直辖市药品监督管理部门负责指导和检查设区的市级负责药品监督管理的部门实施医疗器械经营分级监管工作；设区的市级负责药品监督管理的部门负责制定本行政区域医疗器械经营重点监管品种目录，组织实施医疗器械经营分级监管工作；县级负责药品监督管理的部门负责本行政区域内医疗器械经营分级监管具体工作。

地方各级负责药品监督管理的部门应当根据监管级别，制定年度监督检查计划，明确检查重点、检查方式、检查频次和覆盖率。检查方式原则上应当采取突击性监督检查，鼓励采用现代信息技术手段实施监督管理，提高监管效率和水平。对于跨设区的市增设库房的医疗器械经营企业，按照属地管理原则，由经营企业和仓库所在地设区的市级负责药品监督管理的部门分别负责确定其监管级别并实施监管工作。

（二）医疗器械经营重点监管品种目录的确定

国家药品监督管理局根据医疗器械产品和产品经营风险程度，制定并动态调整医疗器械经营重点监管品种目录；设区的市级负责药品监督管理的部门应当综合分析产品监督抽验、不良事件监测、产品召回、质量投诉、风险会商情况等因素，对国家药品监督管理局制定的目录进行补充，确定本行政区域医疗器械经营重点监管品种目录并进行动态调整。对于跨设区的市增设库房的医疗器械经营企业，由库房所在地设区的市级负责药品监督管理的部门负责确定其库存的产品是否属于本行政区域医疗器械经营重点监管产品。

拓展 4

（三）医疗器械经营企业分级监管

设区的市级负责药品监督管理的部门应当根据本行政区域医疗器械经营的风险程度、经营业态、质量管理水平和企业监管信用情况，结合医疗器械不良事件及产品投诉状况等因素，制定并印发分级监管细化规定，明确监管级别划分原则，以及对不同监管级别医疗器械经营企业的监督检查形式、频次和覆盖率。

监管级别划分和检查要求可以按照以下原则进行：①对风险程度高的企业实施四级监管，主要包括"为其他医疗器械注册人、备案人和生产经营企业专门提供贮存、运输服务的"经营企业和风险会商确定的重点检查企业；②对风险程度较高的企业实施三级监管，主要包括本行政区域医疗器械经营重点监管品种目录产品涉及的批发企业，上年度存在行政处罚或者存在不良监管信用记录的经营企业；③对风险程度一般的企业实施二级监管，主要包括除三级、四级监管以外的经营第二、三类医疗器械的批发企业，本行政区域医疗器械经营重点监管品种目录产品涉及的零售企业；④对风险程度较低的企业实施一级监管，主要包括除二、三、四级监管以外的其他医疗器械经营企业。涉及多个监管级别的，按最高级别对其进行监管。

实施四级监管的企业，设区的市级负责药品监督管理的部门每年组织全项目检查不少于一次；实施三级监管的企业，设区的市级负责药品监督管理的部门每年组织检查不少于一次，其中每两年全项目检查不少于一次；实施二级监管的企业，县级负责药品监督管理的部门每两年组织检查不少于一次，对角膜接触镜类和防护类产品零售企业可以根据监管需要确定检查频次；实施一级监管的企业，县级负责药品监督管理的部门按照有关要求，每年随机抽取本行政区域25%以上的企业进行监督检查，4年内达到全覆盖。必要时，对新增经营业态的企业进行现场核查。

全项目检查是指药品监督管理部门按照医疗器械经营质量管理规范及相应附录，对经营企业开展的覆盖全部适用项目的检查。对"为其他医疗器械注册人、备案人和生产经营企业专门提供贮存、运输服务的"经营企业开展的全项目检查，应当包括对委托的经营企业的抽查。

（四）医疗器械经营企业分级动态监管

在监管过程中，对医疗器械经营企业动态调整监管级别。设区的市级负责药品监督管理的部门应当根据医疗器械经营分级监管细化规定，在全面有效归集医疗器械产品、企业和监管等信息的基础上，每年组织对本行政区域医疗器械经营企业、跨设区的市增设库房的医疗器械经营企业进行评估，科学研判企业风险程度，确定监管级别并告知企业。对于新增经营业态等特殊情况可以即时确定或调整企业监管级别。

对于长期以来监管信用情况较好的企业，可以酌情下调监管级别；对于存在严重违法违规行为、异地增设库房、国家集中带量采购中选产品和疫情防控用产品经营企业应当酌情上调监管级别。具体调整方式由设区的市级负责药品监管的部门结合本行政区域企业整体监管信用状况、企业数量和监管资源配比等情况确定。

三、医疗器械经营企业监督检查

（一）监督检查重点

省、自治区、直辖市药品监督管理部门组织对本行政区域的医疗器械经营监督管理工作进行监督检查。设区的市级、县级负责药品监督管理的部门负责本行政区域医疗器械经营活动的监督检查。设区的市级、县级负责药品监督管理的部门应当制定年度检查计划，明确监管重点、检查频次和覆盖范围并组织实施。

药品监督管理部门组织监督检查，检查方式原则上应当采取突击性监督检查，现场检查时不得少于两人，并出示执法证件，如实记录现场检查情况。检查发现存在质量安全风险或者不符合规范要求的，将检查结果书面告知被检查企业。需要整改的，应当明确整改内容以及整改期限，并进行跟踪检查。

设区的市级、县级负责药品监督管理的部门应当对医疗器械经营企业符合医疗器械经营质量管理规范要求的情况进行监督检查，督促其规范经营活动。设区的市级、县级负责药品监督管理的部门应当结合医疗器械经营企业提交的年度自查报告反映的情况加强监督检查。

药品监督管理部门应当对有下列情形的进行重点监督检查：①上一年度监督检查中发现存在严重问题的；②因违反有关法律、法规受到行政处罚的；③风险会商确定的重点检查企业；④有不良信用记录的；⑤新开办或者经营条件发生重大变化的医疗器械批发企业和第三类医疗器械零售企业；⑥为其他医疗器械注册人、备案人和生产经营企业专门提供贮存、运输服务的；⑦其他需要重点监督检查的情形。

（二）飞行检查

药品监督管理部门对不良事件监测、抽查检验、投诉举报等发现可能存在严重质量安全风险的，原则上应当开展有因检查。有因检查原则上采取非预先告知的方式进行。

（三）抽查检验

药品监督管理部门应当加强医疗器械经营环节的抽查检验，对抽查检验不合格的，应当及时处置。省级以上药品监督管理部门应当根据抽查检验结论及时发布医疗器械质量公告。

（四）延伸检查和联合检查

药品监督管理部门根据医疗器械质量安全风险防控需要，可以对为医疗器械经营活动提供产品或者服务的其他相关单位和个人进行延伸检查。医疗器械经营企业跨设区的市设置的库房，由库房所在地药品监督管理部门负责监督检查。医疗器械经营企业所在地药品监督管理部门和库房所在地药品监督管理部门应当加强监管信息共享，必要时可以开展联合检查。

→ **案件直击**

未经许可从事隐形眼镜护理液和软性亲水接触镜经营活动案

2022 年 2 月，哈尔滨市松北区市场监督管理局对哈尔滨市某眼镜公司进行检查时发现，当事人涉嫌未经许可从事第三类医疗器械软性亲水接触镜和隐形眼镜护理液经营活动，涉案货值 6480.00 元。当事人未经许可从事第三类医疗器械经营活动等行为，违反了《医疗器械监督管理条例》第四十二条第一款、第四十五条第一款的规定。哈尔滨市松北区市场监督管理局依据《医疗器械监督管理条例》第八十一条第一款第（三）项和第八十九条第一款第（四）项的规定，对当事人作出警告，没收违法经营的医疗器械，没收违法所得 658 元，罚款 50000 元的行政处罚。

思考：1. 请查阅《医疗器械监督管理条例》，找出上述条款内容。

2. 请另找一则医疗器械经营企业违法案件的行政处罚决定书，并分析违法行为及法律责任。

四、风险会商

药品监督管理部门应当根据监督检查、产品抽检、不良事件监测、投诉举报、行政处罚等情况，定期开展风险会商研判，做好医疗器械质量安全隐患排查和防控处置工作。

五、责任约谈

医疗器械注册人、备案人和经营企业对存在的医疗器械质量安全风险，未采取有效措施消除的，药品监督管理部门可以对医疗器械注册人、备案人和经营企业的法定代表人或者企业负责人进行责任约谈。

六、信用档案和失信惩戒

设区的市级负责药品监督管理的部门应当建立并及时更新辖区内医疗器械经营企业信用档案。信用档案中应当包括医疗器械经营企业许可备案、监督检查结果、违法行为查处、质量抽查检验、自查报告、不良行为记录和投诉举报等信息。对有不良信用记录的医疗器械注册人、备案人和经营企业，药品监督管理部门应当增加监督检查频次，依法加强失信惩戒。

七、紧急控制

经营的医疗器械对人体造成伤害或者有证据证明可能危害人体健康的，药品监督管理部门可以采取暂停进口、经营、使用的紧急控制措施，并发布安全警示信息。监督检查中发现经营活动严重违反医疗器械经营质量管理规范，不能保证产品安全有效，可能危害人体健康的，依照上述规定处理。

八、投诉与举报

药品监督管理部门应当公布接受投诉、举报的联系方式。接到举报的药品监督管理部门应当及时核实、处理、答复。经查证属实的，应当按照有关规定对举报人给予奖励。

九、立案查处

药品监督管理部门在监督检查中，发现涉嫌违法行为的，应当及时收集和固定证据，依法立案查处；涉嫌犯罪的，及时移交公安机关处理。

【任务总结】

1. 医疗器械经营企业四级监管：对风险程度高的企业实施四级监管，对风险程度较高的企业实施三级监管，对风险程度一般的企业实施二级监管，对风险程度较低的企业实施一级监管。

2. 医疗器械经营企业监督管理方式包括：分级监管、年度自查、监督检查、风险会商、责任约谈、诚信档案、投诉与举报、立案查处等。

技能巩固

一、选择题

（一）单选题

1. 负责指导和检查全国医疗器械经营分级监管工作，并制定医疗器械经营重点监管品种目录的是（　　）

A. 国家药品监督管理局　　　　　　　　B. 省级药品监督管理局

C. 市级市场监督管理局　　　　　　　　D. 县级市场监督管理局

2. 对于"为其他医疗器械注册人、备案人和生产经营企业专门提供贮存、运输服务的"经营企业，实施（　　）

A. 四级监管　　　　B. 三级监管　　　　C. 二级监管　　　　D. 一级监管

3. 实施三级监管的企业，负责药品监督管理的部门（　　）

A. 每年组织全项目检查不少于一次

B. 每年组织检查不少于一次，其中每两年全项目检查不少于一次

C. 每两年组织检查不少于一次，对角膜接触镜类和防护类产品零售企业可以根据监管需要确定检查频次

D. 每年随机抽取本行政区域25%以上企业进行监督检查，4年内达到全覆盖

4. 在医疗器械经营环节，关节置换植入物是（　　）

A. 国家重点监管品种　　　　　　　　　B. 省级重点监管品种

C. 市级重点监管品种　　　　　　　　　D. 县级重点监管品种

5. 医疗器械注册人、备案人、经营企业对存在的医疗器械质量安全风险，未采取有效措施消除的，药品监督管理部门可以对医疗器械注册人、备案人、经营企业进行（　　）

A. 监督检查　　　　B. 风险会商　　　　C. 责任约谈　　　　D. 诚信档案

（二）多选题

1. 在监管过程中，对医疗器械经营企业动态调整监管级别，应当酌情上调经营企业监管级别的情形包括（　　）

A. 存在严重违法违规行为   B. 异地增设库房

C. 国家集中带量采购中选产品 D. 疫情防控用产品

2. 药品监督管理部门应当重点监督检查的企业包括（   ）

A. 上一年度监督检查中发现存在严重问题的

B. 因违反有关法律、法规受到行政处罚的

C. 风险会商确定的重点检查企业的

D. 有不良信用记录的

E. 新开办或者经营条件发生重大变化的医疗器械批发企业和第三类医疗器械零售企业的

F. 为其他医疗器械注册人、备案人和生产经营企业专门提供贮存、运输服务的

G. 其他需要重点监督检查的情形

二、实训任务

以 5 人为一组，找一家医疗器械零售企业进行现场检查，撰写医疗器械经营企业现场检查报告。

书网融合……

项目小结   习题   微课

项目六　医疗器械使用管理

【项目引言】

医疗器械使用环节是医疗器械上市后进入到临床使用的关键环节，医疗器械是否安全与有效直接关系到临床使用的效果，所以医疗器械使用单位必须严格按照法规要求建立并实施覆盖质量管理全过程的医疗器械使用质量管理制度，与此同时规范医疗器械的临床使用行为，保证医疗器械能够正常使用，为患者提供有效精准的诊疗服务。

工作任务 6-1　医疗器械使用质量管理 🔲微课

PPT

任务目标

【知识目标】

1. **掌握**　医疗器械使用单位采购、验收与贮存医疗器械的要求。
2. **熟悉**　医疗器械使用单位使用、维护与转让医疗器械的要求。
3. **了解**　医疗器械使用单位监督管理。

【技能目标】

1. 能够做好医疗器械使用质量管理工作。
2. 能够帮助医疗器械使用单位申办医用大型设备配置许可证。

【素质目标】

培养医疗器械使用环节合规意识，保障百姓用械安全。

🩺 典型工作任务

工作情景： 2022 年 10 月 12 日，广西壮族自治区贺州市市场监督管理局根据投诉举报线索，对贺州市某医院进行现场检查。经查，当事人使用未依法注册第二类医疗器械"语言认知康复系统"，涉案货值金额 98500 元。当事人使用未依法注册第二类医疗器械的行为，违反了《医疗器械监督管理条例》第五十五条规定。2023 年 2 月 15 日，贺州市市场监督管理局依据《医疗器械监督管理条例》第八十六条第三项规定，责令当事人改正违法行为，并对当事人处以没收涉案产品、罚款 502350 元的行政处罚。

工作任务： 请问医疗器械使用单位采购医疗器械时，应当符合哪些要求？

一、概述

医疗器械使用单位，是指使用医疗器械为他人提供医疗等技术服务的机构，包括医疗机构、计划生育技术服务机构、血站、单采血浆站、康复辅助器具适配机构等。医疗器械使用管理，是指在医疗器械使用环节各项保障医疗器械能够安全有效的工作活动，包括医疗器械使用单位对医疗器械产品的内部管理，也包括监管部门对医疗器械使用单位的使用和管理的行政活动。有关医疗器械使用单位的行政监管，国家药品监督管理局主要负责医疗器械使用质量的监管，国家卫生健康委员会主要负责医疗器械使用行为的监管。

医疗器械使用管理工作相关的主要法规包括《医疗器械监督管理条例》《医疗器械使用质量监督管理办法》《医疗器械临床使用管理办法》《医疗机构医用耗材管理办法》等，其中《医疗器械使用质量监督管理办法》明确规定，医疗机构应当配备与其规模相适应的医疗器械质量管理机构或者质量管理人员，建立覆盖质量管理全过程的使用质量管理制度，承担本单位使用医疗器械的质量管理责任。

拓展 1

二、医疗器械采购、验收与贮存

（一）医疗器械采购

医疗器械使用单位应当对医疗器械采购实行统一管理，由其指定的部门或者人员统一采购医疗器械，其他部门或者人员不得自行采购。医疗器械使用单位应当从具备合法资质的医疗器械注册人、备案人、生产经营企业购进医疗器械。医疗器械使用单位不得购进和使用未依法注册或者备案、无合格证明文件以及过期、失效、淘汰的医疗器械。

大型医用设备，是指使用技术复杂、资金投入量大、运行成本高、对医疗费用影响大且纳入目录管理的大型医疗器械。医疗器械使用单位配置大型医用设备，应当符合国务院卫生主管部门制定的大型医用设备配置规划，与其功能定位、临床服务需求相适应，具有相应的技术条件、配套设施和具备相应资质、能力的专业技术人员，并经省级以上人民政府卫生主管部门批准，取得大型医用设备配置许可证。大型医用设备配置管理办法由国务院卫生主管部门会同国务院有关部门制定。大型医用设备目录由国务院卫生主管部门会同国务院有关部门提出，报国务院批准后执行。《大型医用设备配置管理目录》分为甲、乙两类（表6-1）。甲类大型医用设备由国家卫生健康委员会负责配置管理并核发配置许可证，乙类大型医用设备由省级卫生健康行政部门负责配置管理并核发配置许可证。

表 6-1　大型医用设备配置许可管理目录（2023 年版）

类别	医用设备
甲类	重离子质子放射治疗系统
	高端放射治疗类设备［包括磁共振引导放射治疗系统、X 射线立体定向放射外科治疗系统（含 Cyberknife）］
	首次配置单台（套）价格在 5000 万元及以上的大型医疗器械
乙类	正电子发射型磁共振成像系统（PET/MR）
	X 线正电子发射断层扫描仪（PET/CT）
	腹腔内窥镜手术系统
	常规放射治疗类设备（包括医用直线加速器、螺旋断层放射治疗系统、伽玛射线立体定向放射治疗系统）
	首次配置单台（套）价格在 3000 万~5000 万元的大型医疗器械

（二）医疗器械验收

医疗器械使用单位应当查验供货者的资质和医疗器械的合格证明文件建立进货查验记录制度，真实、完整、准确地记录进货查验情况。进货查验记录应当保存至医疗器械规定使用期限届满后 2 年或者使用终止后 2 年。大型医疗器械进货查验记录应当保存至医疗器械规定使用期限届满后 5 年或者使用终止后 5 年；植入性医疗器械进货查验记录应当永久保存。医疗器械使用单位应当妥善保存购入第三类医疗器械的原始资料，确保信息具有可追溯性。国家鼓励采用先进技术手段进行记录。

（三）医疗器械贮存

医疗器械使用单位贮存医疗器械的场所、设施及条件应当与医疗器械品种、数量相适应，符合产品说明书、标签标示的要求及使用安全、有效的需要；对温度、湿度等环境条件有特殊要求的，还应当监测和记录贮存区域的温度、湿度等数据。医疗器械使用单位应当按照贮存条件、医疗器械有效期限等要求对贮存的医疗器械进行定期检查并记录。

三、医疗器械使用、维护与转让

（一）医疗器械使用

1. 医疗器械使用前检查 医疗器械使用单位应当建立医疗器械使用前质量检查制度。在使用医疗器械前，应当按照产品说明书的有关要求进行检查。使用无菌医疗器械前，应当检查直接接触医疗器械的包装及其有效期限。包装破损、标示不清、超过有效期限或者可能影响使用安全、有效的，不得使用。

2. 按说明书要求使用医疗器械 医疗器械使用单位应当按照产品说明书等要求使用医疗器械。同时应当严格执行医院感染管理有关法律法规的规定，使用符合国家规定的消毒器械和一次性使用的医疗器械。按规定可以重复使用的医疗器械，应当严格按照规定清洗、消毒或者灭菌，并进行效果监测；一次性使用的医疗器械不得重复使用，使用过的应当按照国家有关规定销毁并记录。

3. 建立医疗器械使用记录 对使用期限长的大型医疗器械，应当逐台建立使用档案，记录其使用、维护、实际使用时间等情况。记录保存期限不得少于医疗器械规定使用期限终止后 5 年。医疗器械使用单位对植入和介入类医疗器械应当建立使用记录，将医疗器械名称、关键性技术参数等信息以及与使用质量安全密切相关的必要信息记载到病例等相关记录中，植入性医疗器械使用记录永久保存，相关资料应当纳入信息化管理系统，确保信息可追溯。

⇒ **案件直击**

某医院使用未注册的胃肠镜系统案

接上级机关线索通报，××市市场监督管理局于 2021 年 12 月 3 日、2021 年 12 月 8 日、2022 年 1 月 6 日先后三次对某医院进行现场检查。经查，当事人使用的标识某品牌胃肠镜系统是 2020 年 12 月 4 日购买国外已使用过的医疗器械，货值金额 20.249 万元，违法所得共计 4.36 万元。本案当事人采取藏匿涉案医疗器械、提供虚假陈述说明及提供虚假合同等方式，企图掩盖其使用涉案医疗器械的违法行为。执法人员向医保部门调取医保报销记录、向生产厂家追溯涉案医疗器械来源、向海关缉私部门等多方寻求技术支持，查实了当事人的违法事实。经查证发现，该医院使用未经注册的医疗器械，未严格执行进货查验记录制度、未按规定执行医疗器械使用前质量检查制度。

当事人的上述行为，违反了《医疗器械监督管理条例》（国务院令第 739 号）第四十五条第一款、第五十五条、《医疗器械使用质量监督管理办法》第十三条规定。该市市场监督管理局依据《医疗器械监督管理条例》（国务院令第 739 号）第八十六条第一款第三项、第八十九条第一款第三项、《医疗器械使用质量监督管理办法》第三十条第一款第五项规定，责令当事人改正违法行为，并处以警告，没收涉案产品及违法所得 4.36 万元，罚款 323.984 万元的行政处罚。

思考：请学习《药品监督管理行政处罚裁量适用规则》，谈一谈该案件是如何进行行政处罚裁量的。

（二）医疗器械维护维修

1. 建立医疗器械维护维修制度　医疗器械使用单位应当建立医疗器械维护维修管理制度。对需要定期检查、检验、校准、保养、维护的医疗器械，应当按照产品说明书的要求进行检查、检验、校准、保养、维护并记录，及时进行分析、评估，确保医疗器械处于良好状态，保障使用质量。

2. 医疗器械维护维修要求　医疗器械使用单位可以按照合同的约定要求医疗器械生产经营企业提供医疗器械维护维修服务，也可以委托有条件和能力的维修服务机构进行医疗器械维护维修，或者自行对在用医疗器械进行维护维修。

由医疗器械生产经营企业或者维修服务机构对医疗器械进行维护维修的，应当在合同中约定明确的质量要求、维修要求等相关事项，医疗器械使用单位应当在每次维护维修后索取并保存相关记录。医疗器械使用单位委托维修服务机构或者自行对在用医疗器械进行维护维修的，医疗器械生产经营企业应当按照合同的约定提供维护手册、维修手册、软件备份、故障代码表、备件清单、零部件、维修密码等维护维修必需的材料和信息。医疗器械使用单位自行对医疗器械进行维护维修的，应当加强对从事医疗器械维护维修的技术人员的培训考核，并建立培训档案。

3. 安全隐患医疗器械管理　医疗器械使用单位发现使用的医疗器械存在安全隐患的，应当立即停止使用，并通知医疗器械注册人、备案人或者其他负责产品质量的机构进行检修；经检修仍不能达到使用安全标准的，不得继续使用，并按照有关规定处置。

（三）医疗器械转让

1. 医疗器械转让要求　医疗器械使用单位之间转让在用医疗器械，转让方应当确保所转让的医疗器械安全、有效，并提供产品合法证明文件。转让双方应当签订协议，移交产品说明书、使用和维修记录档案复印件等资料，并经有资质的检验机构检验合格后方可转让。受让方应当按规定进行进货查验，符合要求后方可使用。不得转让未依法注册或者备案、无合格证明文件或者检验不合格，以及过期、失效、淘汰的医疗器械。

2. 医疗器械捐赠要求　医疗器械使用单位接受医疗器械生产经营企业或者其他机构、个人捐赠医疗器械的，捐赠方应当提供医疗器械的相关合法证明文件，受赠方应当参照本办法第八条关于进货查验的规定进行查验，符合要求后方可使用。不得捐赠未依法注册或者备案、无合格证明文件或者检验不合格，以及过期、失效、淘汰的医疗器械。

四、监督管理

1. 管理职责　国家药品监督管理局负责全国医疗器械使用质量监督管理工作。县级以上地方药品监督管理部门负责本行政区域的医疗器械使用质量监督管理工作。上级药品监督管理部门负责指导和监督下级药品监督管理部门开展医疗器械使用质量监督管理工作。药品监督管理部门按照风险管理原则，对使用环节的医疗器械质量实施监督管理。设区的市级药品监督管理部门应当编制并实施本行政区域的医疗器械使用单位年度监督检查计划，确定监督检查的重点、频次和覆盖率。对存在较高风险的医疗器械、有特殊储运要求的医疗器械以及有不良信用记录的医疗器械使用单位等，应当实施重点监管。年度监督检查计划及其执行情况应当报告省、自治区、直辖市药品监督管理部门。

2. 监督检查　药品监督管理部门对医疗器械使用单位建立、执行医疗器械使用质量管理制度的情况进行监督检查，应当记录监督检查结果，并纳入监督管理档案。对医疗器械使用单位进行监督检查时，可以对相关的医疗器械生产经营企业、维修服务机构等进行延伸检查。医疗器械使用单位、生产经营企业和维修服务机构等应当配合药品监督管理部门的监督检查，如实提供有关情况和资料，不得拒绝和隐瞒。

3. 全面自查要求　医疗器械使用单位应当按照法规和本单位建立的医疗器械使用质量管理制度，每年对医疗器械质量管理工作进行全面自查，并形成自查报告。药品监督管理部门在监督检查中对医疗器械使用单位的自查报告进行抽查。

五、法律责任

（一）未经许可擅自配置使用大型医用设备

《医疗器械监督管理条例》第八十二条规定，未经许可擅自配置使用大型医用设备的，由县级以上人民政府卫生主管部门责令停止使用，给予警告，没收违法所得；违法所得不足 1 万元的，并处 5 万元以上 10 万元以下罚款；违法所得 1 万元以上的，并处违法所得 10 倍以上 30 倍以下罚款；情节严重的，5 年内不受理相关责任人以及单位提出的大型医用设备配置许可申请，对违法单位的法定代表人、主要负责人、直接负责的主管人员和其他责任人员，没收违法行为发生期间自本单位所获收入，并处所获收入 30% 以上 3 倍以下罚款，依法给予处分。

（二）使用不符合《条例》要求的医疗器械

《医疗器械监督管理条例》第八十六条规定了两种违法情形，一是使用不符合强制性标准或者不符合经注册或者备案产品技术要求的医疗器械，二是使用无合格证明文件、过期、失效、淘汰的医疗器械，或者使用未依法注册的医疗器械，针对上述两种情形，由负责药品监督管理的部门责令改正，没收违法使用的医疗器械；违法使用的医疗器械货值金额不足 1 万元的，并处 2 万元以上 5 万元以下罚款；货值金额 1 万元以上的，并处货值金额 5 倍以上 20 倍以下罚款；情节严重的，责令停产停业，对违法单位的法定代表人、主要负责人、直接负责的主管人员和其他责任人员，没收违法行为发生期间自本单位所获收入，并处所获收入 30% 以上 3 倍以下罚款。

（三）重复使用一次性使用医疗器械

《医疗器械监督管理条例》第九十条规定，医疗器械使用单位重复使用一次性使用的医疗器械，或者未按照规定销毁使用过的一次性使用医疗器械的，由县级以上人民政府卫生主管部门责令改正，给予警告；拒不改正的，处 5 万元以上 10 万元以下罚款；情节严重的，处 10 万元以上 30 万元以下罚款，责令暂停相关医疗器械使用活动，直至由原发证部门吊销执业许可证，依法责令相关责任人员暂停 6 个月以上 1 年以下执业活动，直至由原发证部门吊销相关人员执业证书，对违法单位的法定代表人、主要负责人、直接负责的主管人员和其他责任人员，没收违法行为发生期间自本单位所获收入，并处所获收入 30% 以上 3 倍以下罚款，依法给予处分。

⇒ 案件直击

医疗器械使用单位违法产品的货值金额如何核定

近日，某县市场监管局检查发现，辖区某医院使用的彩色 B 超机已超过使用期限两年却仍使用。经查，该县医院自该器械超过使用期限起合计使用 3000 多人次，收费共计 30 多万元。经核实，该彩色 B 超机购进时价格为 170 多万元。某县市场局拟没收违法所得 30 多万元，认定货值金额为 170 多万，并按 5 倍罚款计 850 多万元，罚没款合计 880 多万元。当事人认为该案拟行政处罚事实认定不清，适用法律错误。理由如下：1. 既然市场监管部门已经认定该 B 超机超过使用期限，则该产品应属于报废产品，无任何价值，亦可认为涉案产品货值为 0，应免于罚款。2. 退一步讲，该 B 超机已过使用期限，其价值已不同于购进时的价格。涉案产品价值按医院固定资产折旧表计算不足千元，则涉案产品货值应不足千元。即使按最高幅度 20 倍处罚，罚款亦不足 2 万元。

案件评析：若行政机关查获该产品存在相应违法情形，虽然无法按标价或市场平均价计算其货值，但可以按医疗机构相应的采购价、合同价等进行计算，并依此进行相应幅度处罚。对医疗机构使用过期、失效、淘汰、未经注册等违法医疗器械产品，若当事人能够提供证据证明符合《医疗器械监督管理条例》第八十七条规定的情形，行政机关应当依法免予行政处罚。

思考：药品监督管理部门对医疗器械使用单位进行行政处罚时，一次性使用耗材、体外诊断试剂、大型医用设备等不同类别的产品如何计算货值金额？

【任务总结】

1. 医疗器械使用单位应当对医疗器械采购实行统一管理，由其指定的部门或者人员统一采购医疗器械，其他部门或者人员不得自行采购。

2. 医疗器械使用单位应当真实、完整、准确地记录进货查验情况。

3. 医疗器械使用单位贮存医疗器械的场所、设施及条件应当与医疗器械品种、数量相适应，符合产品说明书、标签标示的要求及使用安全、有效的需要。

4. 对存在较高风险的医疗器械、有特殊储运要求的医疗器械以及有不良信用记录的医疗器械使用单位等，应当实施重点监管。

技能巩固

一、选择题

单选题

1. 医疗器械使用质量监管部门职责分工情况中，（ ）对医疗器械使用质量进行监管

A. 药品监督管理部门　　　B. 质监部门　　　C. 卫生主管部门　　　D. 检测机构

2. 医疗器械使用单位应当真实、完整、准确地记录进货查验情况。进货查验记录应当保存至医疗器械规定使用期限届满后（ ）或者使用终止后（ ）

A. 2 年；2 年　　　B. 2 年；3 年　　　C. 2 年；5 年　　　D. 3 年；5 年

3. 医疗器械使用单位可以转让（　）

   A. 未依法注册或者备案、无合格证明文件的医疗器械

   B. 检验不合格的医疗器械

   C. 过期、失效、淘汰的医疗器械

   D. 合法合规的医疗器械

4. 医疗器械使用单位的维修服务不可以（　）

   A. 自行维修　　　　　　　　　　　　B. 部分委托给维修服务机构

   C. 全部委托给维修服务机构　　　　　D. 不开展维修服务

5. 药品监督管理部门应当编制并实施医疗器械使用单位年度监督检查计划，应当确定监督检查的内容不包括（　）

   A. 检查重点　　　　　　　　　　　　B. 检查频次

   C. 检查覆盖率　　　　　　　　　　　D. 检查处置方式

二、实训任务

1. 请对医疗美容类医疗机构进行调查，总结当前常见的医疗器械使用问题。

2. 查询 3 个医疗器械使用管理的违规案例，进行总结。

工作任务 6 - 2　医疗器械临床使用管理

PPT

任务目标

【知识目标】

1. 掌握　医疗器械临床使用管理要求。

2. 熟悉　医疗器械保障维护管理要求。

3. 了解　医疗器械临床使用管理组织机构与职责。

【技能目标】

能够开展医疗器械临床使用管理工作。

【素质要求】

重视医疗器械临床使用管理，培养保障百姓用械安全的意识。

典型工作任务

工作情景：个别患者使用医用超声耦合剂后出现寒颤、发热等感染相关症状的不良事件。经调查，个别医疗机构在临床使用中，存在将非无菌型医用超声耦合剂用于应使用无菌型医用超声耦合剂的穿刺等侵入性检查的现象。此类使用不当存在引发患者院内感染的风险。

工作任务：请谈一谈如何避免发生医用超声耦合剂使用感染事件。

一、组织机构与职责

2021 年，国家卫生健康委员会成立国家医疗器械临床使用专家委员会，负责分析全国

拓展 2

医疗器械临床使用情况，研究医疗器械临床使用中的重点问题，提供政策咨询及建议，指导医疗器械临床合理使用。省级卫生健康主管部门组织成立省级医疗器械临床使用专家委员会或者委托相关组织、机构负责本行政区域内医疗器械临床使用的监测、评价等工作。

二级以上医疗机构应当设立医疗器械临床使用管理委员会；其他医疗机构应当根据本机构实际情况，配备负责医疗器械临床使用管理的专（兼）职人员。医疗器械临床使用管理委员会由本机构负责医疗管理、质量控制、医院感染管理、医学工程、信息等工作的相关职能部门负责人以及相关临床、医技等科室负责人组成，负责指导和监督本机构医疗器械临床使用行为，日常管理工作依托本机构的相关部门负责。

医疗机构医疗器械临床使用管理委员会和配备的专（兼）职人员对本机构医疗器械临床使用管理承担以下职责：①依法拟订医疗器械临床使用工作制度并组织实施；②组织开展医疗器械临床使用安全管理、技术评估与论证；③监测、评价医疗器械临床使用情况，对临床科室在用医疗器械的使用效能进行分析、评估和反馈；监督、指导高风险医疗器械的临床使用与安全管理；提出干预和改进医疗器械临床使用措施，指导临床合理使用；④监测识别医疗器械临床使用安全风险，分析、评估使用安全事件，并提供咨询与指导；⑤组织开展医疗器械管理法律、法规、规章和合理使用相关制度、规范的业务知识培训，宣传医疗器械临床使用安全知识。

二级以上医疗机构应当明确本机构各相关职能部门和各相关科室的医疗器械临床使用管理职责；相关职能部门、相关科室应当指定专人负责本部门或者本科室的医疗器械临床使用管理工作。其他医疗机构应当根据本机构实际情况，明确相关部门、科室和人员的职责。

二级以上医疗机构应当配备与其功能、任务、规模相适应的医学工程及其他专业技术人员、设备和设施。医疗机构从事医疗器械相关工作的卫生专业技术人员，应当具备相应的专业学历、卫生专业技术职务任职资格或者依法取得相应资格。医疗机构应当组织开展医疗器械临床使用管理的继续教育和培训，开展医疗器械临床使用范围、质量控制、操作规程、效果评价等培训工作。

医疗器械使用科室负责医疗器械日常管理工作，做好医疗器械的登记、定期核对、日常使用维护保养等工作。医疗机构应当加强医疗器械信息管理，建立医疗器械及其使用信息档案。医疗机构应当每年开展医疗器械临床使用管理自查、评估、评价工作，确保医疗器械临床使用的安全、有效。

二、医疗器械临床使用管理要点

（一）医疗器械技术评估与论证

医疗机构应当建立医疗器械临床使用技术评估与论证制度并组织实施，开展技术需求分析和成本效益评估，确保医疗器械满足临床需求。医疗器械需要安装或者集成的，应当由生产厂家或者其授权的具备相关服务资质的单位、医疗机构负责医学工程工作的部门依据国家有关标准实施。医疗机构应当对医疗器械相关硬件、软件的安装、更新、升级情况进行登记和审核，并应当进行临床验证和技术评估。医疗机构应当建立医疗器械验收验证制度，保证医疗器械的功能、性能、配置要求符合购置合同以及临床诊疗的要求。医疗器械经验收验证合格后方可应用于临床。

（二）医疗器械风险与安全管理

医疗机构及其医务人员临床使用医疗器械，应当遵循安全、有效、经济的原则，采用与患者疾病相适应的医疗器械进行诊疗活动。需要向患者说明医疗器械临床使用相关事项的，应当如实告知，不得隐瞒或者虚假宣传，误导患者。医疗机构及其医务人员临床使用医疗器械，应当按照诊疗规范、操作指南、医疗器械使用说明书等，遵守医疗器械适用范围、禁忌证及注意事项，注意主要风险和关键性能指标。

医疗机构应当建立医疗器械临床使用风险管理制度，持续改进医疗器械临床使用行为。医疗机构应当开展医疗器械临床使用安全管理，对生命支持类、急救类、植入类、辐射类、灭菌类和大型医疗器械实行使用安全监测与报告制度。医疗机构应当制订与其规模、功能相匹配的生命支持医疗器械和相关重要医疗器械故障紧急替代流程，配备必要的替代设备设施，并对急救的医疗器械实行专管专用，保证临床急救工作正常开展。医疗机构应当按照规定开展医疗器械临床使用评价工作，重点加强医疗器械的临床实效性、可靠性和可用性评价。

三、医疗器械保障维护管理

医疗器械保障维护管理应当重点进行检测和预防性维护。通过开展性能检测和安全监测，验证医疗器械性能的适当性和使用的安全性；通过开展部件更换、清洁等预防性维护，延长医疗器械使用寿命并预防故障发生。

医疗机构应当监测医疗器械的运行状态，对维护与维修的全部过程进行跟踪记录，定期分析评价医疗器械整体维护情况。医疗机构应当遵照国家有关医疗器械标准、规程、技术指南等，确保系统环境电源、温湿度、辐射防护、磁场屏蔽、光照亮度等因素与医疗器械相适应，定期对医疗器械使用环境进行测试、评估和维护。

医疗机构应当具备与医疗器械品种、数量相适应的贮存场所和条件。对温度、湿度等环境条件有特殊要求的，应当采取相应措施，保证医疗器械安全、有效。医疗机构应当真实记录医疗器械保障情况并存入医疗器械信息档案，档案保存期限不得少于医疗器械规定使用期限终止后5年。

四、医疗器械使用安全事件处理

（一）医疗机构使用安全事件处理

医疗器械使用安全事件，是指医疗机构及其医务人员在诊疗活动中，因医疗器械使用行为存在过错，造成患者人身损害的事件。医疗机构应当对医疗器械使用安全事件进行收集、分析、评价及控制，遵循可疑即报的原则，及时报告。发生或者发现医疗器械使用安全事件或者可疑医疗器械使用安全事件时，医疗机构及其医务人员应当立即采取有效措施，避免或者减轻对患者身体健康的损害，防止损害扩大，并向所在地县级卫生健康主管部门报告。发生或者发现因医疗器械使用行为导致或者可能导致患者死亡、残疾或者二人以上人身损害时，医疗机构应当在24小时内报告所在地县级卫生健康主管部门，必要时可以同时向上级卫生健康主管部门报告。医疗机构应当立即对医疗器械使用行为进行调查、核实；必要时，应当对发生使用安全事件的医疗器械同批次同规格型号库存产品暂缓使用，对剩余产品进行登记封存。对卫生健康主管部门开展的医疗器械使用安全事件调查，医疗机构应当配合。

（二）卫生健康主管部门使用安全事件处理

县级及设区的市级卫生健康主管部门获知医疗机构医疗器械使用安全事件或者可疑医疗器械使用安全事件后，应当进行核实，必要时应当进行调查；对医疗机构医疗器械使用行为导致或者可能导致患者死亡、残疾或者二人以上人身损害的，应当进行现场调查，并将调查结果逐级上报至省级卫生健康主管部门。省级以上卫生健康主管部门获知医疗机构医疗器械使用安全事件或者可疑医疗器械使用安全事件，认为应当开展现场调查的，应当组织开展调查。省级卫生健康主管部门开展相关调查的，应将调查结果及时报送国家卫生健康委员会。

县级以上地方卫生健康主管部门在医疗器械使用安全事件调查结果确定前，对可疑医疗器械质量问题造成患者损害的，应当根据影响采取相应措施；对影响较大的，可以采取风险性提示、暂停辖区内医疗机构使用同批次同规格型号的医疗器械等措施，以有效降低风险，并通报同级药品监督管理部门。经调查不属于医疗器械使用安全事件的，卫生健康主管部门应当移交同级药品监督管理部门处理。

五、监督管理

县级以上地方卫生健康主管部门应当编制并实施本行政区域医疗机构医疗器械使用年度监督检查计划，确定监督检查的重点、频次和覆盖率。对使用风险较高、有特殊保存管理要求医疗器械的医疗机构应当实施重点监管。

县级以上地方卫生健康主管部门应当加强对医疗机构医疗器械临床使用行为的监督管理，并在监督检查中有权行使以下职责：①进入现场实施检查、抽取样品；②查阅、复制有关档案、记录及其他有关资料；③法律法规规定的其他职责。医疗机构应当积极配合卫生健康主管部门的监督检查，并对检查中发现的问题及时进行整改。县级以上地方卫生健康主管部门应当组织对医疗机构医疗器械临床使用管理情况进行定期或者不定期抽查，并将抽查结果纳入医疗机构监督管理档案。

> ⇒ **案件直击**
>
> ### 医疗美容门诊部使用未注册与过期医疗器械案
>
> 　　2022 年 7 月 26 日，重庆市江北区市场监督管理局和卫生健康委员会对重庆某医疗美容门诊部进行联合执法检查。经查，当事人使用未依法注册第三类医疗器械"电光调 Q 激光设备"和"M22 强脉冲光设备"，使用过期医疗器械产品，且未建立进货查验记录制度。当事人上述行为违反了《医疗器械监督管理条例》第四十五条第一款、第五十五条规定。2023 年 7 月 3 日，重庆市江北区市场监督管理局依据《医疗器械监督管理条例》第八十六条第三项、第八十九条第三项规定，责令当事人改正违法行为，并对当事人处以警告、没收涉案产品、罚款 8340000 元的行政处罚。
>
> 　　思考：1. 医疗器械使用单位如何做好医疗器械的效期管理？
> 　　　　　2. 医疗器械使用单位如何建立与实施进货查验记录制度？

六、法律责任

《医疗器械监督管理条例》第八十九条规定，对需要定期检查、检验、校准、保养、维护的医疗器械，医疗器械使用单位未按照产品说明书要求进行检查、检验、校准、保养、维护并予以记录，及时进行分析、评估，确保医疗器械处于良好状态，未执行上述要求的，由负责药品监督管理的部门和卫生主管部门依据各自职责责令改正，给予警告；拒不改正的，处 1 万元以上 10 万元以下罚款；情节严重的，责令停产停业，直至由原发证部门吊销医疗器械注册证、医疗器械生产许可证、医疗器械经营许可证，对违法单位的法定代表人、主要负责人、直接负责的主管人员和其他责任人员处 1 万元以上 3 万元以下罚款。

《医疗器械监督管理条例》第九十条规定，未妥善保存购入第三类医疗器械的原始资料，或者未按照规定将大型医疗器械以及植入和介入类医疗器械的信息记载到病历等相关记录中的；发现使用的医疗器械存在安全隐患未立即停止使用、通知检修，或者继续使用经检修仍不能达到使用安全标准的医疗器械的，由县级以上人民政府卫生主管部门责令改正，给予警告；拒不改正的，处 5 万元以上 10 万元以下罚款；情节严重的，处 10 万元以上 30 万元以下罚款，责令暂停相关医疗器械使用活动，直至由原发证部门吊销执业许可证，依法责令相关责任人员暂停 6 个月以上 1 年以下执业活动，直至由原发证部门吊销相关人员执业证书，对违法单位的法定代表人、主要负责人、直接负责的主管人员和其他责任人员，没收违法行为发生期间自本单位所获收入，并处所获收入 30% 以上 3 倍以下罚款，依法给予处分。

《医疗器械临床使用管理办法》第四十五条，医疗机构违反下列情形的，由县级以上地方卫生健康主管部门责令改正，给予警告；情节严重的，可以并处五千元以上三万元以下罚款：①未按照规定建立医疗器械临床使用管理工作制度的；②未按照规定设立医疗器械临床使用管理委员会或者配备专（兼）职人员负责本机构医疗器械临床使用管理工作的；③未按照规定建立医疗器械验收验证制度的；④未按照规定报告医疗器械使用安全事件的；⑤不配合卫生健康主管部门开展的医疗器械使用安全事件调查和临床使用行为的监督检查的。

【任务总结】

1. 二级以上医疗机构应当设立医疗器械临床使用管理委员会。医疗机构应当每年开展医疗器械临床使用管理自查、评估、评价工作，确保医疗器械临床使用的安全、有效。

2. 医疗机构应当建立医疗器械临床使用技术评估与论证制度并组织实施，开展技术需求分析和成本效益评估，确保医疗器械满足临床需求。

3. 医疗器械保障维护管理应当重点进行检测和预防性维护。

技能巩固

一、选择题

单选题

1. 发现使用的医疗器械存在安全隐患的，医疗机构应当（　　）

　　A. 继续使用

　　B. 立即停止使用

　　C. 通知产品质量机构进行检修

　　D. 立即停止使用，并通知医疗器械注册人、备案人或者其他负责产品质量的机构进行检修

2. 医疗机构应当真实记录医疗器械保障情况并存入医疗器械信息档案，档案保存期限不得少于医疗器械规定使用期限终止后（　　）

　　A. 1 年　　　　　　　　B. 3 年　　　　　　　　C. 5 年　　　　　　　　D. 10 年

3. 发生或者发现因医疗器械使用行为导致或者可能导致患者死亡、残疾或者二人以上人身损害时，医疗机构应当在（　　）内报告所在地县级卫生健康主管部门

　　A. 24 小时　　　　　　B. 48 小时　　　　　　C. 5 日　　　　　　　　D. 15 日

4. 医疗机构及其医务人员临床使用医疗器械时，不能（　　）

　　A. 按照诊疗规范、操作指南、医疗器械说明书使用

B. 遵守医疗器械适用范围、禁忌症及注意事项

C. 注意主要风险和关键性能指标

D. 超适用范围使用

5. 对需要定期检查、检验、校准、保养、维护的医疗器械，医疗器械使用单位未按照产品说明书要求进行检查、检验、校准、保养、维护并予以记录，及时进行分析、评估，确保医疗器械处于良好状态，未执行上述要求的医疗器械使用单位需要承担的违法责任不包括（　　）

A. 由负责药品监督管理的部门和卫生主管部门依据各自职责责令改正，给予警告

B. 拒不改正的，处1万元以上10万元以下罚款

C. 情节严重的，责令停产停业，直至由原发证部门吊销医疗器械注册证、医疗器械生产许可证、医疗器械经营许可证

D. 对违法单位的法定代表人、主要负责人、直接负责的主管人员和其他责任人员，没收违法行为发生期间自本单位所获收入，并处所获收入5倍以下罚款，依法给予处分

二、案例分析题

2023年9月20日，云南省元阳县市场监督管理局对某中医医院进行现场检查。经查，当事人使用过期医疗器械"α-羟丁酸脱氢酶测定试剂盒"等产品，涉案货值金额11372.8元。请问该案件如何定性和处罚？并指出法律依据。

三、实训任务

1. 请搜集医疗器械临床使用违规问题，指出违规之处与法律责任。

2. 请自学《医疗机构医用耗材管理办法》，利用思维导图总结要点。

书网融合……

项目小结　　　习题　　　微课

项目七　医疗器械上市后管理

【项目引言】

医疗器械上市后管理是医疗器械上市前审批的重要补充，目的是通过及时有效地发现不良事件，掌握上市产品的安全有效信息，采取合理和必要的应对措施，促使产品的持续改进，以防止、避免或减少类似不良事件的重复发生，更有效地保障公众的身体健康和生命安全。医疗器械上市后管理的重要措施包括医疗器械不良事件监测和再评价、召回管理、建立医疗器械警戒体系等方式，合规开展上述措施能够有效减少或避免其对人体健康和生命安全造成的危害，保障医疗器械使用的安全、有效。

工作任务 7-1　医疗器械不良事件监测与再评价 ⊙微课

PPT

任务目标

【知识目标】

1. 掌握　医疗器械不良事件监测工作流程。

2. 熟悉　医疗器械不良事件报告与评价工作要求。

3. 了解　医疗器械再评价的启动条件和流程。

【能力目标】

能够开展医疗器械不良事件监测与再评价工作。

【素质目标】

加强医疗器械不良事件监测与再评价工作的意识，保证产品风险可控。

典型工作任务

工作情景： 　　　　　　　　　　关注吻合器类产品使用风险

吻合器是外科手术中使用的替代传统手工缝合的医疗器械，主要用于对人体内各种腔道和组织的离断、缝合以及吻合，在临床上广泛应用于腔道残端切口的关闭缝合。国家医疗器械不良事件监测信息系统 2019 年共收到吻合器相关不良事件报告 1099 份，其主要故障表现为成钉不良、无法/部分击发、部件损坏/脱落、打开/闭合困难、吻合失败等；其涉及的主要伤害表现有组织损伤、出血、感染等。经评价表明，吻合器发生相关不良事件主要原因是产品标签和注意事项提示不明确、产品使用培训不到位，以及与此相关的吻合钉尺寸选择不当、钉匣安装错误等问题。

为确保用械安全、降低吻合器类产品的使用风险，建议：一是生产企业在产品使用说明书中进一步明确注意事项、完善标签和警示信息等内容；配合医院加强对医生的操作培训。二是医疗机构严格按照使用说明书进行操作，重视吻合器类产品临床使用风险。

工作任务： 1. 医疗器械注册人、备案人应当如何开展不良事件监测工作？

　　　　　　 2. 如何填报医疗器械不良事件报告表？

一、概述

（一）医疗器械不良事件定义与类别划分

《医疗器械不良事件监测和再评价管理办法》（国家市场监督管理总局令第1号）第四条规定，医疗器械不良事件，是指已上市的医疗器械，在正常使用情况下发生的，导致或者可能导致人体伤害的各种有害事件。需要指出的是，因医疗器械产品质量问题导致的伤害事件或者故障事件均属于医疗器械不良事件的范畴。

拓展1

从患者受害的严重程度来划分，医疗器械不良事件分为死亡事件、严重伤害事件和其他事件三种类型。其中严重伤害事件指的是有下列情况之一者：①危及生命；②导致机体功能的永久性伤害或者机体结构的永久性损伤；③必须采取医疗措施才能避免上述永久性伤害或者损伤。

从患者人数、事件发生集中度来划分，医疗器械不良事件包括个例医疗器械不良事件和群体医疗器械不良事件两种类型。其中群体医疗器械不良事件指的是同一医疗器械在使用过程中，在相对集中的时间、区域内发生，对一定数量人群的身体健康或者生命安全造成损害或者威胁的事件。

> ✎ 知识链接
>
> **医疗器械常见不良事件主要表现举例**
>
> **1. 导尿管**　尿道损伤，尿路感染，尿道红肿、疼痛、分泌物，血尿，尿频、尿急，腰痛，导尿管堵塞、脱落，气囊破裂、连接不牢、漏液，引流瓶连接管变软、易折。
>
> **2. 一次性使用吻合器**　吻合口瘘、局限性腹膜炎、吻合口出血、发热等症状；吻合器闭合不良，把手断裂、脱钉。
>
> **3. 心脏血管内支架**　血管再狭窄，胸闷、胸痛，头晕，急、慢性血栓形成，心肌梗死，血管破裂，支架脱落、断裂、丢失。
>
> **4. 接骨板**　发热，伤口渗液、疼痛，植入物错位、断裂，螺丝松动或断裂或弯曲，骨折畸形愈合，骨折不愈合，假体松动、断裂，术后感染。
>
> **5. 宫内节育器**　脱落、下移，出血、疼痛，意外妊娠、异位妊娠，严重贫血，盆腔炎，子宫穿孔等。
>
> **6. 一次性使用输液器**　主要用于临床重力输液，其在使用中发生或可能发生寒战、高热、恶心、呕吐等症状。调速器失控，注射部位红肿、疼痛、瘙痒、硬结；输液管漏液、漏气，针头钝、针头弯曲或断裂，输液器内有异物，连接处不牢或断裂。
>
> **7. 一次性使用无菌注射器**　主要用于人体注射药液或抽血，在使用中发生或可能发生注射部位疼痛、皮肤瘙痒、寒战、发热等症状。
>
> **8. 静脉留置针**　留置针漏液（接口处、针尾），套管脱落、堵塞、断裂，穿刺部位红肿、疼痛，静脉炎等。
>
> **9. 一次性使用输氧管**　在使用中发生或可能发生流鼻涕，鼻部不适、有灼烧感，鼻根部出现皮疹等症状。
>
> **10. 采血器/输血器**　采血器漏气或堵塞、渗血，针头钝、有异物，针头无针套或故障（弯曲、生锈或断裂），针头与采血器连接不牢，胶塞封闭不严，条码识别错误，血液进入输血器即

发生血凝，分离血清过程中出现结膜现象，血液回收装置连接不牢。

11. 镇痛泵　没有规定时间内用空既定的药物，贮液囊爆裂，不能自行泵注，漏药，固定储液囊支架断裂脱落。

12. 经外周插入的中心静脉导管　在使用中发生或可能发生导管脱落、断裂滑入体内，静脉炎，感染等症状。

13. 医用缝合线　伤口红肿、疼痛、化脓、不愈合或愈合延迟等症状，缝合线（针）断裂，可吸收缝合线吸收不良或不吸收。

14. 手术防粘连剂　在使用中发生或可能发生过敏反应、感染、中毒反应、局部刺激等症状。

15. 吸收性明胶海绵　出现皮肤红肿、瘙痒、发热、感染、创/伤口愈合延迟等症状。

16. 人工晶体　可能发生角膜水肿、角膜损伤、前房出血、眼内炎、青光眼、瞳孔变形移位等症状。

17. 骨水泥　出现一过性低血压、低氧血症、心律失常、心搏骤停、心肺功能障碍等症状。

18. 骨科植入物　出现因植入物变形、折弯、断裂、松动、脱落等而引起过敏反应、疼痛、感染、不愈合等症状。

19. 人工心脏瓣膜　发生开放性卡瓣、瓣叶脱落、碟片被卡、瓣膜狭窄、血栓栓塞、发热、胸闷、气短、心悸等症状。

20. 心脏起搏器　出现心外肌肉收缩、静脉血栓/狭窄、电极导线感染等症状。

21. 义齿　在使用中发生或可能发生牙龈红肿、溃烂、出血等症状。

22. 胰岛素注射笔　出现注射部位疼痛、注射针头漏液、推动困难、笔芯密封不严、笔芯变色等。

23. 角膜接触镜　出现眼睛干涩、红肿、疼痛、流泪、畏光、视物不清、充血、刺激感等症状。

（二）医疗器械不良事件产生原因

医疗器械产品本身和外界干扰等多种因素均会引发医疗器械不良事件，其产生原因主要有以下四个方面。

1. 产品的固有风险　包括设计、材料、临床等多方面因素影响。

（1）设计因素　基于现有的科学技术条件、工艺、认知水平等因素的影响，医疗器械在研发过程中不同程度的存在考虑不全面、设计与实际临床使用不匹配、应用定位模糊不清等问题，出现难以回避的设计缺陷，如医用直线加速器放射治疗中软件错误导致定位错误。

（2）材料因素　医疗器械材料本身及成分可能带来的潜在风险，可直接影响临床使用。如髋关节假体部件材料腐蚀，可能造成血管炎、骨破坏等。

（3）临床应用　主要是临床应用风险比较大的医疗器械，如血管支架手术本身在预期设计和使用过程中存在比较大的风险，包括手术中的状况、支架血栓形成等。

2. 医疗器械性能退化、零部件故障或损坏　医疗器械发生故障或损坏，无法达到预期的功能。如血压计测量不准确，监护仪按键板损坏导致无法使用等。

3. 标签或产品使用说明书中存在错误、缺陷　如产品说明书或标签编写不规范或信息错误导致不良事件的发生。

4. 未按照产品使用说明书的要求使用　如操作人员未按照说明书进行操作，导致输液泵示值出现偏差。

（三）医疗器械不良事件监测的意义

任何医疗器械都不是零风险或者绝对安全的。医疗器械被批准上市，只说明根据上市前评价研究结果，其已知风险和已知效益相比是一个风险可接受的产品，相对于整个产品的生命周期和使用范围来说，这仅是产品风险评价的阶段性结论。一些发生率较低的长期效应或者已知风险的实际发生频次或程度，只有在产品投入市场、大量人群长期使用后才可能被发现或认识。随着科学技术的进步和发展，不断有新技术和新发明发现被用于医疗器械产品，这些新技术可能用于已有产品的更新，也可能是全新的产品。所以，尽管经过前期严格的审批，任何一个上市产品都不是一个完美的产品，需要持续从技术角度、安全风险角度不断地更新和改进。因而医疗器械的风险存在于产品的整个生命周期，将风险的监控和管理贯穿于产品上市前和上市后的全部过程，才能全面促进和保障用械的安全有效。

医疗器械不良事件监测，是指对医疗器械不良事件的收集、报告、调查、分析、评价和控制的过程，旨在发现和识别上市后医疗器械存在的不合理风险，对存在安全隐患的医疗器械采取有效的控制措施，提高产品的安全性，防止伤害事件的重复发生和蔓延，从而保障公众用械安全。通过对医疗器械不良事件的监测和评价，可以为医疗器械监督管理部门提供监管依据；发挥临床使用风险"哨兵"作用，提升风险防控能力，通过采取相应的监管措施，可以减少或者避免同类医疗器械不良事件的重复发生，促进医务人员科学、合理用械，规范医疗操作行为，降低患者、医务人员和其他人员使用医疗器械而造成的风险，有效保障广大人民群众用械安全；可以进一步提高对医疗器械性能和功能的要求，提高医疗器械相关标准，推进企业对新产品的研制和推广，有利于促进我国医疗器械产业的持续、健康发展。

二、医疗器械不良事件监测职责和义务

（一）医疗器械不良事件监测监管部门职责和义务

1. 行政监管部门职责和义务　国家药品监督管理局负责全国医疗器械不良事件监测和再评价的监督管理工作，会同国务院卫生主管部门组织开展全国范围内影响较大并造成严重伤害或者死亡以及其他严重后果的群体医疗器械不良事件的调查和处理，依法采取紧急控制措施。省、自治区、直辖市药品监督管理部门负责本行政区域内医疗器械不良事件监测和再评价的监督管理工作，会同同级卫生主管部门和相关部门组织开展本行政区域内发生的群体医疗器械不良事件的调查和处理，依法采取紧急控制措施。设区的市级和县级药品监督管理部门负责本行政区域内医疗器械不良事件监测相关工作。上级药品监督管理部门指导和监督下级药品监督管理部门开展医疗器械不良事件监测和再评价的监督管理工作。

国务院卫生主管部门和地方各级卫生主管部门负责医疗器械使用单位中与医疗器械不良事件监测相关的监督管理工作，督促医疗器械使用单位开展医疗器械不良事件监测相关工作并组织检查，加强医疗器械不良事件监测工作的考核，在职责范围内依法对医疗器械不良事件采取相关控制措施。上级卫生主管部门指导和监督下级卫生主管部门开展医疗器械不良事件监测相关的监督管理工作。

2. 技术机构职责和义务　国家监测机构负责接收注册人、备案人、经营企业及使用单位等报告的医疗器械不良事件信息，承担全国医疗器械不良事件监测和再评价的相关技术工作；负责全国医疗器械不良事件监测信息网络及数据库的建设、维护和信息管理，组织制定技术规范和指导原则，组织开展国家药品监督管理局批准注册的医疗器械不良事件相关信息的调查、评价和反馈，对市级以上地方药品监

督管理部门批准注册或者备案的医疗器械不良事件信息进行汇总、分析和指导，开展全国范围内影响较大并造成严重伤害或者死亡以及其他严重后果的群体医疗器械不良事件的调查和评价。省、自治区、直辖市药品监督管理部门指定的监测机构（以下简称省级监测机构）组织开展本行政区域内医疗器械不良事件监测和再评价相关技术工作；承担本行政区域内注册或者备案的医疗器械不良事件的调查、评价和反馈，对本行政区域内发生的群体医疗器械不良事件进行调查和评价。设区的市级和县级监测机构协助开展本行政区域内医疗器械不良事件监测相关技术工作。

（二）医疗器械注册人和备案人义务

医疗器械注册人和备案人应当对其上市的医疗器械进行持续研究，评估风险情况，承担医疗器械不良事件监测的责任，根据分析评价结果采取有效控制措施，并履行下列主要义务：①建立包括医疗器械不良事件监测和再评价工作制度的医疗器械质量管理体系；②配备与其产品相适应的机构和人员从事医疗器械不良事件监测相关工作；③主动收集并按照规定的时限要求及时向监测机构如实报告医疗器械不良事件；④对发生的医疗器械不良事件及时开展调查、分析、评价，采取措施控制风险，及时发布风险信息；⑤对上市医疗器械安全性进行持续研究，按要求撰写定期风险评价报告；⑥主动开展医疗器械再评价；⑦配合药品监督管理部门和监测机构组织开展的不良事件调查。境外医疗器械注册人和备案人的除应当履行规定的义务外，还应当与其指定的代理人之间建立信息传递机制，及时互通医疗器械不良事件监测和再评价相关信息。

（三）医疗器械经营企业、使用单位义务

医疗器械经营企业、使用单位的义务如下：①建立本单位医疗器械不良事件监测工作制度，医疗机构还应当将医疗器械不良事件监测纳入医疗机构质量安全管理重点工作；②配备与其经营或者使用规模相适应的机构或者人员从事医疗器械不良事件监测相关工作；③收集医疗器械不良事件，及时向注册人、备案人报告，并按照要求向监测机构报告；④配合注册人、备案人对医疗器械不良事件的调查、评价和医疗器械再评价工作；⑤配合药品监督管理部门和监测机构组织开展的不良事件调查。

三、医疗器械不良事件报告与评价

医疗器械不良事件报告应当遵循可疑即报的原则，即怀疑某事件为医疗器械不良事件时，均可以作为医疗器械不良事件进行报告。导致或者可能导致严重伤害或者死亡的可疑医疗器械不良事件应当报告；创新医疗器械在首个注册周期内，应当报告该产品的所有医疗器械不良事件。报告内容应当真实、完整、准确。

（一）个例医疗器械不良事件报告与评价

1. 医疗器械注册人和备案人工作要求 医疗器械注册人、备案人发现或者获知可疑医疗器械不良事件的，应当立即调查原因，导致死亡的应当在 7 日内报告；导致严重伤害、可能导致严重伤害或者死亡的应当在 20 日内报告。

进口医疗器械的境外注册人、备案人和在境外销售国产医疗器械的注册人、备案人，应当主动收集其产品在境外发生的医疗器械不良事件。其中，导致或者可能导致严重伤害或者死亡的，境外注册人、备案人指定的代理人和国产医疗器械注册人、备案人应当自发现或者获知之日起 30 日内报告。

注册人、备案人在报告医疗器械不良事件后或者通过国家医疗器械不良事件监测信息系统获知相关医疗器械不良事件后，应当按要求开展后续调查、分析和评价，导致死亡的事件应当在 30 日内，导致严重伤害、可能导致严重伤害或者死亡的事件应当在 45 日内向注册人、备案人所在地省级监测机构报

告评价结果。对于事件情况和评价结果有新的发现或者认知的，应当补充报告。个例医疗器械不良事件报告与评价流程详见图7－1，注册人、备案人医疗器械不良事件首次报告表详见表7－1。

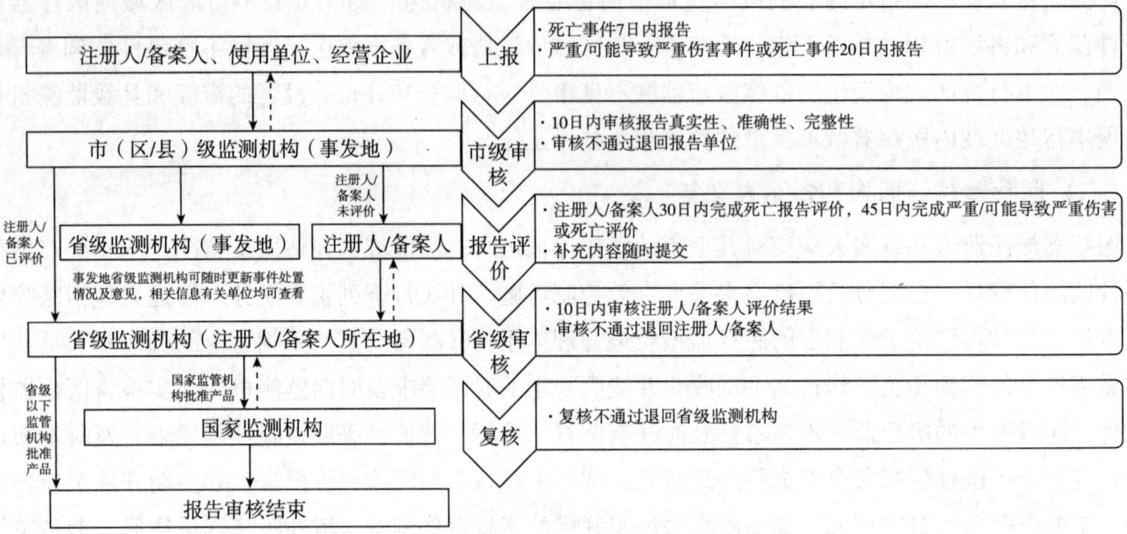

图7－1　个例医疗器械不良事件报告与评价流程图

表7－1　注册人、备案人医疗器械不良事件报告表

注册人、备案人医疗器械不良事件报告表
报告基本情况
报告编码：
报告日期：
报告人：
单位名称：
联系地址：
联系人：
联系电话：
发生地：
医疗器械情况
产品名称＊：
注册证编号＊：
曾用注册证编号：
曾用注册证编号上报：
型号：
规格：
产地＊：
管理类别＊：
产品类别＊：
产品批号：
产品编号：
UDI：

续表

注册人、备案人医疗器械不良事件报告表

生产日期：	
有效期至：	
不良事件情况	
事件发生日期＊：	
事件发现或者获知日期＊：	
伤害＊：	
伤害表现： 伤害表现附件：	
器械故障表现： 器械故障表现附件：	
姓名：	出生日期：
年龄类型：	年龄：
性别：	病历号：
既往病史：	
使用情况	
预期治疗疾病或者作用：	
器械使用日期＊：	
使用场所＊：	场所名称：
使用过程＊：	
合并用药/械情况说明：	
事件调查	
是否开展了调查＊：	
调查情况： 调查情况附件：	
评价结果	
关联性评价＊：	
事件原因分析： 事件原因分析附件：	
是否需要开展产品风险评价＊：	
计划提交时间：	
控制措施	
是否已采取控制措施＊：	

注册人、备案人医疗器械不良事件报告表
具体控制措施： 具体控制措施附件：
未采取控制措施原因：
错报误报
是否错报误报＊：
错报误报原因： 错报误报原因附件：
报告合并
是否合并报告＊：
合并报告编码：
报告审核情况（上报地设区的市级中心）
审核结果＊：
审核意见：
审核人：
审核单位：
审核日期：
评价审核情况（注册人所在地省级监测机构）
审核结果＊：
审核意见：
审核人：
审核单位：
审核日期：
事发地省级意见
意见：
填写人：
填写时间：
评价复核情况（国家监测机构）
复核结果＊：
复核意见：

注：表中标注＊为必填项

2. 医疗器械经营企业、使用单位工作要求　医疗器械经营企业、使用单位发现或者获知可疑医疗器械不良事件的，应当及时告知注册人、备案人。其中，导致死亡的还应当在 7 日内，导致严重伤害、可能导致严重伤害或者死亡的在 20 日内，通过国家医疗器械不良事件监测信息系统报告。

3. 医疗器械不良事件监测机构工作要求　医疗器械注册人、备案人所在地省级监测机构应当在收到注册人、备案人评价结果 10 日内完成对评价结果的审核，必要时可以委托或者会同不良事件发生地省级监测机构对导致或者可能导致严重伤害或者死亡的不良事件开展现场调查。其中，对于国家药品监督管理局批准注册的医疗器械，国家监测机构还应当对省级监测机构作出的评价审核结果进行复核，必要时可以组织对导致死亡的不良事件开展调查。审核和复核结果应当反馈注册人、备案人。对注册人、备案人的评价结果存在异议的，可以要求注册人、备案人重新开展评价。

（二）群体医疗器械不良事件报告与评价

1. 医疗器械注册人和备案人工作要求 医疗器械注册人、备案人发现或者获知群体医疗器械不良事件后，应当在 12 小时内通过电话或者传真等方式报告不良事件发生地省、自治区、直辖市药品监督管理部门和卫生主管部门，必要时可以越级报告，同时通过国家医疗器械不良事件监测信息系统报告群体医疗器械不良事件基本信息，对每一事件还应当在 24 小时内按个例事件报告。

医疗器械注册人、备案人发现或者获知其产品的群体医疗器械不良事件后，应当立即暂停生产、销售，通知使用单位停止使用相关医疗器械，同时开展调查及生产质量管理体系自查，并于 7 日内向所在地及不良事件发生地省、自治区、直辖市药品监督管理部门和监测机构报告。调查应当包括产品质量状况、伤害与产品的关联性、使用环节操作和流通过程的合规性等。自查应当包括采购、生产管理、质量控制、同型号同批次产品追踪等。注册人、备案人应当分析事件发生的原因，及时发布风险信息，将自查情况和所采取的控制措施报所在地及不良事件发生地省、自治区、直辖市药品监督管理部门，必要时应当召回相关医疗器械。群体医疗器械不良事件报告与评价流程详见图 7-2，群体医疗器械不良事件报告表详见表 7-2。

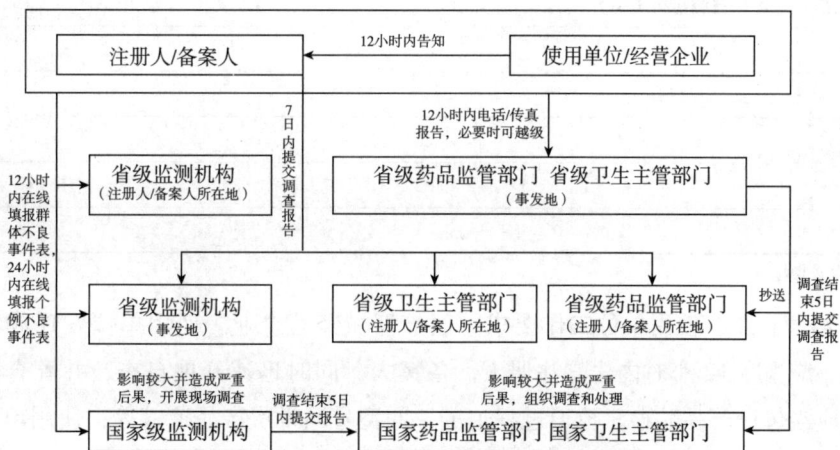

图 7-2 群体医疗器械不良事件报告与评价流程图

表 7-2 群体医疗器械不良事件报告表

群体医疗器械不良事件报告表
报告基本情况
报告编码：
报告日期：
报告人：
报告单位：
事件基本情况
使用单位＊：

续表

群体医疗器械不良事件报告表
用械人数＊：
事件发生人数＊：
发生地区＊：
首例用械时间＊：
首例发生时间＊：
医疗器械情况
注册证编号＊：
产品名称＊：
产品批号：
产品编号：
注册人名称：
型号：
规格：
事件主要表现
伤害表现：
器械故障表现：
事件发生过程＊：
审核情况（报告单位所在地省级监测机构填写）
审核单位：
审核人：
审核日期：
审核结果＊：
审核意见＊：

注：表中标注＊为必填项

2. 医疗器械经营企业、使用单位工作要求　医疗器械经营企业、使用单位发现或者获知群体医疗器械不良事件的，应当在 12 小时内告知注册人、备案人，同时迅速开展自查，并配合注册人、备案人开展调查。自查应当包括产品贮存、流通过程追溯，同型号同批次产品追踪等；使用单位自查还应当包括使用过程是否符合操作规范和产品说明书要求等。必要时，医疗器械经营企业、使用单位应当暂停医疗器械的销售、使用，并协助相关单位采取相关控制措施。

3. 医疗器械不良事件监测机构工作要求　省、自治区、直辖市药品监督管理部门在获知本行政区域内发生的群体医疗器械不良事件后，应当及时向注册人、备案人所在地省、自治区、直辖市药品监督管理部门通报相关信息。会同同级卫生主管部门及时开展现场调查，相关省、自治区、直辖市药品监督管理部门应当配合。调查、评价和处理结果应当及时报国家药品监督管理局和国务院卫生主管部门，抄送注册人、备案人所在地省、自治区、直辖市药品监督管理部门。

对全国范围内影响较大并造成严重伤害或者死亡以及其他严重后果的群体医疗器械不良事件，国家药品监督管理局应当会同国务院卫生主管部门组织调查和处理。国家监测机构负责现场调查，相关省、自治区、直辖市药品监督管理部门、卫生主管部门应当配合。调查内容应当包括医疗器械不良事件发生情况、医疗器械使用情况、患者诊治情况、既往类似不良事件、产品生产过程、产品贮存流通情况以及同型号同批次产品追踪等。

国家监测机构和相关省、自治区、直辖市药品监督管理部门、卫生主管部门应当在调查结束后 5 日内，根据调查情况对产品风险进行技术评价并提出控制措施建议，形成调查报告报国家药品监督管理局和国务院卫生主管部门。注册人、备案人所在地省、自治区、直辖市药品监督管理部门可以对群体不良事件涉及的注册人、备案人开展现场检查。必要时，国家药品监督管理局可以对群体不良事件涉及的境外注册人、备案人开展现场检查。现场检查应当包括生产质量管理体系运行情况、产品质量状况、生产过程、同型号同批次产品追踪等。

📎 知识链接

《医疗器械不良事件监测和再评价管理办法》第七十八条规定，医疗器械不良事件报告的内容、风险分析评价报告和统计资料等是加强医疗器械监督管理、指导合理用械的依据，不作为医疗纠纷、医疗诉讼和处理医疗器械质量事故的依据。对于属于医疗事故或者医疗器械质量问题的，应当按照相关法规的要求另行处理。

该规定明确了如下结论：医疗器械不良事件报告不能直接作为医疗纠纷、医疗诉讼和处理医疗器械质量事故的依据。

四、医疗器械定期风险评价

（一）医疗器械定期风险评价报告要求

医疗器械注册人、备案人应当对上市医疗器械安全性进行持续研究，对产品的不良事件报告、监测资料和国内外风险信息进行汇总、分析，评价该产品的风险与受益，记录采取的风险控制措施，撰写上市后定期风险评价报告。医疗器械注册人、备案人应当自产品首次批准注册或者备案之日起，每满一年后的 60 日内完成上年度产品上市后定期风险评价报告。其中，经国家药品监督管理局注册的，应当提交至国家监测机构；经省、自治区、直辖市药品监督管理部门注册的，应当提交至所在地省级监测机构。第一类医疗器械的定期风险评价报告由备案人留存备查。获得延续注册的医疗器械，应当在下一次延续注册申请时完成本注册周期的定期风险评价报告，并由注册人留存备查。

（二）医疗器械监测机构对定期风险评价报告管理

省级以上监测机构应当组织对收到的医疗器械产品上市后定期风险评价报告进行审核。必要时，应当将审核意见反馈注册人、备案人。省级监测机构应当对收到的上市后定期风险评价报告进行综合分析，于每年 5 月 1 日前将上一年度上市后定期风险评价报告统计情况和分析评价结果报国家监测机构和所在地省、自治区、直辖市药品监督管理部门。国家监测机构应当对收到的上市后定期风险评价报告和省级监测机构提交的报告统计情况及分析评价结果进行综合分析，于每年 7 月 1 日前将上一年度上市后定期风险评价报告统计情况和分析评价结果报国家药品监督管理局。

五、医疗器械重点监测

医疗器械重点监测，是指为研究某一品种或者产品上市后风险情况、特征、严重程度、发生率等，主动开展的阶段性监测活动。省级以上药品监督管理部门可以组织开展医疗器械重点监测，强化医疗器械产品上市后风险研究。国家药品监督管理局会同国务院卫生主管部门确定医疗器械重点监测品种，组织制定重点监测工作方案，并监督实施。国家医疗器械重点监测品种应当根据医疗器械注册、不良事件监测、监督检查、检验等情况，结合产品风险程度和使用情况确定。

国家监测机构组织实施医疗器械重点监测工作，并完成相关技术报告。药品监督管理部门可根据监测中发现的风险采取必要的管理措施。省、自治区、直辖市药品监督管理部门可以根据本行政区域内医疗器械监管工作需要，对本行政区内注册的第二类和备案的第一类医疗器械开展省级医疗器械重点监测工作。

医疗器械重点监测品种涉及的注册人、备案人应当按照医疗器械重点监测工作方案的要求开展工作，主动收集其产品的不良事件报告等相关风险信息，撰写风险评价报告，并按要求报送至重点监测工作组织部门。省级以上药品监督管理部门可以指定具备一定条件的单位作为监测哨点，主动收集重点监测数据。监测哨点应当提供医疗器械重点监测品种的使用情况，主动收集、报告不良事件监测信息，组织或者推荐相关专家开展或者配合监测机构开展与风险评价相关的科学研究工作。

创新医疗器械注册人、备案人应当加强对创新医疗器械的主动监测，制定产品监测计划，主动收集相关不良事件报告和产品投诉信息，并开展调查、分析、评价。创新医疗器械注册人、备案人应当在首个注册周期内，每半年向国家监测机构提交产品不良事件监测分析评价汇总报告。国家监测机构发现医疗器械可能存在严重缺陷的信息，应当及时报国家药品监督管理局。

六、医疗器械风险控制

医疗器械注册人、备案人通过医疗器械不良事件监测，发现存在可能危及人体健康和生命安全的不合理风险的医疗器械，应当根据情况采取以下风险控制措施，并报告所在地省、自治区、直辖市药品监督管理部门：①停止生产、销售相关产品；②通知医疗器械经营企业、使用单位暂停销售和使用；③实施产品召回；④发布风险信息；⑤对生产质量管理体系进行自查，并对相关问题进行整改；⑥修改说明书、标签、操作手册等；⑦改进生产工艺、设计、产品技术要求等；⑧开展医疗器械再评价；⑨按规定进行变更注册或者备案；⑩其他需要采取的风险控制措施。

与用械安全相关的风险及处置情况，注册人、备案人应当及时向社会公布。药品监督管理部门认为注册人、备案人采取的控制措施不足以有效防范风险的，可以采取发布警示信息、暂停生产销售和使用、责令召回、要求其修改说明书和标签、组织开展再评价等措施，并组织对注册人、备案人开展监督检查。对发生群体医疗器械不良事件的医疗器械，省级以上药品监督管理部门可以根据风险情况，采取暂停生产、销售、使用等控制措施，组织对注册人、备案人开展监督检查，并及时向社会发布警示和处置信息。在技术评价结论得出后，省级以上药品监督管理部门应当根据相关法规要求，采取进一步监管措施，并加强对同类医疗器械的不良事件监测。同级卫生主管部门应当在本行政区域内暂停医疗机构使用相关医疗器械，采取措施积极组织救治患者。相关注册人、备案人应当予以配合。

省级以上监测机构在医疗器械不良事件报告评价和审核、不良事件报告季度和年度汇总分析、群体不良事件评价、重点监测、定期风险评价报告等过程中，发现医疗器械存在不合理风险的，应当提出风险管理意见，及时反馈注册人、备案人并报告相应的药品监督管理部门。省级监测机构还应当向国家监测机构报告。注册人、备案人应当根据收到的风险管理意见制定并实施相应的风险控制措施。各级药品监督管理部门和卫生主管部门必要时可以将医疗器械不良事件所涉及的产品委托具有相应资质的医疗器械检验机构进行检验。医疗器械检验机构应当及时开展相关检验，并出具检验报告。

进口医疗器械在境外发生医疗器械不良事件，或者国产医疗器械在境外发生医疗器械不良事件，被采取控制措施的，境外注册人、备案人指定的代理人或者国产医疗器械注册人、备案人应当在获知后

24 小时内，将境外医疗器械不良事件情况、控制措施情况和在境内拟采取的控制措施报国家药品监督管理局和国家监测机构，抄送所在地省、自治区、直辖市药品监督管理部门，及时报告后续处置情况。

可疑医疗器械不良事件由医疗器械产品质量原因造成的，由药品监督管理部门按照医疗器械相关法规予以处置；由医疗器械使用行为造成的，由卫生主管部门予以处置。

七、医疗器械再评价

（一）医疗器械再评价启动条件

医疗器械再评价的启动条件如下：①根据科学研究的发展，对医疗器械的安全、有效有认识上改变的；②医疗器械不良事件监测、评估结果表明医疗器械可能存在缺陷的；③国家药品监督管理部门规定应当开展再评价的其他情形。

（二）医疗器械再评价工作要求

1. 医疗器械注册人、备案人主动开展再评价　医疗器械注册人、备案人应当主动开展再评价，并依据再评价结论，采取相应措施。注册人、备案人开展医疗器械再评价，应当根据产品上市后获知和掌握的产品安全有效信息、临床数据和使用经验等，对原医疗器械注册资料中的综述资料、研究资料、临床评价资料、产品风险分析资料、产品技术要求、说明书、标签等技术数据和内容进行重新评价。再评价报告应当包括产品风险受益评估、社会经济效益评估、技术进展评估、拟采取的措施建议等。

医疗器械注册人、备案人主动开展医疗器械再评价的，应当制定再评价工作方案。通过再评价确定需要采取控制措施的，应当在再评价结论形成后 15 日内，提交再评价报告。其中，国家药品监督管理局批准注册或者备案的医疗器械，注册人、备案人应当向国家监测机构提交；其他医疗器械的注册人、备案人应当向所在地省级监测机构提交。

2. 药品监督管理部门责令开展再评价　医疗器械注册人、备案人未按规定履行医疗器械再评价义务的，省级以上药品监督管理部门应当责令注册人、备案人开展再评价。必要时，省级以上药品监督管理部门可以直接组织开展再评价。省级以上药品监督管理部门责令开展再评价的，注册人、备案人应当在再评价实施前和再评价结束后 30 日内向相应药品监督管理部门及监测机构提交再评价方案和再评价报告。再评价实施期限超过 1 年的，注册人、备案人应当每年报告年度进展情况。医疗器械再评价工作流程详见图 7-3。

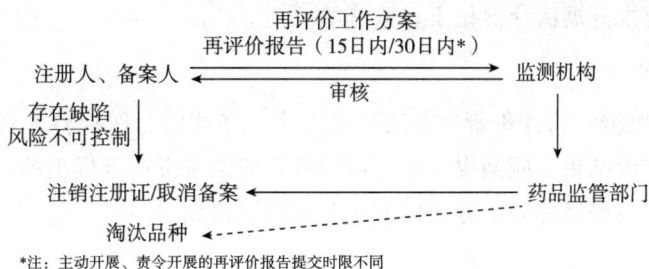

图 7-3　医疗器械再评价工作流程

（三）医疗器械再评价后处理

再评价结果表明已注册或者备案的医疗器械存在危及人身安全的缺陷，且无法通过技术改进、修改说明书和标签等措施消除或者控制风险，或者风险获益比不可接受的，注册人、备案人应当主动申请注销医疗器械注册证或者取消产品备案；注册人、备案人未申请注销医疗器械注册证或者取消备案的，由原发证部门注销医疗器械注册证或者取消备案。

药品监督管理部门应当将注销医疗器械注册证或者取消备案的相关信息及时向社会公布。国家药品监督管理局根据再评价结论，可以对医疗器械品种作出淘汰的决定。被淘汰的产品，其医疗器械注册证或者产品备案由原发证部门予以注销或者取消。被注销医疗器械注册证或者被取消备案的医疗器械不得生产、进口、经营和使用。

八、法律责任

（一）未按要求开展医疗器械不良事件监测

医疗器械注册人、备案人存在下列四种情形之一的：①未主动收集并按照时限要求报告医疗器械不良事件的；②瞒报、漏报、虚假报告的；未按照时限要求报告评价结果或者提交群体医疗器械不良事件调查报告的；③不配合药品监督管理部门和监测机构开展的医疗器械不良事件相关调查和采取的控制措施的。医疗器械经营企业、使用单位有存在下列三种情形之一的：①未主动收集并按照时限要求报告医疗器械不良事件的；②瞒报、漏报、虚假报告的；③不配合药品监督管理部门、卫生健康主管部门和监测机构开展的医疗器械不良事件相关调查的。上述违规情形依照《医疗器械监督管理条例》第八十九条的规定处罚，即由负责药品监督管理的部门和卫生主管部门依据各自职责责令改正，给予警告；拒不改正的，处1万元以上10万元以下罚款；情节严重的，责令停产停业，直至由原发证部门吊销医疗器械注册证、医疗器械生产许可证、医疗器械经营许可证，对违法单位的法定代表人、主要负责人、直接负责的主管人员和其他责任人员处1万元以上3万元以下罚款。

（二）未落实医疗器械不良事件相关制度

《医疗器械不良事件监测和再评价管理办法》第七十三条规定，医疗器械注册人、备案人有下列情形之一的，由县级以上药品监督管理部门责令改正，给予警告；拒不改正的，处5000元以上2万元以下罚款：①未按照规定建立医疗器械不良事件监测和再评价工作制度的；②未按照要求配备与其产品相适应的机构和人员从事医疗器械不良事件监测相关工作的；③未保存不良事件监测记录或者保存年限不足的；④应当注册而未注册为医疗器械不良事件监测信息系统用户的；⑤未主动维护用户信息，或者未持续跟踪和处理监测信息的；⑥未根据不良事件情况采取相应控制措施并向社会公布的；⑦未按照要求撰写、提交或者留存上市后定期风险评价报告的；⑧未按照要求报告境外医疗器械不良事件和境外控制措施的；⑨未按照要求提交创新医疗器械产品分析评价汇总报告的；⑩未公布联系方式、主动收集不良事件信息的；⑪未按照要求开展医疗器械重点监测的。

（三）未开展再评价

《医疗器械不良事件监测和再评价管理办法》第七十二条规定，医疗器械注册人、备案人未按照要求开展再评价、隐匿再评价结果、应当提出注销申请或者取消备案而未提出的，由负责药品监督管理的部门责令改正，给予警告，可以并处1万元以上3万元以下罚款。

🔗 知识链接

我国医疗器械警戒体系建设

在监管科学思路引领下，我国正在积极建立医疗器械警戒制度体系，全面提升医疗器械警戒能力和水平。2020年《国家药监局关于进一步加强药品不良反应监测体系和能力建设的意见》提出探索研究医疗器械警戒制度。2021年发布的《"十四五"国家药品安全及促进高质量发展规划》，提出加强技术支撑能力建设，开展医疗器械警戒研究，探索医疗器械警戒制度。

医疗器械警戒是基于风险管理理念，通过建立制度和质量体系，对医疗器械不良事件和与其有关问题进行识别、评估、控制和预防的科学与活动。医疗器械警戒以不良事件监测评价为基础，贯穿产品全生命周期，实现风险管控、保障和促进公众健康的目标。医疗器械警戒涉及公众、健康从业人员、注册人、卫生健康管理人员、医疗器械监管人员、科研人员等，必须发挥各方所长，积极合作，实现社会共治。

当前构建我国医疗器械药物警戒制度需要做好如下几个方面的工作：加强医疗器械警戒体系顶层设计，强化医疗器械警戒体系技术能力提升，夯实注册人执行警戒制度的主体责任，探索监管科学在警戒体系建设中的实践与运用，加强医疗器械警戒的科普宣传和培训。

【任务总结】

1. 医疗器械不良事件监测，是指对医疗器械不良事件的收集、报告、调查、分析、评价和控制的过程。

2. 个例医疗器械不良事件与群体医疗器械不良事件的报告与评价流程有所区别。

3. 医疗器械注册人、备案人应当对上市医疗器械安全性进行持续研究，向药品监管部门提交定期风险评价报告。

4. 医疗器械注册人、备案人应当主动开展再评价，并依据再评价结论，采取相应措施。

技能巩固

一、选择题

1. 创新医疗器械注册人、备案人在首个注册周期内，每（　　）提交不良事件监测分析评价汇总报告

　　A. 半年　　　　　　　B. 1 年　　　　　　　C. 2 年　　　　　　　D. 5 年

2. 自医疗器械产品首次批准注册或者备案之日起，每满（　　）后的 60 日内完成上年度产品上市后定期风险评价报告

　　A. 1 年　　　　　　　B. 2 年　　　　　　　C. 3 年　　　　　　　D. 4 年

3. 针对群体医疗器械不良事件，注册人、备案人要在（　　）内上报

　　A. 6 小时　　　　　　B. 12 小时　　　　　　C. 24 小时　　　　　　D. 48 小时

4. 医疗器械不良事件监测工作中，国家药品监督管理局与国家监测机构主要负责管理（　　）

　　A. 所有不良事件

　　B. 影响较大的不良事件

　　C. 群体不良事件

　　D. 影响较大并造成严重伤害或者死亡以及其他严重后果的群体不良事件

5. 再评价结果表明已注册或者备案的医疗器械存在危及人身安全的缺陷，且无法通过技术改进、修改说明书和标签等措施消除或者控制风险，或者风险获益比不可接受的，注册人、备案人（　　）

A. 可以继续生产销售医疗器械

B. 适当缩小该品种销售范围

C. 暂停销售医疗器械

D. 应当主动申请注销医疗器械注册证或者取消产品备案

二、思考题

1. 医疗器械注册人/备案人、生产经营企业、使用单位对医疗器械不良事件瞒报、漏报的后果分别是什么？

2. 医疗器械注册人、备案人发现产品有缺陷，可以采取的风险控制措施有哪些？

三、实训任务

1. 请找一个医疗器械不良事件案例，以小组为单位，为医疗器械注册人或备案人填写一份医疗器械不良事件报告表。

2. 以小组为单位，在"国家药品监督管理局"官网查询上一年度国家医疗器械不良事件监测年度报告将核心内容制作成 PPT，进行汇报。

工作任务 7-2　医疗器械召回管理

PPT

任务目标

【知识目标】

1. 掌握　医疗器械召回分级与实施流程。

2. 熟悉　医疗器械主动召回和责令召回的要求。

3. 了解　医疗器械缺陷调查和评估的过程。

【能力目标】

能够制定医疗器械召回计划，学会填写医疗器械召回事件报告表。

【素质目标】

加强医疗器械召回管理的主体责任意识。

典型工作任务

工作情景：　某公司对呼吸机启动一级召回

2024 年 5 月 23 日，美国 FDA 发布关于某公司因可能中断治疗问题召回 OmniLab Advanced + 呼吸机的警示信息，召回级别为 I 级。召回原因是如果出现呼吸机失灵警报，设备可能会中断或失去治疗，这可能会导致通气不足、轻度至重度低氧血症、高碳酸血症、呼吸衰竭、呼吸功能不全，或可能导致死亡。具体召回措施如下：该公司于 2024 年 4 月 1 日通过邮寄信件"紧急医疗器械召回"通知客户。信中描述了产品、问题和应采取的措施。该公司提醒客户参阅用户手册，并在给患者使用呼吸机之前进行临床评估，以确保：①根据患者需求合理设置器械。②有替代通气设备。③适当使用替代监护设备。根据所需的通气支持水平，建议客户为患者使用替代通气源。

工作任务：请为该公司制定呼吸机召回计划，并填写《医疗器械召回事件报告表》。

一、医疗器械召回的定义

医疗器械召回，是指境内医疗器械注册人或备案人、进口医疗器械的境外制造厂商在中国境内指定的代理人按照规定的程序对其已上市销售的某一类别、型号或者批次的存在缺陷的医疗器械产品，采取警示、检查、修理、重新标签、修改并完善说明书、软件更新、替换、收回、销毁等方式进行处理的行为。召回定义中"存在缺陷的医疗器械产品"，具体包括以下四种情况：①正常使用情况下存在可能危及人体健康和生命安全的不合理风险的产品；②不符合强制性标准、经注册或者备案的产品技术要求的产品；③不符合医疗器械生产、经营质量管理有关规定导致可能存在不合理风险的产品；④其他需要召回的产品。

拓展 2

二、医疗器械召回的主体责任

（一）医疗器械注册人、备案人

医疗器械注册人、备案人是控制与消除产品缺陷的责任主体，应当建立健全医疗器械召回管理制度，收集医疗器械安全相关信息，对可能的缺陷产品进行调查、评估，及时主动召回缺陷产品。进口医疗器械的境外制造厂商在中国境内指定的代理人应当将仅在境外实施医疗器械召回的有关信息及时报告国家药品监督管理局；凡涉及在境内实施召回的，中国境内指定的代理人应当按规定组织实施。

（二）医疗器械经营企业、使用单位

医疗器械经营企业、使用单位应当积极协助医疗器械注册人、备案人对缺陷产品进行调查、评估，主动配合注册人、备案人履行召回义务，按照召回计划及时传达、反馈医疗器械召回信息，控制和收回缺陷产品。发现其经营、使用的医疗器械可能为缺陷产品的，应当立即暂停销售或者使用该医疗器械，及时通知医疗器械注册人、备案人或者供货商，并向所在地省、自治区、直辖市药品监督管理部门报告；使用单位为医疗机构的，还应当同时向所在地省、自治区、直辖市卫生主管部门报告。医疗器械经营企业、使用单位所在地省、自治区、直辖市药品监督管理部门收到报告后，应当及时通报医疗器械注册人、备案人所在地省、自治区、直辖市药品监督管理部门。

（三）医疗器械监督管理部门

召回医疗器械的注册人、备案人所在地省、自治区、直辖市药品监督管理部门负责医疗器械召回的监督管理，其他省、自治区、直辖市药品监督管理部门应当配合做好本行政区域内医疗器械召回的有关工作。国家药品监督管理局监督全国医疗器械召回的管理工作，该机构和省、自治区、直辖市药品监督管理部门应当按照医疗器械召回信息通报和信息公开有关制度，采取有效途径向社会公布缺陷产品信息和召回信息，必要时向同级卫生主管部门通报相关信息。

三、医疗器械缺陷的调查与评估

医疗器械注册人、备案人应当按照规定建立健全医疗器械质量管理体系和医疗器械不良事件监测系统，收集、记录医疗器械的质量投诉信息和医疗器械不良事件信息，对收集的信息进行分析，对可能存在的缺陷进行调查和评估。医疗器械经营企业、使用单位应当配合医疗器械注册人、备案人对有关医疗器械缺陷进行调查，并提供有关资料。

医疗器械注册人、备案人应当按照规定及时将收集的医疗器械不良事件信息向药品监督管理部门报告，药品监督管理部门可以对医疗器械不良事件或者可能存在的缺陷进行分析和调查，医疗器械注册人、备案人、经营企业、使用单位应当予以配合。

对存在缺陷的医疗器械产品进行评估的主要内容包括：①产品是否符合强制性标准、经注册或者备案的产品技术要求；②在使用医疗器械过程中是否发生过故障或者伤害；③在现有使用环境下是否会造成伤害，是否有科学文献、研究、相关试验或者验证能够解释伤害发生的原因；④伤害所涉及的地区范围和人群特点；⑤对人体健康造成的伤害程度；⑥伤害发生的概率；⑦发生伤害的短期和长期后果；⑧其他可能对人体造成伤害的因素。

四、医疗器械召回分级

根据医疗器械缺陷的严重程度，医疗器械召回分为：①一级召回，使用该医疗器械可能或者已经引起严重健康危害的；②二级召回，使用该医疗器械可能或者已经引起暂时的或者可逆的健康危害的；③三级召回，使用该医疗器械引起危害的可能性较小但仍需要召回的。医疗器械注册人、备案人应当根据具体情况确定召回级别并根据召回级别与医疗器械的销售和使用情况，科学设计召回计划并组织实施。

五、医疗器械主动召回和责令召回

（一）医疗器械注册人、备案人主动召回

医疗器械注册人、备案人主动召回流程如图 7-4 所示，具体要求如下。

1. 公布医疗器械召回信息　医疗器械注册人、备案人按要求进行调查评估后，确定医疗器械产品存在缺陷的，应当立即决定并实施召回，同时向社会发布产品召回信息。实施一级召回的，医疗器械召回公告应当在国家药品监督管理局网站和中央主要媒体上发布；实施二级、三级召回的，医疗器械召回公告应当在省、自治区、直辖市药品监督管理部门网站发布，省、自治区、直辖市药品监督管理部门网站发布的召回公告应当与国家药品监督管理局网站链接。

医疗器械注册人、备案人作出医疗器械召回决定的，一级召回应当在 1 日内，二级召回应当在 3 日内，三级召回应当在 7 日内，通知到有关医疗器械经营企业、使用单位或者告知使用者。召回通知应当包括以下内容：①召回医疗器械名称、型号规格、批次等基本信息；②召回的原因；③召回的要求，如立即暂停销售和使用该产品、将召回通知转发到相关经营企业或者使用单位等；④召回医疗器械的处理方式。

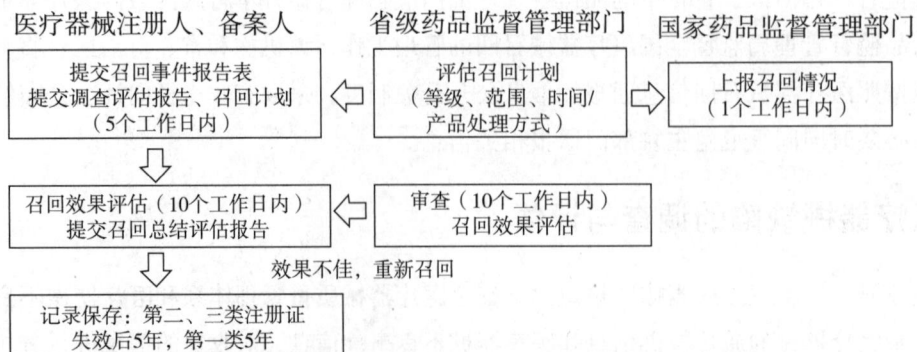

图 7-4　医疗器械注册人、备案人主动召回流程图

2. 医疗器械召回计划及实施　医疗器械注册人、备案人作出医疗器械召回决定的，应当立即向所在地省、自治区、直辖市药品监督管理部门和批准该产品注册或者办理备案的药品监督管理部门提交医疗器械召回事件报告表，并在 5 个工作日内将调查评估报告和召回计划提交至所在地省、自治区、直辖市药品监督管理部门和批准注册或者办理备案的药品监督管理部门备案。其中，调查评估报告应当包括四个方面的内容：①召回医疗器械的具体情况，包括名称、型号规格、批次等基本信息；②实施召回的原因；③调查评估结果；④召回分级。医疗器械召回计划应当包括五个方面的内容：①医疗器械生产销售情况及拟召回的数量；②召回措施的具体内容，包括实施的组织、范围和时限等；③召回信息的公布途径与范围；④召回的预期效果；⑤医疗器械召回后的处理措施。

医疗器械注册人、备案人所在地省、自治区、直辖市药品监督管理部门应当在收到召回事件报告表 1 个工作日内将召回的有关情况报告国家药品监督管理局。医疗器械注册人、备案人所在地省、自治区、直辖市药品监督管理部门可以对注册人、备案人提交的召回计划进行评估，认为注册人、备案人所采取的措施不能有效消除产品缺陷或者控制产品风险的，应当书面要求其采取提高召回等级、扩大召回范围、缩短召回时间或者改变召回产品的处理方式等更为有效的措施进行处理。医疗器械注册人、备案人应当按照药品监督管理部门的要求修改召回计划并组织实施。

医疗器械注册人、备案人对上报的召回计划进行变更的，应当及时报所在地省、自治区、直辖市药品监督管理部门备案。医疗器械注册人、备案人在实施召回的过程中，应当根据召回计划定期向所在地省、自治区、直辖市药品监督管理部门提交召回计划实施情况报告。医疗器械注册人、备案人对召回医疗器械的处理应当有详细的记录，并向医疗器械注册人、备案人所在地省、自治区、直辖市药品监督管理部门报告，记录应当保存至医疗器械注册证失效后 5 年，第一类医疗器械召回的处理记录应当保存 5 年。对通过警示、检查、修理、重新标签、修改并完善说明书、软件更新、替换、销毁等方式能够消除产品缺陷的，可以在产品所在地完成上述行为。需要销毁的，应当在药品监督管理部门监督下销毁。

3. 医疗器械召回效果评估　医疗器械注册人、备案人应当在召回完成后 10 个工作日内对召回效果进行评估，并向所在地省、自治区、直辖市药品监督管理部门提交医疗器械召回总结评估报告。医疗器械注册人、备案人所在地省、自治区、直辖市药品监督管理部门应当自收到总结评估报告之日起 10 个工作日内对报告进行审查，并对召回效果进行评估；认为召回尚未有效消除产品缺陷或者控制产品风险的，应当书面要求注册人、备案人重新召回。医疗器械注册人、备案人应当按照药品监督管理部门的要求进行重新召回。

（二）药品监督管理部门责令召回

药品监督管理部门经过调查评估，认为医疗器械注册人、备案人应当召回存在缺陷的医疗器械产品而未主动召回的，应当责令医疗器械注册人、备案人召回医疗器械（图 7-5）。责令召回的决定可以由医疗器械注册人、备案人所在地省、自治区、直辖市药品监督管理部门作出，也可以由批准该医疗器械注册或者办理备案的药品监督管理部门作出。作出该决定的药品监督管理部门，应当在其网站向社会公布责令召回信息。

医疗器械注册人、备案人应当按照药品监督管理部门的要求进行召回，并按规定向社会公布产品召回信息。必要时，药品监督管理部门可以要求医疗器械注册人、备案人、经营企业和使用单位立即暂停生产、销售和使用，并告知使用者立即暂停使用该缺陷产品。

药品监督管理部门作出责令召回决定，应当将责令召回通知书送达医疗器械注册人、备案人，通知书包括以下内容四个方面的内容：①召回医疗器械的具体情况，包括名称、型号规格、批次等基本信

药品监督管理部门　　　　　　医疗器械注册人、备案人

| 下发责令召回通知书 | | 通知经营企业、使用单位、告知使用者
制定、提交召回计划 |

⇩　　　　　　　　　　　⇩

| 审查
召回效果评价 | ⇨ | 召回总结评估报告 |

效果不佳，重新召回

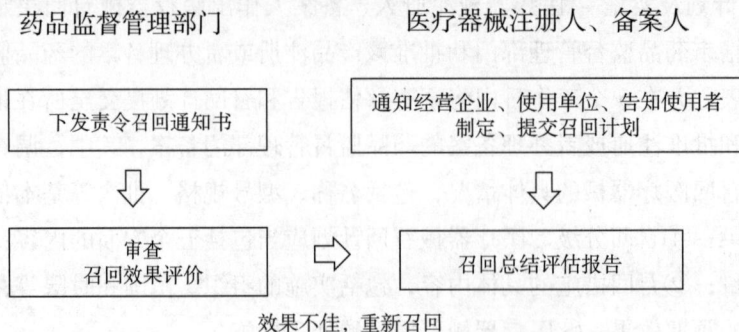

图 7-5　医疗器械责令召回流程图

息；②实施召回的原因；③调查评估结果；④召回要求，包括范围和时限等。

医疗器械注册人、备案人收到责令召回通知书后，应当按规定通知医疗器械经营企业和使用单位或者告知使用者，制定、提交召回计划，并组织实施，并向药品监督管理部门报告医疗器械召回的相关情况，进行召回医疗器械的后续处理。

药品监督管理部门应当按规定对医疗器械注册人、备案人提交的医疗器械召回总结评估报告进行审查，并对召回效果进行评价，必要时通报同级卫生主管部门。经过审查和评价，认为召回不彻底、尚未有效消除产品缺陷或者控制产品风险的，药品监督管理部门应当书面要求医疗器械注册人、备案人重新召回。医疗器械注册人、备案人应当按照药品监督管理部门的要求进行重新召回。

知识链接

美国 FDA 发布关于 A 公司因血液泄露问题召回 HeartMate 3 左心室辅助系统的警示信息

发布日期：2024 年 5 月 10 日

召回级别：I 级，是最严重的召回类型，使用这些产品可能造成严重伤害或者死亡。请注意这是关于产品缺陷的召回，并不是产品撤市。

召回产品：HeartMate 3 左心室辅助系统植入套件

产品代码：请参阅召回数据库条目：Thoratec HeartMate 3，LVAS Implant Kit

美国召回的设备数：882

分销日期：2021 年 3 月 1 日至今

公司发起日期：2024 年 3 月 13 日

产品用途：HeartMate 3 左心室辅助系统（LVAS）用于在心脏无法自行有效泵血时帮助心脏泵血。HeartMate 3 用于严重左心室心力衰竭的儿童和成人患者的短期和长期支持。它可以在等待心脏移植时使用，帮助心脏恢复，也可以在无法选择移植时作为永久解决方案。

HeartMate 3 LVAS 接管左心室的泵送功能，左心室是心脏的主要泵送室。它将虚弱的左心室的血液分流，并将其推进身体的主动脉，帮助血液在全身循环。该设备可在医院内外使用。

召回原因：由于在投诉回顾中发现左心室辅助装置（LVAD）流入套管和心尖袖带之间的密封接口有血液泄漏或空气进入情况，Abbott 开始召回 HeartMate 3 LVAS。在所有报告的问题都在植入装置期间观察到。血液泄漏或空气从该位置进入 LVAD 将影响血流的完整性，并可能导致手术时间超过预期、出血（出血）、右心衰竭或空气栓塞。使用这些设备可能会造成严重伤害或死亡。A 公司报告了 81 起事件，其中 70 人受伤，2 人死亡。

召回措施：2024 年 3 月 20 日，A 公司向客户发出了一封紧急医疗器械更正通知信，建议采取以下行动：未使用的产品不需要退回，因为该产品没有从市场上撤回。如果怀疑或观察到血液泄漏或夹带空气，请遵循标准手术流程和现有使用说明（IFU）；在开始 LVAD 支持之前，必须将装置血室中的残余空气完全排出；在闭合所有伤口之前，确保对出血进行评估，并确保正确止血。使用常规策略解决漏气或手术出血问题，包括：调整泵的位置，等待血液自然凝结，添加手术材料，更换心尖袖带、泵或两者兼而有之；在植入过程中，始终在现场和附近准备完整的备用系统（植入套件和外部组件），以便在紧急情况下使用。

六、法律责任

（一）拒不召回

《医疗器械监督管理条例》第八十六条规定，医疗器械注册人、备案人获知药品监督管理部门责令召回通知后仍拒不召回的，由负责药品监督管理的部门责令改正，没收违法生产经营使用的医疗器械；违法生产经营使用的医疗器械货值金额不足 1 万元的，并处 2 万元以上 5 万元以下罚款；货值金额 1 万元以上的，并处货值金额 5 倍以上 20 倍以下罚款；情节严重的，责令停产停业，直至由原发证部门吊销医疗器械注册证、医疗器械生产许可证、医疗器械经营许可证，对违法单位的法定代表人、主要负责人、直接负责的主管人员和其他责任人员，没收违法行为发生期间自本单位所获收入，并处所获收入30% 以上 3 倍以下罚款，10 年内禁止其从事医疗器械生产经营活动。

（二）未及时发布召回信息

《医疗器械召回管理办法》第三十条规定，医疗器械注册人、备案人未按照要求及时向社会发布产品召回信息，或者未在规定时间内将召回医疗器械的决定通知到医疗器械经营企业、使用单位或者告知使用者的，予以警告，责令限期改正，并处 3 万元以下罚款。

（三）未按规定提交召回资料

《医疗器械召回管理办法》第三十一条规定，医疗器械注册人、备案人未按规定提交医疗器械召回事件报告表、调查评估报告和召回计划、医疗器械召回计划实施情况和总结评估报告的，予以警告，责令限期改正；逾期未改正的，处 3 万元以下罚款。

（四）经营企业、使用单位未按规定执行

《医疗器械召回管理办法》第三十二条规定，医疗器械经营企业、使用单位发现其经营、使用的医疗器械可能为缺陷产品的，应当立即暂停销售或者使用该医疗器械，及时通知医疗器械注册人、备案人或者供货商，并向所在地省、自治区、直辖市药品监督管理部门报告；使用单位为医疗机构的，还应当同时向所在地省、自治区、直辖市卫生主管部门报告。若未实施上述规定，监管部门将责令停止销售、使用存在缺陷的医疗器械，并处 5000 元以上 3 万元以下罚款；造成严重后果的，由原发证部门吊销《医疗器械经营许可证》。

《医疗器械召回管理办法》第三十三条规定，医疗器械经营企业、使用单位拒绝配合有关医疗器械缺陷调查、拒绝协助医疗器械注册人、备案人召回医疗器械的，予以警告，责令限期改正；逾期拒不改正的，处 3 万元以下罚款。

【任务总结】

1. 医疗器械注册人、备案人实施主动召回的，一级召回应当在1日内，二级召回应当在3日内，三级召回应当在7日内，通知到有关医疗器械经营企业、使用单位或者告知使用者。

2. 药品监督管理部门实施责令召回时，必要情况下药品监督管理部门可以要求医疗器械注册人、备案人、经营企业和使用单位立即暂停生产、销售和使用，并告知使用者立即暂停使用该缺陷产品。

技能巩固

一、选择题

单选题

1. 一级召回是指（　　）
   - A. 引起危害的可能性较小但仍需要召回的
   - B. 可能或者已经引起暂时或者可逆的健康危害的
   - C. 可能或者已经引起严重健康危害的
   - D. 患者受到健康危害的

2. 医疗器械注册人、备案人主动实施二级召回的，应当在（　　）内通知到有关医疗器械经营企业、使用单位或者告知使用者
   - A. 1日　　　　　　B. 2日　　　　　　C. 3日　　　　　　D. 7日

3. 医疗器械召回计划不包括（　　）
   - A. 医疗器械生产销售情况及拟召回的数量
   - B. 召回措施的具体内容，包括实施的组织、范围和时限等
   - C. 召回信息的公布途径与范围，召回的预期效果，召回后处理措施
   - D. 召回过程中企业的合规成本

4. 医疗器械注册人、备案人未按照要求及时向社会发布产品召回信息的，应承担的法律责任是（　　）
   - A. 予以警告
   - B. 责令限期改正
   - C. 处3万元以下罚款
   - D. 以上都是

5. 《医疗器械召回管理办法》中对医疗器械注册人、备案人拒绝召回医疗器械，并且情节严重的违法行为，处罚手段是（　　）
   - A. 由县级以上人民政府食品药品监督管理部门责令改正，没收违法生产、经营或者使用的医疗器械
   - B. 违法生产、经营或者使用的医疗器械货值金额不足1万元的，并处2万元以上5万元以下罚款
   - C. 货值金额1万元以上的，并处货值金额5倍以上10倍以下罚款
   - D. 责令停产停业，直至由原发证部门吊销医疗器械注册证、医疗器械生产许可证、医疗器械经营许可证

二、思考题

1. 总结医疗器械召回计划、召回实施与召回评价的要点。

2. 召回的医疗器械给患者造成损害的，患者应当如何追偿？

三、实训任务

请在"国家药品监督管理局"官网查找 3 则医疗器械召回公告，梳理出召回原因、召回批次、召回实施过程等要点。

书网融合……

項目小结　　　　习题　　　　微课

项目八　体外诊断试剂管理

【项目引言】

在现代医学诊断领域，体外诊断试剂可以用于疾病诊断、治疗效果监测、预后评价、健康筛查及遗传疾病预测等，因此被誉为"医生的眼睛"。体外诊断试剂诊断的精准度与其质量息息相关，假如在诊断后出现假阳性、假阴性或者检验数值不准确的情况，会导致疾病的误诊或漏诊，可能会造成延误病情、过度治疗、造成经济损失或形成身心伤害等后果。目前人口老龄化的加剧、居民健康保健意识的增强、国家产业政策的大力支持以及体外诊断技术的进步，大力推动着体外诊断试剂产业的快速发展，保障体外诊断试剂的安全、有效及质量可控是当前工作的重中之重。

工作任务 8 - 1　体外诊断试剂基础知识

PPT

任务目标

【知识目标】

1. 掌握　体外诊断试剂产品分类。

2. 熟悉　体外诊断试剂命名原则。

3. 了解　体外诊断试剂的定义。

【技能目标】

1. 具有检索并能正确适用体外诊断试剂相关法律规范的能力。

2. 具有识别体外诊断试剂管理类别的能力。

3. 学会命名体外诊断试剂产品。

【素质目标】

培养人文社会科学素养，理解并遵守职业道德规范，并具有体外诊断试剂合规意识、质量意识和风险意识。

典型工作任务

工作情景：从 20 世纪初第一台生化分析仪诞生，到免疫分析和分子诊断的兴起，体外诊断行业得到快速发展。目前，全球医疗决策中约有三分之二是依据诊断做出，其中体外诊断已是预防诊断和治疗疾病过程中的重要环节。

工作任务：通过国家药品监督管理局网站，分别检索第一类、第二类和第三类体外诊断试剂各 5 个产品，分析不同体外诊断试剂命名与分类。

一、体外诊断试剂的定义与命名

（一）体外诊断试剂的定义

体外诊断试剂（in vitro Diagnosis，IVD），是指按医疗器械管理的体外诊断试剂，包括在疾病的预测、预防、诊断、治疗监测、预后观察和健康状态评价的过程中，用于人体样本体外检测的试剂、试剂盒、校准品、质控品等产品，可以单独使用，也可以与仪器、器具、设备或者系统组合使用。按照药品管理的用于血源筛查的体外诊断试剂、采用放射性核素标记的体外诊断试剂不属于医疗器械监管范畴。

（二）体外诊断试剂的命名

《体外诊断试剂注册与备案管理办法》规定了体外诊断试剂的命名原则。体外诊断试剂产品名称一般由三部分组成，第一部分是被测物质的名称；第二部分是用途，如测定试剂盒、质控品等；第三部分是方法或者原理，如磁微粒化学发光免疫分析法、荧光 PCR 法、荧光原位杂交法等，本部分应当在括号中列出。如铁蛋白检测试剂盒（化学发光免疫分析法）、载脂蛋白 A2 检测试剂盒（免疫比浊法）。如果被测物组分较多或者有其他特殊情况，可以采用与产品相关的适应症名称或者其他替代名称。第一类产品和校准品、质控品，依据其预期用途进行命名。

二、体外诊断试剂的分类

根据产品风险程度由低到高，体外诊断试剂分为第一类、第二类和第三类体外诊断试剂。其中，第一类体外诊断试剂是指具有较低的个人风险，没有公共健康风险，实行常规管理可以保证其安全、有效的体外诊断试剂，通常为检验辅助试剂；第二类体外诊断试剂是指具有中等的个人风险或公共健康风险，检验结果通常是几个决定因素之一，出现错误的结果不会危及生命或导致重大残疾，需要严格控制管理以保证其安全、有效的体外诊断试剂；第三类体外诊断试剂是指具有较高的个人风险或公共健康风险，为临床诊断提供关键的信息，出现错误的结果会对个人或公共健康安全造成严重威胁，需要采取特别措施严格控制管理以保证其安全、有效的体外诊断试剂。

体外诊断试剂分类目录由国家药品监督管理局制定并发布。国家药品监督管理局根据体外诊断试剂生产、经营、使用情况，及时对体外诊断试剂的风险变化进行分析、评价，对体外诊断试剂分类目录进行调整。现行目录《体外诊断试剂分类目录（2024 年版）》（表 8 - 1）是根据体外诊断试剂的特点编制而成的，分类目录结构由"一级序号、一级产品类别、二级序号、二级产品类别、预期用途、管理类别"六个部分组成，其中"一级产品类别"主要依据《体外诊断试剂分类规则》设立，共 25 个；"二级产品类别"是在一级产品类别项下的进一步细化，主要根据检测靶标设置，原则上不包括方法或原理，共 1852 个；"预期用途"涉及的内容包括被测物及主要临床用途等，其目的主要是用于确定产品的管理类别，不代表对相关产品注册内容的完整描述。申请注册或者办理备案时，有关产品名称和预期用途应当按照《体外诊断试剂注册与备案管理办法》及相关要求执行。假如医疗器械申请人能够在目录中的查询到对应产品，可以直接参考目录中的管理类别。

拓展 1

拓展 2

表 8 - 1 体外诊断试剂分类目录（2024 年版）（部分）

一级序号	一级产品类别	二级序号	二级产品类别	预期用途	管理类别
01	与致病性病原体抗原、抗体以及核酸等检测相关的试剂	01048	肺炎支原体抗原/抗体/核酸检测试剂	用于检测人体样本中的肺炎支原体抗原/IgM 抗体/IgG 抗体/核酸。临床上用于支原体肺炎的辅助诊断	III

一级序号	一级产品类别	二级序号	二级产品类别	预期用途	管理类别
03	与人类基因检测相关的试剂	03021	胎儿染色体非整倍体（T21、T18、T13）检测试剂	用于检测孕妇外周血血浆样本中的游离脱氧核糖核酸。临床上用于分析样本中胎儿游离 DNA 的 21 号、18 号及 13 号染色体数目，对胎儿染色体非整倍体疾病 21 – 三体综合征、18 – 三体综合征和 13 – 三体综合征进行产前辅助判断	III
04	与遗传性疾病相关的试剂	04022	血管性血友病因子检测试剂	用于检测人体样本中血管性血友病因子。临床上用于血管性血友病的辅助诊断和分型	III
05	与麻醉药品、精神药品、医疗用毒性药品检测相关的试剂	05012	吗啡检测试剂	临床上用于检测人体样本中的吗啡	III
06	与治疗药物靶点检测相关的试剂和伴随诊断用试剂	06005	BRCA1 基因和 BRCA2 基因突变检测试剂	用于检测人体样本中的 BRCA1 基因和 BRCA2 基因突变。临床上用于抗肿瘤药物的用药指导	III
11	用于酶类检测试剂	11039	胃蛋白酶检测试剂	用于检测人体唾液样本中胃蛋白酶活性。临床上可用于胃食管及咽喉反流相关疾病的辅助诊断	II
24	仅提供辅助诊断信息的免疫组化用单一抗体试剂	24087	癌胚抗原（CEA）抗体试剂	在常规染色（如 HE 染色）基础上进行免疫组织化学染色，为病理医师提供诊断的辅助信息，不得用于指导临床用药或伴随诊断	I

新研制、尚未列入《体外诊断试剂分类目录》的体外诊断试剂，申请人可以直接申请第三类体外诊断试剂产品注册，也可以依据《体外诊断试剂分类规则》（2021 年第 129 号公告）及国家药监局《关于实施〈体外诊断试剂分类目录〉有关事项的通告》（2024 年第 17 号）判断产品类别并按照医疗器械分类界定工作流程申请分类界定。体外诊断试剂的管理类别应当根据产品风险程度进行判定。影响体外诊断试剂风险程度的因素包括但不限于以下内容：①产品预期用途、适应症以及预期使用环境和使用者的专业知识；②检验结果信息对医学诊断和治疗的影响程度；③检验结果对个人和/或公共健康的影响。《体外诊断试剂分类判定表》详见 8 – 2。

表 8 – 2　体外诊断试剂分类判定表

第一类体外诊断试剂	第二类体外诊断试剂	第三类体外诊断试剂
1. 微生物培养基（不用于微生物鉴别和药敏试验）以及细胞培养基（仅用于细胞增殖培养，不具备对细胞的选择、诱导、分化功能，且培养的细胞用于体外诊断的） 2. 样本处理用产品，如溶血剂、稀释液、染色液、核酸提取试剂等 3. 反应体系通用试剂，如缓冲液、底物液、增强液等	1. 用于蛋白质检测的试剂 2. 用于糖类检测的试剂 3. 用于激素检测的试剂 4. 用于酶类检测的试剂 5. 用于酯类检测的试剂 6. 用于维生素检测的试剂 7. 用于无机离子检测的试剂 8. 用于药物及药物代谢物检测的试剂 9. 用于自身抗体检测的试剂 10. 用于微生物鉴别或药敏试验的试剂以及用于细胞增殖培养，对细胞具有选择、诱导、分化功能，且培养的细胞用于体外诊断的细胞培养基 11. 用于变态反应（过敏原）检测的试剂 12. 用于其他生理、生化或免疫功能指标检测的试剂	1. 与致病性病原体抗原、抗体以及核酸等检测相关的试剂 2. 与血型、组织配型相关的试剂 3. 与人类基因检测相关的试剂 4. 与遗传性疾病相关的试剂 5. 与麻醉药品、精神药品、医疗用毒性药品检测相关的试剂 6. 与治疗药物作用靶点检测相关的试剂和伴随诊断用试剂 7. 与肿瘤标志物检测相关的试剂

表 8 – 2 中第二类体外诊断试剂如用于肿瘤筛查、诊断、辅助诊断、分期等，或者用于遗传性疾病检测的试剂等，按照第三类体外诊断试剂管理。用于药物及药物代谢物检测的试剂，如该药物属于麻醉药品、精神药品或者医疗用毒性药品范围的，按照第三类体外诊断试剂管理。与第一类体外诊断试剂配

合使用的校准品、质控品，按照第二类体外诊断试剂管理；与第二类、第三类体外诊断试剂配合使用的校准品、质控品按与试剂相同的类别管理；多项校准品、质控品，按照其中的高类别管理。

【任务总结】

1. 体外诊断试剂产品名称一般由三部分组成，第一部分是被测物质的名称，第二部分是用途，第三部分是方法或者原理。

2.《体外诊断试剂分类目录》由国家药品监督管理局制订并发布，新研制、尚未列入《体外诊断试剂分类目录》的体外诊断试剂，申请人可以直接申请第三类体外诊断试剂产品注册。也可依据《体外诊断试剂分类规则》判断产品类别并按照医疗器械分类界定工作流程申请分类界定。

技能巩固

一、选择题

单选题

1. 下列属于体外诊断试剂第三类产品的是（   ）

   A. 与致病性病原体抗原、抗体以及核酸等检测相关的试剂

   B. 样本处理用产品，如溶血剂、稀释液、染色液、核酸提取试剂等

   C. 用于酶类检测的试剂

   D. 用于酯类检测的试剂

2. 与第一类体外诊断试剂配合使用的校准品、质控品，按照（   ）体外诊断试剂管理

   A. 相同的类别   B. 第二类   C. 高类别   D. 第三类

3. 下列检测试剂不属于第二类产品的是（   ）

   A. 用于蛋白质检测的试剂   B. 用于酶类检测的试剂

   C. 用于维生素检测的试剂   D. 与肿瘤标志物检测相关的试剂

4. 体外诊断试剂的产品名称一般由（   ）三部分组成

   A. 被测物质的名称、用途、方法或者原理

   B. 被测物质的名称、方法或者原理、用途

   C. 主要成分名称、方法或者原理、用途

   D. 主要成分名称、用途、方法或者原理

5. 下列说法正确的是（   ）

   A. 与遗传性疾病相关的试剂按照第二类体外诊断试剂管理

   B. 第二类体外诊断试剂用于遗传性疾病检测的试剂按照同类别体外诊断试剂管理

   C. 第二类体外诊断试剂用于肿瘤筛查、诊断、辅助诊断按照第三类体外诊断试剂管理

   D. 用于变态反应（过敏原）检测的试剂按照第三类体外诊断试剂管理

二、思考题

1. 为什么要对体外诊断试剂进行分类管理？

2. 在《体外诊断试剂目录》外的与人类基因检测有关的试剂，如何开展分类界定工作？

三、实训任务

在国家药品监督管理局数据库内查找"铁蛋白检测试剂盒（化学发光免疫分析法）"，多厂家涉及此产品，从中挑选 2~3 家企业，查看详细注册信息，并比较异同点。

工作任务 8-2　体外诊断试剂技术评价

PPT

任务目标

【知识目标】

1. **掌握**　体外诊断试剂产品技术要求的内容；体外诊断试剂说明书的格式与内容。
2. **熟悉**　体外诊断试剂检验流程及要求。
3. **了解**　体外诊断试剂临床评价过程。

【技能目标】

1. 具有分析体外诊断试剂产品技术要求性能指标及检验方法的能力。
2. 具有参与体外诊断试剂检验过程的能力。

【素质目标】

培养合法开展体外诊断试剂技术评价，妥善处理人际关系，具备创新意识和敬业精神。

典型工作任务

工作情景： 医疗器械企业为了临床试验的顺利进行，需要有相关从业知识和从业背景的临床监查员（CRA）来保证项目的顺利实施。CRA 需要有专业知识基础，需要熟悉适当的法律法规，具有数据管理、分析与总结的能力，还需要具备项目管理、团队合作、沟通谈判的软实力。目前国内 CRA 人才市场面临比较严重的缺口。

工作任务： 如果你作为某企业的 CRA，该企业的"Ⅲ型前胶原检测试剂盒（化学发光免疫分析法）"项目正准备进入临床试验阶段，请通过"医疗器械临床试验机构备案管理信息系统"，检索获得资质认可的临床试验机构备案情况，选择相适应的临床研究机构，按规定开展临床试验。

一、体外诊断试剂研制

《体外诊断试剂注册与备案管理办法》明确规定，体外诊断试剂研制应当遵循风险管理原则，考虑现有公认技术水平，确保产品所有已知和可预见的风险以及非预期影响最小化并可接受，保证产品在正常使用中受益大于风险。从事体外诊断试剂产品研制实验活动，应当符合我国相关法律、法规和强制性标准等的要求。

体外诊断试剂研制，应当根据产品预期用途和技术特征开展体外诊断试剂非临床研究。非临床研究指在实验室条件下对体外诊断试剂进行的试验或者评价，包括主要原材料的选择及制备、产品生产工艺、产品分析性能、阳性判断值或者参考区间、产品稳定性等的研究。申请注册或者进行备案，应当提交研制活动中产生的非临床证据。体外诊断试剂非临床研究过程中确定的功能性、安全性指标及方法应当与产品预期使用条件、目的相适应，研究样品应当具有代表性和典型性。必要时，应当进行方法学验证、统计学分析。

二、体外诊断试剂产品技术要求

体外诊断试剂注册申请人或者备案人应当在原材料质量和生产工艺稳定的前提下，根据产品研制、临床评价等结果，依据国家标准、行业标准及有关文献资料，拟定产品技术要求。产品技术要求主要包括体外诊断试剂成品的可进行客观判定的功能性、安全性指标和检测方法。其中性能指标是指可进行客观判定的成品的功能性、安全性指标以及与质量控制相关的其他指标。检验方法是用于验证产品是否符合规定要求的方法，检验方法的制定应与相应的性能指标相适应。

第三类体外诊断试剂的产品技术要求中应当以附录形式明确主要原材料以及生产工艺要求。第一类体外诊断试剂的产品技术要求由备案人办理备案时提交药品监督管理部门。第二类、第三类体外诊断试剂的产品技术要求由药品监督管理部门在批准注册时予以核准。在中国上市的体外诊断试剂应当符合经注册或者备案的产品技术要求。

三、体外诊断试剂检验

申请注册或者进行备案，应当按照产品技术要求进行检验，并提交检验报告。检验合格的，方可开展临床试验或者申请注册、进行备案。申请注册或者进行备案提交的检验报告可以是申请人、备案人的自检报告，也可以是委托有资质的医疗器械检验机构出具的检验报告。第三类体外诊断试剂应当提供 3 个不同生产批次产品的检验报告。

申请注册检验，申请人应当向检验机构提供注册检验所需要的有关技术资料、注册检验用样品、产品技术要求及标准品或者参考品。同一注册申请包括不同包装规格时，可以只进行一种包装规格产品的检验，检验用产品应当能够代表申请注册或者进行备案产品的安全性和有效性，其生产应当符合医疗器械生产质量管理规范的相关要求。境内申请人的注册检验用样品由药品监督管理部门抽取。对于有适用的国家标准品的，应当使用国家标准品对试剂进行检验。中国食品药品检定研究院负责组织国家标准品的制备和标定工作。

医疗器械检验机构应当具有医疗器械检验资质，在其承检范围内依据产品技术要求对相关产品进行检验，并对申请人提交的产品技术要求进行预评价。预评价意见随注册检验报告一同出具给申请人。尚未列入医疗器械检验机构承检范围的产品，由相应的注册审批部门指定有能力的检验机构进行检验。

四、体外诊断试剂产品说明书

体外诊断试剂说明书承载了产品预期用途、检验方法、对检验结果的解释、注意事项等重要信息，是指导使用者正确操作、临床医生准确理解和合理应用试验结果的重要技术性文件。由于体外诊断试剂产品专业跨度大、方法学多样、临床预期用途各异，产品的说明书内容不尽相同。

为了指导体外诊断试剂说明书编写工作，国家药品监督管理局医疗器械技术审评中心发布了《体外诊断试剂说明书编写指导原则》，该指导原则对体外诊断试剂产品说明书编写的格式及各项内容的撰写进行了详细说明，其目的是为编写体外诊断试剂说明书提供原则性指导，同时也为注册管理部门审核说明书提供技术参考。申请人应根据产品特点及临床预期用途编写说明书，以便关注者获取准确信息。

（一）体外诊断试剂说明书格式

××××（产品通用名称）说明书

【产品名称】
【包装规格】
【预期用途】
【检验原理】
【主要组成成分】
【储存条件及有效期】
【适用仪器】
【样本要求】
【检验方法】
【阳性判断值或者参考区间】
【检验结果的解释】
【检验方法的局限性】
【产品性能指标】
【注意事项】
【标识的解释】
【参考文献】
【基本信息】
【医疗器械注册证编号/产品技术要求编号】（或者【医疗器械备案编号/产品技术要求编号】）
【说明书批准日期/生效日期及修改日期】
以上项目如对于某些产品不适用，说明书中可以缺省。

（二）各项内容撰写的说明

产品说明书内容原则上应全部使用中文进行表述；如含有国际通用或行业内普遍认可的英文缩写，可用括号在中文后标明；对于确实无适当中文表述的词语，可使用相应英文或其缩写表示。

1. 产品名称　通用名称应当按照《体外诊断试剂注册与备案管理办法》规定的命名原则进行命名，可适当参考相关"分类目录"和/或国家标准及行业标准。除特殊用途产品可在通用名称中注明样本类型外，其余产品的通用名称中均不应当出现样本类型、定性/定量等内容。进口体外诊断试剂的英文（原文）名称，原则上应与境外申请人注册地或者生产地所在国家（地区）准许该产品上市销售的证明文件或英文（原文）说明书保持一致。

2. 包装规格　注明可测试的样本数或装量，如××测试/盒、××人份/盒、××mL，除国际通用计量单位外，其余内容均应采用中文进行表述。如产品有不同组分，可以写明组分名称。如有货号，可增加货号信息。

3. 预期用途

（1）对于检测试剂　首段内容详细说明检测的分析物、检测类型（定性/定量/半定量）、样本类型（如血清、血浆、尿液、脑脊液等）。若用于自测或样本来源于特殊受试人群（如孕妇、新生儿等），应当予以明确。具体表述形式根据产品特点做适当调整。第二段应详细说明预期用途，包括适用人群、相关的临床适应证和检测目的等（如适用于××人群的××疾病的辅助诊断、鉴别诊断、筛查或监测等）。其余段落对被测分析物进行背景介绍、说明相关的临床或实验室诊断方法；说明与预期用途相关的临床背景情况；说明被测分析物与临床适应证的关系。

（2）对于单独注册的校准品和质控品　首段内容明确预期用途，明确配合使用试剂的产品名称及其注册人（备案人）名称。

4. 检验原理　详细说明检验原理、方法，必要时可采用图示方法描述。

5. 主要组成成分

（1）对于产品中包含的试剂组分　①说明各组分的名称、数量、装量。②说明各组分中的核心反应成分（如抗体、抗原、引物探针、酶等）、其他生物活性材料（如抗生物素抗体、抗体阻断剂、链霉亲和素等）、固相载体（如芯片、硝酸纤维素膜、磁微粒、微孔板等）、显色/发光物质（如胶体金、吖啶酯等）、基质、防腐剂。抗原/抗体等生物活性材料应提供其生物学来源和特性。必要时，明确组分在基质中的浓度、比例等信息。③多组分试剂盒应明确说明不同批号试剂盒中各组分是否可以互换。④如盒中包含耗材，应列明耗材名称、数量等信息。如塑料滴管、封板膜、自封袋等。

（2）需要但未提供的试剂　对于产品中不包含，但对检测必需的试剂如核酸提取试剂、单独注册的校准品/质控品、样本保存液等应列明各试剂的产品名称、注册人（备案人）、货号及其注册证编号（备案编号）。

（3）需要但未提供的软件　若有配合使用的单独注册的软件，列明软件名称、发布版本号、注册人、注册证号等信息。

（4）对于校准品和质控品　①说明浓度水平、核心反应成分及其生物学来源，明确基质、防腐剂等。②注明校准品的定值及其溯源性。③注明质控品的靶值和靶值范围。④若校准品或质控品的值为批特异，可注明批特异，并附单独的靶值。⑤针对单独注册的校准品和质控品，在"需要但未提供的试剂"项下列明配合使用试剂的产品名称、注册人（备案人）、货号及其注册证编号（备案编号）。

（5）如配合使用试剂或软件正在进行注册（备案），注册证编号（备案编号）可先留空，在完成注册（备案）后由注册人（备案人）自行添加。

6. 储存条件及有效期　首段明确货架保存条件和有效期，如2~8℃保存，有效期12个月。同时明确特殊保存条件，如禁止冷冻、光线和湿度要求等。其他段落描述以下内容：明确各组分的使用稳定性，包括开封保存条件和保存时长、冻融次数、机载稳定性等。明确生产日期、使用期限/失效日期/有效期至见标签。若各组分的保存条件不一致，应分别描述。若各组分的有效期不同，则试剂盒的有效期为最短保存时间。

7. 适用仪器　说明适用的仪器及其型号，并提供与仪器有关的信息以便用户能够正确选择使用。

8. 样本要求　应在以下几方面进行说明：①适用的样本类型。②详细描述样本的采集和保存方法，明确样本收集过程中的注意事项，如采样部位、采样时间、采样拭子要求等。③为保证样本各组分稳定所必需的抗凝剂、样本保存液等。④若特定样本不适用或需进一步处理后使用，需明确。⑤样本稳定性。明确能够保证样本稳定保存的条件。如需冻存，应明确冻存条件和冻融次数。

9. 检验方法　①样本的处理：详细描述样本的处理方式和步骤，如样本的灭活方式、核酸提取过程等，需要稀释的样本应明确稀释液种类及稀释比例。若处理后样本无法即刻进行检测，还应明确处理后样本的保存条件和时间。②试剂配制：各试剂组分的稀释、混合及其他必要的程序。③反应步骤、反应体系和参数设置：详细描述反应步骤和各反应步骤所需试验条件，如pH、时间、温度、波长等。明确样本和检测过程中各组分的用量体积。④明确试验过程中必须注意的事项。⑤校准程序：详细描述校准品的准备和使用、校准曲线的绘制过程，明确校准周期。⑥质量控制程序：详细描述质控品的使用、质量控制方法。⑦试验结果的计算或读取：包括对每个系数及对每个计算步骤的解释。如果可能，应举例说明。⑧自测类产品应以形象、通俗易懂的书写展示操作步骤，指导用户使用，必要时可补充图示。

10. 阳性判断值或者参考区间　明确阳性判断值或者参考区间，并简要说明建立和验证阳性判断值或者参考区间的基本信息，包括样本量、人群特征（如性别、年龄、种族等）和采用的统计学方法。

11. 检验结果的解释　依据阳性判断值或参考区间对检测结果进行解释说明，必要时可采用图示的方法进行说明。说明在何种情况下需要进行复测或确认试验。说明可能对试验结果产生影响的因素。

12. 检验方法的局限性　说明该检验方法的局限性。

13. 产品性能指标　此项内容为分析性能研究资料和临床评价资料的总结，应概括描述每项分析性能研究如准确度/正确度、精密度、灵敏度、测量区间及可报告区间、分析特异性、高剂量钩状效应、包容性等适用项目的研究方法和结果。概括描述临床评价包括免于临床试验的临床评价和临床试验的方法和结果。

14. 注意事项　注明必要的注意事项，如本品仅用于体外诊断等。如该产品含有人源或动物源性物质，应给出具有潜在感染性的警告。

15. 标识的解释　说明书和标签中如有图形或符号，请解释其代表的意义。

16. 参考文献　列明引用的参考文献。

17. 基本信息

（1）境内体外诊断试剂　①注册人（备案人）与生产企业为同一企业的，按以下格式标注基本信息：注册人（备案人）/生产企业名称、住所、联系方式、售后服务单位名称、联系方式、生产地址、生产许可证编号或者生产备案编号。②委托生产的按照以下格式标注基本信息：注册人（备案人）名称、住所、联系方式、售后服务单位名称、联系方式、受托生产企业的名称、住所、生产地址、生产许可证编号或者生产备案编号。

（2）进口体外诊断试剂　按照以下格式标注基本信息，注册人（备案人）/生产企业名称、住所、生产地址、联系方式、售后服务单位名称、联系方式、代理人的名称、住所、联系方式。

18. 医疗器械注册证编号/产品技术要求编号或医疗器械备案编号/产品技术要求编号　注明该产品的注册证编号或者备案编号。

19. 说明书批准日期/生效日期及修改日期　注明该说明书批准日期/生效日期及修改日期。

五、体外诊断试剂临床评价

（一）临床评价的概念

体外诊断试剂临床评价，是指采用科学合理的方法对临床数据进行分析、评价，对产品是否满足使用要求或者预期用途进行确认，以证明体外诊断试剂的安全性、有效性的过程。同一注册申请包括不同包装规格时，可以只采用一种包装规格的产品进行临床评价，临床评价用产品应当代表申请注册或者进行备案产品的安全性和有效性。

体外诊断试剂临床评价资料，是指申请人进行临床评价所形成的文件。开展临床试验的，临床试验资料包括临床试验方案、伦理委员会意见、知情同意书、临床试验报告以及相关数据等。校准品、质控品单独申请注册不需要提交临床评价资料。列入免于进行临床试验目录的体外诊断试剂，临床评价资料包括与同类已上市产品的对比分析、方法学比对数据、相关文献数据分析和经验数据分析等。

（二）临床试验的概念及原则

体外诊断试剂临床试验是指在相应的临床环境中，对体外诊断试剂的临床性能进行的系统性研究。现行规范是国家药品监督管理局发布的《体外诊断试剂临床试验技术指导原则》（2021年第72号）。体外诊断试剂临床试验的基本原则如下。

1. 伦理原则　临床试验应当遵循《世界医学大会赫尔辛基宣言》的伦理准则和国家涉及人的生物医学研究伦理的相关要求，应当经伦理委员会审查并同意。研究者需考虑临床试验用样本，如血液、尿液、痰液、脑脊液、粪便、阴道分泌物、鼻咽拭子、组织切片、骨髓、羊水等的获得和试验结果对受试者的风险，提请伦理委员会审查，确保临床试验不会将受试者置于不合理的风险之中，并按要求获得受试者（或其监护人）的知情同意。

2. 科学原则　临床试验的开展应建立在临床前研究的基础上，具有充分的科学依据和明确的试验目的。应根据产品预期用途、相关疾病的流行病学背景和统计学要求等，对临床试验进行科学的设计，同时最大限度控制试验误差、提高试验质量，对试验结果进行科学合理的分析。在保证试验结果科学、准确、可信的同时，尽可能做到高效、快速、经济。

3. 依法原则　《体外诊断试剂临床试验技术指导原则》是在《医疗器械监督管理条例》（国务院令第 739 号）、《体外诊断试剂注册与备案管理办法》（国家市场监督管理总局令第 48 号）和《医疗器械临床试验质量管理规范》的法规框架下制定的。体外诊断试剂临床试验的开展应符合相关法规、规章的要求。

（三）临床试验豁免

办理第一类体外诊断试剂备案，无须进行临床试验。申请第二类、第三类体外诊断试剂注册，应当进行临床试验。有下列情形之一的，可以免于进行临床试验：①反应原理明确、设计定型、生产工艺成熟，已上市的同品种体外诊断试剂临床应用多年且无严重不良事件记录，不改变常规用途的；②通过进行同品种方法学比对的方式能够证明该体外诊断试剂安全、有效的。免于进行临床试验的体外诊断试剂，申请人应当通过对符合预期用途的临床样本进行同品种方法学比对的方式证明产品的安全性、有效性。免于进行临床试验的第二类、第三类体外诊断试剂目录由国家药品监督管理局制定、调整并公布。

（四）临床试验备案

开展体外诊断试剂临床试验，应当按照医疗器械临床试验质量管理规范的要求，在具备相应条件并按照规定备案的医疗器械临床试验机构内进行。临床试验开始前，临床试验申办者应当向所在地省、自治区、直辖市药品监督管理部门进行临床试验备案。临床试验体外诊断试剂的生产应当符合医疗器械生产质量管理规范的相关要求。

（五）临床试验机构

体外诊断试剂的临床试验机构应获得国家药品监督管理局资质认可。第三类体外诊断试剂申请人应当选定不少于 3 家（含 3 家）、第二类体外诊断试剂申请人应当选定不少于 2 家（含 2 家）临床试验机构，按照有关规定开展临床试验。申请人应根据产品特点及其预期用途，综合不同地区人种、流行病学背景、病原微生物的特性等因素选择临床试验机构。临床试验机构必须具有与试验用体外诊断试剂相适应的专业技术人员及仪器设备，并能够确保该项试验的实施。

（六）临床试验报告

临床试验报告应该对试验的整体设计及其关键点给予清晰、完整的阐述，应该对试验实施过程进行条理分明的描述，应该包括必要的基础数据和统计分析方法。申请人或临床试验牵头单位应对各临床试验机构的报告进行汇总，并完成临床试验总结报告。临床试验报告的格式分为首篇、正文。首篇是每份临床试验报告的第一部分，所有临床试验报告均应包含该部分内容；所含内容包括封面标题、目录、研究摘要、试验研究人员、缩略语。正文内容包括引言、研究目的、试验管理、试验设计、临床试验结果及分析、讨论和结论、有关临床试验中特别情况的说明以及附件等。

（七）临床试验风险控制

对于体外诊断试剂临床试验期间出现的临床试验体外诊断试剂相关严重不良事件，或者其他严重安全性风险信息，临床试验申办者应当按照相关要求，分别向所在地和临床试验机构所在地省、自治区、直辖市药品监督管理部门报告，并采取风险控制措施。未采取风险控制措施的，省、自治区、直辖市药品监督管理部门依法责令申办者采取相应的风险控制措施。

体外诊断试剂临床试验中出现大范围临床试验体外诊断试剂相关严重不良事件，或者其他重大安全性问题时，申办者应当暂停或者终止体外诊断试剂临床试验，分别向所在地和临床试验机构所在地省、自治区、直辖市药品监督管理部门报告。未暂停或者终止的，省、自治区、直辖市药品监督管理部门依法责令申办者采取相应的风险控制措施。

（八）拓展性临床试验

对正在开展临床试验的用于诊断严重危及生命且尚无有效诊断手段的疾病的体外诊断试剂，经医学观察可能使患者获益，经伦理审查、知情同意后，可以在开展体外诊断试剂的临床试验的机构内免费用于其他病情相同的患者，其安全性数据可以用于体外诊断试剂注册申请。

⇒ 案件直击

A公司检测试剂盒临床试验真实性存在问题

为贯彻落实《医疗器械监督管理条例》，加强医疗器械临床试验监督管理，国家药品监督管理局组织开展医疗器械注册申请项目临床试验监督抽查，发现广东A公司申报注册的呼吸道合胞病毒、甲型流感病毒、乙型流感病毒、腺病毒抗原联合检测试剂盒（流式细胞仪法－FITC/PE/Cy5/PC7）（受理号：CSZ2100014）存在临床试验真实性问题。该临床试验318例样本临床试验数据汇总表检测时间与原始仪器记录检测时间不一致，临床试验总结报告病毒鉴定结果数据与原始文件不一致。根据《中华人民共和国行政许可法》第七十八条和《体外诊断试剂注册管理办法》第四十九条规定，对该注册申请项目不予注册，并自不予注册之日起一年内不予再次受理该项目的注册申请。

思考：体外诊断试剂临床试验需要遵守哪些规定？如何开展临床试验工作？

【任务总结】

1.《体外诊断试剂注册与管理办法》《医疗器械临床试验质量管理规范》《体外诊断试剂临床试验技术指导原则》等法规规定了体外诊断试剂的研制、产品技术要求、检验、临床评价等工作要求。

2. 体外诊断试剂注册人、备案人可以结合体外诊断试剂产品特点和临床用途，依照《体外诊断试剂说明书编写指导原则》来编写产品说明书。

技能巩固

一、选择题

单选题

1. 第（　）类体外诊断试剂的产品技术要求中应当以附录形式明确主要原材料以及生产工艺要求

A. 一　　　　　B. 二　　　　　C. 三　　　　　D. 二或三

2. 第三类体外诊断试剂应当提供（　）个不同生产批次产品的检验报告

A. 2　　　　　B. 3　　　　　C. 6　　　　　D. 5

3. 下列说法正确的是（　　）

　　A. 同一注册申请包括不同包装规格时，需要对每个包装规格产品都进行临床评价

　　B. 校准品、质控品单独申请注册需要提交临床评价资料

　　C. 同一注册申请包括不同包装规格时，可以只采用一种包装规格产品进行临床评价

　　D. 列入免于进行临床试验目录的体外诊断试剂无需提交临床评价资料

4. 体外诊断试剂产品说明书不包括（　　）

　　A. 样本要求　　　　　　　B. 检验原理　　　　　　　C. 临床评价　　　　　　　D. 检验方法

5. 第二类体外诊断试剂申请人应当选定不少于（　　）家临床试验机构，按照有关规定开展临床试验

　　A. 2　　　　　　　　　　B. 3　　　　　　　　　　C. 1　　　　　　　　　　D. 4

二、简答题

1. 在体外诊断试剂检验过程中，需要注意的事项有哪些？

2. 结合相关法规要求，思考拟定体外诊断试剂产品技术要求的注意事项。

三、实训任务

　　从《体外诊断试剂分类目录》中选取 1 个第三类体外诊断试剂，根据《体外诊断试剂注册与备案管理办法》《体外诊断试剂说明书编写指导原则》、《×××试剂注册技术审查指导原则》等相关法律法规，尝试撰写其说明书。

工作任务 8-3　体外诊断试剂注册与备案管理

PPT

任务目标

【知识目标】

1. 掌握　体外诊断试剂备案和注册程序。

2. 熟悉　体外诊断试剂注册与备案基本要求。

3. 了解　体外诊断试剂特殊注册程序。

【技能目标】

1. 能够编制和整理体外诊断试剂备案、注册申报、注册变更、延续注册相关资料。

2. 具有从事体外诊断试剂注册职业岗位的能力。

【素质目标】

培养及时跟踪贯彻体外诊断试剂法律法规的能力，具有合规意识，并具备诚实守信、严谨细致的职业素养。

典型工作任务

　　工作情景：癌症是人类的噩梦，早筛查、早诊断、早治疗是降低癌症发病率、死亡率的关键。《健康中国行动 2022 年工作要点》中明确指出，要推进区县级癌症筛查和早诊早治中心建设试点、总结推广癌症筛查工作机制和管理模式，深化健康城市建设，推动健康中国行动创新模式试点（癌症防控）工作，推进国家癌症防控平台优化和居民应用。甲胎蛋白（AFP）是早期诊断原发性肝癌最敏感、最特

异的指标，适用于大规模普查，如果成人血 AFP 值升高，则表示有患肝癌的可能。

　　工作任务：1. 在国家药品监督管理局数据库内查找"AFP"，多厂家涉及此产品，从中挑选 2～3 家
　　　　　　　　企业，查看详细注册信息，比较异同点。

　　　　　　　2. 请明确 AFP 注册申请、变更注册、延续注册申报资料的要求。

一、概述

　　《体外诊断试剂注册与备案管理办法》（国家市场监督管理总局令第 48 号）规定了体外诊断试剂注册与备案的具体要求。体外诊断试剂备案，是指体外诊断试剂备案人（以下简称备案人）依照法定程序和要求向药品监督管理部门提交备案资料，药品监督管理部门对提交的备案资料存档备查的活动。体外诊断试剂注册，是指体外诊断试剂注册申请人（以下简称申请人）依照法定程序和要求提出体外诊断试剂注册申请，药品监督管理部门依据法律法规，基于科学认知，进行安全性、有效性和质量可控性等审查，决定是否同意其申请的活动。体外诊断试剂的注册或者备案单元应为单一试剂或者单一试剂盒，一个注册或者备案单元可以包括不同的包装规格。校准品、质控品可以与配合使用的体外诊断试剂合并申请注册，也可以单独申请注册。

拓展 3

　　国家药品监督管理局依法建立健全体外诊断试剂标准、技术指导原则等体系，规范体外诊断试剂技术审评和质量管理体系核查，指导和服务体外诊断试剂研发和注册申请。体外诊断试剂注册与备案遵循依法、科学、公开、公平、公正的原则。药品监督管理部门依法及时公开体外诊断试剂注册、备案相关信息，申请人可以查询审批进度和结果，公众可以查阅审批结果。未经申请人同意，药品监督管理部门、专业技术机构及其工作人员、参与评审的专家等人员不得披露申请人或者备案人提交的商业秘密、未披露信息或者保密商务信息，法律另有规定或者涉及国家安全、重大社会公共利益的除外。国家药品监督管理局对临床急需体外诊断试剂实行优先审批，对创新体外诊断试剂实行特别审批。鼓励体外诊断试剂的研究与创新，推动医疗器械产业高质量发展。

二、体外诊断试剂注册与备案的基本要求

（一）体外诊断试剂注册与备案分类管理

　　第一类体外诊断试剂实行产品备案管理，第二类、第三类体外诊断试剂实行产品注册管理。境内第一类体外诊断试剂备案，备案人向设区的市级负责药品监督管理的部门提交备案资料。境内第二类体外诊断试剂由省、自治区、直辖市药品监督管理部门审查，批准后发给医疗器械注册证。境内第三类体外诊断试剂由国家药品监督管理局审查，批准后发给医疗器械注册证。进口第一类体外诊断试剂备案，备案人向国家药品监督管理局提交备案资料。进口第二类、第三类体外诊断试剂由国家药品监督管理局审查，批准后发给医疗器械注册证。香港、澳门、台湾地区体外诊断试剂的注册，参照进口体外诊断试剂办理。根据工作需要，国家药品监督管理局可以委托省、自治区、直辖市药品监督管理部门或者技术机构、相关社会组织承担体外诊断试剂注册有关的具体工作。体外诊断试剂注册（备案）机关见表 8-3。

表 8 - 3　体外诊断试剂注册（备案）机关

序号	体外诊断试剂类别	注册（备案）机关
1	境内第一类体外诊断试剂	设区的市级药品监督管理机构备案
2	①进口第一类体外诊断试剂 ②台湾、香港、澳门地区第一类体外诊断试剂	国家药品监督管理局备案
3	境内第二类体外诊断试剂	省、自治区、直辖市药品监督管理部门注册审批
4	①境内第三类体外诊断试剂 ②进口第二、三类体外诊断试剂 ③台湾、香港、澳门地区第二、三类体外诊断试剂	国家药品监督管理局注册审批

（二）体外诊断试剂申请人、备案人的基本要求

申请人、备案人应当为能够承担相应法律责任的企业或者研制机构。境外申请人、备案人应当指定中国境内的企业法人作为代理人，办理相关体外诊断试剂注册、备案事项。申请人、备案人应当建立与产品研制、生产有关的质量管理体系，并保持有效运行。办理体外诊断试剂注册、备案事项的人员应当具有相关专业知识，熟悉体外诊断试剂注册、备案管理的法律、法规、规章和注册管理相关规定。体外诊断试剂注册、备案，应当遵守相关法律、法规、规章、强制性标准，遵循体外诊断试剂安全和性能基本原则，参照相关技术指导原则，证明注册、备案的体外诊断试剂安全、有效、质量可控，保证信息真实、准确、完整和可追溯。申请注册或者进行备案，应当按照国家药品监督管理局有关注册、备案的要求提交相关资料，申请人、备案人对资料的真实性负责。

（三）体外诊断试剂注册人、备案人的责任与义务

体外诊断试剂注册人、备案人应当加强体外诊断试剂全生命周期质量管理，对研制、生产、经营、使用全过程中的体外诊断试剂的安全性、有效性和质量可控性依法承担责任。体外诊断试剂注册人、备案人应当依法履行的义务适用《医疗器械监督管理条例》第二十条第一款规定，即：①建立与产品相适应的质量管理体系并保持有效运行；②制定上市后研究和风险管控计划并保证有效实施；③依法开展不良事件监测和再评价；④建立并执行产品追溯和召回制度；⑤国务院药品监督管理部门规定的其他义务。境外申请人、备案人指定的境内代理人应当依法协助注册人、备案人履行上述义务，并协助境外注册人、备案人落实相应法律责任。

三、体外诊断试剂产品备案

（一）备案流程

第一类体外诊断试剂上市前，应当进行产品备案。进行体外诊断试剂备案，备案人应当按照《医疗器械监督管理条例》的规定向药品监督管理部门提交备案资料，获取备案编号。备案人向负责药品监督管理的部门提交符合规定的备案资料后即完成备案。负责药品监督管理的部门应当自收到备案资料之日起5个工作日内，通过国务院药品监督管理部门在线政务服务平台向社会公布备案有关信息。备案资料包括第一类医疗器械备案表、关联文件、产品技术要求、产品检验报告、产品说明书及最小销售单元标签设计样稿、生产制造信息、符合性声明等。

🔖 **知识链接** -

第一类体外诊断试剂备案编号

编排方式为：×1械备×××2××××3。

其中，×1为备案部门所在地的简称：进口第一类体外诊断试剂为"国"字；境内第一类体外诊断试剂为备案部门所在地省、自治区、直辖市简称加所在地设区的市级行政区域的简称（无相应设区的市级行政区域时，仅为省、自治区、直辖市的简称）。××××2为备案年份。×××3为备案流水号。

（二）变更备案

已备案的体外诊断试剂，备案信息表中登载内容及备案的产品技术要求发生变化的，备案人应当向原备案部门变更备案，并提交变化情况的说明以及相关文件。药品监督管理部门应当将变更情况登载于备案信息中。已备案的体外诊断试剂管理类别调整为第二类或者第三类体外诊断试剂的，应当按照规定申请注册。变更备案资料包括变化情况说明及相关关联文件、关联文件、符合性声明。

四、体外诊断试剂产品注册

（一）注册申请

第二类、第三类体外诊断试剂实行产品注册管理。申请人应当在完成支持体外诊断试剂注册的安全性、有效性研究，做好接受质量管理体系核查的准备后，提出体外诊断试剂注册申请，并按照相关要求，通过在线注册申请等途径向药品监督管理部门提交注册申请资料。为规范体外诊断试剂注册管理，国家药品监督管理局组织制定了体外诊断试剂注册申报资料要求和批准证明文件格式，对申请体外诊断试剂注册提交资料的要求及说明、批准证明文件格式做出了明确规定（表8-4）。

表8-4　体外诊断试剂注册申报资料要求及说明

申报资料一级标题	申报资料二级标题
1. 监管信息	1.1 章节目录 1.2 申请表 1.3 术语、缩写词列表 1.4 产品列表 1.5 关联文件 1.6 申报前与监管机构的联系情况和沟通记录 1.7 符合性声明
2. 综述资料	2.1 章节目录 2.2 概述 2.3 产品描述 2.4 预期用途 2.5 申报产品上市历史 2.6 其他需说明的内容
3. 非临床资料	3.1 章节目录 3.2 产品风险管理资料 3.3 体外诊断试剂安全和性能基本原则清单 3.4 产品技术要求及检验报告 3.5 分析性能研究 3.6 稳定性研究 3.7 阳性判断值或参考区间研究 3.8 其他资料

续表

申报资料一级标题	申报资料二级标题
4. 临床评价资料	4.1 章节目录 4.2 临床评价资料
5. 产品说明书和标签样稿	5.1 章节目录 5.2 产品说明书 5.3 标签样稿 5.4 其他资料
6. 质量管理体系文件	6.1 综述 6.2 章节目录 6.3 生产制造信息 6.4 质量管理体系程序 6.5 管理职责程序 6.6 资源管理程序 6.7 产品实现程序 6.8 质量管理体系的测量、分析和改进程序 6.9 其他质量体系程序信息 6.10 质量管理体系核查文件

申请进口体外诊断试剂注册、办理进口体外诊断试剂备案，应当提交申请人、备案人注册地或者生产地所在国家（地区）主管部门准许上市销售的证明文件。申请人、备案人注册地或者生产地所在国家（地区）未将该产品作为医疗器械管理的，申请人、备案人需提供相关文件，包括注册地或者生产地所在国家（地区）准许该产品上市销售的证明文件。未在申请人、备案人注册地或者生产地所在国家（地区）上市的按照创新产品注册程序审批的体外诊断试剂，不需提交相关文件。注册、备案资料应当使用中文。根据外文资料翻译的，应当同时提供原文。引用未公开发表的文献资料时，应当提供资料权利人许可使用的文件。

（二）注册受理

药品监督管理部门收到申请后对申请资料进行审核，并根据下列情况分别作出处理。

1. 申请事项属于本行政机关职权范围，申请资料齐全、符合形式审核要求的，予以受理。

2. 申请资料存在可以当场更正的错误的，应当允许申请人当场更正。

3. 申请资料不齐全或者不符合法定形式的，应当当场或者在 5 日内一次告知申请人需要补正的全部内容，逾期不告知的，自收到申请资料之日起即为受理。

4. 申请事项依法不属于本行政机关职权范围的，应当即时作出不予受理的决定，并告知申请人向有关行政机关申请。

药品监督管理部门受理或者不予受理体外诊断试剂注册申请，应当出具加盖本行政机关专用印章和注明日期的受理或者不予受理的通知书。体外诊断试剂注册申请受理后，需要申请人缴纳费用的，申请人应当按规定缴纳费用。申请人未在规定期限内缴纳费用的，视为申请人主动撤回申请，药品监督管理部门终止其注册程序。

（三）注册审评与决定

1. 技术审评 受理注册申请的药品监督管理部门应当自受理注册申请之日起 3 个工作日内将注册申请资料转交技术审评机构。技术审评机构应当在完成技术审评后，将审评意见提交受理注册申请的药品监督管理部门作为审批的依据。技术审评过程中需要申请人补正资料的，技术审评机构应当一次告知需要补正的全部内容。申请人应当在收到补正通知 1 年内，按照补正通知要求一次提供补充资料；技术审评机构收到补充资料后，在规定的时限内完成技术审评。申请人对补正通知内容有异议的，可以向相应的技术审评机构提出书面意见，说明理由并提供相应的技术支持资料。申请人逾期未提交补充资料的，终止技术审评，药品监督管理部门作出不予注册的决定。

对于已受理的注册申请，申请人可以在行政许可决定作出前，向受理该申请的药品监督管理部门申请撤回注册申请及相关资料，并说明理由。同意撤回申请的，药品监督管理部门终止其注册程序。审评、核查、审批过程中发现涉嫌存在隐瞒真实情况或者提供虚假信息等违法行为的，依法处理，申请人不得撤回注册申请。

体外诊断试剂注册申请审评期间，对于拟作出不通过的审评结论的，技术审评机构应当告知申请人不通过的理由，申请人可以在 15 日内向技术审评机构提出异议，异议内容仅限于原申请事项和原申请资料。技术审评机构结合申请人的异议意见进行综合评估并反馈申请人。异议处理时间不计入审评时限。

体外诊断试剂注册技术审评时限，按照以下规定执行：第二类体外诊断试剂注册申请、变更注册申请、延续注册申请的技术审评时限为 60 日，申请资料补正后的技术审评时限为 60 日；第三类体外诊断试剂注册申请、变更注册申请、延续注册申请的技术审评时限为 90 日，申请资料补正后的技术审评时限为 60 日。

受理注册申请的药品监督管理部门应当自收到审评意见之日起 20 日内作出决定。药品监督管理部门应当自作出体外诊断试剂注册审批决定之日起 10 日内颁发、送达有关行政许可证件。因产品特性以及技术审评、核查等工作遇到特殊情况确需延长时限的，延长时限不得超过原时限的二分之一，经医疗器械技术审评、核查等相关技术机构负责人批准后，由延长时限的技术机构书面告知申请人，并通知其他相关技术机构。原发证机关应当自收到医疗器械注册证补办申请之日起 20 日内予以补发。

以下时间不计入相关工作时限：①申请人补充资料、核查后整改等所占用的时间；②因申请人原因延迟核查的时间；③外聘专家咨询、召开专家咨询会、需要与药品审评机构联合审评的时间；④根据规定中止审评审批程序的，中止审评审批程序期间所占用的时间；⑤质量管理体系核查所占用的时间。规定的时限以工作日计算。

2. 注册体系核查   申请人应当在申请注册时提交与产品研制、生产有关的质量管理体系相关资料，受理注册申请的药品监督管理部门在产品技术审评时认为有必要对质量管理体系进行核查的，应当组织开展质量管理体系核查，并可以根据需要调阅原始资料。境内第三类体外诊断试剂质量管理体系核查，由国家局器械审评中心通知申请人所在地的省、自治区、直辖市药品监督管理部门开展。境内第二类体外诊断试剂质量管理体系核查，由申请人所在地省、自治区、直辖市药品监督管理部门组织开展。国家局器械审评中心对进口第二类、第三类体外诊断试剂开展技术审评时，认为有必要进行质量管理体系核查的，通知国家局审核查验中心根据相关要求开展核查。

药品监督管理部门按照医疗器械生产质量管理规范的要求开展质量管理体系核查，重点对申请人是否按照医疗器械生产质量管理规范的要求建立与产品相适应的质量管理体系，以及与产品研制、生产有关的设计开发、生产管理、质量控制等内容进行核查。在核查过程中，应当同时对检验用产品和临床试验产品的真实性进行核查，重点查阅设计开发过程相关记录，以及检验用产品和临床试验产品生产过程的相关记录。提交自检报告的，应当对申请人、备案人或者受托机构研制过程中的检验能力、检验结果等进行重点核查。药品监督管理部门可以通过资料审查或者现场检查的方式开展质量管理体系核查。根据申请人的具体情况、监督检查情况、本次申请注册产品与既往已通过核查产品生产条件及工艺对比情况等，确定是否现场检查以及检查内容，避免重复检查。

境内第三类体外诊断试剂质量管理体系核查时限，按照以下规定执行：国家局器械审评中心应当在体外诊断试剂注册申请受理后 10 日内通知相关省、自治区、直辖市药品监督管理部门启动核查；省、自治区、直辖市药品监督管理部门原则上在接到核查通知后 30 日内完成核查，并将核查情况、核查结果等相关材料反馈至国家局器械审评中心。

3. 注册决定 受理注册申请的药品监督管理部门应当在技术审评结束后，作出是否批准的决定。对符合安全、有效、质量可控要求的，准予注册，发给医疗器械注册证，经过核准的产品技术要求和产品说明书以附件形式发给申请人。对不予注册的，应当书面说明理由，并同时告知申请人享有依法申请行政复议或者提起行政诉讼的权利。医疗器械注册证有效期为 5 年。医疗器械注册证格式由国家药品监督管理局统一制定。医疗器械注册证及其附件遗失、损毁的，注册人应当向原发证机关申请补发，原发证机关核实后予以补发。注册申请审查过程中及批准后发生专利权纠纷的，应当按照有关法律、法规的规定处理。

> 📎 **知识链接**
>
> **体外诊断试剂注册证编号**
>
> 编排方式为：×1 械注 ×2××××3 ×4× ×5××× ×6。
>
> 其中，×1 为注册审批部门所在地的简称：境内第三类体外诊断试剂、进口第二类、第三类体外诊断试剂为"国"字；境内第二类体外诊断试剂为注册审批部门所在地省、自治区、直辖市简称。
>
> ×2 为注册形式："准"字适用于境内体外诊断试剂；"进"字适用于进口体外诊断试剂；"许"字适用于香港、澳门、台湾地区的体外诊断试剂。
>
> ××××3 为首次注册年份。
>
> ×4 为产品管理类别。
>
> ××5 为产品分类编码。
>
> ××××6 为首次注册流水号。
>
> 延续注册的，××××3 和 ××××6 数字不变。产品管理类别调整的，应当重新编号。

4. 不予注册 对于已受理的注册申请，有下列情形之一的，药品监督管理部门作出不予注册的决定，并告知申请人：①申请人对拟上市销售体外诊断试剂的安全性、有效性、质量可控性进行的研究及其结果无法证明产品安全、有效、质量可控的；②质量管理体系核查不通过，以及申请人拒绝接受质量管理体系现场检查的；③注册申请资料虚假的；④注册申请资料内容混乱、矛盾，注册申请资料内容与申请项目明显不符，不能证明产品安全、有效、质量可控的；⑤不予注册的其他情形。

对于已受理的注册申请，有证据表明注册申请资料可能虚假的，药品监督管理部门可以中止审评审批。经核实后，根据核实结论继续审查或者作出不予注册的决定。

（四）附条件批准

对用于罕见疾病、严重危及生命且尚无有效诊断手段的疾病和应对公共卫生事件等急需的体外诊断试剂，药品监督管理部门可以作出附条件批准决定，并在医疗器械注册证中载明有效期、上市后需要继续完成的研究工作及完成时限等相关事项。对附条件批准的体外诊断试剂，注册人应当在体外诊断试剂上市后收集受益和风险相关数据，持续对产品的受益和风险开展监测与评估，采取有效措施主动管控风险，并在规定期限内按照要求完成研究并提交相关资料。对附条件批准的体外诊断试剂，注册人逾期未按照要求完成研究或者不能证明其受益大于风险的，注册人应当及时申请办理医疗器械注册证注销手续，药品监督管理部门可以依法注销医疗器械注册证。

⇒ **案件直击**

全国首例非法"分装生产"体外诊断试剂案

经查，涉案公司成立于 2003 年年底，申请了经营范围为二类、三类医疗器械的营业执照、医疗器械经营许可证，后该公司与德国某公司签订授权协议，作为唯一代理商，负责共计 39 种体外诊断试剂的销售。自 2011 年起，该公司开始购进国内大桶试剂，分装后再贴上德国的商标销售，以国内试剂冒充进口销售。犯罪数额达 2963 万余元。检方提起公诉后，法院近日做出一审判决，涉案公司因非法经营罪，被判处罚金 300 万元；王某某和金某因非法经营罪分别获刑 7 年、6 年，并处罚金 30 万元和 20 万元。

典型意义：体外诊断试剂违法犯罪行为不仅触碰法律红线，更是将人民群众的健康安全置于危险之中。目前应进一步完善体外诊断试剂法律法规，提高生产经营准入门槛、严格企业生产经营标准、加大日常监督检查力度。医疗机构应当严格制定并实施进货查验记录制度，查找并整改试剂储存、使用及处置情况。司法机关应当加大查办力度，加强行政执法与刑事执法衔接，及早前移打击关口，抬高违法违规成本。

思考：请问案件中"非法分装生产"体外诊断试剂的违法行为是什么？对其处罚的法律依据是什么？

（五）特殊注册程序

1. 创新产品注册程序　符合下列要求的体外诊断试剂，申请人可以申请适用创新产品注册程序。

（1）申请人通过其主导的技术创新活动，在中国依法拥有产品核心技术发明专利权，或者依法通过受让取得在中国发明专利权或其使用权，且申请适用创新产品注册程序的时间在专利授权公告日起 5 年内；或者核心技术发明专利的申请已由国务院专利行政部门公开，并由国家知识产权局专利检索咨询中心出具检索报告，载明产品核心技术方案具备新颖性和创造性。

（2）申请人已完成产品的前期研究并具有基本定型产品，研究过程真实和受控，研究数据完整和可溯源。

（3）产品主要工作原理或者作用机理为国内首创，产品性能或者安全性与同类产品比较有根本性改进，技术上处于国际领先水平，且具有显著的临床应用价值。

申请适用创新产品注册程序的，申请人应当在产品基本定型后，向国家药品监督管理局提出创新医疗器械审查申请。国家药品监督管理局组织专家进行审查，符合要求的，纳入创新产品注册程序。对于适用创新产品注册程序的体外诊断试剂注册申请，国家药品监督管理局以及承担相关技术工作的机构，根据各自职责指定专人负责，及时沟通，提供指导。纳入创新产品注册程序的体外诊断试剂，国家局器械审评中心可与申请人在注册申请受理前以及技术审评过程中就产品研制中的重大技术问题、重大安全性问题、临床试验方案、阶段性临床试验结果的总结与评价等问题沟通交流。纳入创新产品注册程序的体外诊断试剂，申请人主动要求终止或者国家药品监督管理局发现不再符合创新产品注册程序要求的，国家药品监督管理局可终止相关产品的创新产品注册程序并告知申请人。纳入创新产品注册程序的体外诊断试剂，申请人在规定期限内未提出注册申请的，不再适用创新产品注册程序。

2. 优先注册程序　满足下列情形之一的体外诊断试剂，可以申请适用优先注册程序。

（1）诊断罕见病、恶性肿瘤，且具有明显临床优势，诊断老年人特有和多发疾病且目前尚无有效诊断手段，专用于儿童且具有明显临床优势，或者临床急需且在我国尚无同品种产品获准注册的医疗器械。

（2）列入国家科技重大专项或者国家重点研发计划的医疗器械。

（3）国家药品监督管理局规定的其他可以适用优先注册程序的医疗器械。

申请适用优先注册程序的，申请人应当在提出体外诊断试剂注册申请时，向国家药品监督管理局提出适用优先注册程序的申请。属于上述第一项情形的，由国家药品监督管理局组织专家进行审核，符合的，纳入优先注册程序；属于上述第二项情形的，由国家局器械审评中心进行审核，符合的，纳入优先注册程序；属于上述第三项情形的，由国家药品监督管理局广泛听取意见，并组织专家论证后确定是否纳入优先注册程序。

对纳入优先注册程序的体外诊断试剂注册申请，国家药品监督管理局优先进行审评审批，省、自治区、直辖市药品监督管理部门优先安排注册质量管理体系核查。国家局器械审评中心在对纳入优先注册程序的医疗器械产品开展技术审评过程中，应当按照相关规定积极与申请人进行沟通交流，必要时，可以安排专项交流。

3. 应急注册程序　国家药品监督管理局可以依法对突发公共卫生事件应急所需且在我国境内尚无同类产品上市，或者虽在我国境内已有同类产品上市但产品供应不能满足突发公共卫生事件应急处理需要的体外诊断试剂实施应急注册。

申请适用应急注册程序的，申请人应当向国家药品监督管理局提出应急注册申请。符合条件的，纳入应急注册程序。对实施应急注册的体外诊断试剂注册申请，国家药品监督管理局按照统一指挥、早期介入、随到随审、科学审批的要求办理，并行开展体外诊断试剂产品检验、体系核查、技术审评等工作。

（六）变更注册

注册人应当主动开展体外诊断试剂上市后研究，对体外诊断试剂的安全性、有效性和质量可控性进行进一步确认，加强对已上市体外诊断试剂的持续管理。已注册的第二类、第三类体外诊断试剂产品，其设计、原材料、生产工艺、适用范围、使用方法等发生实质性变化，有可能影响该体外诊断试剂安全、有效的，注册人应当向原注册部门申请办理变更注册手续；发生其他变化的，应当在变化之日起30日内向原注册部门备案。

需要办理变更注册的事项包括注册证载明的产品名称、包装规格、主要组成成分、预期用途、产品技术要求、产品说明书、进口体外诊断试剂的生产地址等；需要备案的事项包括注册人名称和住所、代理人名称和住所等。境内体外诊断试剂生产地址变更的，注册人应当在办理相应的生产许可变更后办理备案。发生其他变化的，注册人应当按照质量管理体系要求做好相关工作，并按照规定向药品监督管理部门报告。

已注册的第二类、第三类体外诊断试剂，产品的核心技术原理等发生实质性改变，或者发生其他重大改变、对产品安全有效性产生重大影响，实质上构成新的产品的，不属于变更注册规定的变更申请事项，应当按照注册申请的规定办理。医疗器械变更注册文件与原医疗器械注册证合并使用，有效期截止日期与原医疗器械注册证相同。

（七）延续注册

1. 延续申请　医疗器械注册证有效期届满需要延续注册的，注册人应当在医疗器械注册证有效期届满6个月前，向原注册部门申请延续注册，并按照相关要求提交申请资料。除规定情形外，接到延续注册申请的药品监督管理部门应当在医疗器械注册证有效期届满前作出准予延续的决定。逾期未作决定的，视为准予延续。

2. 不予延续　有下列情形之一的，不予延续注册：①未在规定期限内提出延续注册申请；②新的体外诊断试剂强制性标准或者国家标准品发布实施，申请延续注册的体外诊断试剂不能达到新要求；③附条件批准的体外诊断试剂，未在规定期限内完成医疗器械注册证载明事项。

延续注册的批准时间在原注册证有效期内的，延续注册的注册证有效期起始日为原注册证到期日次日；批准时间不在原注册证有效期内的，延续注册的注册证有效期起始日为批准延续注册的日期。

（八）管理类别调整后的注册手续

已注册的体外诊断试剂，其管理类别由高类别调整为低类别的，医疗器械注册证在有效期内继续有效。有效期届满需要延续的，注册人应当在医疗器械注册证有效期届满6个月前，按照调整后的类别向相应的药品监督管理部门申请延续注册或者进行备案。体外诊断试剂管理类别由低类别调整为高类别的，注册人应当按照改变后的类别向相应的药品监督管理部门申请注册。国家药品监督管理局在管理类别调整通知中应当对完成调整的时限作出规定。

（九）申请注册证补发

医疗器械注册证及其附件遗失、损毁的，注册人应当向原发证机关申请补发，原发证机关核实后予以补发。

⚛ 拓展提升

未取得医疗器械注册证的体外诊断试剂若干情况

1. 未取得医疗器械注册证生产、销售、使用体外诊断试剂。体外诊断试剂外包装只标示产品名称及批号，不标示诸如医疗器械注册号、产品技术要求、生产厂家等信息。

2. 未依法办理医疗器械注册证许可事项变更的体外诊断试剂。按照《体外诊断试剂注册管理办法》第七十八条规定，"体外诊断试剂注册事项包括许可事项和登记事项。许可事项包括产品名称、包装规格、主要组成成分、预期用途、产品技术要求、产品说明书、进口体外诊断试剂的生产地址……"未依法办理体外诊断试剂注册许可事项变更的，按照《医疗器械监督管理条例》有关未取得医疗器械注册证的情形予以处罚。

3. 在医疗器械注册证书过期失效后未延续的情况下依然用旧证生产体外诊断试剂。应当定性为未取得医疗器械注册证的体外诊断试剂，不管生产、经营还是使用都违反了相应规定。

4. 外包装未标示批准文号，却标明"仅供研究、不用于临床诊断"，应按未取得医疗器械注册证的体外诊断试剂查处。

【任务总结】

1. 第一类体外诊断试剂实行产品备案管理，第二类、第三类体外诊断试剂实行产品注册管理。

2. 已注册的体外诊断试剂注册证及其附件载明的内容发生变化时，注册人应当向原注册部门申请注册变更。注册证有效期届满需要进行延续注册。

技能巩固

一、选择题

单选题

1. 下列不属于省、自治区、直辖市药品监督管理部门职责的是（ ）

　　A. 境内第二类体外诊断试剂注册审评审批

　　B. 进口第一类体外诊断试剂备案以及相关监督管理工作

　　C. 境内第二类、第三类体外诊断试剂质量管理体系核查

　　D. 依法组织医疗器械临床试验机构以及临床试验的监督管理

2. 第一类体外诊断试剂产品备案人向（ ）药品监督管理局部门提交资料

　　A. 县级　　　　　　　　　　　　　B. 设区的市级

　　C. 省级　　　　　　　　　　　　　D. 国家

3. 对于体外诊断试剂注册证编号：浙械注准20242400048，下列描述错误的是（ ）

　　A. 注册审批部门所在地为浙江　　　B. 境内体外诊断试剂

　　C. 2024 为首次注册年份　　　　　　D. 0048 是产品分类编码

4. 体外诊断试剂技术审评过程中需要申请人补正资料的，技术审评机构应当一次告知需要补正的全部内容。申请人应当在收到补正通知（ ）内，按照补正通知要求一次提供补充资料

　　A. 1 年　　　　　　　　　　　　　B. 60 日

　　C. 6 个月　　　　　　　　　　　　D. 120 日

5. 下列不属于变更注册事项的是（ ）

　　A. 主要组成成分　　　　　　　　　B. 产品技术要求

　　C. 注册人名称和住所　　　　　　　D. 注册证载明的产品名称

二、思考题

1. 体外诊断试剂备案与注册时提交资料的内容和形式上有哪些异同？

2. 如果你是企业的注册员，在体外诊断试剂注册过程中如何与审评老师进行有效沟通？

三、案例分析题

　　上海某医学实验室中使用标示名称为"Urinary IsoprostaneEIA KIT"的试剂盒等8款体外诊断试剂产品用于功能医学检测。经初步核查，当事人使用的 8 款体外诊断试剂产品均未取得医疗器械注册证，且在国家药品监督管理局网站均无法查询到涉案产品的注册信息。当事人使用涉案产品在对外收费检测中形成检测报告合计 1050 份，在对外销售的检测服务中总试剂成本人民币 124410 元，总计服务收费人民币 125720 元，总计收取检测费用人民币 250130 元。请问该案件如何定性和处罚？请找出法律依据。

四、实训任务

　　以小组为单位，认真学习《体外诊断试剂注册与备案管理办法》《关于公布体外诊断试剂注册申报资料要求和批准证明文件格式的公告（2021 年第 122 号）》《糖化血红蛋白测定试剂盒（酶法）注册审查指导原则（2024 年修订版）》等相关文件，为糖化血红蛋白测定试剂盒（酶法）准备注册申报资料。

工作任务 8-4　体外诊断试剂生产与经营管理 🅔 微课

PPT

任务目标

【知识目标】

1. 掌握　体外诊断试剂生产质量管理规范的特殊要求。

2. 熟悉　体外诊断试剂经营管理。

3. 了解　体外诊断试剂工作规范。

【技能目标】

1. 能够按照体外诊断试剂生产经营基本要求，从事体外诊断试剂生产经营活动。

2. 能够基于体外诊断试剂相关背景知识进行合理运用与分析，解决复杂问题。

【素质目标】

提升守护公众健康安全的责任感，严守法规，弘扬工匠精神。

🩺 典型工作任务 --

工作情景：《医疗器械生产质量管理规范附录体外诊断试剂》是体外试剂生产管理和质量控制的基本要求，旨在最大限度地降低试剂生产过程中，污染、交叉污染以及混淆、差错等风险，确保持续稳定地生产出符合预期用途和注册要求的产品，其宗旨是为保障体外诊断试剂安全、有效，规范体外诊断试剂生产质量管理。企业应当依照规范的要求，结合产品特点，建立健全与所生产体外诊断试剂相适应的质量管理体系，并保证其有效运行。

工作任务：查阅《医疗器械生产质量管理规范附录体外诊断试剂》《医疗器械生产质量管理规范体外诊断试剂现场检查指导原则》，明确体外诊断试剂生产企业现场检查要点。

一、体外诊断试剂生产管理

体外诊断试剂的生产管理法规依据包括《医疗器械监督管理条例》《医疗器械生产监督管理办法》《医疗器械生产质量管理规范》《医疗器械生产质量管理规范附录体外诊断试剂》，其中附录是体外诊断试剂生产质量管理规范的特殊要求。

（一）人员

体外诊断试剂生产、技术和质量管理人员应当具有医学、检验学、生物学、免疫学或药学等与所生产产品相关的专业知识，并具有相应的实践经验，以确保具备在生产、质量管理中履行职责的能力。

凡在洁净室（区）工作的人员应当定期进行卫生和微生物学基础知识、洁净作业等方面培训。临时进入洁净室（区）的人员，应当对其进行指导和监督。从事体外诊断试剂生产的全体人员，包括清洁、维修等人员均应当根据其产品和所从事的生产操作进行专业和安全防护培训。

应当建立对人员的清洁要求，制定洁净室（区）工作人员卫生守则。人员进入洁净室（区）应当按照程序进行净化，并穿戴工作帽、口罩、洁净工作服、工作鞋。裸手接触产品的操作人员每隔一定时间应当对手再次进行消毒。裸手消毒剂的种类应当定期更换。应当明确人员服装要求，制定洁净和无菌工作服的管理规定。工作服及其质量应当与生产操作的要求及操作区的洁净度级别相适应，其式样和穿着方式应当能够满足保护产品和人员的要求。洁净工作服和无菌工作服不得脱落纤维和颗粒性物质，无菌工作服应当能够包盖全部头发、胡须及脚部，并能阻留人体脱落物。

应当制定人员健康要求，建立人员健康档案。直接接触物料和产品的操作人员每年至少体检一次。患有传染性和感染性疾病的人员不得从事直接接触产品的工作。

（二）厂房与设施

应当有整洁的生产环境。厂区的地面、路面周围环境及运输等不应对产品的生产造成污染。行政区、生活区和辅助区的总体布局合理，不得对生产区有不良影响。厂区应当远离有污染的空气和水等污染源的区域。

生产厂房应当设置防尘、防止昆虫和其他动物进入的设施。洁净室（区）的门、窗及安全门应当密闭，洁净室（区）的门应当向洁净度高的方向开启。应当根据体外诊断试剂的生产过程控制，确定在相应级别的洁净室（区）内进行生产的过程，避免生产中的污染。空气洁净级别不同的洁净室（区）之间的静压差应当大于 5 帕，洁净室（区）与室外大气的静压差应当大于 10 帕，并应当有指示压差的装置。相同级别洁净室间的压差梯度应当合理。

酶联免疫吸附试验试剂、免疫荧光试剂、免疫发光试剂、聚合酶链反应（PCR）试剂、金标试剂、干化学法试剂、细胞培养基、校准品与质控品、酶类、抗原、抗体和其他活性类组分的配制及分装等产品的配液、包被、分装、点膜、干燥、切割、贴膜以及内包装等，生产区域应当不低于 100000 级洁净度级别。阴性或阳性血清、质粒或血液制品等的处理操作，生产区域应当不低于 10000 级洁净度级别，并应当与相邻区域保持相对负压。无菌物料等分装处理操作，操作区域应当符合局部 100 级洁净度级别。普通类化学试剂的生产应当在清洁环境中进行。洁净室（区）空气洁净度级别应当符合表 8 - 5 规定。

表 8 - 5 洁净室（区）空气洁净度级别

洁净度级别	尘粒最大允许数/m³		微生物最大允许数	
	≥0.5μm	≥5μm	浮游菌/m³	沉降菌/皿
100 级	3500	0	5	1
10000 级	350000	2000	100	3
100000 级	3500000	20000	500	10

洁净室（区）应当按照体外诊断试剂的生产工艺流程及所要求的空气洁净度级别进行合理布局，人流、物流走向应当合理。同一洁净室（区）内或相邻洁净室（区）间的生产操作不得互相交叉污染。进入洁净室（区）的管道、进回风口布局应当合理，水、电、气输送线路与墙体接口处应当可靠密封，照明灯具不得悬吊。洁净室（区）的温度和相对湿度应当与产品生产工艺要求相适应。无特殊要求时，温度应当控制在 18～28℃，相对湿度控制在 45%～65%。洁净室（区）和非洁净室（区）之间应有缓冲设施。

洁净室（区）的内表面（墙面、地面、天棚、操作台等）应当平整光滑、无裂缝、接口严密、无颗粒物脱落，避免积尘，并便于清洁处理和消毒。洁净室（区）的空气如循环使用应当采取有效措施避免污染和交叉污染。洁净室（区）内的水池、地漏应安装防止倒灌的装置，避免对环境和物料造成污染。100 级的洁净室（区）内不得设置地漏。

产尘操作间应当保持相对负压或采取有效措施，防止粉尘扩散，避免交叉污染。对具有污染性、传染性和高生物活性的物料应当在受控条件下进行处理，避免造成传染、污染或泄漏等。生产激素类、操作有致病性病原体或芽胞菌制品的，应当使用单独的空气净化系统，与相邻区域保持负压，排出的空气不能循环使用。进行危险度二级及以上的病原体操作应当配备生物安全柜，空气应当进行过滤处理后方可排出。应当对过滤器的性能进行定期检查以保证其有效性。使用病原体类检测试剂的阳性血清应当有相应的防护措施。

对于特殊的高致病性病原体的采集、制备，应当按照有关部门颁布的行业标准，如人间传染病微生物名录、微生物和生物医学实验室生物安全通用准则、实验室生物安全通用要求等相关规定，配备相应的生物安全设施。

生产聚合酶链反应（PCR）试剂的，其生产和检验应当在独立的建筑物或空间内进行，保证空气不直接联通，防止扩增时形成的气溶胶造成交叉污染。其生产和质检的器具不得混用，用后应严格清洗和消毒。洁净室（区）内的人数应当与洁净室（区）面积相适应。对生产环境没有空气净化要求的体外诊断试剂，应当在清洁环境内进行生产。

清洁条件的基本要求：要有防尘、通风、防止昆虫或其他动物以及异物混入等措施；人流、物流分开，人员进入生产车间前应当有换鞋、更衣、佩戴口罩和帽子、洗手、手消毒等清洁措施；生产场地的地面应当便于清洁，墙、顶部应平整、光滑，无颗粒物脱落；操作台应当光滑、平整、无缝隙、耐腐蚀，便于清洗、消毒；应当对生产区域进行定期清洁、清洗和消毒；应当根据生产要求对生产车间的温湿度进行控制。

易燃、易爆、有毒、有害、具有污染性或传染性、具有生物活性或来源于生物体的物料的管理应当符合国家相关规定。所涉及的物料应当列出清单，专区存放、专人保管和发放，并制定相应的防护规程。动物室应当在隔离良好的建筑体内，与生产、质检区分开，不得对生产造成污染。

（三）设备

洁净室（区）空气净化系统应当经过确认并保持连续运行，维持相应的洁净度级别，并在一定周期后进行再确认。若停机后再次开启空气净化系统，应当进行必要的测试或验证，以确认仍能达到规定的洁净度级别要求。

应当确定所需要的工艺用水。当生产过程中使用工艺用水时，应当配备相应的制水设备，并有防止污染的措施，用量较大时应当通过管道输送至洁净室（区）的用水点。工艺用水应当满足产品质量的要求。应当制定工艺用水的管理文件，工艺用水的储罐和输送管道应当满足所生产的产品对于水质的要求，并定期清洗、消毒。配料罐容器与设备连接的主要固定管道应当标明内存的物料名称、流向，定期清洗和维护，并标明设备运行状态。

与物料或产品直接接触的设备、容器具及管道表面应当光洁、平整、无颗粒物质脱落、无毒、耐腐蚀，不与物料或产品发生化学反应和粘连，易于清洁处理和消毒或灭菌。需要冷藏、冷冻的原料、半成品、成品，应当配备相应的冷藏、冷冻储存设备，并按规定监测设备运行状况、记录储存温度。冷藏、冷冻体外诊断试剂应当配备符合其温度要求的运输设施设备。

（四）设计开发

研制条件包括配合使用的设备、仪器和试剂应当满足研究所需，研制所用的设备、仪器和试剂应当保存使用记录。研制过程中主要原料、中间体、重要辅料应当明确来源，其数量、使用量及其剩余量应当保存记录。工艺研究、技术要求或分析性能研究、稳定性研究、检验、临床试验或评价（包括预实验）研究、参考值研究等各个阶段的样品数量、贮存条件、留样、使用或销毁情况应当保存记录，样品试制量应当满足从事研究所需要的数量。

（五）采购

外购的标准品、校准品、质控品、生产用或质控用血液的采购应满足可追溯要求。应当由企业或提供机构测定病原微生物及明确定值范围；应当对其来源地、定值范围、灭活状态、数量、保存、使用状态等信息有明确记录，并由专人负责。

（六）生产

洁净室（区）内使用的压缩空气等工艺用气均应当经过净化处理。与产品使用表面直接接触的气体，其对产品的影响程度应当进行验证和控制，以适应所生产产品的要求。生产设备、容器具等应当符合洁净环境控制和工艺文件的要求。进入洁净室（区）的物品应当按程序进行净化处理。

应当按照物料的性状和储存要求进行分类存放管理，应当明确规定中间品的储存条件和期限。物料应当在规定的使用期限内，按照先进先出的原则使用。无规定使用期限的，应当根据物料的稳定性数据确定储存期限。储存期内发现储存条件变化且可能影响产品质量时，应及时进行复验。

在生产过程中，应当建立产品标识和生产状态标识控制程序，对现场各类物料和生产区域、设备、管路的状态进行识别和管理。应当对每批产品中关键物料进行物料平衡核查。如有显著差异，必须查明原因，在得出合理解释，确认无潜在质量事故后，方可按正常产品处理。

应当制定批号管理制度，对主要物料、中间品和成品按规定进行批号管理，并保存和提供可追溯的记录。同一试剂盒内各组分批号不同时应当尽量将生产日期接近的组分进行组合，在每个组分的容器上均标明各自的批号和有效期。整个试剂盒的有效期应当以最先到有效期的组分的效期为准。

不同品种产品的生产应当做到有效隔离，以避免相互混淆和污染。有数条包装线同时进行包装时，应当采取隔离或其他有效防止混淆的措施。应当制定洁净室（区）的卫生管理文件，按照规定对洁净室（区）进行清洁处理和消毒，并做好记录。所用的消毒剂或消毒方法不得对设备、容器具、物料和产品造成污染。消毒剂品种应当定期更换，防止产生耐药菌株。生产设备所用的润滑剂、清洗剂均不得对产品造成污染。

应当建立清场的管理规定。前一道工艺结束后或前一种产品生产结束后必须进行清场，确认合格后才可以入场进行其他生产，并保存清场记录。相关的配制和分装器具必须专用，使用后进行清洗、干燥等洁净处理。

应当建立可追溯性程序并形成文件，应当规定可追溯的范围、程度、标识和记录。记录应当包括生产过程所用的原材料、生产过程、生产设备、操作人员和生产环境等内容。

生产一定周期后，应当对关键项目进行再验证。当影响产品质量的主要因素，如工艺、质量控制方法、主要原辅料、主要生产设备等需要开展重新验证的条件发生改变时，应当进行相关内容的重新验证。应当根据不同产品特性提出验证的时间。

生产车间连续停产一年以上的，重新组织生产前应当对生产环境及设施设备、主要原辅材料、关键工序、检验设备及质量控制方法等重新进行验证。连续停产不足一年的，如有必要，也应当重新对生产环境和设施设备进行验证。

应当对生产用需要灭活的血清或血浆建立灭活处理的操作规程，并按照操作规程的要求，对生产用灭活前后的血清或血浆状态进行明显的区分和标识。生产中的废液、废物等应当进行无害化处理，并符合相关的环保要求。

（七）质量控制

应当建立校准品、参考品量值溯源程序。对每批生产的校准品、参考品进行赋值。生产和检验用的菌毒种应当标明来源，验收、储存、保管、使用、销毁应执行国家有关医学微生物菌种保管的规定和病原微生物实验室生物安全管理条例。应当建立生产用菌毒种的原始种子批、主代种子批和工作种子批系统。生产用细胞应当建立原始细胞库、主代细胞库、工作细胞库。应当建立细胞库档案资料和细胞操作日志。自行制备抗原或抗体，应当对所用原料的来源和性质有详细的记录并可追溯。

应当对检验过程中使用的标准品、校准品、质控品建立台账及使用记录。应当记录其来源、批号、效期、溯源途径、主要技术指标、保存状态等信息，按照规定进行复验并保存记录。留样应当在规定条件下储存。应当建立留样台账，及时记录留样检验信息，留样检验报告应当注明留样批号、效期、检验日期、检验人、检验结果等。留样期满后应当对留样检验报告进行汇总、分析并归档。

⇒ **案件直击**

国家药品监督管理局组织对某生物科技股份有限公司进行飞行检查，发现该企业质量管理体系存在以下缺陷：①人员方面：未定期开展洁净区操作人员关于微生物知识的培训。②厂房与设施方面：质粒的前处理未在万级洁净环境下进行操作。十万级洁净区的蒸汽灭菌功能间未设置温湿度监测装置。③设备方面：温度报警系统提示某时位于某部位温度探头报警，企业未按体系文件中偏差处理规程的规定进行偏差处理。④生产管理方面：手消毒标准操作规程，未明确消毒剂品种、更换周期、使用频次；查某批沙眼衣原体核酸检测试剂盒（PCR－荧光探针法）生产记录，剩余的核酸提取液、扩增反应液、阳性对照、阴性对照中间品按废液/废物进行处理，但无处置记录。

思考：体外诊断试剂生产管理应当符合哪些要求？

二、体外诊断试剂经营管理

体外诊断试剂经营管理应当符合《医疗器械经营质量管理规范》《医疗器械经营质量管理规范附录：专门提供医疗器械运输贮存服务的企业质量管理》《医疗器械冷链（运输、贮存）管理指南》等文件规定。体外诊断试剂经营企业应当在采购、验收、贮存、销售、运输、售后服务等所有环节采取有效的质量控制措施，保障经营过程中体外诊断试剂的质量安全。区别于医疗器械产品的经营管理要求，以下规定是体外诊断试剂经营管理的特殊要求。

（一）人员与培训

从事体外诊断试剂经营的，企业质量管理人员中应当至少有1人具有主管检验师职称，或者具有检验学相关专业（包括检验学、生物医学工程、生物化学、免疫学、基因学、药学、生物技术、临床医学、医疗器械等专业，下同）大专及以上学历或者中级及以上专业技术职称，并具有3年及以上检验相关工作经历；从事体外诊断试剂验收和售后服务工作的人员，应当具有检验学相关专业中专及以上学历或者具有检验师初级及以上专业技术职称，仅经营国家规定的免予经营备案体外诊断试剂的除外。

从事体外诊断试剂经营的售后服务技术人员，应当具有检验学相关专业中专及以上学历或者具有检验师初级及以上专业技术职称。从事需要冷藏、冷冻管理的体外诊断试剂收货、验收、贮存、检查、出库、运输等工作的人员，还应当接受冷链相关法律、法规、规章、规范、质量管理制度、冷链专业知识和操作规程的培训，经考核合格后，方可上岗。

（二）设施与设备

1. 设施与设备配备 从事体外诊断试剂批发和专门提供医疗器械运输、贮存服务的企业，其经营或者运输、贮存的体外诊断试剂涉及需要冷藏、冷冻管理的，应当配备下列设施设备：与其经营规模和经营品种相适应的冷藏、冷冻设施设备；用于冷藏、冷冻设施设备的温湿度自动监测、显示、记录、调控、报警的设备；能够确保制冷设备正常运转的不间断的供电设备（如双回路供电系统或者备用发电机组等，图8-1和图8-2）；根据相应的运输规模和运输环境要求配备冷藏车、保温车，或者冷藏（冷冻）箱、保温箱等设备；冷藏车应当具有自动显示温度、调控温度、报警、存储和读取温度监测数据的功能；对有特殊温湿度要求的，应当配备符合其贮存、运输要求的设施设备。

零售企业经营需要冷藏、冷冻管理的体外诊断试剂，应当配备经过验证并具有温度显示和监测功能的冷柜，零售时应当放置在冷藏、冷冻设备中，并对温度进行监测和记录。自动售械机内包含需要冷藏、冷冻管理的体外诊断试剂的，应当对贮存环境的温度进行监测和记录。

图8-1 冷链设备组

图8-2 双回路供电系统

冷库内应划分待验区、贮存区、退货区、包装材料预冷区（货位）等，并设有明显标示。用于体外诊断试剂运输的冷藏车应具备自动调控温度功能，车厢应防水、密闭，车厢内留有保证气流充分循环的空间。冷藏箱（柜）应能自动调节箱体内温度；保温箱应配备蓄冷（热）剂及隔温装置，并符合产品说明书和标签标示的储运要求。

2. 温度监测系统功能 用于体外诊断试剂贮存和运输的冷库、冷藏车应配备温度自动监测系统（以下简称温测系统）监测温度。温测系统应具备以下功能。①温测系统的测量范围、精度、分辨率等技术参数能够满足管理需要，具有不间断监测、连续记录、数据存储、显示及报警功能。②冷库、冷藏车设备运行过程至少每隔1分钟更新一次测点温度数据，贮存过程至少每隔30分钟自动记录一次实时温度数据，运输过程至少每隔5分钟自动记录一次实时温度数据。③当监测温度达到设定的临界值或者超出规定范围时，温测系统能够实现声光报警，同时实现短信等通讯方式向至少2名指定人员即时发出报警信息。

3. 设施与设备验证 企业应当对冷库、冷柜等贮存设施设备，冷藏冷冻、保温等运输设施设备，以及温湿度监测系统进行使用前验证、定期验证和停用时间超过规定时限情况下的验证。未经验证的设施设备，不得应用于冷链管理体外诊断试剂的运输和贮存过程。验证要求具体如下：①建立并形成验证管理文件，文件内容包括验证方案、标准、报告、评价、偏差处理和预防措施等。②根据验证对象确定合理的持续验证时间，以保证验证数据的充分、有效及连续。③验证使用的温测设备应当经过具有资质的计量机构校准或者检定，校准或者检定证书（复印件）应当作为验证报告的必要附件，验证数据应真实、完整、有效及可追溯。④根据验证确定的参数及条件，正确、合理使用相关设施及设备。每个（台）独立的冷库、冷藏车应根据验证结论设定、安装至少2个温度测点终端。温度测点终端和温测设备每年应至少进行一次校准或者检定。

（三）收货与验收

需要冷藏、冷冻管理的医疗器械收货时，应当核实运输方式、到货以及在途温度、启运时间和到货时间并做好记录，符合要求的，应当及时移入符合温控要求的待验区。不符合温度要求的应当拒收，并做相应记录。

对需要冷藏、冷冻管理的医疗器械进行验收时，应当对其运输方式及运输过程的温度记录、运输时间、到货温度以及外观、包装、标签等质量状况进行重点检查并记录；对销售后退回的需要冷藏、冷冻管理的医疗器械，还应当核实售出期间的温度记录，不符合温度要求的应当拒收。验收不合格的，应当注明不合格事项及处置措施。

（四）贮存与检查

冷库贮存时，应当根据冷库验证报告确定合理的贮存区域，制冷机组出风口应当避免遮挡。对温湿度监控系统、冷库温湿度自动报警装置进行检查、保养。冷链管理体外诊断试剂在库期间应按照产品说明书或标签标示的要求进行贮存和检查，应重点对贮存的体外诊断试剂的包装、标签、外观及温度状况等进行检查并记录。

（五）出库与运输

冷链管理体外诊断试剂出库时，应当由专人负责出库复核、装箱封箱、装车码放工作。需要冷藏、冷冻管理的医疗器械装箱、装车作业时，应当由专人负责，并符合下列要求：①车载冷藏冷冻箱或者保温箱在使用前应当达到相应的温度要求；②包装、装箱、封箱工作应当在符合医疗器械说明书或者标签标示的温度范围内的环境下完成；③装车前应当检查冷藏车辆的启动、运行状态，达到规定温度后方可装车。运输需要冷藏、冷冻管理的医疗器械，应当根据运输的产品数量、距离、时间以及温度要求、外部环境温度等情况，选择合理的运输工具和温控方式，确保运输过程中温度控制符合要求。冷链管理体外诊断试剂发货时，应检查并记录冷藏车、冷藏箱、保温箱的温度。到货后，应向收货单位提供运输期间的全程温度记录，冷链运输记录见表8-6。

企业应当制定需要冷藏、冷冻管理的医疗器械在贮存、运输过程中温度控制的应急预案，并对应急预案进行定期演练。对贮存、运输过程中出现的断电、异常气候、设备故障、交通事故等意外或者紧急情况能够及时采取有效的应对措施，防止因异常突发情况造成的温度失控。

表8-6 冷链运输记录

单号	运输工具	冷藏车□		车载冷藏车箱（保温箱）□			
	冷藏方式	冷藏车□		车载冷藏车箱□		保温箱□	
品名	规格	批号	有效期	生产企业	数量	单位	备注
	日期/时间			储存温度	冰排状态	环境温度	
起运	___年___月___日___时___分			___℃		___℃	
到达	___年___月___日___时___分			___℃		___℃	
运输途中温度：_____				备注：_____			
送货单位：				送货人（签名）：			
收货单位：				收货人（签名）：			

（六）专门提供医疗器械运输贮存服务的企业特殊要求

专门提供医疗器械运输、贮存服务的质量管理制度与文件应当包括冷链医疗器械管理制度及应急管理制度，质量记录应当包括冷链产品的收货、验收、贮存、复核、包装、运输等记录。冷链运输车辆应当配备卫星定位系统，可实现对车辆运输监控。计算机信息系统应当对医疗器械的运输、贮存全过程实行动态管理和控制，对相关数据进行收集、记录、查询、统计。配备冷链运输管理系统，并具备以下功能：①运输记录：对医疗器械运输过程中温度进行监测、记录、保存、查询的功能；②自动报警：对医疗器械运输过程中异常温度进行自动报警的功能，采用航空运输等特殊场景时可以不启动自动报警功能；③过程温度：对医疗器械运输过程中温度进行统计，形成温度曲线的功能；④在线查询：在线查询医疗器械运输过程温度的功能，采用航空运输等特殊场景时可以不启动在线查询功能。

【任务总结】

1. 体外诊断试剂生产管理应当符合《医疗器械生产质量规范附录体外诊断试剂》的特殊要求。

2. 体外诊断试剂经营管理应当符合《医疗器械经营质量管理规范》《医疗器械经营质量管理规范附录：专门提供医疗器械运输贮存服务的企业质量管理》《医疗器械冷链（运输、贮存）管理指南》等文件规定。

技能巩固

一、选择题

（一）单选题

1. 对从事体外诊断试剂生产人员相关描述错误的是（　　）

　　A. 应当制定人员健康要求，建立人员健康档案

　　B. 直接接触物料和产品的操作人员每年至少体检两次

　　C. 患有传染性和感染性疾病的人员不得从事直接接触产品的工作

　　D. 工作服及其质量应当与生产操作的要求及操作区的洁净度级别相适应

2. 对于洁净室（区），下列说法错误的是（　　）

　　A. 洁净室（区）和非洁净室（区）之间应有缓冲设施

　　B. 产尘操作间应当保持相对正压，防止粉尘扩散，避免交叉污染

　　C. 洁净室（区）的温度和相对湿度应当与产品生产工艺要求相适应

　　D. 同一洁净室（区）内或相邻洁净室（区）间的生产操作不得互相交叉污染

3. 洁净室与室外大气的静压差应大于（　　）帕

　　A. 0　　　　　　　　　B. 20　　　　　　　　　C. 5　　　　　　　　　D. 10

4. 从事体外诊断试剂经营的，企业质量管理人员中应当至少有（　　）人具有主管检验师职称，或者具有检验学相关专业（　　）及以上学历或者中级及以上专业技术职称，并具有（　　）年及以上检验相关工作经历

　　A. 1；大专；2　　　　　　　　　　　　　　　B. 2；本科；3

　　C. 2；本科；2　　　　　　　　　　　　　　　D. 1；大专；3

5. 体外诊断试剂经营企业所配备的，每个独立的冷库、每台冷藏车应根据验证结论设定、安装至少（　　）个温度测点终端，温度测点终端和温测设备应（　　）至少进行一次校准或者检定

　　A. 2；每年　　　　　　B. 2；每半年　　　　　　C. 3；每年　　　　　　D. 3；每半年

二、思考题

1.《医疗器械生产质量管理规范附录体外诊断试剂》对体外诊断试剂生产质量管理有哪些特殊要求？

2. 体外诊断试剂经营企业如何开展冷链验证？

三、实训任务

参观体外诊断试剂生产企业，了解生产车间洁净级别，并熟悉进入洁净区的更衣规程，撰写心得体会，进行汇报。

书网融合……

项目小结　　　　　习题　　　　　微课

项目九　国际医疗器械监管与法规

【项目引言】

国际医疗器械市场规模巨大，潜力无限，熟悉国际医疗器械监管与法规，有助于国内医疗器械注册人备案人将产品推向国际市场，赢得更广阔的发展空间。国际医疗器械监管机构和监管法规与国内管理模式差异较大，不同国家对医疗器械产品安全、性能评估、临床评价和上市后安全性监管更加严格，更强调技术审查、要求产品供应链的可追溯等方面。

工作任务9-1　国际医疗器械监管机构与监管法规 🔲微课

PPT

任务目标

【知识目标】

1. 掌握　美国与欧盟的医疗器械监管法规。

2. 熟悉　日本与澳大利亚的医疗器械监管法规。

3. 了解　美国、欧盟、日本与澳大利亚的医疗器械监管机构及职责。

【能力目标】

1. 能够完成医疗器械在国际市场的准入工作，将产品成功推向国际市场。

2. 学会做好医疗器械生产管理工作，以符合国际法规的要求。

3. 学会做好医疗器械上市后管理工作，以符合国际法规的要求。

【素质目标】

开拓国际视野，追求创新卓越，共同助力民族振兴。

👤 典型工作任务

工作情景： A公司是一家集自主研发、生产和销售于一体的国家高新技术企业，是国内医疗器械行业婴儿保育设备细分领域的龙头企业。A公司生产的一款婴儿培养箱可以用于早产儿或病弱儿的培养成长，新生儿高胆红素血症的光照治疗，以及动脉血氧饱和度（SpO_2）和脉搏率（PR）的连续无创测量，该产品在国内市场受到了广泛认可。在公司国际化战略引导及当前国产器械出海热潮影响下，公司高层欲将婴儿培养箱推向国际市场，现拟申请在美国注册上市。假如你是该公司的注册专员，请完成如下任务。

工作任务： 1. 梳理婴儿培养箱在美国注册上市的流程。

2. 总结婴儿培养箱在美国注册上市的申报资料要求。

一、美国医疗器械监管机构与监管法规

（一）美国医疗器械监管机构与职能

1. 美国食品药品管理局　美国食品药品管理局（Food and Drug Administration，FDA）是一个公共卫

生科学监管机构，隶属于美国卫生和公共服务部。FDA 的主要职责是对药品、食品、化妆品、医疗器械、兽药等产品进行全面的监督管理。目前美国 FDA 总部由器械和放射产品健康中心（CDRH）、食品安全和应用营养中心（CFSAN）、生物制品评估和研究中心（CBER）、药品评价和研究中心（CDER）、兽药中心（CVM）、国家毒理学研究中心（NCTR）、临床政策和项目办公室（OCPP）、法规事务办公室（ORA）、政策 – 立法 – 国际法办公室（OPLIA）、首席科学家办公室（OCS）等部门组成，除血源筛查的医疗器械由生物制品评价研究中心（CBER）负责管理外，其余医疗器械产品均由器械和放射产品健康中心（CDRH）负责管理。

2. 器械和放射产品健康中心 器械与放射健康中心（Center for Device and Radiological Health，CDRH）是美国食品药品管理局负责对所有医疗器械进行上市前的审批工作以及监管这些器械的制造、工作性能和安全性的分支机构。器械和放射产品健康中心下设 6 个办公室，包括产品评估与质量办公室（OPEQ）、战略合作和技术创新办公室（OSPTI）、科学与工程实验室办公室（OSEL）、政策办公室（OP）、交流与教育办公室（OCE）、管理办公室（OM）。CDRH 的职责是通过在医疗器械上市前评估其安全性和有效性，并确保它们在上市后保持安全，其公共卫生目标是让患者和医疗服务提供者能够及时、持续地获得安全、有效和高质量的医疗器械。具体包括：①制定和执行国家计划来确保医疗器械的安全、有效和标签的真实性。②审查和评价医疗器械上市前批准（PMA）的申请、产品开发协议（PDP）、研究用器械豁免的豁免请求和上市前通知。③制定、发布和强制执行医疗器械标准和质量体系规范。④参与有关促进美国与其他国家医疗器械贸易的法规协议的制定。

（二）美国医疗器械监管法规

1. 美国医疗器械监管法规概述 美国是国际上第一个对医疗器械进行立法的国家，医疗器械产品的分类原则和管理模式在全球医疗器械监管领域有着深远的影响。美国国会是法律的制定机构，美国任何一部法律的产生首先由美国国会议员提出法案，当这个法案获得国会通过后，将被提交给美国总统给予批准，一旦该法案被总统批准就成为法律（Act）。当一部法律通过后，国会众议院就把法律的内容公布在《美国法典》（United States Code）上。美国《联邦食品、药品和化妆品法案》（Federal Food, Drug, and Cosmetic Act，常缩写为 FFDCA，FDCA，或 FD&C）是美国国会在 1938 年通过的一系列法案的总称，是美国历史上第一部涉及医疗器械监管的法律。催生该法案的主要原因之一是一种磺胺药物中所使用的溶剂二甘醇导致 100 多名患者死亡。在 1976 年美国国会正式通过了《联邦食品、药品和化妆品法案》修正案，强化了对医疗器械进行监督管理的力度，并确立了对医疗器械实行分类管理的办法，提出了对医疗器械进行上市前和上市后监督管理。而在后续的三十多年间，美国国会又先后通过了医疗器械安全法案（SMDA）、乳腺 X 线设备质量标准法案（MQSA）、FDA 监管现代化法案（FDAMA）、医疗器械申报费用和现代化法案（MDUFMA）、医疗器械申报费用稳定法案（MDUFSA）、FDA 修正法案（FDAAA）等一系列规定，在 1976 年修正案的基础上又增加了许多内容，始终确保法规与医疗器械发展相适应。《联邦食品、药品和化妆品法》以及随后的修订法规被编入《美国法典》主题 21 第 9 章，通常称其为 21 U. S. C. ch. 9—Federal Food, Drug, and Cosmetic Act。

《美国联邦法规》（Code of Federal Regulations，简称 CFR），有时也被称为《联邦行政法规》（Administrative Law），是美国联邦政府执行机构和部门在"联邦公报"（Federal Register，FR）中发表与公布的一般性和永久性规则的集成，具有普遍适用性和法律效应。行政法典的编纂也按照法律规范所涉及的领域和调整对象，分为 50 个主题，其中第 21 篇为食品和药品（即 21 CFR）。21 CFR 为 FDA 法规，根据 FD&C 法案制定，而不属于 FD&C 法案的一部分。在美国销售的医疗器械受两个大法的监管控制，分别是《联邦食品、药品和化妆品法案》（即 FD&C 法案）和联邦法规法典第 21 篇食品和药品（即 21

CFR）第 1 - 58、800 - 1299 部分的规定。

　　FDA 医疗器械相关技术法规见表 9 - 1，其中 21CFR Part 800 规定了通则要求，21CFR Part 860 规定了医疗器械的分类程序，21CFR Part 861 规定了医疗器械性能标准的制定程序，21CFR Part 801 规定了医疗器械标签的要求，21CFR Part 814 规定了医疗器械上市前批准的要求，21CFR Part 820（即 QSR820）规定了制造商质量管理体系法规的要求，21CFR Part 822 规定了上市后监督的要求。

表 9 - 1　FDA 医疗器械主要技术法规

法规号	法规名称	法规号	法规名称
21CFR Part 800	通则	21CFR Part 866	免疫学和微生物学器械
21CFR Part 801	标签	21CFR Part 868	麻醉器械
21CFR Part 803	医疗器械通报	21CFR Part 870	心血管器械
21CFR Part 806	医疗器械的校正和移动报告	21CFR Part 872	牙科器械
21CFR Part 807	医疗器械生产商和初次进口商的企业注册及产品登记	21CFR Part 874	耳鼻喉科器械
21CFR Part 808	根据联邦政府优先购买州和地方医疗器械的要求豁免	21CFR Part 876	胃肠 - 泌尿科器械
21CFR Part 809	人用体外诊断试剂	21CFR Part 878	普通的和整形手术器械
21CFR Part 810	医疗器械的召回权	21CFR Part 880	医院和个人用普通器械
21CFR Part 812	器械研究的豁免	21CFR Part 882	神经科器械
21CFR Part 813	（预留）	21CFR Part 884	妇产科器械
21CFR Part 814	医疗器械的上市前批准	21CFR Part 886	眼科器械
21CFR Part 820	质量管理体系法规	21CFR Part 888	整形外科器械
21CFR Part 821	医疗器械的跟踪要求	21CFR Part 890	理疗器械
21CFR Part 822	上市后监督	21CFR Part 892	放射医学器械
21CFR Part 860	医疗器械的分类程序	21CFR Part 895	取缔的医疗器械
21CFR Part 861	医疗器械性能标准的制定程序	21CFR Part 895	电极引线和患者电缆的性能标准
21CFR Part 862	临床化学和毒理学器械	21CFR Part 900	乳房 X 线照相仪
21CFR Part 864	血液学和病理学器械		

　　2. 医疗器械分类与监管　美国《联邦食品、药品化妆品法案》将医疗器械产品分为Ⅰ、Ⅱ、Ⅲ三种类别。

　　Ⅰ类医疗器械，指危险性小或基本无危险性的产品，约占全部医疗器械品种的 47%，如听诊器、压舌板等。Ⅰ类医疗器械的监管类型是一般控制（general controls），一般控制包括禁止粗制滥造及不当标示的产品销售、不良产品限制或禁止销售和使用的规定、有关通知消费者和修理、更换、补偿金等售后服务的规定、生产质量管理规范要求和制造商，进口商及分销商的企业注册与产品登记等。划入Ⅱ类、Ⅲ类的器械同样要遵守以上的要求。由于Ⅰ类器械风险较低，采用一般控制就可以确保其功效与安全性。

　　Ⅱ类医疗器械，指具有一定危险性的产品，约占全部医疗器械品种的 46%，如 CT 等。Ⅱ类医疗器械的监管类型是一般控制 + 特殊控制（general &special controls）。特殊控制是指产品单独依靠"一般控制"不足以确保安全性和有效性，仍需采取一些例如强制执行性能标准等特殊管理措施来提供相应的保证。因此，Ⅱ类器械除了遵守医疗器械的一般控制规定外，还需符合 FDA 所规定的特别要求或行业公认的标准等，如对特定产品的强制性性能标准、特殊标识要求以及上市后监督等。

　　Ⅲ类医疗器械，指具有较大危险性或危害性，或用于支持维护生命的产品，约占全部医疗器械品种的 7%，如人工心脏瓣膜、心脏起搏器、人工晶体等。Ⅲ类医疗器械的监管类型是一般控制（general controls）结合上市前批准（pre-market approval，PMA）的方式。上市前批准，是指用于评价Ⅲ类器械安全性和有效性的科学监管审查过程，也是 FDA 要求的最严格的器械上市前申请类型。

3. 医疗器械上市流程 在美国申请医疗器械上市的流程包括 5 个步骤：第一步，医疗器械分类；第二步，选择正确的上市前递交路径；第三步，为上市前递交准备适当的资料；第四步，将上市前资料递交给 FDA，且在 FDA 审核期间与其工作人员保持联系；第五步，完成企业登记和器械列名。以下是第一步和第二步的详细说明。

第一步，医疗器械分类。依据联邦法规确定器械的分类，选择正确的监管递交路径。申办者可以在 FDA 官网"医疗器械模块（Medical Device）"中的产品分类数据库（Products Code Classification Database）查找，如婴儿培养箱（Incutabor）检索结果为归属Ⅱ类医疗器械，其法规依据是 21CFR Part 880.54。

第二步，选择正确的上市前递交路径。器械分类确定之后，需要选择相应法规要求下的上市前递交路径。最常见的上市前递交类型包括 510（k）（上市前通知）、PMA（上市前批准）、De Novo（自动Ⅲ类指定的评价）、HDE（人道主义器械豁免）。一些Ⅰ类以及大部分Ⅱ类器械要求以 510（k）的方式递交。在 510（k）递交过程中，申请者必须证明新的器械与对比器械在预期用途，技术特征以及性能测试方面实质等同。一些Ⅰ类和Ⅱ类器械可以豁免 510（k），如果他们在 21CFR 862 - 892.9 所述的豁免范围之内。510（k）分为 3 种，即传统的（traditional）、特殊的（special）和简化的（abbreviated）510（k）。特殊的 510（k）和简化的 510（k）是对传统的 510（k）的一种补充，只有在特定情况下才可递交，而传统的 510（k）适用于所有情况。通常 510（k）申请周期在半年以上。510（k）仅对产品进行书面论证，不涉及获批前的工厂质量体系 FDA GMP QSR 820 的现场审核。譬如，境外生产的婴儿培养箱在美国的注册申请流程如图 9 - 1 所示。

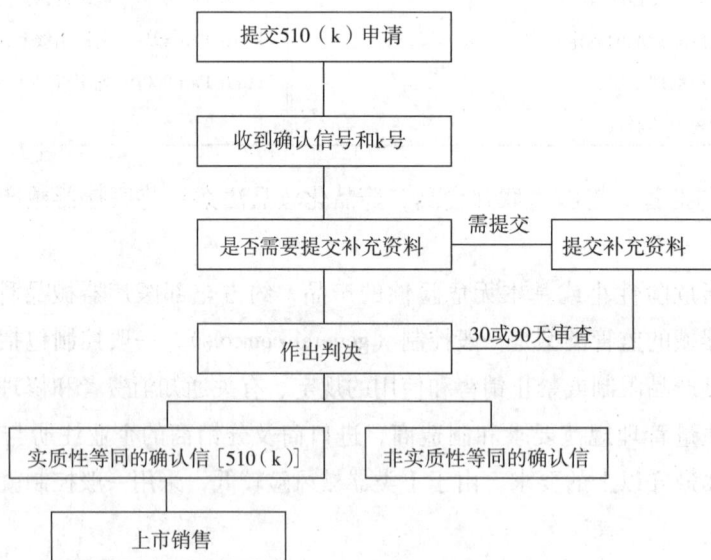

图 9 - 1 境外生产的婴儿培养箱美国注册申请流程

大部分Ⅲ类器械要求的递交方式为 PMA。PMA 为最严格的上市前递交类型，在 FDA 批准 PMA 之前，申请者必须提供有效的科学证据，以证明器械预期用途的安全性以及有效性。FDA 根据上市前批准申请中是否有足够有效的科学证据确保器械在预期用途范围内使用的安全有效的判断，确定是否批准该器械上市前申请。通常 PMA 申请周期在一年以上；获批前 FDA 会对制造商进行 FDA GMP QSR 820 质量体系的现场审核，通过后才可获批该产品的 PMA 申请。

De Novo 为没有有效对比的新器械提供一种方式，如果这种新器械满足特定标准，可以被分为Ⅰ或Ⅱ。HDE 为Ⅲ类器械提供了一种监管路径，这类器械预期对罕见疾病或状况的患者是有益的。器械有资格成为人道主义豁免器械，申请者必须获得人道主义使用器械（HUD）的指定，可通过向 FDA 的孤儿产品开发办公室（Office of Orphan Products Development，OOPD）递交申请。

⚛ 拓展提升

美国医疗医疗器械 510（k）路径和 PMA 路径资料要求

510（k）路径所需资料：申请类型、申请函/其他相关文件、申请人信息、以往申请与交流情况、共识标准、产品描述、预期用途、产品分类、对比器械与实质相等性比较、设计/特殊控制，健康风险，消除措施、产品标识、再加工、灭菌（如适用）、货架有效期、生物相容性、软件/硬件、网络安全/互用性、电磁兼容性、电气安全、机械安全、无线安全及热安全、性能测试、参考资料、行政文书、修订/补充资料回应等。

PMA 路径资料要求：申请人名称和地址、摘要、适用范围、设备描述、替代做法和程序、营销历史、研究摘要、研究结论、产品描述、电子产品辐射控制、非临床实验室研究结果、临床试验结果、标签、儿科患者使用说明等。

---

4. 医疗器械生产管理　拟将产品销往美国的医疗器械制造商必须遵守的质量管理体系法规 21CFR Part 820（QSR 820）。QSR 820 质量体系规范中描述了现行的生产管理规范的要求（CGMP），并规定了所有医用器械成品在设计、制造、包装、标签、贮存、安装和服务中使用的方法，设施和控制。这些要求是为了确保医疗器械成品的安全和有效，并遵从美国《联邦食品、药品和化妆品法案》。该规范提出了适用于医疗器械成品制造商的基本要求，如果某制造商只进行本规范规定的一部分操作，而不进行其他操作，则该制造商仅需执行适用于他所进行操作的那些要求。

FDA 不会像我国国家药品监督管理局一样在发放许可证之前先进行体系考核，而是通过后续的抽查形式来进行监控的，全球的医疗器械注册企业都会有被抽查到的可能性，并且，风险越高的器械的生产企业被抽查到的概率越高。所以，QSR 820 是多数医疗器械在美国上市之前必须遵守、上市之后随时可能抽查（即 FDA 工厂检查）的基本要求。FDA 下属的（器械与放射健康中心）CDRH 是专职负责医疗器械企业管理的政府机构，CDRH 根据 FDA 的授权安排检查员到各企业进行工厂检查。对美国境内企业一般每两年检查一次，境外企业不定期检查。所有检查费用由 FDA 承担，检查只是一个符合性检查，不颁发任何证，不属于认证活动。

1999 年 8 月，FDA 的 ORA 和 CDRH 联合发布《质量管理体系检查指南》（Guide to Inspections of Quality System），为检查员执行检查任务提供了统一的、程序化的指导质量体系检查技术（Quality System Inspection Technique，QSIT）是一种评估医疗器械生产商是否符合质量体系（21CFR Part 820）和法规要求的工具，有助于检查员聚焦质量体系中的关键因素、确定检查的重点，从而使检查工作更加高效。QSIT 将质量体系分为 7 个子系统，其中 4 个为关键子系统，分别是管理控制、产品和工艺控制（Product and Process Control，P&PC）、纠正及预防措施（Corrective Action and Preventive Action，CAPA）、设计控制；3 个为支持子系统，分别是记录/文件变更控制、物料控制、设施与设备控制。此外，还包括一些辅助程序如医疗器械报告、纠正及移除报告、医疗器械追踪、灭菌工艺控制等（图 9 - 2）。QSIT 对子系统的检查是基于"自上而下"的方法，这意味着检查员在查看具体质量问题之前，先审评企业的质量问题解决系统，从而聚焦被检查企业质量体系的关键要素。

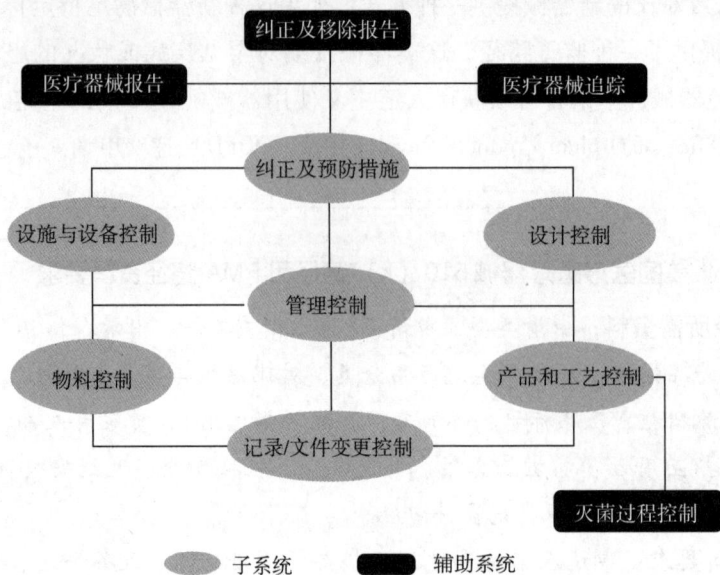

图 9-2　QSIT 质量体系划分示意图

在这 7 个子系统中，管理控制、设计控制、产品和工艺控制、纠正及预防措施是关键，FDA 的《质量管理体系审查指南》主要针对 4 个关键的质量子系统进行重点审核。

（1）管理控制　管理控制子系统的目的是为设备设计、生产、质量保证、销售、安装和服务活动提供资源，确保质量体系能充分的运行。该子系统检查的主要目的是确定具有行政职责的管理者是否能确保公司建立（确定、形成文件）了一个充分和有效的质量体系，因此每一次检查的开始和结束都要对这个子系统进行评估。

（2）设计控制　设计控制子程序的目的是控制设计过程，以保证设备符合用户的需要，预期用途及特殊用途的需求。重视设计和开发策划，确定设计输入和输出，验证设计输出是设计输入的结果。评审设计、控制设计变更、评审设计结果、将设计转换为产品。另外，将设计进程汇编成文件，这都有助于确保最终设计能够符合用户的需要、预期用途和必要条件。

（3）产品和工艺控制　产品和工艺控制的目的是生产出符合规格的产品，发现有利于生产出符合规格的产品的过程、确认过程（或完全验证这些过程的结果）、监视和控制过程是能够帮助确保产品符合规格的所有步骤。

（4）纠正及预防措施　纠正及预防措施子系统的主要目的是收集信息、分析信息、识别和调查产品质量问题，采取适当和有效的纠正措施或预防措施防止他们的发生。考核、验证、修改预防措施，将方案传达给有关人员，向管理评审方提供有关的信息。为了有效的处理产品和质量问题，要把这些活动记录下来和文件化，以防止它们重新发生，防止和减少设备故障。

5. 医疗器械上市后管理　美国对医疗器械上市后的管理包括质量体系检查、不良事件报告、建立追溯制度、召回等手段来进行监管。

（1）医疗器械质量体系检查　FDA 主要通过对企业进行质量体系检查来进行上市后监督，目的是为了确保产品安全有效。若存在隐患或发现问题，FDA 随时可对企业进行检查以确保质量体系的有效运行。

（2）不良事件报告　美国联邦法规 21CFR Part 803 部分规定了不良事件报告制度，要求医疗器械的制造商、进口商和使用单位，必须对已经造成的死亡和严重伤害事件，或正在引起并可能造成的死亡和严重伤害事件的医疗器械，必须建立和维护不良事件档案，并向 FDA 提交详细的报告。同时，还要求医疗器械分销商也要保留不良事件记录。

（3）追溯制度　美国联邦法规 21CFR Part 821 部分规定了对于在设备单位外使用的用于支持、维持生命的设备或永久植入性设备，例如：心血管永久起搏电极、人工心脏瓣膜、直流除颤器等，产品制造商和销售商应当建立追溯制度，确保产品从生产开始，到销售网络（包括批发商、零售商、租赁商、其他商业企业、设备使用单位和得到许可的从业者），到使用设备的患者这一系列环节都是可追溯的，保证已上市产品的有效性。

（4）召回　生产企业如对已上市的医疗器械发现质量问题，可以自行将产品召回，避免造成进一步的伤害。而美国联邦法规 21CFR Part 810 部分则规定了美国食品药品监管部门在监管过程中行使召回权力的程序，在其监管过程中，一旦发现医疗器械很可能导致严重不利于健康的后果或致人死亡，FDA 可以下达一个停止销售的命令。在命令下达之后，生产企业可以按照 21CFR Part 810.11 的规定申请规章听证，规章听证可能会做出维持停止销售、修改停止销售和通告命令或强制要求生产企业召回医疗器械的决定。一旦 FDA 向生产企业发出了强制召回的命令，那么，所有已经流入市场的医疗器械均应当被召回，以保证不对人体健康造成更大的伤害。

二、欧盟医疗器械监管机构与监管法规

（一）欧盟医疗器械监管机构与职能

欧盟由多个成员国组成，设有欧盟议会、欧盟理事会、欧盟委员会等组织机构。欧盟议会的环境、公共卫生和食品安全委员会下设欧洲疾病预防与控制中心（European Centre for Disease Prevention and Control，ECDC）、欧洲药品管理局（European Medicines Agency，EMA）等机构，但 EMA 并不负责医疗器械的监管活动。根据最新《欧盟医疗器械法规》规定，参与医疗器械注册审评和监管活动的组织机构主要包括公共卫生部（Public Health）、医疗器械协调小组（Medical Device Coordination Group Working Groups，MDCG）、医疗器械主管当局（Competent Authorities for Medical Devices，CAMD）、公告机构（Notice Body，NB）与各国主管当局等。

1. 公共卫生部　欧盟委员会通过起草和执行法规、实施政策、制定欧盟预算并监督执行等行动达成欧盟的整体利益。欧盟委员会的健康和食品安全部门（Health and Food Safety，SANTE）主管欧盟的食品安全和公共卫生，其下设的公共卫生部分管欧盟的制药行业、疾病预防与控制、医疗器械行业和公共卫生系统等。其中，与医疗器械监管相关的组织主要为医疗器械协调小组和医疗器械主管当局，两者负责管理欧盟各成员国的医疗器械相关机构并开展沟通交流活动，包括各成员国主管当局和利益相关者，如专业组织、患者和医生组织、标准化机构和公告机构等。

2. 医疗器械协调小组　公共卫生部下设的医疗器械协调小组由各成员国的医疗器械及体外诊断试剂专家共同组成，主要协助医疗器械相关法规的执行，并负责讨论医疗器械行业的关键问题，如公告机构的监督和标准化、市场监管、国际问题、新技术和临床研究等内容。根据欧盟《医疗器械法规》（MDR）和《体外诊断医疗器械法规》（IVDR），MDCG 的职责具体为受理公告机构的资格认定申请，与公告机构商讨合格评定程序实施相关的问题，进行欧盟医疗器械数据库（EUDAMED）的建立与管理等。

3. 医疗器械主管当局　公共卫生部下设的医疗器械主管当局负责促进 MDR 和 IVDR 在各国的实施，就法规执行过程中的问题进行统一答疑，并在适当的时机开展培训交流会议，以帮助各成员国充分理解法规理念并统一贯彻实施。主管当局是国家的权力机关，由各成员国任命，各成员国主管当局与经过资

格认定的公告机构一同参与医疗器械的监管，负责处理医疗器械不良事件的报告、产品召回、产品分类裁定、咨询、制造商和制造商在欧盟地区授权代表的注册、市场监督及临床研究的审查，但不负责医疗器械申报资料的审评。以法国主管当局为例，法国药品安全局（ANSM）对医疗器械及体外诊断试剂进行市场方面的监管，授权临床试验、对制造商进行现场检查、检查已上市医疗器械的一致性、促进创新等，以确保上市医疗器械的安全性和有效性。

4. 公告机构 欧盟对医疗器械的市场准入和上市后的监督是通过委托经认定的第三方认证机构——"公告机构（NB）"来实施的。首先由欧盟各成员国/协议国按照标准审核第三方认证机构，并根据该认证机构的认证能力确定其认证范围，然后由欧盟委员会在欧盟公报上公布已认定的第三方认证机构名单、识别编码（NB号）和工作项目，并发给认证证明和CE标志。公告机构主要负责依照其遵照的欧盟法规，对提交申请的制造商的医疗器械产品执行符合性评估程序，并颁发CE证书。公告机构独立于制造商、销售商和使用者（消费者），应当具有可靠的认证能力，在认证过程中能够客观、公正、独立地从事认证活动。公告机构按照法规要求认证医疗器械企业和产品，并对市场企业的质量体系定期进行监督检查。目前，公告机构包括德国技术监督协会（TUV）、英国标准学会（BSI）、法国国际检验局（BVQI）和挪威船级社（DNV）等。

欧盟要求所在国主管部门对公告机构进行监督，定期检查其审批情况和财务状况，以确保其秉公执法。如果发现某公告机构不符合提出的标准，认可该机构的成员国可撤销其资格，并立即告知其他成员国和欧盟委员会。按照欧盟法规，欧盟委员会负责立法和向欧盟各成员国通告公告机构、经认证的企业和产品、不良事件或事故的处理。各成员国通过医疗器械上市后的信息反馈网络监督生产企业和认证机构。欧盟各成员国负责对上市后医疗器械产品的监督管理工作。如果成员国认定具有CE标志的市场厂家产品发生了事故并造成了严重后果的，政府有权责令已获得CE标志的企业停止生产，也可通知公告机构收回证书。

（二）欧盟医疗器械监管法规

1. 欧盟医疗器械监管法规概述 欧共体理事会于1990、1993、1998年先后发布了三个指令，即《有源植入医疗器械指令》（Active Implantable Medical Devices Directive，90/385/EEC）、《体外诊断医疗器械指令》（In Vitro Diagnostics Directive，98/79/EC）、《医疗器械指令》（Medical Devices Directive，93/42/EEC），各国可以参照该指令制定本国实施细则。

2017年5月25日，欧洲议会和理事会正式发布欧盟《医疗器械法规》（Medical Devices REGULATION（EU）2017/745，MDR）和《体外诊断试剂法规》（In Vitro Diagnostics REGULATION（EU）2017/746，IVDR），分别于2021年和2022年实施。至此医疗器械的监管法规正式从指令升级成法规，对欧盟所有国家具有普遍适用性和总约束性，所有欧盟成员国都必须执行，而无需再行制定本国法规。MDR共10章123条，并附有17个附录，法规强化了制造商责任，实施更严格的上市前审评，强化对公告机构的监督，加强警戒和市场监管，提高透明度和可追溯性。MDR强调将风险分析和管理贯穿于设计和生产、销售、上市后监管等整个产品周期中。

2. 医疗器械分类 不同医疗器械的CE认证要求和器械的分类等级有关。欧盟法规将医疗器械分为Ⅰ类、Ⅱa类、Ⅱb类、Ⅲ类，其中Ⅰ类为最低风险，Ⅲ类为最高风险（表9-2）。制造商应根据产品材料、接触病人的时间、部位、预期用途等，确定具体产品的分类，产品分类特点如下。

（1）根据产品特点和实际使用情况确定产品的预期用途，分类规则的使用应基于所确定的预期用途。

（2）若器械与其他器械共同使用，分类规则应分别适用于各器械。

（3）若器械并不预期单独使用或主要作用于身体的某个部位，则应基于其最关键的特定用途来考虑和分类。

（4）启动或影响某种器械的软件与器械属于同一类型，若该软件独立于任何其他器械，则应按照其本身进行分类。

（5）基于器械的预期目的，若多个规则（或同一规则的多个子规则）同时适用于同一器械，则应采用能带来更高分类等级的最严格规则和子规则。

表9-2　欧盟医疗器械和体外诊断试剂分类

器械类型	风险程度	产品类别
Ⅰ	低风险	灭菌器械（s）、带测量功能器械（m）、重复使用外科器械（r）
Ⅱa	低到中等风险	普通非植入器械和普通植入器械
Ⅱb	中等风险	技术成熟的植入器械和技术不成熟的植入器械、植入器械、MDR 附录 Ⅷ 第 12 条规定的器械
Ⅲ	最高风险	特殊非植入器械和特殊植入器械、MDR 附录 Ⅷ 第 21 条规定的器械

上述分类特点，是作为如何进行产品分类的指引，若需最终确定产品分类等级，应参照 MDR 中 22 条分类规则进行确定（表9-3）。

表9-3　欧盟医疗器械和体外诊断试剂分类规则表

器械类型	医疗器械	体外诊断试剂
非侵入性器械	规则1-规则4	规则1-规则4
侵入性器械	规则5-规则8	规则5-规则8
有源器械	规则9-规则12	规则9-规则13
特殊规则	规则13-规则18	规则14-规则22

3. 医疗器械上市流程　在欧盟，除了非无菌或非测试医疗器械外，其他医疗器械均需要像公告机构提交上市前的符合性认证申请。一旦该产品通过了公告机构的审查，公告机构将发放认证证明和 CE 认证标志。产品加贴 CE 认证标志后，就可在欧盟境内各成员国市场销售。依照 MDR，产品分类裁定不同的医疗器械，其监管方式有所差异，具体如表9-4所示。公告机构审查完产品后，需将其审查结果通报所在国的医疗器械监管部门和欧盟委员会。

表9-4　欧盟医疗器械各类别监管方式

产品类别	监管主体
Ⅰ	生产企业自我检测，自行完成产品质量符合、有效性和安全性测试，自测完成后需在制造国的监管部门登记备案
Ⅱa	提交公告机构审查，其中制造商负责产品设计部分，公告机构审查质量体系部分
Ⅱb	提交公告机构审查，公告机构审查质量体系合规性、抽检样品等，同时制造商的产品设计文件也需要提交给公告机构审查
Ⅲ	提交公告机构审查，公告机构审查质量体系合规性、抽检样品等，同时制造商的产品设计文件也需要提交给公告机构审查，特别是产品风险分析报告
备注：符合以下三类条件的 Ⅰ 类产品需要公告机构介入：（a）在无菌状态下投放市场的；（b）此类器械具有测量功能的；（c）为可重复使用手术器械的。	

CE 标志是欧盟认可医疗器械安全性和质量的重要标志，是医疗器械产品进入欧盟市场的前提。MDR 下医疗器械 CE 申请流程如下（图9-3）。

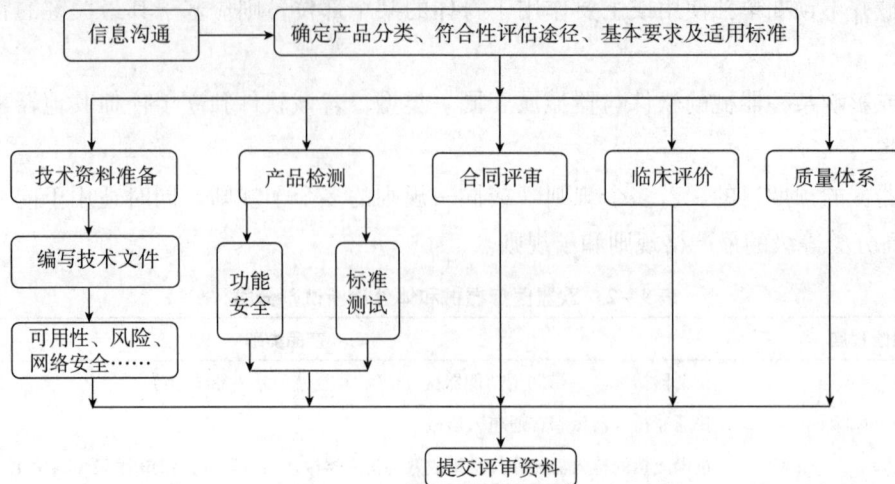

图 9 - 3　MDR 下医疗器械产品 CE 认证流程

第一步，确定产品符合的法规和协调标准。确定产品符合的法规和协调标准要求，了解认证流程。欧盟协调标准用来指导产品满足指令基本要求的详细技术文件。

第二步，对产品进行分类，确定符合性评估路径。按 MDR 的法规要求对医疗器械产品进行分类，MDR 2017/745 号法规附录Ⅷ中详定 22 条规则，按医疗产品的危险程度，将产品分为Ⅰ类、Ⅱa 类、Ⅱb 类、Ⅲ类。

在实际的工作时，产品会细分为Ⅰ类、Ⅰ*类、Ⅱa 类、Ⅱb 类、Ⅱb 植入类和Ⅲ类。其中Ⅰ*类会包含（Ⅰ类灭菌、Ⅰ类测量和Ⅰ类可重复）。根据分类走不同的认证路径，Ⅰ类产品不需要公告机构参与，做符合性声明 DOC 和取得欧盟授权代表在对应欧盟成员国的主管当局进行登记注册的凭证。Ⅰ类以上的产品，即Ⅰ*类、Ⅱa 类、Ⅱb 类、Ⅱb 植入类和Ⅲ类产品，需要公告机构参与，审核并颁发ISO13485 证书和 CE 证书。

第三步，建立运行 ISO13485 质量管理体系。应建立符合欧盟医疗器械法规要求的质量管理体系，体系建立应以 ENISO13485 2016/AC 为基础，并满足 MDR 规定的其他要求；Ⅰ类产品由企业自我声明，并建立质量管理体系，无需公告机构审核，但推荐Ⅰ类产品生产企业进行 ISO13485 认证；Ⅰ类以上产品，即Ⅰ*类、Ⅱa 类、Ⅱb 类、Ⅱb 植入类和Ⅲ类产品，必须要由具有 MDR 资质的公告机构进行符合性审核并颁发证书。

第四步，开展产品检测，取得检测报告。确定产品在欧盟的所有检测标准，检测时需要确定检测机构的检测资质。如是需要公告机构审核的产品，应和公告机构确定好检测机构颁发的证书是否被认可。产品应通过检测，取得合格的检测报告。

第五步，编写 MDR 技术文档。制造商必须根据产品所符合的法规要求和协调标准要求，编写 MDR技术文档，取得欧盟授权代表协议。Ⅰ类以上产品的 MDR 技术文档，即Ⅰ*类、Ⅱa 类、Ⅱb 类、Ⅱb 植入类和Ⅲ类产品，需要通过公告机构审核，审核通过后取得 MDR CE 证书。

产品上市前的技术文件的基本内容包括七个方面：①器械说明与性能指标，包括变型和附件包含器械说明与性能指标，以及引用的前代和类似器械的信息；②制造商提供的信息；③设计与制造信息；④通用安全与性能要求，包含其符合附录Ⅰ提供的通用安全与性能要求的证明资料；⑤风险利益分析和风险管理；⑥产品验证与确认；⑦临床前和临床数据（包含临床评价计划或报告，PMCF 计划或报告），以及针对含药器械、人体或动物来源组织或其衍生物制备的器械、引入人体并被吸收器械、具有测量功能器械等的相关附加信息。

第六步，完成 CE 符合性声明 DOC，加贴 CE 标志。制造商在完成 CE 符合性声明 DOC 后，需要在符合性声明上签字盖章。然后在产品上加贴 CE 标志，CE 标志必须按照其标准图样，清楚的贴在产品或其铭牌上。公告机构颁发 CE 证书的产品，CE 标志上必须带有公告机构的公告号。

第七步，开展上市后的监督跟踪和维护。

5. 医疗器械上市后管理　MDR 第 83 - 86 条规定，制造商应当建立与风险等级成比例并适合该医疗器械类别的上市后监督系统（post - market surveillance，PMS），以确保制造商的质量管理体系（quality management system，QMS）能够反映适当的上市后监管活动，并确保制造商收集上市后的临床数据作为他们持续评估潜在安全风险的一部分。制造商上市后监督体系应积极、系统的适用于收集、记录并分析器械在整个生命周期内的质量、性能和安全相关数据，得出必要结论，并确定是否需采取预防纠正措施及监测措施。MDR 第 84 条规定，PMS 上市后监管计划需要基于附录 III 的文件进行准备；且该计划也必须放在附录 II 所要求的技术文档中，是技术文档的一部分。不同类别医疗器械有不同的上市后报告要求（表 9 - 5）。

（1）PMS 报告　MDR 规定 I 类医疗器械制造商必须准备一份 PMS 报告，总结根据 PMS 上市后监管计划收集的 PMS 数据的分析结果和结论。报告必须描述所采取的任何预防和纠正措施，并提供理由。该报告必须在必要时进行更新，并应要求提供给公告机构（如适用）和医疗器械监管部门。

（2）PSUR　MDR 规定 IIa 类、IIb 类、III 类产品必须提交定期安全性更新报告（periodic safety up-date report，PSUR），报告需包含三方面内容：①收益 - 风险评定的结论；②上市后临床跟踪的主要问题；③器械的销售量和评估使用器械的群体规模和其他特征，若可行，器械的使用频率。

（3）PMCF 报告　MDR 规定 IIb 类和 III 类产品制造商要进行上市后临床跟踪评价（post - market clinical follow - up，PMCF），范围涉及所有类型的临床信息，例如临床研究、警戒数据、投诉、技术信息和可公开获得的信息。PMCF 需要结合上市后监督（PMS）和临床评价报告（CER），以及风险评估和再评估。PMCF 的目标是确保设备在设备的整个使用寿命期间继续满足安全和性能要求。

表 9 - 5　欧盟医疗器械上市后报告要求

类别	报告	更新频次
I	上市后监督报告 PMS（Art. 85）	必要时/被主管部门要求时
IIa	定期安全更新报告（Art. 86）	至少每两年一次
IIb、III		至少每年一次
III 及植入	安全和临床性能总结（Art. 32）	至少每年一次
IIb、III（规则 11）	上市后临床跟踪评价报 PMCF	根据 PMCF 计划持续跟新；至少每年一次

制造商上市后监督体系所收集的数据应用于：①更新产品风险与受益情况；②更新产品设计和制造信息、使用说明书和标签；③更新临床评价相关内容；④更新安全和临床性能总结文件（针对 III 类和植入器械）；⑤确定是否需要采取纠正预防措施或 FSCA；⑥确定提高器械的可用性性能和安全性的意见；⑦当作为关联器械使用时，协助其他关联器械的上市监测；⑧用于编制趋势报告。

MDR 规定主管机构应对器械的符合性和性能开展检查，包括审核文件以及对样品的物理和实验室监测，并特别考虑到风险评估、风险管理、警戒数据和投诉等方面。此条款规定了监管部门的执行职责和采取的措施，目的是检查和确保器械符合相关欧盟协调立法的规定，且不危害公众健康和安全或公共利益的任何方面，同时强调相关检查和产品检测等工作需跟产品上市后风险评估和警戒等工作相结合。欧盟主要相关方监督责任详见表 9 - 6。

表9-6　欧盟主要相关方监督责任

角色	监督责任
政府主管部门	1 – 市场监督 2 – 产品和技术文件抽查
公告机构	1 – 合格评定 2 – 飞行检查
欧盟授权代表	1 – 验证制造商已建立 EU 符合性声明以及技术文件 2 – 验证制造商已实施适当的合格评定程序
进口商/分销商	1 – 验证产品是否已合法加贴 CE 标志，是否起草了符合性声明；（进口商） 2 – 验证制造商是否已指定合规的欧盟授权代表（进口商） 3 – 验证产品标签是否符合法规要求、是否已随附使用说明书（进口商） 4 – 验证是否提供了欧洲官方语言的标签和使用说明书（分销商） 5 – 验证制造商是否给产品分配了 UD 6 – 如果有理由认为器械不符合 MDR 要求，不得将产品投放市场 7 – 对于有严重风险或伪造的产品，应通知主管部门 8 – 分销商需对抽样检查代表性产品

6. 医疗器械数据库要求　欧洲医疗器械数据库（Eudamed）是欧盟委员会开发的用于实施 MDR 和 IVDR 的信息技术系统。该数据库旨在提高医疗器械透明度，包括让公众和医疗从业人员更好地获取信息，并加强欧盟各成员国之间的协调。该系统将实时展示在欧盟上市的医疗器械的生命周期。该系统整合了六个模块，用于整理和处理医疗器械和制造商的信息，分别是经济运营商注册、医疗器械唯一标识（UDI）及器械注册、公告机构和证书、临床试验和性能研究、警戒和上市后监督、市场监管法规。法规还要求Ⅲ类器械和植入式器械的安全和临床性能信息应当通过 Eudamed 向公众开放。

7. 可追溯性（UDI）要求　除定制和研究器械外，其他器械均需建立 UDI 系统；UDI 信息体现在标签或包装上（不包含集装箱）；UDI – DI 信息需要载明于符合性声明中（见第 27 条）；附录 VI 的 B 部分提出 UDI – DI 包含的信息；可植入、重复使用、软件、可配置器械的 UDI 有特殊要求（见附录 VI 的 C 部分）；包装或标签上 UDI 实施的时间见第 123 条 f 项。UDI 发行实体由欧盟委员会指定。

三、日本医疗器械监管机构与监管法规

（一）日本医疗器械监管机构与职能

厚生劳动省（Ministry of Health, Labour and Welfare, MHLW）（日语为 koseirodosho）是日本制定和实施医疗器械和药品安全标准的主要监管机构。日本独立行政法人医药品医疗器械综合机构（Pharmaceuticals and Medical Sevices Agency, PMDA）是一个独立的行政机构，与厚生劳动省合作，对医疗器械进行技术复核和相关研究工作，以确保日本药品和医疗器械的安全和质量。

MHLW 下设机构医药·生活卫生局内设医疗器械审查管理课负责医疗器械行政管理，监督指导课负责医疗器械质量体系检查；国立卫生试验所下设治疗品部，对医疗器械监管提供技术支持。2004 年之前，MHLW 药品与食品安全局负责制定药品和医疗器械的管理政策；MHLW 下属的药品和医疗器械审评中心（PMDEC）、日本医疗器械促进协会（JAAME）负责医疗器械的安全性和有效性评估；药品和医疗器械审评中心（PMDEC）成立于 1997 年 7 月，隶属于国家健康科学研究所，负责审查药品、准药品、化妆品及医疗器械的制造及进口审批；PMDEC 第 4 分部负责评估所有新医疗器械产品及改进的医疗器械产品的批准申请及临床试验申请；日本医疗器械促进协会（JAAME）作为一个指定机构，负责所有未注册或仿造医疗器械产品申请中的等效性审查。根据 2001 年日本内阁会议通过的"特别公共企业重组和合理化计划"，2004 年 4 月，PMDEC、JAAME 与药品安全性和研究机构（OPSR）合并成立了

独立行政法人医药品医疗器械综合机构（PMDA），统一管理药品、生物制品及医疗器械，负责收集并分析关于有缺陷医疗器械产品的相关报告、制定审查医疗器械产品标准、负责医疗器械的技术复核和相关研究工作以及为药品、生物制品、医疗器械产品公司在设计临床方案方面提供咨询服务。

根据医疗器械的分类，由经日本政府认可的合格的第三方组织（如 TUVPS）对受控医疗器械进行审评。依据国际指导原则和标准，厚生劳动省建立了第三方的资格标准，并定期审核所有第三方组织。而所有高度受控医疗器械产品的上市前批准申请则由 PMDA 负责审查，旨在保障医疗器械产品的安全性、有效性和质量。

日本通产省下设有医疗用具技术研究开发调整室，其职责是执行国家的宏观经济政策，促使本国的医疗器械工业发展，并对国内外贸易进行指导。日本医疗器械关系团体协议会（JEMDA）包括有关的各个工业协会，负责在产业经济政策、监督管理等方面与政府有关部门联系，协调各自企业间的关系，以及生产企业之间的技术标准协调和标准研制。

（二）日本医疗器械监管法规

1. 日本医疗器械监管法规概述　1943 年日本制定了《药事法》（Pharmaceutical Affairs Law，PAL），配套法律法规主要有《药事法实施令政令第 232 号》和《药事法实施规则厚令第 101 号》。2014 年日本《药事法》经过修订，更名为《关于药品、医疗器械、再生细胞治疗产品、基因治疗产品和化妆品质量保证、功效和安全的法案》，简称《药品和医疗器械法案》或《药机法》（PMD Act），由厚生劳动省颁布。PMD 法案提供了医疗器械、体外诊断试剂、处方药、药品和化妆品以及再生和细胞疗法产品在日本市场中的监管法律框架，所有在日本销售产品的医疗器械公司必须遵守 PMD 法令。PDM 法案目的是保障药品、化妆品和医疗器械的质量、有效性和安全性，以及通过促进卫生保健所必需的药品和医疗器械研究与发展来改善公众健康。2019 年 12 月，日本公布了 PMD 法案修订事宜，根据内容分三阶段实施，其中与医疗器械相关法规更新部分明确，医疗器械监管方面，相关利益方有义务在药品、医疗器械等的容器/包装和分包的包装上，贴上符合国际标准的条形码。根据 PMD 法案，日本厚生省发布了日本厚生劳动省第 169 号法令，它对在日本销售器械的医疗器械制造商的质量管理体系（QMS）要求做出了规定。该法令规定了针对国内外制造商的具体要求，这些要求与 ISO 13485：2016 的 QMS 要求是一致的。2023 年 3 月，日本厚生省发布了医疗器械软件（SaMD）修订版指南，旨在明确医疗器械软件相关规定，进一步助推创新医疗软件发展。

2. 医疗器械分类　在日本医疗器械使用一种编码等同系统，并结合基于全球医疗器械协调组（The Global Harmonization Task Force，GHTF）分类规则的风险评估进行分类。日本医疗器械术语集（Japan Medical Device Nomenclature，JMDN）代码明确了器械分类与注册路径。医疗器械（包含体外诊断医疗器械）风险等级由低到高被细分为普通Ⅰ类、特定管控Ⅱ类、管控Ⅱ类、特定严格管控Ⅲ类、严格管控Ⅲ类和严格管控Ⅳ类（表 9 - 7）。

表 9 - 7　日本医疗器械分类

类别	风险	管理措施
Ⅰ	低风险	普通
Ⅱ	中风险	管控
Ⅱ	中风险	特定管控
Ⅲ	高风险	严格管控
Ⅲ	高风险	严格特定管控
Ⅳ	高风险	严格管控

3. 医疗器械上市流程　在日本销售医疗器械的公司必须遵守日本 PMD 法案，上市授权持有人（MAH）的产品上市路径有三种：上市前通知（Todokede）、上市前认证（Ninsho）和上市前审批（Shonin）。

（1）上市前通知　在日本 I 类医疗器械上市路径为上市前通知（Todokede），又称上市前提交（pre - market submission，PMS）路径。PMS 路径下，必须由医疗器械上市许可持有人向 PMDA 提交一份上市前文件，即完成产品备案，该文件不需要经过 PMDA 的审核和批准。药监收到通知后，一般进行即时审批，加上前期准备资料的时间，整个 PMS 路径周期大概一个月左右完成。

（2）上市前认证　对于有日本独立行业标准（JIS 标准）的 II 类和 III 类医疗器械，上市路径为上市前认证（Ninsho），又称为 pre - market certificate（PMC）。PMC 路径下 PMDA 授权第三方认证机构（Registered Certified Body，RCB）进行审核，医疗器械上市许可持有人向 RCB 提交认证申请，RCB 对医疗器械上市许可持有人发起技术文档和质量管理体系的审核，审核通过后发放注册证书。如移动式超声成像系统（JMDN code "36208000 - Mobile Ultrasound Imaging System"），具有日本 JIS 标准为 JIS T 0601 -2 -37，实际对应国际标准 IEC 60601 - 2 - 37，可以通过 Ninsho 路径申请上市。

（3）上市前审批　对于没有日本行业标准 JIS 的 II、III 医疗器械产品以及 IV 类医疗器械，上市路径为上市前审批（Shonin），又称 pre - market approval（PMA）。医疗器械上市许可持有人向 PMDA 提交审核申请资料，PMDA 对医疗器械上市许可持有人发起技术文档和质量管理体系的审核，经 MHLW 批准后才能投放市场。

在日本医疗器械上市申请具体流程如下：第一步，使用可搜索的日本医疗器械术语集（JMDN）数据库确定的器械的正确 JMDN 代码，以判定分类。第二步，任命一个上市授权持有人（MAH）或指定上市授权持有人（DMAH）来管理在日本的器械注册。低风险器械需要 MAH，而所有其他器械可能需要 DMAH。第三步，外国制造商必须向 PMDA 递交外国制造商工厂注册（FMER）申请。第四步，实施一个符合 MHLW 第 169 号法令的质量管理体系（QMS）。第五步，根据器械分类的适用注册路径准备申请表和所需文件。第六步，MAH 或 DMAH 向 PMDA 或 RCB（取决于器械类别）递交申请并支付费用。第七步，根据器械类别，PMDA 或 RCB 进行 QMS 审查和/或申请审查，并可能要求补充信息。第八步，审批后（低风险器械除外），适用的审查机构将签发器械注册证书以及 QMS 证书。

4. 医疗器械生产管理　日本 PMD 法案强调对医疗器械的生产过程进行全面的质量管理，包括对生产过程中的各个环节进行控制和监督，确保产品符合相关的安全和质量标准。针对特定生物源性医疗器械等生产过程，对生产场所基础设施、有关生产控制和质量控制的文件、生产过程控制、测试、教育和培训、文件和记录的管理、记录保留的例外这几部分，PMD 法案作了明确的要求，注重清洁无菌、封闭防尘、良好的温湿度等，保证生产过程合法合规。针对放射性体外诊断相关的产品，生产前其上市许可持有人等应当验证注册生产场所是否按照《放射性药品生产经营管理条例》的规定经营。其工作区域应该与其他设施明显分开，严格防止放射性物质泄漏。在管制区边界，应当设置围栏等设施，防止他人擅自进入。针对一次性医疗器械再制造，PMD 法案依旧对生产场所运营的基础设施、生产过程控制、测试、教育和培训、文件和记录的管理作了明确要求。

5. 医疗器械上市后管理　获得生产批准和入市许可的公司须具有质量控制体系和售后安全控制体系，制造商需要每五年更新 QMS 符合性证书并保持其继续在市场上进行营销和商业分销。PMD 法案规定对初次获得批准的医疗器械，经一定时期后要进行重新审查。新设计的、结构新颖的或采用新原理的医疗器械，在获得初次批准后第 4 年，须接受再次审查。具有新效力、新用途或新性能的医疗器械，则在获得初次批准后第3年，须进行复审。

四、澳大利亚医疗器械监管机构与监管法规

（一）澳大利亚医疗器械监管机构与职能

澳大利亚政府于1990年正式成立了治疗品管理局（Therapeutic Goods Administration，TGA），是澳大利亚的医疗产品监管机构，负责确保药品、医疗器械以及其他治疗用品的质量、安全性和有效性；负责制定并执行关于药品、疫苗、生物制品、医疗器械等的规章和标准，承担产品市场准入和市场监管的职责，并保证在澳大利亚上市的医疗器械符合标准，现隶属于澳大利亚卫生和老年护理部（Department of Health and Aged Care，DOHAC）。TGA下设9个部门，分别是事业管理组（Business Management Group）、行政支持组（Executive Support Unit）、辅助药品办公室（Office of Complementary Medicines）、器械、血液和组织办公室（Office of Devices，Blood and Tissues）、实验室和科学服务办公室（Office of Laboratories and Scientific Services）、制造质量办公室（Office of Manufacturing Quality）、药品安全监管办公室（Office of Medicines Safety Monitoring）、非处方药办公室（Office of Non Prescription Medicines）和处方药办公室（Office of Prescription Medicines）。由器械、血液和人体组织办公室（ODBT）通过上市前评价，发放生产许可证和上市后警戒控制医疗器械的管理。澳大利亚还建立了医疗器械评价委员会（Medicines Devices Evaluation Committee，MDEC）、治疗品委员会（Therapeutic Goods Committee，TGC）和国家治疗品协调委员会（National Coordination Committee on Therapeutic Goods，NCCTG）等3个法定委员会，为治疗品监管提供咨询意见。

（二）澳大利亚医疗器械监管法规

1. 澳大利亚医疗器械监管法规概述　1989年澳大利亚颁布《治疗品法案》（Therapeutic Goods Act 1989），将药品和医疗器械统一作为治疗品来进行监管。2002年澳大利亚颁布《治疗品（医疗器械）法规》［Therapeutic Goods（Medical Devices）Regulations 2002］，这是一部医疗器械管理方面的专门法规，采用有关安全、质量和风险管理程序的最佳做法，并为管理新兴的和不断变化的技术提供了灵活性和能力。2023年澳大利亚联邦政府根据联邦行政委员会的建议，制定了《2023年治疗品法规修订（2023年第2号办法）规章》［Therapeutic Goods Legislation Amendment（2023 Measures No. 2）Regulations 2023］，对《治疗品法案》《治疗品（医疗器械）法规》进行了修订，修订内容包括延长两组关键医疗器械改革的过渡时间框架，以与欧盟的类似举措保持一致——与特定种类器械的重新分类相关的改革；与个性化医疗器械相关的改革；更好地确保澳大利亚临床试验中医疗器械的安全使用，明确授权人员有权进入根据临床试验通知（CTN）进行的临床试验现场，并采取某些步骤确保试验按照良好临床实践进行；通过引入一些未经批准的医疗器械，减轻患者和医生的监管负担可根据授权处方者计划提供的医用大麻产品，无需伦理委员会批准。

2019年4月，TGA发布《医疗器械行动计划》（以下简称《行动计划》），该《行动计划》由改善新医疗设备上市方式、加强对在用医疗设备的监控和跟踪以及向患者提供在用医疗设备相关信息等三个战略组成。《行动计划》试图对新的医疗器械技术作出快速监管决策，并强化对在用医疗器械的监管。这不仅体现了以患者为中心的监管思想，还遵循了所有技术服从于患者利益的原则。《行动计划》还试图通过加强监管部门与患者的信息沟通，开拓更有效的产品质量反馈途径，以确保医疗器械的安全和有效得到保障。

2. 医疗器械分类　基于制造商的预期用途，风险级别以及对人体的侵害程度，澳大利亚按照风险

等级由低到高将医疗器械分为5类：Ⅰ类，Ⅱa类，Ⅱb类，Ⅲ类，AIMD（有源植入医疗器械）（表9 - 8）。按照风险程度将体外诊断试剂分为4类：Ⅰ类，Ⅱ类，Ⅲ类，Ⅳ类（表9 - 9）。

表9 - 8　澳大利亚医疗器械分类表

风险等级	类别	举例
低风险	Ⅰ	手术牵引器、压舌板
低至中风险	Ⅰ（无菌类）	手术无菌手套
	Ⅰ（具有测量功能类）	有特定计量单位的药杯
	Ⅱa	超声波设备、数字或红外温度计
中至高风险	Ⅱb	激光外科手术、诊断X射线
高风险	Ⅲ	人工心脏瓣膜、可吸收的外科缝合线、髋关节假体（如髋关节置换术）、心脏起搏器
	AIMD	植入式除颤器

表9 - 9　澳大利亚体外诊断试剂分类表

风险等级	类别	举例
无公共健康风险或低个人风险	Ⅰ类IVD	样品收集容器、微生物培养基
低公共健康风险或中等个人风险	Ⅱ类IVD	妊娠和生育能力自检试剂盒、胆固醇测试试剂
中度公共健康风险或高度个人风险	Ⅲ类IVD	激光外科手术、诊断X射线设备
高公共健康风险	Ⅳ类IVD	艾滋病毒筛查试剂、埃博拉病毒检测试剂

3. 医疗器械上市流程　医疗器械赞助商必须向TGA申请将其器械列入澳大利亚治疗用品注册（ARTG）。保荐人是在法律上负责供应药物或医疗器具的个人或公司。TGA随后采用基于风险的方法来评估和批准在澳大利亚使用的设备。TGA审查手头的证据，并征求专家意见，以确定该医疗器械的受益是否超过任何可能的风险。医疗器械在澳大利亚合法销售之前必须包含在ARTG中。医疗器械赞助商申请产品上市的流程如下。

第一步，在澳大利亚医疗器械产品上市前应当通过合格评定。合格评定是由制造商对证据和程序进行系统和持续的检查，以确定医疗器械的安全性是可接受的，并且设备按预期运行，因此符合基本原则。申请人必须能够证明适当的合格评定程序已应用于其设备，以便申请将医疗设备纳入澳大利亚治疗用品注册（ARTG）。应通过提供适当的评估机构向制造商颁发的适当证书来证明这一点。特定的高风险医疗设备（Ⅳ类医疗器械），制造商必须持有TGA颁发的合格评定证书。对于其他医疗器械，合格评定应通过提供由适当的评估机构（例如TGA、澳大利亚合格评定机构或类似的海外监管机构）向制造商颁发的适当认证来证明。所需的合格评定水平必须与设备使用相关风险的水平和性质相匹配，范围从制造商对低风险设备的自我评估，到制造商质量管理体系的评估，以及由合格评定机构对最高风险设备的特定设备设计的检查。

第二步，将医疗器械纳入ARTG，获得市场授权。①不用于自我检测或护理的低风险器械Ⅰ类医疗器械应当纳入ARTG，可以通过自我声明程序纳入ARTG。这些器械申办者必须向TGA填写并提交医疗器械电子申请，并支付申请费；但是他们不需要在列入ARTG时向TGA提交任何其他文件。没有测量功能且不打算无菌供应的Ⅰ类医疗器械的申办者必须提交一份制造商对该器械的符合性声明的副本，以及将该器械纳入ARTG的申请。这些器械的赞助商还必须能够根据要求向TGA提供与器械相关的其他文件（例如标签、使用说明、广告材料和器械性能证据）。②对于任何其他器械，在申请将医疗器械纳入ARTG之前，申请人应提交一份由适当的合格评定机构发给制造商的合格评定证书副本或制造商作出的合格声明（如相关）。在申请将器械纳入 ARTG 之前，应将该文件作为制造商证据提交给 TGA（并由 TGA 接受）。担保人必须在澳大利亚，并且通常是海外制造的医疗器械的澳大利亚进口商。申请人必须与制造商建立关系，以使他们能够履行其监管义务，包括从制造商处获得 TGA 要求的信息。

第三步，列入 ARTG 的申请的初步评估。任何将医疗器械纳入 ARTG 的申请必须在申请表中包括某些要求的信息，包括 TGA 或类似的海外监管机构的合格评定认证，以及可能的产品评估证据（取决于器械的分类）。如果不提供，申请将不通过初步评估，申请将被拒绝。

第四步，TGA 对列入 ARTG 申请的评估。TGA 对将医疗器械纳入 ARTG 的申请进行评估的严格程度取决于器械的预期用途和风险分类，以及合格评定认证的来源。TGA 可以根据收到的申请中提供的信息批准将器械纳入 ARTG，也可以选择一个申请进行审计。申请的审核可能涉及对信息的桌面审查，如器械的标签、使用说明、技术文件和广告材料、临床证据、器械的风险管理文件、公告机构的报告或微生物学评估。任何审计的范围将在很大程度上取决于 TGA 确定的需要进一步审查的问题。某些体外诊断医疗器械的申请（例如用于自我测试或在护理点使用的装置），或仅由 ISO 13485 证书支持的 3 类体外诊断医疗器械的申请也必须选择进行审核。

1998 年澳大利亚与欧盟签订互认协议（MRA），由 TGA 颁发给制造商的合格评定证书也被欧盟认可，TGA 也认可欧盟 CE 认证。只要制造商委托一个欧洲代表，并额外付费 TGA 便可授予一个 CE 认证，医疗器械便可以在欧洲销售。此外，澳大利亚医疗器械赞助商可以申请医疗器械单一审核方案（Medical Device Single Audit Program，MDSAP）审核获得其他参与国认可。MDSAP 是由国际医疗器械法规论坛（IMDRF）发起，以 ISO 13485 为基础，结合五个参与国（美国、加拿大、巴西、澳大利亚和日本）的法规要求，由认可的审核机构进行一次审核满足多国法规要求的方案。

4. 医疗器械生产监管　在澳大利亚所有医疗器械生产者必须经过许可。生产者的生产过程必须符合医疗器械生产质量管理规范。许可的目的和标准是保证医疗器械符合可定义的质量保证标准和保证在洁净和无污染的环境下生产保证其质量。《治疗品（医疗器械）法规》对符合性审查程序进行了详细的规定。澳大利亚政府要求各类医疗器械生产企业的生产过程必须符合与所生产器械相关的质量要求，都要具备质量保证的手段和程序。对于进口医疗器械，对销售医疗器械负法律责任的个人或公司可以提供可接受形式的证据（acceptable form of evidence）或者同意支付澳大利亚认证的费用。TGA 认可其他国家的医疗器械生产质量管理规范认证，作为 TGA 的等价认证。对于海外制造商，有专门的指南文件海外制造商标准指南（Guidelines on Standard of Overseas Manufacturers）。

5. 医疗器械上市后监管

（1）合格评定的维护　一旦器械获得批准，制造商应继续监控其器械的性能和安全性，并确保持续遵守基本原则。该监督程序是其合格评定的质量管理体系方面的一部分，将由认证机构（无论是 TGA 还是欧洲公告机构）定期检查。这些监控程序应该适合于设备的预期目的和风险。从安全性和不良事件报告和投诉、新发现的风险、文献、任何更新或新的临床调查、重要的监管行动和正式的监测活动（如注册）中产生的数据应由制造商用于审查设备的性能、安全性和受益－风险评估。

（2）TGA 上市后的警戒和监测　医疗器械监管框架包括由 TGA 进行上市后监测的规定，包括医疗器械不良事件和投诉报告的风险评估和调查、根据基本原则检查符合的证据、对生产厂家的质量管理体系和技术文件进行定期检查、对制造商和赞助商提出具体要求，要求他们在规定的时限内报告涉及其医疗器械的不良事件和其他信息。TGA 进行上市后监测，以确保供应给澳大利亚市场的医疗器械持续遵守法规和安全。《治疗用品法案》对于报告的适用范围涵盖 TGA、生产者、申请者的行为；当申请者得知与器械有关的伤害或死亡发生，报告就成为了义务。澳大利亚有强制性的医疗器械不良事件报告系统，称为警戒系统（vigilance system）。申请人将不良事件报告器械制造商，制造商向 TGA 报告。TGA 对医疗器械的上市后监管还包括医疗器械符合性测试；定期审查制造商制造质量体系；标签和标准需符合基本要求，否则监管当局将撤回产品。

（3）赞助商承担相应责任　为了支持 TGA 的上市后监测活动，一旦医疗器械被纳入 ARTG，医疗器械赞助商就有持续的责任。这些法定责任包括担保人必须向 TGA 报告不良事件，海外监管行动，制造商进行的调查结果，如进一步的临床研究和不良事件的审查。保荐人还必须从制造商处获得所需的信息，并保持销售记录。TGA 收到的所有不良事件报告或投诉都被输入数据库，由 TGA 内的临床医生和科学家组成的小组进行风险评估，以确定是否需要进行调查。在调查期间可以征求专家意见。

《医疗器械行动计划》指出，确定采用医疗器械唯一标识（UDI）的产品范围，加强检查和审查以确保医疗器械持续的质量和安全性，探索医疗机构强制报告不良事件的可能性，与医院联网，加强数据分析与信息共享。此外，TGA 还将建立网络技术系统，改善评估和调查流程，增强不良事件分析能力。与医疗机构、州和地区卫生部门以及澳大利亚卫生保健安全和质量委员会密切合作，建立工作组，推进医疗器械安全有效性相关信息的共享。为了保证患者使用医疗器械的安全，TGA 在官网上除了向患者提供有关监管责任的信息之外，还发布更多有关个别高风险设备的监管信息并寻求反馈，包括发布临床证据、事故报告、制造商检验报告。建立由消费者代表和医疗器械咨询委员会成员组成的专家工作组，增强消费者评估医疗设备安全性和性能的意识，共同寻找帮助消费者更轻松地报告不良事件的方法。发挥医疗器械咨询委员会作用，提供有关医疗器械产品的建议与反馈。

【任务总结】

1. 美国医疗器械监管部门是食品药品管理局下属的放射产品健康中心。美国医疗器械监管法规是《联邦食品、药品和化妆品法案》（FD&C 法案）和《联邦法规法典第 21 篇食品和药品》（21 CFR）。医疗器械产品分为Ⅰ类、Ⅱ类和Ⅲ类。医疗器械上市路径包括最常见的上市前递交类型包括 510（k）（上市前通知）、PMA（上市前批准）、De Novo（自动Ⅲ类指定的评价）、HDE（人道主义器械豁免）。制造商必须遵守 21CFR Part 820 质量管理体系法规（QSR820）。制造商应当做好质量体系检查、建立追溯制度、实施不良事件报告和召回。

2. 欧盟医疗器械监管机构包括公共卫生部、医疗器械协调小组、医疗器械主管当局、公告机构与各国主管当局。欧盟医疗器械监管法规是《医疗器械法规》（MDR）和《体外诊断试剂法规》（IVDR）。医疗器械产品分为Ⅰ类、Ⅱa 类、Ⅱb 类、Ⅲ类。Ⅰ类医疗器械自检完成后在制造国的监管部门登记备案，其余类别医疗器械均需提交公告机构审查，产品获取 CE 标志后方可上市。制造商应当建立与风险等级成比例并适合该医疗器械类别的上市后监督系统。

3. 日本医疗器械监管机构是厚生劳动省和医药品与医疗器械综合机构局。日本医疗器械监管法规是《药品和医疗器械法案》。医疗器械分为Ⅰ类、Ⅱ类、Ⅲ类和Ⅳ类。医疗器械上市路径包括上市前通知（Todokede）、上市前认证（Ninsho）和上市前审批（Shonin）。制造商应当对医疗器械生产过程进行全面质量管理，具有质量控制体系和售后安全控制体系。

4. 澳大利亚医疗器械监管机构是治疗品管理局，澳大利亚医疗器械监管法规是《治疗品法案》《治疗品（医疗器械）法规》，2023 年进行了修订。医疗器械分为Ⅰ类、Ⅱa 类、Ⅱb 类、Ⅲ类、AIMD。体外诊断试剂分为Ⅰ类、Ⅱ类、Ⅲ类、Ⅳ类。医疗器械赞助商必须向治疗品管理局申请将其器械列入澳大利亚治疗用品注册方可上市。所有医疗器械生产者必须经过许可，符合与所生产器械相关的质量要求。上市后管理包括合格评定的维护、上市后的警戒和监测、不良事件监测等。

技能巩固

一、选择题

（一）单选题

1. 美国医疗器械管理的最高法律性文件是（　　）

　　A.《美国联邦法规》　　　　　　　　　　B.《联邦食品、药品和化妆品法案》

　　C.《医疗器械安全法案》　　　　　　　　D.《FDA 监管现代化法案》

2. 美国食品药品管理局负责对所有医疗器械进行上市前的审批工作以及监管这些器械的制造、工作性能和安全性的分支机构是（　　）

　　A. 国家毒理学研究中心　　　　　　　　B. 药品评价和研究中心

　　C. 器械与放射健康中心　　　　　　　　D. 生物制品评估和研究中心

3. 在欧盟所有申请上市的医疗设备都必须符合欧盟（　　）的要求

　　A.《体外诊断试剂指令》　　　　　　　　B.《有源植入医疗器械指令》

　　C.《医疗器械指令》　　　　　　　　　　D.《医疗器械法规》

4. 在日本没有日本行业标准的Ⅱ类和Ⅲ类医疗器械上市路径为（　　）

　　A. 上市前通知（Todokede）　　　　　　B. 上市前认证（Ninsho）

　　C. 上市前审批（Shonin）　　　　　　　D. 上市前认证（Shonin）

5. 在澳大利亚主管医疗器械产品的机构是（　　），是澳大利亚的医疗产品监管机构

　　A. 医疗器械主管当局（CAMD）　　　　B. 治疗品委员会（TGC）

　　C. 厚生劳动省（MHLW）　　　　　　　D. 治疗品管理局（TGA）

（二）多选题

1. 在美国 510（k）是指上市前向 FDA 提交证明，用以证明申请 510（k）的医疗器械无需进行上市前批准（PMA）。通常 510（k）类型包括（　　）

　　A. 传统 510（k）　　B. 特殊 510（k）　　C. 复杂 510（k）　　D. 简化 510（k）

2. 在欧盟参与医疗器械注册审评和监管活动的组织机构主要包括（　　）

　　A. 公共卫生部　　　　　　　　　　　　B. 医疗器械协调小组

　　C. 医疗器械主管当局　　　　　　　　　D. 公告机构

3. 欧盟与医疗器械相关的主要法规包括（　　）

　　A.《医疗器械法规》(MDR)　　　　　　B.《体外诊断试剂医疗器械法规》(IVDR)

　　C.《医疗器械监管法规》(MDR)　　　　D.《体外诊断试剂法规》(IVDR)

4. 在日本管理医疗器械产品上市注册的机构包括（　　）

　　A. 厚生劳动省　　　　　　　　　　　　B. 医疗器械管理局

　　C. 第三方认证机构　　　　　　　　　　D. 药品和医疗器械管理局

5. 根据风险等级的不同，澳大利亚将医疗器械划分为（　　）

　　A. Ⅰ　　　　　　　B. Ⅱ　　　　　　　C. Ⅲ

　　D. Ⅳ　　　　　　　E. AIMD

二、思考题

1. 在美国医疗器械产品上市申请的步骤是什么？

2. CE 标志是欧盟认可医疗器械安全性和质量的重要标志，是医疗器械产品进入欧盟市场的前提。请问医疗器械申请欧盟 CE 认证的流程是什么？

工作任务9-2　国际医疗器械监管法规协调机构

PPT

任务目标

【知识目标】

1. 掌握　国际医疗器械监管机构论坛的职能。

2. 熟悉　全球医疗器械法规协调会的职能。

3. 了解　国际医疗器械监管机构论坛的组织架构和工作机制。

【能力目标】

关注医疗器械监管法规协调机构工作动态，汲取国际先进经验。

【素质目标】

培养与国际接轨的意识，感悟人类命运共同体的时代价值。

典型工作任务

工作情景： 2021 年 5 月 20 日，国际医疗器械监管部门论坛（IMDRF）在其官方网站发布由国家药监局医疗器械技术审评中心牵头的 IMDRF 医疗器械临床评价工作组延续项目"上市后临床随访研究"的成果文件。该文件体现了中国药品监管科学行动计划首批重点项目"真实世界数据用于医疗器械临床评价的方法学研究"的研究成果。国家药品监督管理局主导制定医疗器械临床评价领域的国际监管规则，为推进全球医疗器械监管法规的优化和完善贡献了中国智慧和中国力量。

工作任务： 1. 国际医疗器械监管部门论坛的职能是什么？

2. 各国医疗器械监管法规有所不同，如何协调法规差异？

一、国际医疗器械监管机构论坛

（一）IMDRF 简介与职能

国际医疗器械监管机构论坛（International Medical Device Regulators Forum，IMDRF）是继全球医疗器械法规协调组织（GHTF）后，建立的一个以世界各国医疗器械监管机构为主导的自愿性的法规协调组织。其主要目标是从战略层面加速国际医疗器械监管的统一协调、促进建立高效的医疗器械监管模式，从而最大限度地保护公众的健康和安全。

IMDRF 成立于 2011 年 10 月，由来自澳大利亚、巴西、加拿大、中国、欧盟、日本、美国和世界卫生组织（WHO）医疗器械监管机构的代表在渥太华召开会议，宣布成立国际医疗器械监管机构论坛，标志着国际医疗器械监管法规协调活动进入了一个新的发展阶段。我国作为观察员身份参加 IMDRF 筹备会。随后经国务院批准，2013 年 3 月由原国家食品药品监督管理局作为中国代表以正式成员代表身份参加 IMDRF 法国尼斯会议。截止 2024 年 IMDRF 正式成员国（地区）共有 10 个，分别是欧盟、美国、日本、加拿大、澳大利亚、巴西、中国、俄罗斯、新加坡和韩国。

IMDRF 管理委员会由监管官员组成，提供论坛制定的关于策略、政策、方向、会员资格及活动方面的指南。管理委员会每两年召开一次会议，会议议程包括了一次面向所有权益股东，包括工业界、学术界、医疗健康专业人士及消费者和病人组织的公开会议。

我国自 2013 年 3 月正式加入 IMDRF 以来，积极参与该组织活动，从跟随、参与，到目前在部分领域发挥引领作用，在该组织中的地位和作用愈发凸显。通过参与 IMDRF 的工作，吸收借鉴国际先进监管经验，增强国际监管工作话语权，既有利于进一步提升我国医疗器械监管工作水平，也有利于促进我国医疗器械产业走出去的步伐，对我国医疗器械监管和产业发展均有良好助力。

（二）IMDRF 组织架构和工作机制

1. 组织架构　按照 IMDRF 章程，该组织由管理委员会、官方观察员、秘书处、分委会、工作组及区域协调组织组成。管理委员会是 IMDRF 的决策机构，其成员由 10 个成员国（地区）选派代表组成，具有表决权。原则上，除欧盟因其地区内国家较多，管理委员会成员为 4 人外，来自其余国家的管理委员会成员各为 2 人。按照 IMDRF 章程和操作程序，管理委员会成员必须参加 2/3 及以上的 IMDRF 工作组工作。

官方观察员应当是法规监管机构，并且应具有成熟的医疗器械监管体系，包括具有基于 GHTF 或者 IMDRF 规则建立起来的医疗器械监管法规并有效实施，具有符合 GHTF 或者 IMDRF 要求的指南文件，具有其履职必需的资源和专家，并且在医疗器械技术和法规创新上有所贡献，连续 2 年参加 IMDRF 会议和工作组工作，能够执行 IMDRF 文件相关要求。官方观察员可以委派 2 名代表参加 IMDRF 管理委员会会议，但没有对决议的表决权。目前 WHO 是 IMDRF 正式官方观察员。

区域协调组织（原关联组织，Affiliate Organization），是与 IMDRF 保持紧密联系的区域性医疗器械法规协调组织，可以参加 IMDRF 允许的会议或者工作组工作，并作为 IMDRF 提升影响力的一种举措。目前，亚洲医疗器械法规协调工作组（AHWP）、亚太经合组织生命科学创新论坛法规协调指导委员会（APECLSIFRHSC）、泛美卫生组织（PAHO）是 IMDRF 的区域协调组织。

IMDRF 主席国（地区）每年由成员国（地区）轮流担任，2012～2020 年主席国（地区）分别是澳大利亚、欧盟、美国、日本、巴西、加拿大、中国、俄罗斯和新加坡，主席由主席国（地区）派员担任。当主席国（地区）召开面对面的管理委员会会议时，可以由主席邀请相关产业组织或其他国家（地区）监管机构作为特邀观察员参加会议，特邀观察员代表人数为 2 人。

2. 工作机制　IMDRF 的各项决策由管理委员会正式成员协商一致、全体通过后方可实施，对于不能达成共识的议题，管理委员会将不会通过决策。IMDRF 管理委员会每年在主席国所在地召开 2 次面对面全体会议。会议包括闭门会议和开放会议。①闭门会议，只有正式成员、官方观察员参加，部分议题邀请区域协调组织和由主席邀请并经管理委员会同意的特邀观察员参加，主要内容是对 IMDRF 开展的优先工作项目进展进行汇报和讨论、对拟申报的工作项目建议进行研究、确定有关工作计划等。②开放会议，除闭门会议代表外，还包括业界代表，如生产企业、行业组织、科研机构以及非管理委员会成员的官方代表均可以注册参加，主要内容是由 IMDRF 相关成员国（地区）和工作组介绍相关监管法规和项目进展情况，并听取业界对项目研究进展和新项目选择的意见建议。在每年 2 次面对面会议前后，主席国（地区）负责召开由管理委员会成员参加的电话会议，用于沟通协调 2 次会议期间工作进度。

为了完成相应工作，IMDRF 组建项目工作组承担具体研究任务。工作组主席由管理委员会成员派代表或者由管理委员会成员委任的专家担任，工作组成员由主席选定，并经管理委员会成员审定。工作任务完成后，经 IMDRF 管理委员会同意，工作组解散关闭。各工作组的工作方式，由工作组根据工作需要确定，可以是电话会议、面对面会议等方式。根据研究的性质，分为仅由管理委员会成员、官方观察员参加的闭门工作组和同时有业界代表参加的开放工作组。截至目前，IMDRF 已经先后建立了 15 个工作组。如由监管机构和区域协调组织代表组成的体外诊断试剂分类工作组（主席国是俄罗斯）、由监管机构和业界代表组成的医疗器械临床评价工作组（主席国是中国）、由监管机构和业界代表组成的医疗器械唯一标识实施工作组（主席国是欧盟）等。

（三）IMDRF 的工作成果和发展趋势

目前，IMDRF 已经正式发布各类文件 62 份，其中技术指南 33 份，程序文件 7 份，信息文件 22 份。从 IMDRF 近些年来的工作实践，可以归纳出以下几个动态和发展趋势。

1. 关注上市前和上市后监管平衡发展 截至目前，IMDRF 有多个涉及上市前和上市后的工作组、技术指南文件等，涉及医疗器械全生命周期监管的各个环节，上市前、上市后领域大体保持平衡。

2. 参与 IMDRF 工作的国家逐渐增多 从工作组设立情况看，现在其他 IMDRF 成员国（地区）也已参与进来，如俄罗斯、加拿大、澳大利亚、日本和中国在某些方面组织开展全球医疗器械监管法规协调研究。说明欧美等监管历史较早，产业发达的国家在国际医疗器械监管研究的引领作用较为明显，也体现出新兴国家对于医疗器械法规协调的参与和重视，展示出国际医疗器械产业和监管事业蓬勃发展的势头。

3. 促进指南文件实施列入议事日程 一直以来 IMDRF 并没有明确要求其指南文件在成员国（地区）必须实施。随着 IMDRF 工作进程，按照新的 IMDRF 章程和工作程序，IMDRF 开始要求各成员国（地区）根据各国立法程序，推动采纳和转化 IMDRF 技术文件，以实现 IMDRF 创立时所设立的目标。

4. 对于新成员的加入条件愈加严格 IMDRF 成立之初主要采用的是邀请潜在加入国参加的方式吸收成员。IMDRF 经研究明确提出，凡申请加入 IMDRF 的国家（地区），必须具有地区影响力，且至少连续 2 年参加 IMDRF 管理委员会会议，作为官方观察员至少连续 2 年参加活动等新的要求。

二、全球医疗器械法规协调会

（一）GHWP 简介与职能

全球医疗器械法规协调会（Global Harmony Working Party Towards Medical Device Harmonization）GHWP 是由监管部门和业界代表共同参与的国际医疗器械法规、技术交流平台，其前身是亚洲医疗器械法规协调会（AHWP），2022 年正式更名为 GHWP。随着成员数量不断增多，其国际影响力持续提升，成员范围已从亚洲扩展到中东、南北美洲和非洲，覆盖 33 个国家和地区，涉及国家和地区的人口占全球一半以上。其目标是制定和建议全球医疗器械法规趋同和协调的方法；促进管理机构和业界之间的知识和专业知识交流，以制定统一的规定；促进成员能力建设，推动成员战略扩张；IMDRF、WHO、ISO、IEC 等相关国际组织合作。

GHWP 的主要使命是根据监管科学的最新发展，推广灵活及适宜的医疗器械管理模式，策略性地加快医疗器械管理的融合。根据新兴技术，领导和促进未来监管专业人员的系统性能力建设，同时确保患者安全和及时获得安全有效的医疗设备。

（二）组织架构

全球协调工作小组技术委员会（Global Harmony Working Party Task Force，GHWPTC）其下设立 9 个工作小组，第一、二、三工作组负责普通医疗器械、体外诊断试剂和作为医疗器械的软件上市前提交和通用提交档案模板；第四工作组负责上市后医疗器械；第五工作组负责性能和安全性临床证据；第六工作组负责质量管理体系审核与评估；第七工作组负责质量管理体系；第八工作组负责标准方面，第九工作组负责唯一标识系统（UDI）和命名法则。

每个工作组由来自医疗器械监管机构和医疗器械行业的专家组成。支持 GHWP 目标的亚洲和其他区域的代表均可成为成员。任何有意加入工作组的经济体均可在现有成员多数支持的情况下被接纳。每个成员经济体应提名两名主要 GHWP 代表和两名次要 GHWP 代表，均要求其中一名来自监管机构，一名来自行业。监管机构的代表应该是制定和实施医疗器械监管框架的负责人，而行业的代表应该是成员经济体系中行业的高级管理人员，这样他们就可以代表其经济体系中监管机构和行业的观点。一名 GHWP 主席和一名 GHWP 副主席应在 GHWP 年会上由所有 GHWP 主要代表投票从 GHWP 主要代表中选出，任期约三年，直至下一次选举。GHWP 主席应来自监管机构，GHWP 副主席应来自行业。GHWP 主席和副主席通常在成员经济体之间轮流担任。

2023 年按照 GHWP 章程经与会代表投票，国家药监局副局长徐景和成功当选新一届 GHWP 主席。成功当选 GHWP 新一届主席，标志着中国系统完善的医疗器械监管体系和卓有成效的监管工作得到了国际同行的广泛、高度认可。徐景和同志表示，在任期内将重点做好以下六个方面工作：①聚焦科技前沿，加快推进监管规则的协调与统一。②加快推进监管科学研究，推动创新产品早日上市。③加强法规培训，加快提升成员国家和地区的监管能力和水平。④推进监管信赖，加快实现成员国家和地区监管互认。⑤推进技术指南应用，促进监管能力持续提升。⑥强化产业合作，加快推进成员国家和地区贸易增长。

（三）GHWP 重点工作

GHWPTC 将定期审查现有的指导文件，并根据科学和技术进步以及国际公认的最佳做法酌情逐步淘汰或更新，负责提出基于新兴技术和监管科学进步的新工作项目。

1. 监管趋同　GHWP 致力于每年组织一次年会，技术委员会（TC）每年组织两次会议，工作组至少每季度组织一次会议，并在年会上向 TC 报告，促进信息和最佳做法的分享。考虑到成员需求，GHWP 将制定全球上市后信息交换计划，建立国际同步和加密的 IT 平台，鼓励成员参与信息共享，以促进机密信息共享。在 GHWP 或区域中心一级启动上市后数据库，包括利用现有的基本 UDI 数据库，使本地设备的识别与已建立的全球 UDI 系统保持一致。采用商定的定义和要求，例如产品通知、安全警报、不良事件报告（AER）要求、现场安全纠正措施（FSCA）、召回和不召回措施等。

2. 监管科学　优先考虑知识共享和能力建设，以满足应对新技术的需求，如医疗设备软件（SaMD）、人工智能（AI）/机器学习（ML）、二代测序（NGS）、3D 打印、网络安全等。支持流程和工具的现代化和数字化转型，如虚拟审计、滚动提交、云提交等。

3. 监管依赖　推动世界卫生组织《良好信任实践指南》中提出的监管模式，即工作分享、使用信任的简化路径、区域信任机制、单一方面承认和相互承认。鼓励各成员充分利用现有资源和专业知识，避免重复，将监管工作和资源集中在最需要的地方。建议 GHWP 成员，无论其市场规模、成熟度水平或管辖范围内的现有资源如何，在产品生命周期的不同阶段（即企业许可、上市授权、质量管理体系审核、上市后监督和批准后变更）实践依赖原则。

4. 能力建设　制定和实施针对监管部门和行业成员的监管培训认证计划。该项目将是面对面和虚拟培训的结合，并将探索建立技术帮助台为他们提供服务。其最终目标是促进患者获得高质量和安全的医疗设备。为监管部门和行业成员建立 GHWP 学院提供面对面培训讲习班、研讨会和认证课程的培训中心。

技能巩固

一、选择题

单选题

1. 国际医疗器械监管机构论坛的英文简称为（　　）

   A. GHWP　　　　　　B. IMDRF　　　　　　C. GHTF　　　　　　D. AHWP

2. 全球医疗器械法规协调会的英文简称为（　　）

   A. GHWP　　　　　　B. IMDRF　　　　　　C. GHTF　　　　　　D. AHWP

3. 国际医疗器械监管机构论坛主要目标不包括（　　）

   A. 从战略层面加速国际医疗器械监管的统一协调

   B. 促进建立高效的医疗器械监管模式

   C. 最大限度地保护公众的健康和安全

   D. 提高医疗器械产业集中度

4. 全球医疗器械法规协调会的主要目标不包括（　　）

   A. 制定和建议全球医疗器械法规趋同和协调的方法

   B. 对重大违法违规事件进行查处

   C. 促进成员能力建设，推动成员战略扩张

   D. 促进监管机构和业界交流，以制定统一的规定

5. 凡申请加入国际医疗器械监管机构论坛的国家（地区），必须具有地区影响力，且至少连续（　　）参加国际医疗器械监管机构论坛管理委员会会议

   A. 1 年　　　　　　B. 2 年　　　　　　C. 3 年　　　　　　D. 5 年

二、思考题

请思考中国参加国际医疗器械监管机构论坛，对我国医疗器械行业发展有何作用？

书网融合……

| 项目小结 | 习题 | 微课 |

附录 《医疗器械监督管理条例》

医疗器械监督管理条例

（中华人民共和国国务院令第739号）

第一章 总 则

第一条 为了保证医疗器械的安全、有效，保障人体健康和生命安全，促进医疗器械产业发展，制定本条例。

第二条 在中华人民共和国境内从事医疗器械的研制、生产、经营、使用活动及其监督管理，适用本条例。

第三条 国务院药品监督管理部门负责全国医疗器械监督管理工作。

国务院有关部门在各自的职责范围内负责与医疗器械有关的监督管理工作。

第四条 县级以上地方人民政府应当加强对本行政区域的医疗器械监督管理工作的领导，组织协调本行政区域内的医疗器械监督管理工作以及突发事件应对工作，加强医疗器械监督管理能力建设，为医疗器械安全工作提供保障。

县级以上地方人民政府负责药品监督管理的部门负责本行政区域的医疗器械监督管理工作。县级以上地方人民政府有关部门在各自的职责范围内负责与医疗器械有关的监督管理工作。

第五条 医疗器械监督管理遵循风险管理、全程管控、科学监管、社会共治的原则。

第六条 国家对医疗器械按照风险程度实行分类管理。

第一类是风险程度低，实行常规管理可以保证其安全、有效的医疗器械。

第二类是具有中度风险，需要严格控制管理以保证其安全、有效的医疗器械。

第三类是具有较高风险，需要采取特别措施严格控制管理以保证其安全、有效的医疗器械。

评价医疗器械风险程度，应当考虑医疗器械的预期目的、结构特征、使用方法等因素。

国务院药品监督管理部门负责制定医疗器械的分类规则和分类目录，并根据医疗器械生产、经营、使用情况，及时对医疗器械的风险变化进行分析、评价，对分类规则和分类目录进行调整。制定、调整分类规则和分类目录，应当充分听取医疗器械注册人、备案人、生产经营企业以及使用单位、行业组织的意见，并参考国际医疗器械分类实践。医疗器械分类规则和分类目录应当向社会公布。

第七条 医疗器械产品应当符合医疗器械强制性国家标准；尚无强制性国家标准的，应当符合医疗器械强制性行业标准。

第八条 国家制定医疗器械产业规划和政策，将医疗器械创新纳入发展重点，对创新医疗器械予以优先审评审批，支持创新医疗器械临床推广和使用，推动医疗器械产业高质量发展。国务院药品监督管理部门应当配合国务院有关部门，贯彻实施国家医疗器械产业规划和引导政策。

第九条 国家完善医疗器械创新体系，支持医疗器械的基础研究和应用研究，促进医疗器械新技术的推广和应用，在科技立项、融资、信贷、招标采购、医疗保险等方面予以支持。支持企业设立或者联合组建研制机构，鼓励企业与高等学校、科研院所、医疗机构等合作开展医疗器械的研究与创新，加强医疗器械知识产权保护，提高医疗器械自主创新能力。

第十条　国家加强医疗器械监督管理信息化建设，提高在线政务服务水平，为医疗器械行政许可、备案等提供便利。

第十一条　医疗器械行业组织应当加强行业自律，推进诚信体系建设，督促企业依法开展生产经营活动，引导企业诚实守信。

第十二条　对在医疗器械的研究与创新方面做出突出贡献的单位和个人，按照国家有关规定给予表彰奖励。

第二章　医疗器械产品注册与备案

第十三条　第一类医疗器械实行产品备案管理，第二类、第三类医疗器械实行产品注册管理。

医疗器械注册人、备案人应当加强医疗器械全生命周期质量管理，对研制、生产、经营、使用全过程中医疗器械的安全性、有效性依法承担责任。

第十四条　第一类医疗器械产品备案和申请第二类、第三类医疗器械产品注册，应当提交下列资料：

（一）产品风险分析资料；

（二）产品技术要求；

（三）产品检验报告；

（四）临床评价资料；

（五）产品说明书以及标签样稿；

（六）与产品研制、生产有关的质量管理体系文件；

（七）证明产品安全、有效所需的其他资料。

产品检验报告应当符合国务院药品监督管理部门的要求，可以是医疗器械注册申请人、备案人的自检报告，也可以是委托有资质的医疗器械检验机构出具的检验报告。

符合本条例第二十四条规定的免于进行临床评价情形的，可以免于提交临床评价资料。

医疗器械注册申请人、备案人应当确保提交的资料合法、真实、准确、完整和可追溯。

第十五条　第一类医疗器械产品备案，由备案人向所在地设区的市级人民政府负责药品监督管理的部门提交备案资料。

向我国境内出口第一类医疗器械的境外备案人，由其指定的我国境内企业法人向国务院药品监督管理部门提交备案资料和备案人所在国（地区）主管部门准许该医疗器械上市销售的证明文件。未在境外上市的创新医疗器械，可以不提交备案人所在国（地区）主管部门准许该医疗器械上市销售的证明文件。

备案人向负责药品监督管理的部门提交符合本条例规定的备案资料后即完成备案。负责药品监督管理的部门应当自收到备案资料之日起5个工作日内，通过国务院药品监督管理部门在线政务服务平台向社会公布备案有关信息。

备案资料载明的事项发生变化的，应当向原备案部门变更备案。

第十六条　申请第二类医疗器械产品注册，注册申请人应当向所在地省、自治区、直辖市人民政府药品监督管理部门提交注册申请资料。申请第三类医疗器械产品注册，注册申请人应当向国务院药品监督管理部门提交注册申请资料。

向我国境内出口第二类、第三类医疗器械的境外注册申请人，由其指定的我国境内企业法人向国务院药品监督管理部门提交注册申请资料和注册申请人所在国（地区）主管部门准许该医疗器械上市销售的证明文件。未在境外上市的创新医疗器械，可以不提交注册申请人所在国（地区）主管部门准许该医疗器械上市销售的证明文件。

国务院药品监督管理部门应当对医疗器械注册审查程序和要求作出规定，并加强对省、自治区、直辖市人民政府药品监督管理部门注册审查工作的监督指导。

第十七条　受理注册申请的药品监督管理部门应当对医疗器械的安全性、有效性以及注册申请人保证医疗器械安全、有效的质量管理能力等进行审查。

受理注册申请的药品监督管理部门应当自受理注册申请之日起3个工作日内将注册申请资料转交技术审评机构。技术审评机构应当在完成技术审评后，将审评意见提交受理注册申请的药品监督管理部门作为审批的依据。

受理注册申请的药品监督管理部门在组织对医疗器械的技术审评时认为有必要对质量管理体系进行核查的，应当组织开展质量管理体系核查。

第十八条　受理注册申请的药品监督管理部门应当自收到审评意见之日起20个工作日内作出决定。对符合条件的，准予注册并发给医疗器械注册证；对不符合条件的，不予注册并书面说明理由。

受理注册申请的药品监督管理部门应当自医疗器械准予注册之日起5个工作日内，通过国务院药品监督管理部门在线政务服务平台向社会公布注册有关信息。

第十九条　对用于治疗罕见疾病、严重危及生命且尚无有效治疗手段的疾病和应对公共卫生事件等急需的医疗器械，受理注册申请的药品监督管理部门可以作出附条件批准决定，并在医疗器械注册证中载明相关事项。

出现特别重大突发公共卫生事件或者其他严重威胁公众健康的紧急事件，国务院卫生主管部门根据预防、控制事件的需要提出紧急使用医疗器械的建议，经国务院药品监督管理部门组织论证同意后可以在一定范围和期限内紧急使用。

第二十条　医疗器械注册人、备案人应当履行下列义务：

（一）建立与产品相适应的质量管理体系并保持有效运行；

（二）制定上市后研究和风险管控计划并保证有效实施；

（三）依法开展不良事件监测和再评价；

（四）建立并执行产品追溯和召回制度；

（五）国务院药品监督管理部门规定的其他义务。

境外医疗器械注册人、备案人指定的我国境内企业法人应当协助注册人、备案人履行前款规定的义务。

第二十一条　已注册的第二类、第三类医疗器械产品，其设计、原材料、生产工艺、适用范围、使用方法等发生实质性变化，有可能影响该医疗器械安全、有效的，注册人应当向原注册部门申请办理变更注册手续；发生其他变化的，应当按照国务院药品监督管理部门的规定备案或者报告。

第二十二条　医疗器械注册证有效期为5年。有效期届满需要延续注册的，应当在有效期届满6个月前向原注册部门提出延续注册的申请。

除有本条第三款规定情形外，接到延续注册申请的药品监督管理部门应当在医疗器械注册证有效期届满前作出准予延续的决定。逾期未作决定的，视为准予延续。

有下列情形之一的，不予延续注册：

（一）未在规定期限内提出延续注册申请；

（二）医疗器械强制性标准已经修订，申请延续注册的医疗器械不能达到新要求；

（三）附条件批准的医疗器械，未在规定期限内完成医疗器械注册证载明事项。

第二十三条 对新研制的尚未列入分类目录的医疗器械，申请人可以依照本条例有关第三类医疗器械产品注册的规定直接申请产品注册，也可以依据分类规则判断产品类别并向国务院药品监督管理部门申请类别确认后依照本条例的规定申请产品注册或者进行产品备案。

直接申请第三类医疗器械产品注册的，国务院药品监督管理部门应当按照风险程度确定类别，对准予注册的医疗器械及时纳入分类目录。申请类别确认的，国务院药品监督管理部门应当自受理申请之日起20个工作日内对该医疗器械的类别进行判定并告知申请人。

第二十四条 医疗器械产品注册、备案，应当进行临床评价；但是符合下列情形之一，可以免于进行临床评价：

（一）工作机理明确、设计定型，生产工艺成熟，已上市的同品种医疗器械临床应用多年且无严重不良事件记录，不改变常规用途的；

（二）其他通过非临床评价能够证明该医疗器械安全、有效的。

国务院药品监督管理部门应当制定医疗器械临床评价指南。

第二十五条 进行医疗器械临床评价，可以根据产品特征、临床风险、已有临床数据等情形，通过开展临床试验，或者通过对同品种医疗器械临床文献资料、临床数据进行分析评价，证明医疗器械安全、有效。

按照国务院药品监督管理部门的规定，进行医疗器械临床评价时，已有临床文献资料、临床数据不足以确认产品安全、有效的医疗器械，应当开展临床试验。

第二十六条 开展医疗器械临床试验，应当按照医疗器械临床试验质量管理规范的要求，在具备相应条件的临床试验机构进行，并向临床试验申办者所在地省、自治区、直辖市人民政府药品监督管理部门备案。接受临床试验备案的药品监督管理部门应当将备案情况通报临床试验机构所在地同级药品监督管理部门和卫生主管部门。

医疗器械临床试验机构实行备案管理。医疗器械临床试验机构应当具备的条件以及备案管理办法和临床试验质量管理规范，由国务院药品监督管理部门会同国务院卫生主管部门制定并公布。

国家支持医疗机构开展临床试验，将临床试验条件和能力评价纳入医疗机构等级评审，鼓励医疗机构开展创新医疗器械临床试验。

第二十七条 第三类医疗器械临床试验对人体具有较高风险的，应当经国务院药品监督管理部门批准。国务院药品监督管理部门审批临床试验，应当对拟承担医疗器械临床试验的机构的设备、专业人员等条件，该医疗器械的风险程度，临床试验实施方案，临床受益与风险对比分析报告等进行综合分析，并自受理申请之日起60个工作日内作出决定并通知临床试验申办者。逾期未通知的，视为同意。准予开展临床试验的，应当通报临床试验机构所在地省、自治区、直辖市人民政府药品监督管理部门和卫生主管部门。

临床试验对人体具有较高风险的第三类医疗器械目录由国务院药品监督管理部门制定、调整并公布。

第二十八条 开展医疗器械临床试验，应当按照规定进行伦理审查，向受试者告知试验目的、用途和可能产生的风险等详细情况，获得受试者的书面知情同意；受试者为无民事行为能力人或者限制民事行为能力人的，应当依法获得其监护人的书面知情同意。

开展临床试验，不得以任何形式向受试者收取与临床试验有关的费用。

第二十九条 对正在开展临床试验的用于治疗严重危及生命且尚无有效治疗手段的疾病的医疗器械，经医学观察可能使患者获益，经伦理审查、知情同意后，可以在开展医疗器械临床试验的机构内免费用于其他病情相同的患者，其安全性数据可以用于医疗器械注册申请。

第三章 医疗器械生产

第三十条 从事医疗器械生产活动，应当具备下列条件：

（一）有与生产的医疗器械相适应的生产场地、环境条件、生产设备以及专业技术人员；

（二）有能对生产的医疗器械进行质量检验的机构或者专职检验人员以及检验设备；

（三）有保证医疗器械质量的管理制度；

（四）有与生产的医疗器械相适应的售后服务能力；

（五）符合产品研制、生产工艺文件规定的要求。

第三十一条 从事第一类医疗器械生产的，应当向所在地设区的市级人民政府负责药品监督管理的部门备案，在提交符合本条例第三十条规定条件的有关资料后即完成备案。

医疗器械备案人自行生产第一类医疗器械的，可以在依照本条例第十五条规定进行产品备案时一并提交符合本条例第三十条规定条件的有关资料，即完成生产备案。

第三十二条 从事第二类、第三类医疗器械生产的，应当向所在地省、自治区、直辖市人民政府药品监督管理部门申请生产许可并提交其符合本条例第三十条规定条件的有关资料以及所生产医疗器械的注册证。

受理生产许可申请的药品监督管理部门应当对申请资料进行审核，按照国务院药品监督管理部门制定的医疗器械生产质量管理规范的要求进行核查，并自受理申请之日起20个工作日内作出决定。对符合规定条件的，准予许可并发给医疗器械生产许可证；对不符合规定条件的，不予许可并书面说明理由。

医疗器械生产许可证有效期为5年。有效期届满需要延续的，依照有关行政许可的法律规定办理延续手续。

第三十三条 医疗器械生产质量管理规范应当对医疗器械的设计开发、生产设备条件、原材料采购、生产过程控制、产品放行、企业的机构设置和人员配备等影响医疗器械安全、有效的事项作出明确规定。

第三十四条 医疗器械注册人、备案人可以自行生产医疗器械，也可以委托符合本条例规定、具备相应条件的企业生产医疗器械。

委托生产医疗器械的，医疗器械注册人、备案人应当对所委托生产的医疗器械质量负责，并加强对受托生产企业生产行为的管理，保证其按照法定要求进行生产。医疗器械注册人、备案人应当与受托生产企业签订委托协议，明确双方权利、义务和责任。受托生产企业应当依照法律法规、医疗器械生产质量管理规范、强制性标准、产品技术要求和委托协议组织生产，对生产行为负责，并接受委托方的监督。

具有高风险的植入性医疗器械不得委托生产，具体目录由国务院药品监督管理部门制定、调整并公布。

第三十五条 医疗器械注册人、备案人、受托生产企业应当按照医疗器械生产质量管理规范，建立健全与所生产医疗器械相适应的质量管理体系并保证其有效运行；严格按照经注册或者备案的产品技术要求组织生产，保证出厂的医疗器械符合强制性标准以及经注册或者备案的产品技术要求。

医疗器械注册人、备案人、受托生产企业应当定期对质量管理体系的运行情况进行自查，并按照国务院药品监督管理部门的规定提交自查报告。

第三十六条 医疗器械的生产条件发生变化，不再符合医疗器械质量管理体系要求的，医疗器械注册人、备案人、受托生产企业应当立即采取整改措施；可能影响医疗器械安全、有效的，应当立即停止生产活动，并向原生产许可或者生产备案部门报告。

第三十七条 医疗器械应当使用通用名称。通用名称应当符合国务院药品监督管理部门制定的医疗器械命名规则。

第三十八条 国家根据医疗器械产品类别，分步实施医疗器械唯一标识制度，实现医疗器械可追溯，具体办法由国务院药品监督管理部门会同国务院有关部门制定。

第三十九条 医疗器械应当有说明书、标签。说明书、标签的内容应当与经注册或者备案的相关内容一致，确保真实、准确。

医疗器械的说明书、标签应当标明下列事项：

（一）通用名称、型号、规格；

（二）医疗器械注册人、备案人、受托生产企业的名称、地址以及联系方式；

（三）生产日期，使用期限或者失效日期；

（四）产品性能、主要结构、适用范围；

（五）禁忌、注意事项以及其他需要警示或者提示的内容；

（六）安装和使用说明或者图示；

（七）维护和保养方法，特殊运输、贮存的条件、方法；

（八）产品技术要求规定应当标明的其他内容。

第二类、第三类医疗器械还应当标明医疗器械注册证编号。

由消费者个人自行使用的医疗器械还应当具有安全使用的特别说明。

第四章 医疗器械经营与使用

第四十条 从事医疗器械经营活动，应当有与经营规模和经营范围相适应的经营场所和贮存条件，以及与经营的医疗器械相适应的质量管理制度和质量管理机构或者人员。

第四十一条 从事第二类医疗器械经营的，由经营企业向所在地设区的市级人民政府负责药品监督管理的部门备案并提交符合本条例第四十条规定条件的有关资料。

按照国务院药品监督管理部门的规定，对产品安全性、有效性不受流通过程影响的第二类医疗器械，可以免于经营备案。

第四十二条 从事第三类医疗器械经营的，经营企业应当向所在地设区的市级人民政府负责药品监督管理的部门申请经营许可并提交符合本条例第四十条规定条件的有关资料。

受理经营许可申请的负责药品监督管理的部门应当对申请资料进行审查，必要时组织核查，并自受理申请之日起20个工作日内作出决定。对符合规定条件的，准予许可并发给医疗器械经营许可证；对不符合规定条件的，不予许可并书面说明理由。

医疗器械经营许可证有效期为5年。有效期届满需要延续的，依照有关行政许可的法律规定办理延续手续。

第四十三条 医疗器械注册人、备案人经营其注册、备案的医疗器械，无需办理医疗器械经营许可或者备案，但应当符合本条例规定的经营条件。

第四十四条　从事医疗器械经营，应当依照法律法规和国务院药品监督管理部门制定的医疗器械经营质量管理规范的要求，建立健全与所经营医疗器械相适应的质量管理体系并保证其有效运行。

第四十五条　医疗器械经营企业、使用单位应当从具备合法资质的医疗器械注册人、备案人、生产经营企业购进医疗器械。购进医疗器械时，应当查验供货者的资质和医疗器械的合格证明文件，建立进货查验记录制度。从事第二类、第三类医疗器械批发业务以及第三类医疗器械零售业务的经营企业，还应当建立销售记录制度。

记录事项包括：

（一）医疗器械的名称、型号、规格、数量；

（二）医疗器械的生产批号、使用期限或者失效日期、销售日期；

（三）医疗器械注册人、备案人和受托生产企业的名称；

（四）供货者或者购货者的名称、地址以及联系方式；

（五）相关许可证明文件编号等。

进货查验记录和销售记录应当真实、准确、完整和可追溯，并按照国务院药品监督管理部门规定的期限予以保存。国家鼓励采用先进技术手段进行记录。

第四十六条　从事医疗器械网络销售的，应当是医疗器械注册人、备案人或者医疗器械经营企业。从事医疗器械网络销售的经营者，应当将从事医疗器械网络销售的相关信息告知所在地设区的市级人民政府负责药品监督管理的部门，经营第一类医疗器械和本条例第四十一条第二款规定的第二类医疗器械的除外。

为医疗器械网络交易提供服务的电子商务平台经营者应当对入网医疗器械经营者进行实名登记，审查其经营许可、备案情况和所经营医疗器械产品注册、备案情况，并对其经营行为进行管理。电子商务平台经营者发现入网医疗器械经营者有违反本条例规定行为的，应当及时制止并立即报告医疗器械经营者所在地设区的市级人民政府负责药品监督管理的部门；发现严重违法行为的，应当立即停止提供网络交易平台服务。

第四十七条　运输、贮存医疗器械，应当符合医疗器械说明书和标签标示的要求；对温度、湿度等环境条件有特殊要求的，应当采取相应措施，保证医疗器械的安全、有效。

第四十八条　医疗器械使用单位应当有与在用医疗器械品种、数量相适应的贮存场所和条件。医疗器械使用单位应当加强对工作人员的技术培训，按照产品说明书、技术操作规范等要求使用医疗器械。

医疗器械使用单位配置大型医用设备，应当符合国务院卫生主管部门制定的大型医用设备配置规划，与其功能定位、临床服务需求相适应，具有相应的技术条件、配套设施和具备相应资质、能力的专业技术人员，并经省级以上人民政府卫生主管部门批准，取得大型医用设备配置许可证。

大型医用设备配置管理办法由国务院卫生主管部门会同国务院有关部门制定。大型医用设备目录由国务院卫生主管部门商国务院有关部门提出，报国务院批准后执行。

第四十九条　医疗器械使用单位对重复使用的医疗器械，应当按照国务院卫生主管部门制定的消毒和管理的规定进行处理。

一次性使用的医疗器械不得重复使用，对使用过的应当按照国家有关规定销毁并记录。一次性使用的医疗器械目录由国务院药品监督管理部门会同国务院卫生主管部门制定、调整并公布。列入一次性使用的医疗器械目录，应当具有充足的无法重复使用的证据理由。重复使用可以保证安全、有效的医疗器械，不列入一次性使用的医疗器械目录。对因设计、生产工艺、消毒灭菌技术等改进后重复使用可以保证安全、有效的医疗器械，应当调整出一次性使用的医疗器械目录，允许重复使用。

第五十条 医疗器械使用单位对需要定期检查、检验、校准、保养、维护的医疗器械，应当按照产品说明书的要求进行检查、检验、校准、保养、维护并予以记录，及时进行分析、评估，确保医疗器械处于良好状态，保障使用质量；对使用期限长的大型医疗器械，应当逐台建立使用档案，记录其使用、维护、转让、实际使用时间等事项。记录保存期限不得少于医疗器械规定使用期限终止后 5 年。

第五十一条 医疗器械使用单位应当妥善保存购入第三类医疗器械的原始资料，并确保信息具有可追溯性。

使用大型医疗器械以及植入和介入类医疗器械的，应当将医疗器械的名称、关键性技术参数等信息以及与使用质量安全密切相关的必要信息记载到病历等相关记录中。

第五十二条 发现使用的医疗器械存在安全隐患的，医疗器械使用单位应当立即停止使用，并通知医疗器械注册人、备案人或者其他负责产品质量的机构进行检修；经检修仍不能达到使用安全标准的医疗器械，不得继续使用。

第五十三条 对国内尚无同品种产品上市的体外诊断试剂，符合条件的医疗机构根据本单位的临床需要，可以自行研制，在执业医师指导下在本单位内使用。具体管理办法由国务院药品监督管理部门会同国务院卫生主管部门制定。

第五十四条 负责药品监督管理的部门和卫生主管部门依据各自职责，分别对使用环节的医疗器械质量和医疗器械使用行为进行监督管理。

第五十五条 医疗器械经营企业、使用单位不得经营、使用未依法注册或者备案、无合格证明文件以及过期、失效、淘汰的医疗器械。

第五十六条 医疗器械使用单位之间转让在用医疗器械，转让方应当确保所转让的医疗器械安全、有效，不得转让过期、失效、淘汰以及检验不合格的医疗器械。

第五十七条 进口的医疗器械应当是依照本条例第二章的规定已注册或者已备案的医疗器械。

进口的医疗器械应当有中文说明书、中文标签。说明书、标签应当符合本条例规定以及相关强制性标准的要求，并在说明书中载明医疗器械的原产地以及境外医疗器械注册人、备案人指定的我国境内企业法人的名称、地址、联系方式。没有中文说明书、中文标签或者说明书、标签不符合本条规定的，不得进口。

医疗机构因临床急需进口少量第二类、第三类医疗器械的，经国务院药品监督管理部门或者国务院授权的省、自治区、直辖市人民政府批准，可以进口。进口的医疗器械应当在指定医疗机构内用于特定医疗目的。

禁止进口过期、失效、淘汰等已使用过的医疗器械。

第五十八条 出入境检验检疫机构依法对进口的医疗器械实施检验；检验不合格的，不得进口。

国务院药品监督管理部门应当及时向国家出入境检验检疫部门通报进口医疗器械的注册和备案情况。进口口岸所在地出入境检验检疫机构应当及时向所在地设区的市级人民政府负责药品监督管理的部门通报进口医疗器械的通关情况。

第五十九条 出口医疗器械的企业应当保证其出口的医疗器械符合进口国（地区）的要求。

第六十条 医疗器械广告的内容应当真实合法，以经负责药品监督管理的部门注册或者备案的医疗器械说明书为准，不得含有虚假、夸大、误导性的内容。

发布医疗器械广告，应当在发布前由省、自治区、直辖市人民政府确定的广告审查机关对广告内容进行审查，并取得医疗器械广告批准文号；未经审查，不得发布。

省级以上人民政府药品监督管理部门责令暂停生产、进口、经营和使用的医疗器械，在暂停期间不得发布涉及该医疗器械的广告。

医疗器械广告的审查办法由国务院市场监督管理部门制定。

第五章　不良事件的处理与医疗器械的召回

第六十一条　国家建立医疗器械不良事件监测制度，对医疗器械不良事件及时进行收集、分析、评价、控制。

第六十二条　医疗器械注册人、备案人应当建立医疗器械不良事件监测体系，配备与其产品相适应的不良事件监测机构和人员，对其产品主动开展不良事件监测，并按照国务院药品监督管理部门的规定，向医疗器械不良事件监测技术机构报告调查、分析、评价、产品风险控制等情况。

医疗器械生产经营企业、使用单位应当协助医疗器械注册人、备案人对所生产经营或者使用的医疗器械开展不良事件监测；发现医疗器械不良事件或者可疑不良事件，应当按照国务院药品监督管理部门的规定，向医疗器械不良事件监测技术机构报告。

其他单位和个人发现医疗器械不良事件或者可疑不良事件，有权向负责药品监督管理的部门或者医疗器械不良事件监测技术机构报告。

第六十三条　国务院药品监督管理部门应当加强医疗器械不良事件监测信息网络建设。

医疗器械不良事件监测技术机构应当加强医疗器械不良事件信息监测，主动收集不良事件信息；发现不良事件或者接到不良事件报告的，应当及时进行核实，必要时进行调查、分析、评估，向负责药品监督管理的部门和卫生主管部门报告并提出处理建议。

医疗器械不良事件监测技术机构应当公布联系方式，方便医疗器械注册人、备案人、生产经营企业、使用单位等报告医疗器械不良事件。

第六十四条　负责药品监督管理的部门应当根据医疗器械不良事件评估结果及时采取发布警示信息以及责令暂停生产、进口、经营和使用等控制措施。

省级以上人民政府药品监督管理部门应当会同同级卫生主管部门和相关部门组织对引起突发、群发的严重伤害或者死亡的医疗器械不良事件及时进行调查和处理，并组织对同类医疗器械加强监测。

负责药品监督管理的部门应当及时向同级卫生主管部门通报医疗器械使用单位的不良事件监测有关情况。

第六十五条　医疗器械注册人、备案人、生产经营企业、使用单位应当对医疗器械不良事件监测技术机构、负责药品监督管理的部门、卫生主管部门开展的医疗器械不良事件调查予以配合。

第六十六条　有下列情形之一的，医疗器械注册人、备案人应当主动开展已上市医疗器械再评价：

（一）根据科学研究的发展，对医疗器械的安全、有效有认识上的改变；

（二）医疗器械不良事件监测、评估结果表明医疗器械可能存在缺陷；

（三）国务院药品监督管理部门规定的其他情形。

医疗器械注册人、备案人应当根据再评价结果，采取相应控制措施，对已上市医疗器械进行改进，并按照规定进行注册变更或者备案变更。再评价结果表明已上市医疗器械不能保证安全、有效的，医疗器械注册人、备案人应当主动申请注销医疗器械注册证或者取消备案；医疗器械注册人、备案人未申请注销医疗器械注册证或者取消备案的，由负责药品监督管理的部门注销医疗器械注册证或者取消备案。

省级以上人民政府药品监督管理部门根据医疗器械不良事件监测、评估等情况，对已上市医疗器械开展再评价。再评价结果表明已上市医疗器械不能保证安全、有效的，应当注销医疗器械注册证或者取消备案。

负责药品监督管理的部门应当向社会及时公布注销医疗器械注册证和取消备案情况。被注销医疗器械注册证或者取消备案的医疗器械不得继续生产、进口、经营、使用。

第六十七条 医疗器械注册人、备案人发现生产的医疗器械不符合强制性标准、经注册或者备案的产品技术要求，或者存在其他缺陷的，应当立即停止生产，通知相关经营企业、使用单位和消费者停止经营和使用，召回已经上市销售的医疗器械，采取补救、销毁等措施，记录相关情况，发布相关信息，并将医疗器械召回和处理情况向负责药品监督管理的部门和卫生主管部门报告。

医疗器械受托生产企业、经营企业发现生产、经营的医疗器械存在前款规定情形的，应当立即停止生产、经营，通知医疗器械注册人、备案人，并记录停止生产、经营和通知情况。医疗器械注册人、备案人认为属于依照前款规定需要召回的医疗器械，应当立即召回。

医疗器械注册人、备案人、受托生产企业、经营企业未依照本条规定实施召回或者停止生产、经营的，负责药品监督管理的部门可以责令其召回或者停止生产、经营。

第六章 监督检查

第六十八条 国家建立职业化专业化检查员制度，加强对医疗器械的监督检查。

第六十九条 负责药品监督管理的部门应当对医疗器械的研制、生产、经营活动以及使用环节的医疗器械质量加强监督检查，并对下列事项进行重点监督检查：

（一）是否按照经注册或者备案的产品技术要求组织生产；

（二）质量管理体系是否保持有效运行；

（三）生产经营条件是否持续符合法定要求。

必要时，负责药品监督管理的部门可以对为医疗器械研制、生产、经营、使用等活动提供产品或者服务的其他相关单位和个人进行延伸检查。

第七十条 负责药品监督管理的部门在监督检查中有下列职权：

（一）进入现场实施检查、抽取样品；

（二）查阅、复制、查封、扣押有关合同、票据、账簿以及其他有关资料；

（三）查封、扣押不符合法定要求的医疗器械，违法使用的零配件、原材料以及用于违法生产经营医疗器械的工具、设备；

（四）查封违反本条例规定从事医疗器械生产经营活动的场所。

进行监督检查，应当出示执法证件，保守被检查单位的商业秘密。

有关单位和个人应当对监督检查予以配合，提供相关文件和资料，不得隐瞒、拒绝、阻挠。

第七十一条 卫生主管部门应当对医疗机构的医疗器械使用行为加强监督检查。实施监督检查时，可以进入医疗机构，查阅、复制有关档案、记录以及其他有关资料。

第七十二条 医疗器械生产经营过程中存在产品质量安全隐患，未及时采取措施消除的，负责药品监督管理的部门可以采取告诫、责任约谈、责令限期整改等措施。

对人体造成伤害或者有证据证明可能危害人体健康的医疗器械，负责药品监督管理的部门可以采取责令暂停生产、进口、经营、使用的紧急控制措施，并发布安全警示信息。

第七十三条 负责药品监督管理的部门应当加强对医疗器械注册人、备案人、生产经营企业和使用单位生产、经营、使用的医疗器械的抽查检验。抽查检验不得收取检验费和其他任何费用，所需费用纳入本级政府预算。省级以上人民政府药品监督管理部门应当根据抽查检验结论及时发布医疗器械质量公告。

卫生主管部门应当对大型医用设备的使用状况进行监督和评估；发现违规使用以及与大型医用设备相关的过度检查、过度治疗等情形的，应当立即纠正，依法予以处理。

第七十四条　负责药品监督管理的部门未及时发现医疗器械安全系统性风险，未及时消除监督管理区域内医疗器械安全隐患的，本级人民政府或者上级人民政府负责药品监督管理的部门应当对其主要负责人进行约谈。

地方人民政府未履行医疗器械安全职责，未及时消除区域性重大医疗器械安全隐患的，上级人民政府或者上级人民政府负责药品监督管理的部门应当对其主要负责人进行约谈。

被约谈的部门和地方人民政府应当立即采取措施，对医疗器械监督管理工作进行整改。

第七十五条　医疗器械检验机构资质认定工作按照国家有关规定实行统一管理。经国务院认证认可监督管理部门会同国务院药品监督管理部门认定的检验机构，方可对医疗器械实施检验。

负责药品监督管理的部门在执法工作中需要对医疗器械进行检验的，应当委托有资质的医疗器械检验机构进行，并支付相关费用。

当事人对检验结论有异议的，可以自收到检验结论之日起7个工作日内向实施抽样检验的部门或者其上一级负责药品监督管理的部门提出复检申请，由受理复检申请的部门在复检机构名录中随机确定复检机构进行复检。承担复检工作的医疗器械检验机构应当在国务院药品监督管理部门规定的时间内作出复检结论。复检结论为最终检验结论。复检机构与初检机构不得为同一机构；相关检验项目只有一家有资质的检验机构的，复检时应当变更承办部门或者人员。复检机构名录由国务院药品监督管理部门公布。

第七十六条　对可能存在有害物质或者擅自改变医疗器械设计、原材料和生产工艺并存在安全隐患的医疗器械，按照医疗器械国家标准、行业标准规定的检验项目和检验方法无法检验的，医疗器械检验机构可以使用国务院药品监督管理部门批准的补充检验项目和检验方法进行检验；使用补充检验项目、检验方法得出的检验结论，可以作为负责药品监督管理的部门认定医疗器械质量的依据。

第七十七条　市场监督管理部门应当依照有关广告管理的法律、行政法规的规定，对医疗器械广告进行监督检查，查处违法行为。

第七十八条　负责药品监督管理的部门应当通过国务院药品监督管理部门在线政务服务平台依法及时公布医疗器械许可、备案、抽查检验、违法行为查处等日常监督管理信息。但是，不得泄露当事人的商业秘密。

负责药品监督管理的部门建立医疗器械注册人、备案人、生产经营企业、使用单位信用档案，对有不良信用记录的增加监督检查频次，依法加强失信惩戒。

第七十九条　负责药品监督管理的部门等部门应当公布本单位的联系方式，接受咨询、投诉、举报。负责药品监督管理的部门等部门接到与医疗器械监督管理有关的咨询，应当及时答复；接到投诉、举报，应当及时核实、处理、答复。对咨询、投诉、举报情况及其答复、核实、处理情况，应当予以记录、保存。

有关医疗器械研制、生产、经营、使用行为的举报经调查属实的，负责药品监督管理的部门等部门对举报人应当给予奖励。有关部门应当为举报人保密。

第八十条　国务院药品监督管理部门制定、调整、修改本条例规定的目录以及与医疗器械监督管理有关的规范，应当公开征求意见；采取听证会、论证会等形式，听取专家、医疗器械注册人、备案人、生产经营企业、使用单位、消费者、行业协会以及相关组织等方面的意见。

第七章　法律责任

第八十一条　有下列情形之一的，由负责药品监督管理的部门没收违法所得、违法生产经营的医疗器械和用于违法生产经营的工具、设备、原材料等物品；违法生产经营的医疗器械货值金额不足 1 万元的，并处 5 万元以上 15 万元以下罚款；货值金额 1 万元以上的，并处货值金额 15 倍以上 30 倍以下罚款；情节严重的，责令停产停业，10 年内不受理相关责任人以及单位提出的医疗器械许可申请，对违法单位的法定代表人、主要负责人、直接负责的主管人员和其他责任人员，没收违法行为发生期间自本单位所获收入，并处所获收入 30% 以上 3 倍以下罚款，终身禁止其从事医疗器械生产经营活动：

（一）生产、经营未取得医疗器械注册证的第二类、第三类医疗器械；

（二）未经许可从事第二类、第三类医疗器械生产活动；

（三）未经许可从事第三类医疗器械经营活动。

有前款第一项情形、情节严重的，由原发证部门吊销医疗器械生产许可证或者医疗器械经营许可证。

第八十二条　未经许可擅自配置使用大型医用设备的，由县级以上人民政府卫生主管部门责令停止使用，给予警告，没收违法所得；违法所得不足 1 万元的，并处 5 万元以上 10 万元以下罚款；违法所得 1 万元以上的，并处违法所得 10 倍以上 30 倍以下罚款；情节严重的，5 年内不受理相关责任人以及单位提出的大型医用设备配置许可申请，对违法单位的法定代表人、主要负责人、直接负责的主管人员和其他责任人员，没收违法行为发生期间自本单位所获收入，并处所获收入 30% 以上 3 倍以下罚款，依法给予处分。

第八十三条　在申请医疗器械行政许可时提供虚假资料或者采取其他欺骗手段的，不予行政许可，已经取得行政许可的，由作出行政许可决定的部门撤销行政许可，没收违法所得、违法生产经营使用的医疗器械，10 年内不受理相关责任人以及单位提出的医疗器械许可申请；违法生产经营使用的医疗器械货值金额不足 1 万元的，并处 5 万元以上 15 万元以下罚款；货值金额 1 万元以上的，并处货值金额 15 倍以上 30 倍以下罚款；情节严重的，责令停产停业，对违法单位的法定代表人、主要负责人、直接负责的主管人员和其他责任人员，没收违法行为发生期间自本单位所获收入，并处所获收入 30% 以上 3 倍以下罚款，终身禁止其从事医疗器械生产经营活动。

伪造、变造、买卖、出租、出借相关医疗器械许可证件的，由原发证部门予以收缴或者吊销，没收违法所得；违法所得不足 1 万元的，并处 5 万元以上 10 万元以下罚款；违法所得 1 万元以上的，并处违法所得 10 倍以上 20 倍以下罚款；构成违反治安管理行为的，由公安机关依法予以治安管理处罚。

第八十四条　有下列情形之一的，由负责药品监督管理的部门向社会公告单位和产品名称，责令限期改正；逾期不改正的，没收违法所得、违法生产经营的医疗器械；违法生产经营的医疗器械货值金额不足 1 万元的，并处 1 万元以上 5 万元以下罚款；货值金额 1 万元以上的，并处货值金额 5 倍以上 20 倍以下罚款；情节严重的，对违法单位的法定代表人、主要负责人、直接负责的主管人员和其他责任人员，没收违法行为发生期间自本单位所获收入，并处所获收入 30% 以上 2 倍以下罚款，5 年内禁止其从事医疗器械生产经营活动：

（一）生产、经营未经备案的第一类医疗器械；

（二）未经备案从事第一类医疗器械生产；

（三）经营第二类医疗器械，应当备案但未备案；

（四）已经备案的资料不符合要求。

第八十五条 备案时提供虚假资料的，由负责药品监督管理的部门向社会公告备案单位和产品名称，没收违法所得、违法生产经营的医疗器械；违法生产经营的医疗器械货值金额不足1万元的，并处2万元以上5万元以下罚款；货值金额1万元以上的，并处货值金额5倍以上20倍以下罚款；情节严重的，责令停产停业，对违法单位的法定代表人、主要负责人、直接负责的主管人员和其他责任人员，没收违法行为发生期间自本单位所获收入，并处所获收入30%以上3倍以下罚款，10年内禁止其从事医疗器械生产经营活动。

第八十六条 有下列情形之一的，由负责药品监督管理的部门责令改正，没收违法生产经营使用的医疗器械；违法生产经营使用的医疗器械货值金额不足1万元的，并处2万元以上5万元以下罚款；货值金额1万元以上的，并处货值金额5倍以上20倍以下罚款；情节严重的，责令停产停业，直至由原发证部门吊销医疗器械注册证、医疗器械生产许可证、医疗器械经营许可证，对违法单位的法定代表人、主要负责人、直接负责的主管人员和其他责任人员，没收违法行为发生期间自本单位所获收入，并处所获收入30%以上3倍以下罚款，10年内禁止其从事医疗器械生产经营活动：

（一）生产、经营、使用不符合强制性标准或者不符合经注册或者备案的产品技术要求的医疗器械；

（二）未按照经注册或者备案的产品技术要求组织生产，或者未依照本条例规定建立质量管理体系并保持有效运行，影响产品安全、有效；

（三）经营、使用无合格证明文件、过期、失效、淘汰的医疗器械，或者使用未依法注册的医疗器械；

（四）在负责药品监督管理的部门责令召回后仍拒不召回，或者在负责药品监督管理的部门责令停止或者暂停生产、进口、经营后，仍拒不停止生产、进口、经营医疗器械；

（五）委托不具备本条例规定条件的企业生产医疗器械，或者未对受托生产企业的生产行为进行管理；

（六）进口过期、失效、淘汰等已使用过的医疗器械。

第八十七条 医疗器械经营企业、使用单位履行了本条例规定的进货查验等义务，有充分证据证明其不知道所经营、使用的医疗器械为本条例第八十一条第一款第一项、第八十四条第一项、第八十六条第一项和第三项规定情形的医疗器械，并能如实说明其进货来源的，收缴其经营、使用的不符合法定要求的医疗器械，可以免除行政处罚。

第八十八条 有下列情形之一的，由负责药品监督管理的部门责令改正，处1万元以上5万元以下罚款；拒不改正的，处5万元以上10万元以下罚款；情节严重的，责令停产停业，直至由原发证部门吊销医疗器械生产许可证、医疗器械经营许可证，对违法单位的法定代表人、主要负责人、直接负责的主管人员和其他责任人员，没收违法行为发生期间自本单位所获收入，并处所获收入30%以上2倍以下罚款，5年内禁止其从事医疗器械生产经营活动：

（一）生产条件发生变化、不再符合医疗器械质量管理体系要求，未依照本条例规定整改、停止生产、报告；

（二）生产、经营说明书、标签不符合本条例规定的医疗器械；

（三）未按照医疗器械说明书和标签标示要求运输、贮存医疗器械；

（四）转让过期、失效、淘汰或者检验不合格的在用医疗器械。

第八十九条 有下列情形之一的，由负责药品监督管理的部门和卫生主管部门依据各自职责责令改正，给予警告；拒不改正的，处1万元以上10万元以下罚款；情节严重的，责令停产停业，直至由原发证部门吊销医疗器械注册证、医疗器械生产许可证、医疗器械经营许可证，对违法单位的法定代表人、主要负责人、直接负责的主管人员和其他责任人员处1万元以上3万元以下罚款：

（一）未按照要求提交质量管理体系自查报告；

（二）从不具备合法资质的供货者购进医疗器械；

（三）医疗器械经营企业、使用单位未依照本条例规定建立并执行医疗器械进货查验记录制度；

（四）从事第二类、第三类医疗器械批发业务以及第三类医疗器械零售业务的经营企业未依照本条例规定建立并执行销售记录制度；

（五）医疗器械注册人、备案人、生产经营企业、使用单位未依照本条例规定开展医疗器械不良事件监测，未按照要求报告不良事件，或者对医疗器械不良事件监测技术机构、负责药品监督管理的部门、卫生主管部门开展的不良事件调查不予配合；

（六）医疗器械注册人、备案人未按照规定制定上市后研究和风险管控计划并保证有效实施；

（七）医疗器械注册人、备案人未按照规定建立并执行产品追溯制度；

（八）医疗器械注册人、备案人、经营企业从事医疗器械网络销售未按照规定告知负责药品监督管理的部门；

（九）对需要定期检查、检验、校准、保养、维护的医疗器械，医疗器械使用单位未按照产品说明书要求进行检查、检验、校准、保养、维护并予以记录，及时进行分析、评估，确保医疗器械处于良好状态；

（十）医疗器械使用单位未妥善保存购入第三类医疗器械的原始资料。

第九十条　有下列情形之一的，由县级以上人民政府卫生主管部门责令改正，给予警告；拒不改正的，处5万元以上10万元以下罚款；情节严重的，处10万元以上30万元以下罚款，责令暂停相关医疗器械使用活动，直至由原发证部门吊销执业许可证，依法责令相关责任人员暂停6个月以上1年以下执业活动，直至由原发证部门吊销相关人员执业证书，对违法单位的法定代表人、主要负责人、直接负责的主管人员和其他责任人员，没收违法行为发生期间自本单位所获收入，并处所获收入30%以上3倍以下罚款，依法给予处分：

（一）对重复使用的医疗器械，医疗器械使用单位未按照消毒和管理的规定进行处理；

（二）医疗器械使用单位重复使用一次性使用的医疗器械，或者未按照规定销毁使用过的一次性使用的医疗器械；

（三）医疗器械使用单位未按照规定将大型医疗器械以及植入和介入类医疗器械的信息记载到病历等相关记录中；

（四）医疗器械使用单位发现使用的医疗器械存在安全隐患未立即停止使用、通知检修，或者继续使用经检修仍不能达到使用安全标准的医疗器械；

（五）医疗器械使用单位违规使用大型医用设备，不能保障医疗质量安全。

第九十一条　违反进出口商品检验相关法律、行政法规进口医疗器械的，由出入境检验检疫机构依法处理。

第九十二条　为医疗器械网络交易提供服务的电子商务平台经营者违反本条例规定，未履行对入网医疗器械经营者进行实名登记，审查许可、注册、备案情况，制止并报告违法行为，停止提供网络交易平台服务等管理义务的，由负责药品监督管理的部门依照《中华人民共和国电子商务法》的规定给予处罚。

第九十三条　未进行医疗器械临床试验机构备案开展临床试验的，由负责药品监督管理的部门责令停止临床试验并改正；拒不改正的，该临床试验数据不得用于产品注册、备案，处5万元以上10万元以下罚款，并向社会公告；造成严重后果的，5 年内禁止其开展相关专业医疗器械临床试验，并处 10 万元以上 30 万元以下罚款，由卫生主管部门对违法单位的法定代表人、主要负责人、直接负责的主管人员和其他责任人员，没收违法行为发生期间自本单位所获收入，并处所获收入 30% 以上 3 倍以下罚款，依法给予处分。

临床试验申办者开展临床试验未经备案的，由负责药品监督管理的部门责令停止临床试验，对临床试验申办者处 5 万元以上 10 万元以下罚款，并向社会公告；造成严重后果的，处 10 万元以上 30 万元以下罚款。该临床试验数据不得用于产品注册、备案，5 年内不受理相关责任人以及单位提出的医疗器械注册申请。

临床试验申办者未经批准开展对人体具有较高风险的第三类医疗器械临床试验的，由负责药品监督管理的部门责令立即停止临床试验，对临床试验申办者处 10 万元以上 30 万元以下罚款，并向社会公告；造成严重后果的，处 30 万元以上 100 万元以下罚款。该临床试验数据不得用于产品注册，10 年内不受理相关责任人以及单位提出的医疗器械临床试验和注册申请，对违法单位的法定代表人、主要负责人、直接负责的主管人员和其他责任人员，没收违法行为发生期间自本单位所获收入，并处所获收入 30% 以上 3 倍以下罚款。

第九十四条　医疗器械临床试验机构开展医疗器械临床试验未遵守临床试验质量管理规范的，由负责药品监督管理的部门责令改正或者立即停止临床试验，处 5 万元以上 10 万元以下罚款；造成严重后果的，5 年内禁止其开展相关专业医疗器械临床试验，由卫生主管部门对违法单位的法定代表人、主要负责人、直接负责的主管人员和其他责任人员，没收违法行为发生期间自本单位所获收入，并处所获收入 30% 以上 3 倍以下罚款，依法给予处分。

第九十五条　医疗器械临床试验机构出具虚假报告的，由负责药品监督管理的部门处 10 万元以上 30 万元以下罚款；有违法所得的，没收违法所得；10 年内禁止其开展相关专业医疗器械临床试验；由卫生主管部门对违法单位的法定代表人、主要负责人、直接负责的主管人员和其他责任人员，没收违法行为发生期间自本单位所获收入，并处所获收入 30% 以上 3 倍以下罚款，依法给予处分。

第九十六条　医疗器械检验机构出具虚假检验报告的，由授予其资质的主管部门撤销检验资质，10 年内不受理相关责任人以及单位提出的资质认定申请，并处 10 万元以上 30 万元以下罚款；有违法所得的，没收违法所得；对违法单位的法定代表人、主要负责人、直接负责的主管人员和其他责任人员，没收违法行为发生期间自本单位所获收入，并处所获收入 30% 以上 3 倍以下罚款，依法给予处分；受到开除处分的，10 年内禁止其从事医疗器械检验工作。

第九十七条　违反本条例有关医疗器械广告管理规定的，依照《中华人民共和国广告法》的规定给予处罚。

第九十八条　境外医疗器械注册人、备案人指定的我国境内企业法人未依照本条例规定履行相关义务的，由省、自治区、直辖市人民政府药品监督管理部门责令改正，给予警告，并处 5 万元以上 10 万元以下罚款；情节严重的，处 10 万元以上 50 万元以下罚款，5 年内禁止其法定代表人、主要负责人、直接负责的主管人员和其他责任人员从事医疗器械生产经营活动。

境外医疗器械注册人、备案人拒不履行依据本条例作出的行政处罚决定的，10 年内禁止其医疗器械进口。

第九十九条　医疗器械研制、生产、经营单位和检验机构违反本条例规定使用禁止从事医疗器械生产经营活动、检验工作的人员的，由负责药品监督管理的部门责令改正，给予警告；拒不改正的，责令停产停业直至吊销许可证件。

第一百条　医疗器械技术审评机构、医疗器械不良事件监测技术机构未依照本条例规定履行职责，致使审评、监测工作出现重大失误的，由负责药品监督管理的部门责令改正，通报批评，给予警告；造成严重后果的，对违法单位的法定代表人、主要负责人、直接负责的主管人员和其他责任人员，依法给予处分。

第一百零一条　负责药品监督管理的部门或者其他有关部门工作人员违反本条例规定，滥用职权、玩忽职守、徇私舞弊的，依法给予处分。

第一百零二条　违反本条例规定，构成犯罪的，依法追究刑事责任；造成人身、财产或者其他损害的，依法承担赔偿责任。

第八章　附　则

第一百零三条　本条例下列用语的含义：

医疗器械，是指直接或者间接用于人体的仪器、设备、器具、体外诊断试剂及校准物、材料以及其他类似或者相关的物品，包括所需要的计算机软件；其效用主要通过物理等方式获得，不是通过药理学、免疫学或者代谢的方式获得，或者虽然有这些方式参与但是只起辅助作用；其目的是：

（一）疾病的诊断、预防、监护、治疗或者缓解；

（二）损伤的诊断、监护、治疗、缓解或者功能补偿；

（三）生理结构或者生理过程的检验、替代、调节或者支持；

（四）生命的支持或者维持；

（五）妊娠控制；

（六）通过对来自人体的样本进行检查，为医疗或者诊断目的提供信息。

医疗器械注册人、备案人，是指取得医疗器械注册证或者办理医疗器械备案的企业或者研制机构。

医疗器械使用单位，是指使用医疗器械为他人提供医疗等技术服务的机构，包括医疗机构、计划生育技术服务机构、血站、单采血浆站、康复辅助器具适配机构等。

大型医用设备，是指使用技术复杂、资金投入量大、运行成本高、对医疗费用影响大且纳入目录管理的大型医疗器械。

第一百零四条　医疗器械产品注册可以收取费用。具体收费项目、标准分别由国务院财政、价格主管部门按照国家有关规定制定。

第一百零五条　医疗卫生机构为应对突发公共卫生事件而研制的医疗器械的管理办法，由国务院药品监督管理部门会同国务院卫生主管部门制定。

从事非营利的避孕医疗器械的存储、调拨和供应，应当遵守国务院卫生主管部门会同国务院药品监督管理部门制定的管理办法。

中医医疗器械的技术指导原则，由国务院药品监督管理部门会同国务院中医药管理部门制定。

第一百零六条　军队医疗器械使用的监督管理，依照本条例和军队有关规定执行。

第一百零七条　本条例自 2021 年 6 月 1 日起施行。

参考文献

［1］蒋海洪.医疗器械行政法规变化解读与适用［M］.北京：法律出版社，2021.

［2］国务院.医疗器械监督管理条例（2020 年修订）［M］.北京：人民出版社，2021.

［3］张倩，王学亮.医疗器械监管法规［M］.北京：中国医药科技出版社，2020.

［4］阎华国，胡彬.医疗器械管理与法规［M］.济南：山东人民出版社，2023.

［5］毛伟，阎华国.医疗器械经营质量管理实务［M］.北京：中国医药科技出版社，2020.